中西交通史

阎宗临 著

图书在版编目（CIP）数据

中西交通史 / 阎宗临著. — 北京：商务印书馆，2021
ISBN 978-7-100-19371-9

Ⅰ.①中… Ⅱ.①阎… Ⅲ.①中外关系－国际关系史－研究－16－18世纪　Ⅳ.①D829

中国版本图书馆CIP数据核字（2021）第005878号

权利保留，侵权必究。

中西交通史

阎宗临　著

商 务 印 书 馆 出 版
（北京王府井大街36号　邮政编码100710）
商 务 印 书 馆 发 行
三河市尚艺印装有限公司印刷
ISBN 978-7-100-19371-9

2021年7月第1版　　开本 787×1092　1/16
2021年7月第1次印刷　印张 34

定价：168.00元

目录

清初中西交通史料汇集

第一　康熙使臣艾若瑟事迹补志/5

第二　康熙与克莱芒十一世/11

第三　嘉乐来朝补志/15

第四　康熙与德理格/19

第五　白晋与傅圣泽之学《易》/25

第六　雍正与本笃十三世/29

第七　关于麦德乐使节的文献/37

第八　苏努补志/46

第九　乾隆十八年葡使来华纪实/50

第十　解散中国耶稣会后之余波/56

第十一　澳门史料两种/66

第十二　票的问题/70

第十三　关于白晋测绘《皇舆全览图》之资料/74

第十四　碣石镇总兵奏折之一/77

第十五　清初葡法西士之内讧/81

第十六　从西方典籍所见康熙与耶稣会之关系/86

文献笺注

《身见录》注略/105

《北使记》笺注/118

《西使记》笺注/126

《佛国记》笺注/142

杜赫德的著作及其研究

第一章 引 言/189

第二章 康熙皇帝和耶稣会士们/205

第三章 17世纪末18世纪初耶稣会士对中国文化的研究及其影响/222

第四章 杜赫德的《中华帝国志》/238

第五章 中国对18世纪法国的影响/264

第六章 结 论/289

参考文献/294

附 录

古代中西文化交流略述/303

近代中西交通之研究/319

元代西欧宗教与政治之使节/346

亚洲与欧洲/379

古代波斯及其与中国的关系/382

大月氏西移与贵霜王国的建立/421

匈奴西迁与西罗马帝国的灭亡/436

拜占庭与中国的关系/449

十七、十八世纪中国与欧洲的关系/460

清初中西交通史料汇集

作者曾将过去发表有关中西交通史料研究文章剪贴保存，自题"清初中西交通史料汇集"。大部分可能发表于1939—1942年《扫荡报》副刊《文史地》。

剪报原篇目包括17篇：1.关于艾若瑟的史料；2.康熙与克莱芒十一世；3.嘉乐来朝补志；4.康熙与德理格；5.白晋与傅圣泽之学《易》；6.雍正与本笃十三世（附：关于毕天祥与纪有纲）；7.关于麦德乐使节的文献；8.苏努补志；9.乾隆十八年葡使来华纪实；10.解散中国耶稣会后之余波；11.《身见录》注略；12.澳门史料两种；13.票的问题；14.关于白晋测绘《皇舆全览图》之资料；15.碣石镇总兵奏折之一；16.清初葡法西士之内讧；17.从西方典籍所见康熙与耶稣会之关系。

其中，《〈身见录〉注略》，重刊于《山西师范学院学报》1959年第2期。此处抽出，将其单列一章（见后）。另，《关于艾若瑟的史料》一文以"康熙使臣艾若瑟事迹补志"为题，重刊于《国立中山大学文史集刊》1948年第1期。

——编者注

第一
康熙使臣艾若瑟事迹补志

民国十四年七月，十七年三月，十九年二月，于北平故宫懋勤殿，先后发现康熙与罗马使节关系文献十四通，由新会陈垣先生考定时日，民国二十一年三月，故宫博物院影印成本，诚如叙端所言："今所影印者十四通，皆有康熙亲笔删改，为极可宝贵之汉文史料。"

此十四通文献中，提及艾若瑟者有五处：

（一）"……其艾若瑟所奉去之旨意，乃是朕的真旨意，钦此。"——第六件

（二）"康熙五十五年九月二十九三十日，上召德理格同在京西洋人等，面谕德理格云：先艾若瑟带去论天主教之上谕，即是真的，你所写去的书信与旨不同，柔草参差，断然使不得。朕的旨意从没有改……"——第七件

（三）"……朕差往罗马府去的艾若瑟回时，朕方信，信而后定夺……"——同上

（四）"……询其来由，并无回奏当年所差艾若瑟传旨之事……"——第八件

（五）"……明系严珰在西洋搬弄是非，以致教王心疑，将向年所

差艾若瑟之事，一字不回……"——第十三件

读此种文献，不禁发问：艾若瑟为何人？康熙为何遣之西去？去欧洲后的结果又如何？今就所得资料，试加一种解释。

巴黎国立图书馆，Fonds Français 25670 号，34 页，有艾若瑟小传，系法文，移译如次：

艾若瑟（Antoine Francois Josephe Provana）生于皮埃蒙特（Piemont），或谓生于杜林（Turin）。于 1695 年终到中国，传教于山西绛州，而非如人传述在江西也。由山西至京师，祝升教务首领，负驳斥多罗禁令之命，遣往罗马。时傅圣泽居京师，当伴之西去，康熙以他种原故，未使傅圣泽成行，此 1709 年之事也（按：此为抵葡时间，非去北京之时间）。艾若瑟不识汉文，不通中国古籍，仅知浅近华语，借以传教，因此在罗马报告与活动，人人皆知，并未成功。失败后，樊守义（按：樊守义，字利和，山西绛州人）伴之，退居杜林，教皇不愿他复返中土。唯康熙坚决催促，召其使臣，教皇无可奈何，复任其东归。惜艾若瑟体弱，禁不住长途跋涉之苦，死于海中。于 1711 年及任何他年，余（按：此文系 P. Niceron 所作）未闻艾若瑟任耶稣会分会长职。所可言者，1711 年，艾若瑟仍居欧洲，为其修会做种种活动也。

是项记述颇简略，而亦有不正确处。费赖之（Lep. Louis Pfister）著有《入华耶稣会士列传》（*Notices Biographiques Et Bibliographiques Sur les Jesutes de la L'ancienne mission de Chine 1552-1772*），第 205 号为《艾若瑟列传》。博精翔实，可补上述者颇多。今节其要：艾若瑟，正名为艾逊爵，1662 年 10 月 23 日生于尼士（Nice），1695 年 10 月 4 日至澳门，1699 年至 1701 年管理河南、陕西与山西教务，继续恩理格（P. Christ. Herdtricht）的工作。继由开封至太原，"靖乐、平遥、吉县、洪洞、襄陵、太平、蒲州、潞安、岚县、汾州、襄垣等处，有其

足迹"。

1702年至北京，居五年，深得康熙欢心。1707年，康熙遣往罗马，1709年抵欧洲。因病停居意大利，愿早返中土，向帝王陈述使命。1720年2月7日，死于好望角途中，时樊守义在侧，运遗体至广州。

费赖之所述，颇多含蓄，特别是艾若瑟停留西土，迟迟不返者，并非有病，实以罗马教廷传教政策，为清廷所持者不同，其冲突焦点，不在理论，而在传教士之派别，由派别所造成的"偏见"。故宫刊印第九件中，有"若是我等差去之人不回，无真凭据，虽有什么书信总信不得……"

艾若瑟衔命西去，其所经历颇多曲折。樊守义呈报广东巡抚拉丁译文，藏于巴黎国立图书馆中，号码为 Chinois 5039，译如次：

康熙四十六年十二月底，余随艾若瑟同去澳门。次年七月到欧洲，居葡京者有四个多月。继后又起程，于康熙四十八年二月到罗马，不久便觐见教皇（按：此时教皇为 Clement XI，1700—1721年），将皇帝对多罗来华，关于礼节问题之旨意，并教务进行事项，详为呈述。教皇听后，屈臂含泪而言曰："余绝未命多罗如此发言行事。"但是，教皇以艾若瑟所呈文件，无清廷钤章，心疑之，留艾若瑟居罗马，有两年八月。继后艾若瑟申请返［故］里省亲静养，教皇准其所请，艾若瑟去罗马。方抵国境时，有人向教皇进言，艾若瑟欲窃返中国，教皇立即下令：凡遇艾若瑟者，即逮捕之。艾若瑟听到后，便说：我曾请求教皇，得准还乡养病，何来说我窃返中国？当教皇知艾若瑟行踪，乃谕知耶稣会会长，转知艾若瑟在乡静养，以待清廷消息。若有使臣遣来，朕即命艾若瑟东返。这中间艾若瑟寄居米兰与杜林者各三年。

康熙五十七年，清廷朱笔文书至罗马，教皇看毕，召艾若瑟至罗马谕之：现在你可回中国，除你去外，朕复遣一使臣（按：此使臣为嘉乐 Charles Mezzabarba），一切事件，由他逐条呈奏中国皇帝。艾若瑟得命后，随即起身赴葡萄牙，葡王殷勤款待，命其使臣与之同行。唯葡使忽病，不能成行。葡王向艾若瑟说："汝不宜久留，朕为汝特备一船，既适病体，又复迅速，再备礼物七箱，献给中国皇帝。"

康熙五十八年阴三月，我们由葡京启程东还，方过好望角，趋向印度时，于康熙五十九年二月七日，艾若瑟逝世。樊守义自言："随艾若瑟旅居欧洲十余年，对他的事迹颇有所闻。"

是项文献原题为"*Verso latina responsorum P. Aloysii Fan cantonead mandarinos*"。证明艾若瑟体虽衰弱，非如费赖之所言，因病停居西土，实以清廷与罗马所持态度不同，艾若瑟失其自由。

同前号码（Chinois 5039），有教皇国务卿，枢机主教保罗琪（Paulucci）致艾若瑟意大利文信稿一，是稿当为樊守义携回，由旅京西士巴多明、冯秉正、穆经远转抄寄耶稣会者，移译如次：

收到阁下 6 月 20 日致教皇与我的信后，我只能重复申述教皇的意见，即是说，在阁下最后一次离罗马时，教皇再三明言，你回到中国后，你只解释明白所以迟回来的原因，完全由于你的健康，至于中国皇帝所期待的回复，与夫阁下向教皇的呈述，让将来教皇的使节去解释。我们希望中国皇帝善解教皇心意，满足教皇对他的答复，仍然继续保护传教士，而这些传教士原不当受如此优遇的，是以对中国皇帝所请，教皇至诚至谨，必守我们宗教原则。在此意义下，教皇要你持同一态度，因而，关于中国礼节问题，对既已发表的训令与意见，你不能做任何解释。这是教皇使节的事件，他人不当过问，以避免矛盾与冲突，谨代教皇向你祝福，承天之助，我自己祝你康乐。保罗琪1718年7月19日罗马。

康熙四十四年（1705年），罗马教廷使臣多罗来华，十一月十六日，觐见康熙帝，备受优遇。影印文书中第一件中，有"等多罗好了，陛见之际再谕，传与多罗宽心养病，不必为愁"之语。继多罗与颜当（Maigros）结合，不同意耶稣会传统态度，即利玛窦所遗行者，自南京颁布禁约，康熙怒，拘多罗，押送澳门，着葡人看管。时康熙四十六年（1707年）。

当康熙四十五年（1706年），已觉多罗所行，有干涉清廷策略，故着龙安国与薄贤士（亦作世）西去，拘多罗后，四十七年又差艾若瑟、陆若瑟西去，向教皇陈述清廷意见。此事历十五年，纠缠不已。艾若瑟去后不久，嘉乐东来，康熙五十九年十一月二十五日，员外郎李秉忠奏陈，上着迎之于琉璃河。罗马传信部档案处，东方文件（Scritture Originali de la Congni Particulari de I'Indie Orientali dall auno 1721）第180至182页中，有使臣与李秉忠谈话笔录，今节取有关者：

问：四十五年差龙安国、薄贤士二人前往教化王处，总无回信；又于四十七年差陆若瑟、艾若瑟去后，十余年又无回信；直到今年才有艾若瑟来，又在小西洋地方病故了。

答：龙安国、薄贤士二人，海里坏了船，身故途中。教化王未知此音，故不曾回信。一则陆若瑟身故于依西巴尼亚国后，艾若瑟到罗马，没有皇上的凭据，未敢轻信。及至今四年前，见了皇上的红票，教化王才真相信也。但教化王见艾若瑟身体多病，各名医都说他未必能到得中国，为此不曾付书信与他启皇上，因教化王感不尽万岁待圣教及我们远人隆恩，又表教化王要显自己爱敬万岁的心，故命我到中国。

关于艾若瑟事略，所能补正者，大约如上所述，唯有一附带问题，须加解释：樊守义报告中"康熙五十七年，清廷朱笔文书至罗马……"，嘉乐对话笔录中："及至今四年前，见了皇上的红票"，即：一，朱笔文书与红票内容如何？二，如何寄往欧洲？

故宫刊印《康熙与罗马使节关系文书影印本》第九件，无年月

9

日，陈垣先生假定为五十六年，此即朱笔文书底稿。罗马传信部档案处，"东方文献"内，第十三卷，藏有木刻，很精细，龙边，右为拉丁文，有16位内廷供职之西洋人；中为汉文，康熙五十五年九月十七日，盖有关防；左为满文，形如票，故称"红票"。

  武英殿等处监修书官伊都立王道化、赵昌等字寄与自西洋来的众人，我等谨遵旨，于康熙四十五年，已曾差西洋人龙安国、薄贤士，四十七年差西洋人艾若瑟、陆若瑟奉旨往西洋去了。至今数年，不但没有信来，所以难辨真假，又有乱来之信。因此，与俄罗斯的人又带信去，想是到去了。毕竟我等差去人回时，事情都明白之后，方可信得。若是我等差去之人不回，无真凭据，虽有什么书信，总信不得。唯恐书信不通，写此字兼上西洋字刊刻，用广东巡抚院印，书不封缄，凡来的众西洋人多发与带去。康熙五十五年九月十六日。

据梵蒂冈档案处，第257卷，367至368页中，藏有两广总督谕广州知府文书一纸，言及此红票共有150张，散给各天主堂居住之西洋人，并外国洋船内体面商人，带往西洋，催取回信，要广州知府转知澳门，着实办理，此乃康熙五十七年五月初三日事。视此，外交未曾建立，艾若瑟由是恢复自由；教皇克莱芒十一世，决定遣使来朝。

第二
康熙与克莱芒十一世

克莱芒十一世（Clement XI），系康熙三十九年至六十年之罗马教皇，先后派遣两次使臣来华，第一次为多罗（1705年），第二次为嘉乐（1720年），两次皆欲解决中国礼节问题。

礼节问题，直接为公教流行之不幸，间接便阻碍西方文化之输入，初尚据理争论，继则树立门户，颇多情感用事。历时百余年，每代教皇亦无定见，如保罗五世（Paul V）认耶稣会理由充足（1616年），乌尔班八世（Urbain VIII）及英诺森十世（Innocent X）则取反对态度（1635年）；继后亚历山大七世（Alexandre VII）复倾向耶稣会之理论（1656年），而克莱芒九世（Clement IX）则又对立（1667年），至克莱芒十一世"Exslla Die"[①]通牒出（1715年），耶稣会虽有康熙大帝之庇护，亦无可如何矣。

民国二十五年冬，余在梵蒂冈档案保管处（Arche Vo di Vaticano）研究，发现克莱芒十一世致康熙帝信一，并附有两种文献（号码为Fondo Albani 第2535卷，第50页），中皆关于多罗事。

---

① 原文如此。——编者注

多罗（Charles Thoms Maillard de Tournon），意大利人，1705年4月8日至广东，11月16日第一次觐见康熙帝，备受优遇。继与颜当（Maigros）结合，不同意耶稣会传统态度，于康熙四十六年（1707年），自南京颁发禁约。康熙怒，拘多罗，押送澳门，着葡人看管。在（康熙四十九年）1710年6月8日，死于狱中。此项表文即多罗囚禁后，教皇为彼辩护印发。当克莱芒十一世得知多罗死的消息，誉之为"致命者"（1711年10月14日），而礼节问题，始终未解决。迨至民国二十九年二月二十四日始取消禁令，即信仰公教者，亦可崇孔敬祖矣。

一

广东香山协镇中军都司兼管左营事宁为饬谕事：

照得多罗奉旨发到澳门，着严加看守，不许小人通贿逃走等因。是以文武官员轮拨官兵看守。今有唐人无赖之徒，借名进教，在于多罗住内往来，大干法纪，本府已经详明上宪，着令拿解原籍，合行饬谕。为此示谕进教唐人，限二日逐名离多罗住内出身，别寻生理，如有不遵，许看守官兵立拿解府，转解上宪究处，尔等各宜禀遵勿泛视慎之毋违。特示。康熙四十八年十二月廿二日发。仰多罗住处张桂晓谕

二

克莱芒十一世教化王谨奉中华并东西塞外大皇帝之表曰：

天主降厥天聪之明予厥圣衷之安，为大皇帝之功，此我之所深愿也。大皇帝秉广王之权，具异常之德，明哲至圣，不但遍及西洋诸国，而周天下之人无一不知也。余先曾将信任之臣姓多罗名保罗者，原任伊洋地俄吉亚大主教，今为罗马府圣教公会家尔地那尔之职，特差伊往中华，第一代为感谢诸传教士屡沾大皇帝柔远重恩，第二亦代观天主教中之事，随后得知多罗幸至大皇帝御前，亲受格外隆恩，彼时余

心从来无有如此之忻愉者。

及后又闻多罗不幸有失仁爱之泽，大皇帝疑惑多罗果真是余所差信任之臣否，而干大皇帝明恕之机似获不谨之罪，此时余心从来无有如此之忧闷者。然我之忧闷虽然恒苦于心，但为默想明知多罗原毫无获罪于大皇帝之心意，思至于此，足以略慰心中之忧虑也。向者多罗所寄之书，不止一次盛称目见大皇帝非常之至德，详录屡屡身受洪仁之锡，而内云今虽写书亦不能备述大皇帝之恩德。想多罗所寄我之书，感恩如此，则多罗获罪之故，甚实难解。

闻之大皇帝憎恶多罗因系论天主教几端传于教中诸士者，有碍于中国之风俗，但彼所传者非一己之私心，乃教化王本来之意，所传者与伊无干。想多罗原思我天主教普世之史书俱详记大皇帝永不可忘圣恩，且幸数年前蒙准天主教行于中华，而中华之人入教者凡事规矩宜合于天主教行，彼时多罗不得不想大皇帝已准行教则亦准绝不合于天主教之风俗，是以多罗始传伊教中之言也。又未久有传教之士，自中国至罗马府报大皇帝之万安，并带中国风俗之辞论，余因报大皇帝之万安着至于前相待甚厚，再待愈厚，俟后细观所带辞论之时更可详明之也，今不得不先暂说，吾原不敢非谤中国名邦所有敬先祖敬先师之风俗，以报厥生教之本者。

然而托赖大皇帝公文神明之德，敢求旧日所准在中国人天主教者，风行敬先之礼必皆合于天主教之清规严为禁止不可以敬至尊无对造天地真主之礼而敬凡如人类受造者也。再敢求大皇帝传命多罗，如先随意游行复归于大皇帝洪仁之心。余因大皇帝先待多罗甚重，是以由大主教之位又升伊至家尔地那尔之职，乃教化王之后第一尊位也。然选彼以代我住在中华名邦大国，是以举之于我后第一尊位以尽天主付我教化王爱人之任，又不得不仰求大皇帝保存天主教并天主教中之事之人平行于中国。盖此辈人之本分不但应明见于所讲之道，更应明见于所行之事，始不负大皇帝之德爱，盖圣教之终始俱宜小心谨慎和睦众，毫不得罪于人蹈至顺无逆之路，丹心存敬。

凡秉于天主之权者，由帝王至于官员之众所命无伤于天主之戒，无有不遵奉者也。余实切望传教之众士悉甘心以合于天主之戒及我所嘱之训，皆守己分不越规矩，又求保存之泽。倘有不明大皇帝之慈仁者，妄生议论，求为勿致阻格，俾得守分修道而成己事，或者大皇帝有新禁之令，还望大皇帝洪慈柔远之德，宽其禁约，复使之安居。

今托大皇帝异常之仁，伏望大皇帝准行以上所求诸事，心欲仰报万一，唯求幸知大皇帝或有喜悦所能之事，余必尽心竭力图维，虽相隔东西二海之远，断不致有负报达圣恩之意。天降厥平安予厥圣荣以永大皇帝之躬，此乃余之深愿也，此表所发之系罗马府圣伯多罗天主大殿渔人之印封天主降生以后一千七百零九年马尔西约月初二日。

三

五十一年十一月十九日，上谕：

广东巡抚满丕奏折为西洋有信带至广东广州府事，有西洋密封一封，彼时即命白晋、德理格、马国贤在御前翻译，方知与多罗的书，马国贤、德理格云，在多罗的人都囚禁炮台，甚是受苦。朕又问及情由，白晋说近日闻得他本处恐其有讹言，故有此禁等语。朕览与多罗之书事总未完结，无庸发旨，等再来书，自然才定。朕又将多罗的事偶尔提起，多罗之言前后参差，因而难信。故有先旨。今虽为西洋人照旧看顾，总不断孰是孰非，还等再奏。西洋书交赵昌等收讫。

第三
嘉乐来朝补志

多罗（Charles Thomas Maillard de Tournon）失败后，教皇继派嘉乐（Charles Mezzalbarba）来华，1720年（康熙五十九年）9月26日于澳门，随即北上。康熙五十九年十一月二十五日，员外郎李秉忠奏西洋教王差人嘉乐于明日当至窦店，次日上差伊都立、赵昌、李国屏、李秉忠于琉璃河传旨，因《康熙与罗马使节关系文书》第十三件，内有"……本应着在京众西洋人前去迎尔，因事体未明白，故未遣去"，今所发现之第一件，当在嘉乐至琉璃河后所发表之谈话。第二第三，俱注年月，准标下千总陈良铋、抚标千总袁良栋，当系广东总督巡抚所派护送之人。因前引文件内，有"……其利若瑟罗本多往广东去，现有广东总督巡抚之人在此，即将利若瑟罗本多交与总督巡抚之人……于明年二月内趁回小西洋船之便，将利若瑟罗本多急速照看起程可也"，此与第三件结尾"皇上二十六日往陵上去……"甚为吻合。1721年3月4日，嘉乐尚觐见康熙一次，11月4日，嘉乐于禁约后，附八条，以挽颓势，但大势已去，禁教必行，嘉乐为外交颖才，善辞令，结果只是如此！

一

内务府员外郎李秉忠问嘉乐：教化王差你有何事来了？

答：第一个缘故，教化王命我来请皇上的安，又特来谢万岁所赐我们远人并圣教的洪恩。

问：除此之外，教化王还有什么话吩咐你，着你来说。

答：有一封教化王的书与皇上，这一封书是教化王亲手封的印的。

问：从前教化王差多罗来时，他在中国辩论道理，是多罗自己所为，还是教化王知道不知道？

答：多罗是教化王真真差的，但我知道差他来查一查圣教事情，并传扬教化王的命，若辩论道理不知道。

问：四十五年差龙安国、薄贤士二人前往教化王处，总无回信，又于四十七年差陆若瑟、艾若瑟去后，十余年又无回信，直到今年才有艾若瑟来，又在小西洋地方病故了。

答：龙安国、薄贤士二人海里坏了舡，身故途中。教化王未知此音，故不曾回信。一则陆若瑟身故于依西巴尼亚国后，艾若瑟到罗马，没有皇上的凭据，未敢轻信，及至今四年前，见了皇上的红票，教化王才真相信他。但教化王见艾若瑟身体多病，各名医都说他未必能到中国，此不曾付书信与他启自皇上，因教化王感不尽万岁待圣教及我们远人的隆恩，又表教化王要显自己爱敬万岁的心，故使我到中国。

问：你回复的这些话，此外还有甚么说，你可尽情说完。

答：要求万岁准我常常写与教化王知道万岁龙体金安柔远洪恩的书。

问：你想要求万岁准你常常写与教化王知道万岁龙体金安柔远洪恩的书；你想长远在这里住么？

答：这个事情，教化王没有命我，听从万岁的洪恩。又有教化王的礼物献与万岁的，并带有十人通晓技艺者，侍奉万岁，再教化王求万岁看圣教的恩，无别话。

　　此文藏于罗马传信部档案处"东方文件"1721年第10—182页

二

标下千总陈良鋕
抚标千总袁良栋　　同谨禀

　　大老爷台前禀者：二十九日，旨意叫嘉乐进朝内见，皇上问嘉乐许多话，赏克食。皇上望西洋内科乌尔达话玩话你治死了多少人，想是尔治死的比我杀的人还多了。皇上大笑，甚喜欢。又赐嘉乐葫芦一个，做的各样花草玩的东西，晚出来赏饽饽卓子一张。

　　三十日，皇上在中和殿筵宴嘉乐，鄂罗斯使臣，跟嘉乐的西洋人，三个旧西洋人，三个巴木李若瑟娃进去吃晏，各样库门音乐都给嘉乐看，嘉乐进东西四样，万年护身神位一尊，作的各样西洋纸第一盒，玻璃器皿，宝石烟盒。皇上收二样护身神位作的各样做纸果子。

　　初一日，嘉乐上朝。皇上赐吃食。

　　特此具禀。

　　　　　　　　　　　　　　　康熙六十年正月初五日
此文见梵蒂冈图书馆，号码为 Borg Cin. 439

三

标下千总陈良鋕
抚标千总袁良栋　　同谨禀

　　大老爷台前禀者：正月十二日嘉乐进宫，皇上没见叫赐吃食，十三日也没见赐吃食，十四日筵宴达子阿罗素西洋人摔交各样玩意。皇上问嘉乐西洋有没有，嘉乐起奏：也有有的，也有无的。十五日嘉乐又进去吃晏，至晚叫看烟火，十六日也是这样。又十六十七俱赏吃食，十八日叫嘉乐进去赏晏，叫老公格子歌舞。皇上问嘉乐，朕要赐卜你拖噶尔国王的东西你带得去么，嘉乐启奏带得去。皇上差赵大人李大人赐教化王灯三对，卜你拖噶尔国灯五对，还有瓷器二箱，珐琅二箱，日本漆器二箱，玻璃器二箱。皇上说我还要想些东西赐他们，叫李大人看看作箱子装这些东西。千总等同李大人送东西到天主堂，李大人吩咐千总等皇上二十六日往陵上去，意思还要我们送嘉乐回去，你们等着才是，起身日子，还未有定。特此具禀。

       正月二十八日禀，二月二十二不日到省
       此文见梵蒂冈图书馆，号码为 Borg Cin. 511

第四
康熙与德理格

　　《康熙与罗马使节关系文书》影印本内，关于德理格[①]者有三件——第六、第七与第十二——系民国十七年三月，在故宫懋勤殿中发现。陈垣先生称此等文献"为极可宝贵之汉文史料"。民国二十六年春，余在罗马传信部档案处，又发现关于德理格者三件，非特可补证故宫所发现之文献，且可看出康熙如何嗜好音乐，如何爱护耶稣会，如何处理礼节问题。唯第一件内，未注明年代。案故宫发现第六件内，有"至于律吕一学，大皇帝犹彻其根源，命臣德理格在皇三子、皇十五子、皇十六子殿下前，每日讲究其精微，修造新书，此书不日告成……"等语。陈垣先生定此件为康熙五十四年，即今所发现之第一件，当在康熙五十年与五十四年间也，因北平西郊栅栏德理格墓碑云"德理格以康熙五十年奉召进京"故。

　　德理格原名 Pedrini，意大利人，精音乐，《律吕正义续编》内，论徐日昇（Pereira）后说："后相继又有壹大里呀国人德礼格者，亦

[①] 原文有得里格、德里格、德理格、德立格几种译名，今统一照标题改为"德理格"。——编者注

精律学，与徐日昇所传源流无二。"唯德理格参预礼节问题与耶稣会对敌，康熙震怒，称他是"无知光棍之类小人"（见故宫所发现之第十二条）。

一

六月二十二日首领张起麟传旨西洋人德理格教的徒弟：不是为他们光学弹琴，为的是要学律吕根原。若是要会弹琴的人，朕什么样会弹的人没有呢？如今这几个孩子，连岛、勒、明、法、朔、拉六七个字的音都不清楚，教的是什么？你们可明明白白说与德理格，着他用心好生教，必然教他们懂的音律要紧的根原。再亦着六十一管教道他们。

见罗马传信部东方档案处 1714 年内

二

十月二十五日王道化、张常住、佟毓秀奉上谕：西洋人德理格、马国贤所奏带去教化王之书，朕不识西洋字，可着旧西洋人看。钦此。据德理格说，鲍仲义认得伊达里亚国字，着鲍仲义看。使得鲍仲义看了，说其书中德理格有将教化王所定之规矩尽陈奏大皇帝。大皇帝待之甚宽，并无憎嫌之意之语。但不知其所奏是何规矩，其中有关系等语。

于本月二十六日王道化、张常住、佟毓秀具奏，奉旨：着和素、赵昌、王道化、张常住、李国屏、佟毓秀带众西洋人同往天主堂去。传旨与众西洋人，今德理格、马国贤所奏带去教化王之书，虽然汉字奏过，朕不识彼西洋字，不知其所翻译者对与不对，其中有差讹错翻亦未可定。尔等可将众西洋人传集天主堂，在天主面前着他们细细查对。传朕旨意与他们，你们一人一意，一人一说，俱参差不等，从来无有真信实言，自今以后，教化王有书来，直奏朕知。朕有下的旨意，直发与教化王去。其中是非，非尔等所私意定者。今德理格所奏，寄与教化王书内，有教化王所定规矩奏过朕之语，可看德理格将奏过朕的话写出来，与众西洋人看。钦此。

即传三堂西洋人纪理安、苏霖、白晋、德理格、马国贤、巴多明、傅圣泽、杜德美、鲍仲义、罗德先、孔禄食、马若瑟、穆敬远、杨秉义、冯秉正、陆百嘉、林济格、雷孝思、鲁保洛于宣武门内天主堂，传旨意讫，据德理格写出先前奏过的话，教化王说，亡者之牌位存得，但不要写灵位等字，只堂灵魂在牌位上或左右该写亡者的道理解说。又奏过造天地万物之主该呼天主，在中国众西洋人从没有辩过这两个字使不得。天上帝是天主不是天主，教化王没有说。又奏过论祭孔子的礼，但该祭造物主宰才是。在中国众西洋人从无有许到春分秋分祭孔子之礼等语，写了与众西洋人看了。据纪理安等众西洋人说，德理格所说教化王所定之规矩，并无凭据，难以信其言有大关系等语，一并于二十七日和素、赵昌、王道化、张常住、李国屏、佟毓秀具奏奉旨：德理格所寄与教化王信内，有德理格将教化王所定之规矩尽陈奏，大皇帝并无憎嫌之意等语。德理格原启奏之时，含糊不明，朕所以不曾下旨意。今下旨意，来中国的西洋人，若不遵中国规矩，将西洋人俱逐回去。钦此。即传与德理格、马国贤、纪理安、苏霖等众西洋人讫。

本月二十八日为德理格寄与教化王信内有更改片子二张，一张内写大皇帝又问臣德理格西洋信，德理格将教化王所定之规矩尽陈奏大皇帝。大皇帝旨意，来中国西洋人，若不遵中国规矩，将西洋人逐回去，钦此。一张内据德理格写教化王所定之规矩尽陈奏大皇帝。奏这话那一天大皇帝并无憎嫌之意，后发旨众西洋人看这个书，纪理安等奏大皇帝并无憎嫌之意这句有大关系。大皇帝发旨去了那一句话，改添"来中国的西洋人，若不遵中国规矩，将西洋人俱逐回去。钦此"。

于二十八日，赵昌、王道化、张常住、李国屏、佟毓秀呈奏，据德理格跪称此二张俱求不用写罢等语，具奏奉旨：此二张俱不好，有原先与艾若瑟奉去与教化王的旨意，查出来照旧抄去，若有一字差错，前后少有不同，则所去之人必得大罪，更改不得。朕先下的旨意，有照利玛窦实行的规矩下的旨意，尔等查出，入在此折内就是了。 自利玛窦以来，在中国行教并无错处。钦此。随奏德理格求见皇上，有面奏之话具奏。奉旨：此众人之事，若来奏，齐来奏，不可一人来。再传旨与德理格知，尔在前宫奏朕的时候意思好来，朕亦说你带信去好。但今改着改着，比先变了，如今无有别的旨意，只将原下与艾若瑟的旨意照旧一字不差直带与教化王。教化王若有奏朕的本来直奏。朕知其中是非，非尔等所私意定者。再，德理格带去的信，着纪理安等亦写一样信带去，两处一样好。钦此。即传与众西洋人讫。

十月二十九日将四十五年五月二十二日下与多罗的旨意一件，四十五年六月二十四日与阎珰方舟的旨意一件，再三月十七日为西洋人孟由义等九人求票下的旨意一件抄录。和素、赵昌、王道化、张常住、李国屏、佟毓秀呈奏。奉旨：朕无别的旨意，只照依先下与多罗的旨意，朕谕并无别事，尔只告诉教化王说，中国遵行孔子之道二千余年，自利玛窦以来将近二百年，朕治国五十余年，尔西洋人并无过失，安静居住。如尔西洋人所行，若有一处与孔子之道相远，西洋人难以在中国居住。即将此旨意交与众西洋人。尔等再传旨意与众西洋人，尔西洋人彼此较论是非，在尔等看着甚大，朕看来最小之事。近来看尔众西洋人之事因耶稣会的人来中国年久，凡事遵规矩，是以得体面。至于后来别会之西洋人，俱附耶稣会之人行教，今日久因循，别会各国之人意欲将耶稣会之人压倒，以图自立。其会再闻得有自西洋来中国之人波尔拖噶尔国不令到皋门，擅自将人拦回去，或者亦有之。此等事总督巡抚因不知不曾奏闻，朕亦不知。此等事是拦回去人之不是，与中国无干。自今以后，凡朕有所下之旨意直发与教化王去。教化王有所奏之本来直奏。朕知其中是非，非尔等所私意定者。钦此。

本月三十日，上问：和素、赵昌、王道化、张常住、李国屏、佟毓秀西洋人所翻之信怎么样了。钦此。遂奏他们尚未翻完，俟完时再奏。奉旨：知道了。再传与众西洋人，有各所司的官差要紧，不可因此事有误官差。钦此。即传与纪理安、杜德美、白晋、苏霖、德理格、马国贤等众西洋人讫。

十一月初二日,西洋人德理格、马国贤启奏片子一个,寄教化王书底子一个,和素、赵昌、王道化、张常住、李国屏、佟毓秀呈奏。奉旨:尔等与西洋人下旨意,他们的折子朕俱来看,朕无两样旨意,只照原先所下旨意就是,今如此两样,使不得。据西洋人看着此事甚大,朕看此事甚小,尔等可将众西洋人一个不可遗漏,若有说去不得的,即拉了去俱带到天主堂。着西洋人将寄教化王的书,必定合而为一才是。再传旨与众西洋人,朕光天化日之下,无所不容,各国之人来中国,朕俱一样恩待,是以尔西洋人来中国者,朕俱一体恩养,设有中国人到西洋去,尔天主教着尽遵孔子之道,尔西洋人不但不能容留养育,必至饥寒冻馁。钦此。

十一月初三日,西洋人德理格、纪理安等寄教化王之信合而为一,共成一折。和素、赵昌、王道化、张常住、李国屏、佟毓秀呈奏。奉旨:所写之信,文义不通,其中重复者甚多。朕少改抹了几字,尔等着他们翻西洋字。钦此。遂奏称翻写完了,交与理番院,送与鄂尔素人带去罢,请旨。奉旨:将西洋人带至天主堂,令写完对明,尔等看着封了,亲交理番院,送交鄂尔素人带去。钦此。

照止此完了。养心殿武英殿抄照总管一写完了,吴多默即看明对抄,陈伯多录对同,一字无误。

康熙五十三年十一月初四写录,按西洋年月是天主降生一千七百十四年十二月初十日在北京皇城内西堂。

此稿系藏在罗马传信部档案处:东方档案,1714年第12卷内

三

康熙五十九年正月初一日,御前太监陈福传旨:今日新年元旦,德理格不来行礼，甚是可恶。西洋人系尔等所管，似此无礼之人，即宜处分惩治，可差人将德理格叫来，他若推托迟滞，即锁拿来。钦此。本日即将德理格绑手拿来。

初二日，御前太监陈福传旨：德理格不知规矩狂悖无礼，殊属可恶。朕所以不论年节好日，着令拿来，看此光景，比年来必仍似从前，妄带书信。朕待西洋人从来宽容，以示柔至意。今德理格任意虚妄，乱带书信至于怀尔西洋人等之事，外人不知，妄信德理格为有体面，此时德理格体面何在？尔等西洋人俱听信人尔教中代书写字下贱之人，彼此调弄是非，以致不和，嗣后如有事出此等人，自难免于重罪。再西洋人自利玛窦入中国以来二百余年，并未有将西洋人正法。殊不知中国法度森严，其有蔑礼狂悖者，法不在赦，即如多罗来中国惑乱众人，争论是非，即应正法。朕因多罗系教化王使臣，所以宽宥。尔德理格系投来之人，非使臣可比。若再无理犯法，一定正法，并著为例，以照中国法度。钦此。

此文存于罗马传信部档案处：Snno1721，182页

第五
白晋与傅圣泽之学《易》

清初西士来华，很努力研究中国典籍，白晋（Joachim Bouvet）与傅圣泽（Jean-François Foucquet）之学《易》，便是一好的证例。巴黎国立图书馆内，Fond Français 17249，有白晋致哲人莱布尼兹（Leibniz）之信，系 1701 年 11 月 4 日，共 27 页，完全讨论《易经》，认此书是一部数理哲学。继后余在罗马梵蒂冈图书馆内，见到西士研究《易经》华文抄本 14 种，今以次序，列如次[①]：《易考》、《易稿》、《易引原稿》、《易经一》、《易学外篇》、《总论布列类洛书等方图法》、《据古经考天象不均齐》、《天象不均齐考古经籍解》、《大易原义内篇》、《易钥》、《释先天未变》、《易经总说稿》、《太极略说》等。惜当时以时间与经济所制，未能择要辑录。

今所刊印之十种文献，藏于梵蒂冈图书馆内：Borg Cin. 39。从这些琐碎记载内，看出康熙嗜学，在当时儒林内，白晋实占一重要位置，所以康熙论到嘉乐使命时说："惟白晋一人稍知中国书义。"

四月初九日李玉传旨与张常住：据白晋奏说，江西有一个西洋人

---

① 此处只列 13 种，原文如此。——校者注

曾读过中国的书，可以帮得我，尔传与众西洋人，着带信去将此人叫来，再白晋画图用汉字的地方，着王道化帮着他料理，遂得几张，连图着和素报上带去，如白晋或要钦天监的人或用那里的人，俱着王道化传给。钦此。

臣傅圣泽在江西叩聆圣旨。命臣进京相助臣白晋同草《易经》稿。臣自愧浅陋，感激无尽，因前病甚弱，不能陆路起程。抚院钦旨，即备船只，诸方供应，如陆路速行，于六月二十三日抵京，臣心即欲趋赴行宫，恭请皇上万安，奈受暑气不得如愿，惟仰赖皇上洪福，望不日臣躯复旧，同臣白晋竭尽微力，草《易经》稿数篇，候圣驾回京，恭呈御览。

七月初五日上问白晋所释《易经》如何了。钦此。王道化回奏，今现在解笔法统宗之攒九图聚六图等因具奏。上谕：朕这几月不曾讲《易经》，无有闲着，因查律吕根原，今将黄钟等阴阳十二律之尺寸积数，整音半音，三分损益之理，俱已了然全明，即如箫笛、琵琶、弦子等类，虽是顽戏之小器，即损益之理，查其根原，亦无不本于黄钟而出。白晋释《易经》，必将诸书俱看，方可以考验，若以为不同道，则不看，自出己意敷衍，恐正书不能完。即如邵康节，乃深明易理者，其即有占验，乃门人所记，非康节本旨。若不即其数之精微，以考查，则无所倚，何以为凭据？尔可对白晋说，必将古书细心校阅，不可因其不同道则不看。所释之书，何时能完，必当完了才是。钦此。

初六日奉旨问白晋：尔所学《易经》如何了？钦此。臣蒙旨问及，但臣系外国愚儒，不通中国文义，凡中国文章，理微深奥，难以洞彻，况《易经》又系中国书内更为深奥者。臣等来中国，因不通中国言语，学习汉字文义，欲知中国言语之意，今蒙圣上问及所学《易经》如何了，臣等愚昧无知，倘圣恩不弃鄙陋，假半月，容臣白晋同傅圣泽细加考究。倘有所得，再呈御览，求圣恩教导，谨此奏闻。臣白晋前进呈御览，《易学》总旨，即《易经》之内意与天教大有相同，故臣前奉旨初作《易经》稿内，有与天教相关之语。后臣傅圣泽一至，即与臣同修前稿，又增几端，臣等会长知，五月内有旨意令在京众西洋人，同敬谨商议《易》稿所引之经书，因寄字与臣二人云："尔等所备御览书内，凡有关天教处未进呈之先，当请旨，求皇上谕允其先察详悉。"臣二人日久曾专究《易》等书奥意，与西士秘学古传相考，故将己所见，以作《易》稿，无不合于天教，然不得不遵会长命，俯伏祈请圣旨字奉王老爷，弟所作日躔，共二十节，前十七节已经台览，尚有三节存于相公处，还求昭监，论日躔之工，不过数月当完，因弟多病，竟迟至一年，抚心甚愧。

兹启者：白虽头痛，犹有止时，今岁以来，痛竟不止，若见风日，骑马走路，必复增重，倘再勉强，恐至不起，故虽敝教斋规，亦竟不能守也，若得月余静养，此身少健，自能究心月离矣。但此系旨意，老爷代为周旋，弟自铭感五内耳，余情不悉。接来字，始知先生患头病，本欲亲来奉候，因公务所羁，不能如愿，徒怀怅歉耳。特走字专候近祉，伏冀鉴照。更渎者，来字内云，必得月余静养等语，弟思凡人有病，因自己不能主张，是以有病焉，有未痊之前，预立其期乎。

先生不远九万里而来，原欲发明素学以彰教义，今幸上问及所学，则献策有门，先生当将素蕴之秘旨，竭力以献，方不负素所欲也。今若以小恙为隔，岂不虚所抱负乎。弟相劝先生倘稍愈时，即赴畅春园以备顾问，方不虚其所学也。

日躔三节，俱已看完，令人抄可也，将未览过之书，可俱交白先生处贮，恐上问及，以便呈览，多不有录傅先生案公王道化具捧读华翰，知老爷情意殊深，自不禁感谢之交至也。弟前言静养月余者，不过约略言之耳。据弟之病，虚弱已极，正恐月余尚难愈，意或竟至终身欤。但死生有命，原非人之所敢必者，若论病之痛苦，必受其痛者自知之。弟航海而来，不避万难，倘可勉强，岂敢自怠，若因小恙而偷安，不几与远来之意，自相左乎。

望老爷体柔远之意，知弟之艰，则感恩不尽矣。谨以未呈览之书带去，倘有总进此书之日，祈与弟一信，弟扶病至畅春园伺候可也。

臣傅圣泽系外国迂儒，不通中国文义，蒙我皇上洪恩，命臣纂修历法之根，去岁带至热河，躬亲教导，实开茅塞，日臻已完，今岁若再随驾，必大获益。奈自去口外之后，病体愈弱，前病复发，其头晕头痛，迷若不知，即无精力，去岁犹有止时，今春更甚，几无宁息，不可以见风日，若再至口外，恐病体难堪折，且误事，惟仰赖我皇上洪恩，留臣在京，静养病躯。臣尝试过，在京则病发之时少而轻，离京则病发之时多而且重，今求在京，望渐得愈再尽微力，即速作历法之书，可以速完，草成月离，候驾回京，恭呈御览，再求皇上教导。谨此奏闻。康熙五十二年四月。

五十五年闰三月初二日：为纪理安、苏霖、巴多明、杜德美、杨秉义、孔禄食、夏大成、穆敬远、汤尚吴面奏折，上将原奏折交与纪理安等谕：赵昌、王道化、张常住、李国屏、佟毓秀、伊都立、尔等共同传与白晋、纪理安等，所奏甚是，白晋他作的《易经》，作亦可，不作亦可，他若要作，着他自己作，不必用一个别人，亦不必忙，俟他作全完时再奏闻。钦此。

第六
雍正与本笃十三世

雍正三年（1725年），罗马教皇本笃十三世（Benoit XIII，1724—1730年）遣使来华。是为第三次教廷使节，惜汉文资料甚少，中西文专著中，亦未提及。余在罗马传信部档案中，发现今所刊印之资料，心窃为喜，此后治清初中西交通或中外交涉史者，将有所依据。

根据资料中所论事实，复据所注明之时代，顺序排列。自第一项至第六项存于1726年东方文献内（第544页、403页、258页），自第七项至第八项存于1727与1728年东方文献内（第48页），自第九项至第十项存于1731年东方文献内（第167页）。

此次教皇本笃（即文献中伯纳弟多）使臣之目的，借雍正即位之初，改善西士在华不利之局势，收效甚微。德礼贤论到礼节问题时，也说："教士们都分作两派，彼此都竭力争持着，而且完全自信地，热烈地，不屈不挠地，和有些近乎固执地争持着，他们又不是完全没有党见的，而且还有情感用事……"（见德氏所著《中国天主教传教史》，第80页）

第一件所言两广总督系孔毓珣，由郭中传（Perroni）口授，华人陈若望执笔。噶哒都①西名为 Gottardum，易德丰为 Ideifonsum，两人皆为修士。至纪有纲②与毕天祥，因缺少 *Louis Pjister: Notices Biographiques et Bzbliogra phiques sur les mission de l'ancienne de Chine*，无法做详细介绍，留诸异日，深引为憾。

一

具呈西洋修士郭中传，呈为报明贺献事。窃因西洋罗马③国都教化皇仰慕圣朝德化，四海沾恩，凡西洋修士，俱荷覆帱之中。前闻皇上新登宝位，特遣噶哒都、易德丰二臣，奉书赍送西洋方物，航海数万里远来，欲进京诣阙贺献。今者始得舶至广省，理合具呈报明，伏乞大老爷电鉴，验明具题，令其入京。又现有送上之物几箱，俱在洋舡，恳乞大老爷俯准，许其来城，则感戴鸿恩，永不朽矣。上呈总督部院大老爷台下。

二

两广总督部院带理广东巡抚事，为远彝航海入贡，据情题达事：该臣看得西洋远隔海外，计程数万里，今教化王伯纳弟多恭闻皇上御极，遣使噶哒都、易德丰赍表入贡，恳请题达前来。臣查教化王原不在常贡之列，但水陆共计十个月，始到广东入口，不惮艰险，艅航入贡。据称教化王住在罗马府地方，陆路行三个半月抵英吉利，水陆可行六个半月，共计十个月始到广东入口。仰见皇上仁德远播，所以远人慕义向风，不惮水陆艰险，艅航入贡。臣随传（到）噶哒都、易德

---

① 原文有"噶哒都""葛达都"两种译名，将其统一为"噶哒都"。——编者注
② 纪有纲，文中出现"纪有纲""计有纲"两种译名，因无从考证，照本文所附之方案《关于毕天祥与纪有纲》一文，一概统一作"纪有纲"。——编者注
③ 原文有"罗玛""罗马"两种译名，将其统一为"罗马"。——编者注

丰面询，许以请旨定夺。据噶哒都等又称，奉伊教化王所差急欲聘天仰圣，若请旨往返，复得数月，坚恳一面启奏，一面即令启程。臣见远人向慕之诚，如此挚切，不便拂其所请，即给以口粮填用，勘合委员伴送，于本年七月十一日，起程赴京，听其诣阙进表，恭献方物，以速遂远人归化之意，昭示圣朝一统然无外之模。除将贡物造册送部外，臣谨具题旨意该部知道。

三

西洋人噶哒都、易德丰谨启：王爷恳请转达皇上，教化王所遣噶哒都、易德丰赍进中国大皇帝字西洋方物，二人即传候中国皇上，于今九月十七日已到。谨启。

四

教化王伯纳弟多恭请中国大皇帝安。窃惟无始无终全能造物之天主，照临下土，眷顾四方，遂使苦乐悲欢并发于一时，盖因先帝大行之哀诏，忽尔惊传，中心痛切之至，乃大皇帝御极之喜音，同日恭闻，又欢乐无限，此诚在天之主预为调剂以慰此苦也。

伏思先帝以至公无私之恩德，赏善罚恶，俾率土臣民，久安长治，俟制作具，然后大行随以万民悦服之，圣躬丕承鸿业，庶几所得之喜，意倍于所失之苦焉。若不如是，何以解之先帝之恩逾于父母，即据西洋修道诸人而论，其多年抚养，言难尽述，区区远国，适当莅政之初，追继往事，满望将来教恩广益，倘或其时唯知先帝力行不获，即闻大皇帝践祚之喜，万难解此刺心之忧苦，可知明天之上唯一主宰，多方眷顾，不令人久怀郁郁也。由此心以观，仰见大皇帝盛德上智，统驭广大之幅员，从今瞻望之心，比前更切，故敢竭未尽之诚，献兹微悃，约有三端：一为表先帝大行，虽属僻远之君，而恸悲靡极，更遥忆大皇帝大孝大哀，必然身受难言之惨痛；一为表大皇帝即位临民享玉帛冠裳之朝会，居豪华富丽之名都，特申贺敬；一为表教化王之位，本来不愿缵承，乃勉循众请耳，渎陈此意，想睿照之下未有不乐闻教。三端之外，恻闻御极后，即宽释一西洋人，其余者俱许专务修道，不容行无益之事，似此仁爱有加，令人愈深企仰也。

先教化王之使臣加乐，蒙先皇帝给以宝物，倘获拜登必什袭珍藏，以征旷典，奈因海舶被焚，徒深浩叹。然所失之宝，已珍藏心内，永存而不忘也。今特将些微土物，附陈数语，用达远怀。每思竭力图报，惟以仰合大皇帝（获）之欢心，而无可适从，所望大恩广被，凡西洋修道之人在中国者，俱邀庇护，此诚无可报效之恩施，惟有恒求无声无臭生物生人之天主眷顾［圣］躬，常享太平之福，使域中臣庶，共凛国威，不忘人物之本原籍焉，万善之根基，不胜幸甚。

天主降生一千七百二十四年十月初六日

五

教化王伯纳弟多恭请中国新皇帝安。窃思在天之主，降特达之聪明，成新皇帝之功用，所具者非常之德，所秉者广大之权，享太平巩固之鸿图，乐国富民安之原福，宜乎称颂尊威，赞扬美善，遍及西洋诸国也。仰自御极以来，公义覃敷，仁慈普被，钦兹二德，照著万方，迄今薄海内外，共乐升平，皆由无限之新思所致。且即如德理格脱离牢之苦难，见兹宽典。满望传教之人，必能广扬天主，鼓舞作新，仰承德化，故惟有实心实意，引领颂谢而已。尚有一事冒渎，向闻西洋人毕天祥、纪有纲监禁于广州府内，悯此二人可怜，久禁未宽。俯恳新皇帝特颁公义仁慈之命，亦如赦免德理格之恩，俾其早脱系刑，同沾仁泽，虽报效无由，而朝暮焚祝。祈求天地神人万物之主，时垂宠佑于国家，仰见一人有庆，万福无疆，此区区之本愿也。伏祈睿断施行。

六

教化王伯纳弟多恭请中国大皇帝安。窃思自古历代帝王，皆用公义仁慈二德，享受永远太平之福。今见大皇帝初登大位，二德即发光辉普照，我国闻知，众心喜悦很慰，我心因大皇帝掌万国之权，随发恩旨，释德理格，脱离灾难，照旧容其效力，我心很乐，感恩不尽。还望大皇帝照顾天主圣教，再求大皇帝公义仁慈，如放德理格之恩，再先皇帝时禁在广州府毕天祥、纪有纲，得沾此恩，感谢不尽，虽无以报答，惟求造化王主宰保护。大皇帝万寿无疆，率土人民乐享永福于世世。

七

礼部为遵旨事：雍正四年六月初五日内阁交出，给赐西洋教王，敕谕意达理亚国教王：览王奏请援释放德理格之例，将广东监禁毕天祥、纪有纲一体施恩释放等语。查德理格于康熙五十九年，因传信不实，又妄引陈奏，我圣祖仁皇帝，念系外国之人，从宽禁锢。及朕及（即）位后，颁降恩诏，凡情罪可原者，悉与赦免，开以自新。德理格所犯与赦款相符，故得省释。彼时广东大吏未曾以毕天祥、纪有纲之案入于大赦册内，具题上闻。今据王奏请，朕查二人所犯，非在不宥之条，即王不行陈奏，朕亦必察出施恩。今特降旨与广东大吏，将毕天祥、纪有纲释放，以示朕中外一体，宽大矜全之至意。兹因使臣回国，再寄人参等物十六种，用展朕怀，王其收受，故兹敕谕。钦此。相应行两广总督、广东巡抚，将毕天祥、纪有纲从速释放，即行报部可也。

八

巡抚广东等处地方提督督军务兼理粮饷都察院右副都御史加九级右军功加三级，在任守制杨，（为）遵旨事：雍正四年七月十二日，准礼部咨主客请吏司案呈。雍正四年六月初五日内阁交出，给赐西洋国教王敕谕王稿，奉天承运皇帝敕谕意达理亚国教王：览王奏请援释放德理格之例，将广东监禁之毕天祥、纪有纲一体施恩释放等语。查德理格于康熙五十九年，因传信不实，又妄引陈奏，我圣祖仁皇帝，念系海外之人，从宽禁锢，及朕即位后，颁降恩诏，凡情罪可原者，悉与赦免，开以自新。德理格所犯与赦款相符，故得省释。彼时广东大吏未曾以毕天祥、纪有纲之案入于大赦册内，具题上闻。今据王奏请，朕查二人所犯，非在不宥之条，即王不行陈奏，朕亦必察出施恩。今特降旨与广东大吏，将毕天祥、纪有纲释放，以示朕中外一体，宽大矜全之至意。兹因使臣回国，再寄人参、貂皮等项，用展朕怀，王其收受，故兹敕谕。钦此。相应移咨该抚，将毕天祥、纪有纲即速释放，报部可也，今咨前去遵照施行，等因到院，准此备案，仰司照案，备准咨文，钦遵，敕谕口稿事理将广东监禁之毕天祥、纪有纲从速释放，即日取具，释放日期详报，以凭咨部可也，须牌。雍正四年七月十三日。

九

广抚付题为呈请报明事：该臣看得西洋教化王伯纳弟多，恭闻皇上御极，遣使噶哒都，易德丰赍表入贡，经前署抚臣孔毓珣具疏题报，并委员伴送，赴京进献，嗣蒙圣恩，御赐敕书，特差鸿胪序班张世英伴送贡使，噶哒都、易德丰回广，于雍正三年十二月二十五日，附搭哥池国彝商耶咭呢舡回国。又经前任抚臣杨文乾，题报在案。雍正七年七月十四日，据住粤修士郭中传呈报，教化王伯纳[弟]多，承恩感激，寄付表文，交郭中传赍送，恳请进呈叩谢等情，连缴表文一匣到臣。当即檄行布政司询查，匣文系何洋舡带来，去后兹据布政司使王士俊，详询修士郭中传，回称教化王寄付匣文，系红毛头舡大班主，名斐哑加理带来，转详委员赍送，并请代为题报前来，钦惟我皇上仁恩广被圣德覃敷重泽艐航，莫不闻风向化，遐方远岛，感恩仰圣瞻天，今西洋教化王伯纳弟多蒙恩浩荡，念念不忘，感激之诚，至深且远。除将该国王寄付谢恩表文一匣，于雍正七年八月初四日，交给领解关税银两委员，南海县江浦巡检司巡检蒋大谋，敬谨赍送，前赴礼部进呈御览外，九月十五日。

十

咨署理广东巡抚印务户部右侍郎傅为知会事：雍正七年十二月十八日，准礼部咨主客清吏司案呈准仪制司付称礼科抄出西洋国教王伯纳弟多为谢赐珍珠等项，恭进表文称谢。雍正七年十一月初五日奉旨：览王奏谢知道了，该部知道。钦此。钦遵抄出到部，相应移咨该抚，转知会该国王可也。合咨前去，查照施行，等因到部堂。准此，相应咨会为此合咨贵国王烦为钦遵，查照施行。须至咨者

左咨
西洋国王

雍正七年十二月二十一日
发番禺县给西洋人郭中传转递

附：关于毕天祥与纪有纲

方豪

读本刊第十七期吾友宗临先生所撰《雍正与本笃十三世》一文，中有涉及毕天祥与纪有纲处，兹就所知，略述一二。

天祥西名 Appiani，1663 年（康熙二年）3 月 22 日生于 Piemonte

Doglirmi①。1687年5月10日在罗马入遣使会（即味增爵会，亦名拉杂里斯得派），时已任司铎，并考得博士学位。1697年加入教务考察团，但1699年（康熙三十八年）10月14日与天祥同抵广州者，仅穆天尺（Mullener）一人（天尺后任四川主教）。1703年天祥居重庆，1705年至广州，教宗特使多罗聘为译员。同年12月4日抵京，次年8月28日出京，旋即被扣留于淮安。此后辗转北京、四川，复由四川北上，又由北京南下至广州，则已1710年5月17日，复入狱。至1726年8月21日，始获开释，则已为雍正四年。计自被捕受刑至恢复自由，凡历十九年又九月。1732年8月29日卒于广州，葬于多明我会士之茔地（或曰在澳门）。天祥之事迹甚多，不能悉记。

有纲西名为Antoine Guignles，法国亚未农人。1703年入巴黎外方传教会，其后数年，曾在广州任该会办事处主任。后返欧洲，1732年脱离外方传教会，任天主教修士或司铎。其不入会或已入会而复出会籍者，往往不易考索，故于各方求之。惟Pjister书，仅以16、17、18世纪曾来中国之耶稣会士为限，天祥系遣使会司铎，有纲乃外方传教会士，自无法在其书中搜觅也。

---

① 原稿此处模糊。——编者注

第七
关于麦德乐使节的文献

雍正即位后，手足相残，波及胤禟。

胤禟被差往西宁后，利用西人穆经远（P. L. Mouras）与胤禩遥应，树党对立。继后胤禟禁居保定，穆经远入狱，雍正不欲外人参预内政，托辞禁教。

当时，旅华西人恐全功毁弃，想借外交方式，挽回颓势，营救穆经远。于是葡王若望五世（Jean V，1707—1750年）有遣使麦德乐（Metello）来华之举。

为着根绝麦德乐之要求，在葡使未抵北京之先（雍正四年十一月），而刑部已将穆经远判决，枭首示众了（雍正四年六月）。这五种文献，每件末尾，注明出处，很可看出当时（1726年）外交上的情节了。

一

巡抚都察院杨题为远夷入贡谢恩详情据情题报事；雍正四年八月初三日，据广东布政司布政使常赉详称奉臣牌开为遵报事；雍正四年五月二十一日，据香山协禀称；雍正四年五月十七日，据左营把总李芬禀称；本月十五日，据濠镜澳西洋理事官唛唎哆等报；据张安多报称：多于康熙六十年蒙先帝宠颁厚礼带回，西洋国王喜出望外，阖国欢欣。荷蒙恩惠，饫德难忘，故特委内员麦德乐前来恭候圣安，以表谢忱。

第张安多与奉委内员到澳，即应赴省，兼程进京，缘涉远洋巨浪狂涛，冒风劳动，身体染病，容调养稍愈即刻上道。随带七人来澳，内有二人系钦天监带领赴京伺候内庭，少效微劳，来船并非商贾贸易，乃系奉差恭候圣安，并无货物，亦无唐人搭回等情到。把总转报到职，据此随查该船于本月十三日进澳，合就通报等由到院，据此备牌，仰司即便转行，查照将西洋国内员麦德乐等，据称特委到澳，随带七人，内有二人系钦天监带领赴京，有无表方文物呈速查明，令张安多等，务速调治稍愈，如有表方文物，即刻一并赍带赴省，取其预拟起程日期详报等因。奉此，依经转行广州府确查去后，兹据该府详称，行据香山县详，据西洋理事官唛唎哆等呈称依奉行，据张安多复称：多系康熙六十年蒙先帝宠颁厚典差回，大西洋国王感德，特差复命，并着七人陈善策、麦有年、计万全、自如玉、索智、林起凤、马犹龙，内陈善策、麦有年二人通晓天文，多同二人先进京都，伺候内庭，少效微劳。

复委内员麦德乐带有表文一道，文物三十箱，遣令入贡，恭请圣安，国王感慕皇上仁德，多等奉差叩阙，亟欲瞻天，缘安多染病，未克即赴京都，现在调摄，倘病稍愈，即将起程日期具报，其西洋差委内员麦德乐，容另文呈复。来船委系乘送差人员，并无货物等情，据此合就呈复等情到县。据此，正在缮详间。

本年六月十五日，又据西洋理事官唛唎哆等呈称：张安多说称敬带表文方物俱系内员麦德乐收贮，前经据报经麦德乐足患疮病，动履艰难，同来之陈善策、麦有年通晓天文，在本国同居钦天监之名，安多病愈先同赴省进京，麦德乐足患稍愈，亦即赍表文方物赴省入贡等情。据此合再呈复等情到县。据此理合转报等由到府。据此卑府以远夷入贡，不便久稽，复经行催赴省，酌期进京去后，雍正四年六月二十五日据西洋理事官唛唎哆等呈称：据特委内员麦德乐等一经到澳，即应赴京恭候圣安,奚敢逗留稽迟。缘乐足患未痊,实难举动,未能克期进京,容俟乐足稍痊,即便起程赴京等情到府。据此当经转详在案。兹据麦德乐先遣方济各复称:麦德乐带表文方物恭候圣安,缘足患疮病,稍愈即便进京,恳请先为题报等语,连开上方物,第一号箱内装云云等因。又张安多今病痊愈,随带通晓天文陈善策、麦有年在澳,指日到省,拟于本年八月十三日起程,先行进京。麦德乐足病稍愈,拟于本年九月初旬起程进京,拟合详报等由到司。据此随该布政司布政使常赉看得西洋国王差张安多复命,并委内员麦德乐恭候圣安,奉檄行查,依经转行广州府,查明有无入贡表文方物并催令赴省,起程进京日期详报转请具题去后,兹据该府详,据香山县详称行据西洋理唡哆等呈称,据张安多复称,多系康熙六十年蒙先帝宠颁厚典差回,大西洋国王感德,特差复命,并着七人陈善策、麦有年、计万全、白玉如、索智、林起凤、马犹龙,内陈善策、麦有年二人通晓天文,先进京都效劳,复委内员麦德乐带有表文一道,方物三十箱,遣令入贡,恭请圣安。来船系乘送奉差人员,并无货物等情。又称皇上仁德,国王感慕,多等奉差叩阙,亟欲瞻天,多因染病,麦德乐足患,未能克期进京,今多病愈,先同通晓天文之陈善策、麦有年赴省,拟于本年八月十三日起程进京,麦德乐足病稍愈,拟于九月初旬起程进京等情,转详到司。据此本司查西洋国王原不在常贡之例,但该国王感戴圣祖仁皇帝,深仁厚泽,无时不竭诚追思,又沐皇上怀柔普被至此向慕谆谆诚向化之隆也,相应俯循上年教化王入贡之例,预将张安多、麦德乐等分次起程日期详请题报,一面令其依限起程赴京可也等因到臣。据此该臣看得西洋国王远数万里之遥,原不在常贡之例,今遣使麦德乐赍捧表文、方物,恭候圣安,并遣张安多叩谢,康熙六十年圣祖仁皇帝宠颁厚惠,仰见天朝恩威远播,是以远人归化,极尽诚切,臣据报贡使麦德乐到澳,即檄行广东布政司转行查明赍带表文方物,并取张安多、麦德乐各起程赴京日期复节次催查去后,兹据布政使常赉详报,因张安多染病,麦德乐足患,未能克期赴省起程进京。今张安多病已痊愈，拟先带通晓天文之陈善策、麦有年于本年八月十三日起程赴京，麦德乐足患稍愈，拟于本年九月初旬，赍捧表文方物起程进京。缘由前来所当循照上年教化王遣使噶哒都、易德丰入贡之例，先行题报，依期委员伴送贡使，麦德乐赍捧表文方物，给以口粮填用，勘合委员伴送，依期起程赴京，听其入贡谢恩，以遂远人归化之盛，昭示圣朝一统无外之模。除张安多带同陈善策、麦有年，臣等捐给口粮，委员伴送，先于八月十三日起程外，臣谨会同两广总督臣孔毓珣合词具题，伏乞皇上睿鉴，敕部查照施行。臣等未敢擅便，谨会题请旨。

此件存于罗马传信部档案处："东方文件"，第 18 卷第 511 页

二

总管内务府为移咨事。内阁大学士马齐具奏迎接博尔都噶尔来使，内务府派出郎中兼佐领常保柱带领引见奉旨：着常保柱同西洋人张安多驰骋前往。钦此。

查博尔都噶尔国从前并未进贡请安，今博尔都噶尔国王感被圣化，特遣使臣，不比寻常进贡来使，臣等仰遵皇上抚恤远人谕旨行令该督抚转交该地方官，于来使麦德乐到时一应支给物件，务必丰裕，从优款待外，据西洋人张安多称，博尔都噶尔国王特为请安，使麦德乐进贡前来，所盛进贡礼物箱子三十个。麦德乐从人六十名，其麦德乐行李并从人零星行李共八十驮，若由陆路来，所需马匹甚多，且又繁剧，将伊等由水路带来等语。查康熙八年，西洋国遣官入贡，题准令正副使及从人二十二名来京，其留边人役该地方官给予食物仍加防守等语，今博尔都噶尔国王感被皇上抚恤远人圣化遣使庆贺请安，不比西洋来使，其从人如要带俱令带来，或有留粤者，令该地方官将所居房舍并一应食物从丰支给，令郎中兼佐领常保柱，西洋人张安多于本月十六日起身，迎接来使麦德乐，回来时，令其由水路带来等因。于雍正四年十一月具奏。奉旨：依议。钦此。钦遵贵部移咨直隶、山东、江南、江西、广东五省督抚，博尔都噶尔国来使到时，令其将一应支给食用等物，务必丰裕，从优款待，为此合咨前去查照施行。须至咨者。雍正四年十一月十三日。

梵蒂冈图书馆 Borg Cin. 516

三

麦德乐来使所带表文一道，方物三十箱。

第一号箱内装：缂丝镶珊瑚花箱一个，内装大珊瑚珠一串，宝石素珠一串，珈石珬瓶一个，金珐琅鼻烟盒一个，金镶蜜蜡珈石珬玛瑙蓝石云母鼻烟盒六个，又奇样银镀金镀云母玳瑁鼻烟盒四个

第二号箱内装：水晶箱一个，内装各品药露五十四个小玻璃瓶

第三号箱内装：金丝缎、金丝金花缎共三匹

第四号箱内装：洋缎三匹

第五号箱内装：大红羽毛缎二匹

第六号箱内装：大红哆罗呢二匹

第七号箱内装：武器一具，刀一把，剑二把

第八号箱内装：火器一具，火长枪一口，手枪二把

第九号箱内装：鼻烟六瓶

第十号箱内装：鼻烟六瓶

第十一号箱内装：古巴依瓦油、巴尔撒木油六瓶

第十二号箱内装：古巴依瓦油、巴尔撒木油六瓶

第十三号箱内装：各品衣香六瓶

41

第十四号箱内装：各品衣香六瓶

第十五号箱内装：巴斯第理六瓶

第十六号箱内装：巴斯第理六瓶

第十七、十八、十九、二十号箱内装：红、黄、白露葡萄酒共四十八瓶

第二十一、二十二号箱内装：咖石玪二大块，珐琅料十四块

第二十三、二十四号箱内装：乌木镶青石桌面二张

第二十五、二十六号箱内装：乌木镶黄石桌面二张

第二十七、二十八号箱内装：乌木镶各色石花条棹二张

第二十九、三十号箱内装：织成各种故事远视画九大幅

以上大小各箱俱用绿天鹅绒……

梵蒂冈图书馆 Borg Cin. 516

四

部议西洋博尔都噶尔国王若望差使麦德乐具表进上方物来京相应赏赐该国王：

大蟒缎六匹

妆缎六匹

倭缎六匹

片金四匹

闪缎八匹

蓝花缎八匹

青花缎八匹

蓝素缎八匹

帽缎八匹

衣素缎八匹

绫子二十二匹

纺丝二十二匹

罗二十三匹

绢七匹

共一百四十四匹。内阁将赏赐缎匹数目撰敕交付来使带回，其来使麦德乐赏：

大蟒缎一匹

妆缎二匹

倭缎二匹

帽缎一匹

蓝花缎三匹

青花缎三匹

蓝素缎三匹

绫子六匹

纺丝六匹

绢三匹

共三十匹，银一百两。护贡官十员赏：

倭缎各一匹

蓝花缎各三匹

青花缎各二匹

蓝素缎各二匹

绫子各二匹

纺丝各三匹

　　䌷各一匹

　　绢各一匹

共各十五匹，银各五十两。从人三十五名赏：

　　䌷各三匹

　　纺丝各三匹

　　绢各二匹

共各八匹，银各二十两。因于雍正五年四月二十五日题本月二十日奉旨：依议。

梵蒂冈图书馆 Borg Cin. 516

五

麦德乐使臣返回时清廷所赠礼物

　　第一箱内盛：霁红瓷盘四件、青花白地瓷碗八件、五彩瓷盘十二件、瓷壶三件

　　第二箱内盛：荔枝酒二瓶、六安茶四罐、武彝茶四罐

　　第三箱内盛：普洱茶八团、哈密瓜干香瓜干一匣、茶糕松糕四匣

　　第四箱内盛：墨六匣、洋漆柿子盒一对、洋漆盖碗四件、红漆皮碗四件、香色漆皮盘六件、各样扇二匣

　　第五箱内盛：洋漆检妆一对

　　第六箱内盛：白露纸十张、五色笺纸十张、高丽纸二十张、

洒金五色字绢十张、画绢十张

第七箱内盛：百花缎二匹、线缎二匹、新花样缎二匹

梵蒂冈图书馆 Borg Cin. 516

第八
苏努补志

　　罗马传信部档案处东方文献内，藏有关于苏努三件奏折抄稿。苏努系贝勒，笃信天主教，康熙末，与胤禩、胤禟善，颇有声势。

　　雍正四年正月，上谕诸王大臣曰："廉亲王胤禩希冀非望，狂悖已极，情罪重大，宜削籍离宗，革去黄带子，其党胤禟、苏努、吴尔吉结党构逆，靡恶不为，亦将黄带子革去。并令宗人府将胤禩等名字除去。"三月，改胤禩名为"阿其那"，意为狗。骨肉嫌猜，酿成巨大党案，除胤禵、胤禩、胤禟等外，尚涉及苏努、阿灵阿、鄂伦岱、七十黑寿、勒什亨、鲁宾、保泰、雅尔江阿等，虽未演成如英国两玫瑰之战，然残酷程度，真是相去不远。

　　当时来华西士，固多有德之人，然亦有干预内政，结党为朋，穆经远则是一例证。《清室外纪》中说："……诸兄弟之阴谋，仍如前日，而天主教士，亦因此损其名誉。盖诸王之谋逆者，多与教士友善，其中且有已受洗礼者。雍正元年，外省上一封奏，言禁耶教事，下礼部议奏。及礼部复奏，言外国教士应一律驱逐，国中教堂，均应焚毁。于是各教士皆避往广州澳门。而国中教堂三百余所，均毁坏无遗。帝所以允此奏折者，因当时耶稣教士颇牵涉诸王之事。"（第三章）

关于苏努事件，陈垣先生有《雍乾间奉天主教之宗室》（刊于《辅仁大学学志》，三集二号）；西文中巴多明 Parrenin 写了不少信件，刊于 *Lettres Edifiantes* 内，故从略。

一

雍正五年三月初一日，召入大学士等，交出议将苏努之子苏尔金正法一本。奉旨：诸王大臣等议奏此事，甚属草率，据舍穆德奏称：苏尔金、库尔陈有我们遵行此教已久，虽死断不改除此教之语。应时派出诸王大臣，前往面加询问，若苏尔金、库尔陈闻朕降旨，尚称虽死断不改除，则应将苏尔金、库尔陈于彼即行正法；倘有平日断不改除之言，今奉旨询问，伊等情愿改除，则又当一论。伊等所犯死罪甚多，朕俱已开恩宽宥，不必因其平时一言狂妄将伊等正法，此本着发回，另议具奏。

二

雍正五年三月初五日，刑部等为滥遵邪教事：该臣等议得苏努之子苏尔金等滥遵邪教一案，据建威将军舍穆德等疏称：苏努之第三子苏尔金，第十一子库尔陈（亦作成），带领伊等子弟随天主教内，不遵法度，肆行无忌。臣等严禁苏努之子孙，将此邪教永行改除。据苏尔金、库尔成口称：我们遵行此教已久，虽死断不敢除此教等语。臣等窃思，苏努之子孙俱系大罪之人，理应感戴圣恩，安分而行，反入邪教，任意肆行无忌，大干法纪。苏尔金、库尔成口称虽死断不改除天主之教等语，殊属可恶，大逆之情显著，断不可容于世。今臣等伏乞将随天主教为首苏尔金、库尔成即行正法，以为众人之戒。再所有随天主教苏努之子勒钦、孙勒泰、勒身、伊昌、阿鲁、伯和、伍伯和、勒尔成、图尔泰、舒尔泰等，俱各锁口牢固，圈禁公所。其未入教苏努之子孙等,照常交与该旗,不时巡察,令其在兵丁数内当差。此内仍有不改滥行者,臣等另行奏闻,等因具题前来。查律内凡左道乱正之术,煽惑人民,为首者绞监候,为从者发边卫充军等语。但苏努之子孙,系获重罪,俱应即行正法之人,蒙皇上如天好生,不忍即加诛戮,特沛弘恩,将苏尔金交与右卫将军,入于兵丁数内,当差行走。苏尔金等理应感戴天恩,洗涤肺肠,安分守法,乃敢仍遵邪教,全无顾忌,经该将军舍穆德等严禁;而苏尔金等口称虽死断不改除此教,此等立心悖逆之人,断难姑留于世,应如该将军所请,将入天主教为首之苏尔金、库尔成均拟斩,交与该将军即行正法。其随人天主教之勒钦、勒泰、勒身、伊昌、阿鲁、伯和、伍伯和、勒尔成、图尔泰、舒尔泰均系逆党苏努之子孙,乃敢相率入于邪教,不应照寻常左道乱正,为从律治罪,应照为首律俱拟绞监候,秋后处决。其未入天主教苏努之子孙,应令该将军照常交与该旗,入在兵丁数内,当差行走,仍严行管约。倘有仍不悔罪改过,咨〔恣〕意妄行者,该将军指名参可也。

三

雍正五年五月十一日,满汉文武大臣等合词公奏,苏努悖逆妄乱,其子俱应照叛逆律正法等语,奉旨召诸五大臣入见,谕曰:"苏努虽已削籍离宗,原系宗室之人,今尔等合词,请将伊之子孙,照叛例治罪,是其子孙俱应即行正法,此事甚有关系,尔等具本之时,随众列名,或不独抒己见,今朕将命尔等入见,而加询问,天地祖宗照察于上,尔等众人或有一人意见,或心中以为尚有可宥之处,尚有可宽之人,可即于此时,据实而奏。诸臣奏请而朕降旨,其办理之是非当君臣共之。倘有不应诛戮之人加以诛戮,使朕有用刑不当之名,实尔诸臣之咎,是以再加面询,若诸臣心有所见,藏匿于中而不据实陈奏,将来必受苏努之祸,即己身幸免,其子孙受祸,亦必与苏努之子孙同,尔等思之慎之。"诸五大臣等佥云：苏努罪大恶极，天下共知，今又查出圣祖皇帝朱批奏折，苏努竟敢于御笔之旁，狂书涂抹，实从古未闻未见之事，臣等将伊子孙照叛逆治罪，实为至当。

上又问满都护、查弼纳云："尔二人之意以为如何？"满都护、查弼纳俱称："应照叛逆治罪。"

上谕曰：看满都护今日光景，是出实心，至于查弼纳欲将苏努之子孙尽行正法，其心较人更为迫切，众人所执者国法，而查弼纳所怀者私心也。盖查弼纳与苏努既固结于先，唯恐连累于后，不若将伊子孙速行剪灭，永除己身将来之祸患，此情事之必然者也。即此可见结党之人，至于事败之后，其同党即自相攻击，小人情状，古今一辙也。

常观自古以来，乱臣贼子顷刻灭亡者无论矣，如王莽、曹操侥幸成事，而受千古之骂名，其依附莽、操之人，实为千古所不齿，即本人之子孙皆逃忌而不认其祖父。现今秦道然实系秦桧之后裔，众所共知，伊则回护支吾，不以为祖，此即恶人之报，昭昭不爽，甚于国法者也。大凡要结党羽之人，平时未必得其相助之力，及至有事，反多一筹操戈下石之流，则小人结党，岂不无益而有大害乎？而趋附匪党之人，平时亦未必得其援引之力，及一有事，岂能免于牵连，即幸而避于法网，而忧虑畏惧，惭赧终身，岂不可耻之甚乎？

满都护、查弼纳于苏努结交之处，前后情形如此，尔等诸臣皆深知目睹，切当以为戒，诸王大臣参奏之本，着交与三法司定拟具奏。钦此。

第九
乾隆十八年葡使来华纪实

一、小引

罗马传信部档案处，在 1755 年与 1756 年卷宗内（第 220 页），藏有葡王若瑟一世（Josepht，1750—1757 年在位）专使来华纪实，白字很多，如"待"讹为"代"，"坐"讹为"座"，"排"讹为"徘"，语句又多不通顺，常有脱漏。是项资料，必为旅华西士信件之译稿，余曾遍觅原文未得，只好留诸异日。

清初葡萄牙遣使来华共三次：康熙九年（1670 年）葡王亚尔丰斯六世（Ahlponse Ⅵ）遣萨尔达尼（Manoel de Saldagna）；其次雍正四年（1726 年），葡王若望五世（Jean Ⅴ）遣使麦德乐（参看拙作《关于麦德乐使节的文献》）；第三次为乾隆十八年（1753 年）葡王若瑟一世遣巴石喀（Don Françis Xaviel Assig Pachecoy Sampayo）来华致敬。

这次葡使来华，重在通商，当时葡王举本巴尔（Manquis de Pombat，1699—1782 年）为相，力求葡国复兴，一方面脱离英国的控制，另一方面斩绝耶稣会的羁绊。因而在 1757 年葡国驱逐耶稣会修士，1759 年致书英政府，有"吾人以巨额现金奉英王以养五万多之工人……"之语①。萧一山先生亦言："乾隆十八年，葡人又派大使，而清廷胥以为属国朝贡之礼，固不愿与议通商之问题也。"（见《清代通史》卷中，第790页）

原稿字迹草率，无题目，因而名之为《乾隆十八年葡使来华纪实》。

二、原文

伯尔都亚钦差到了澳门，就差了两个人，二十七天到北京，送书给钦天监正堂刘老爷——圣名奥思定，官名松龄，热尔玛尼亚人——他看了伯尔都亚皇太后的书，托他办这件钦差的事。他就去见九门提督舒大人。舒大人很喜欢，就作了折子，发到口外打围之处，启奏万岁，万岁也就很喜欢，就下旨命舒大人差官同刘老爷，骑骥马去广东接钦差大人进京。

过后不久，万岁差了飞报，十三天到广东下旨给总督巡抚，命他们好好待西洋大人，命在广东替万岁筵宴他们。在这个空儿，广东总督巡抚的折子来了，也启奏了西洋钦差的事。他们的折子虽然来的迟，万岁没有怪他们的不是，但他们很恼西洋大人，因为差了人到京先启奏了皇上，他们后启奏了，这是一件他们恼的不喜欢的事情。后来巡抚要看伯尔都亚王的礼单，西洋大人没有给他，这又是一件他们恼的不喜欢的。所以后来依旨筵宴他的时候，巡抚将兵部的关老爷让在首席，刘老爷二席，西洋大人下席，巡抚说他们知道什么！刘老爷不肯坐二席，将二席让给西洋大人，对大人说：这筵席万岁设的为你，巡抚将你到安下席，如何使得！钦差答应说：我为天主来，为天主忍耐。刘老爷说：你忍耐，但怕后来西洋知道，怪我不会办事，办事办得不好。钦差又说：我回去不讲这个事，没有人怪你，你放心。刘老爷又说：既然你要这样，罢了，你坐我的位，我坐你的位，这样钦差便坐

---

① 见 Ch. Seignobos, *Histore de la Civilisation Contemporaine*. Cha, Ⅲ。

了第二位。

到了京里的时候，刘老爷将这件事告诉了舒大人，舒大人说他们错了。又说放心，后来回去那里，他们不是这样，必定好好待你们。看起来舒大人必定写了字怪他们的不是。

钦差从广东起身进京，一路地方官都接送，送下程，请酒，酒席中唱戏，看各样玩耍，各样技艺。到了张家湾，离京五十里，万岁差了官接他，四堂的西洋人都去接他，九门提督差兵收拾路，给排对子护送进京，他的公馆很大很好的，礼部给他预备的。

三月二十八日进了京，万岁下旨，命他四月初二日进朝，万岁登殿见他，又下旨命他初五日到南城接驾；因为万岁初五日在南城天坛祭天，从南城外回圆明园花园去，教他接驾，为看他带的兵丁家人，又下旨叫钦差初九日到圆明园赴御宴。这一日钦差的家人兵丁共六十人，排作队伍到圆明园，进了万岁他带来的本国王的礼物，共有四十八抬。礼品是这些金丝缎、银丝缎、银器、自来火、大鸟枪、小鸟枪、各样香料、各样葡萄酒、各样葡萄烧的蒸的香露、各样药料油、宝剑、宝石、各样鼻烟盒、玻璃器皿等物，大概共值二十万上下价值。

初九日圆明园筵宴，万岁在上，众王公六部的大人，七八位西洋人在下，陪他吃着筵宴，看戏之后，看各样的玩耍技艺，后来坐小船游河，看花园，两岸上都是玩耍戏法儿的。后来富公爷①带钦差去看西洋房子，很美很好的，照罗马样子盖的。内里的陈设，都是西洋来的，或照西洋样子作的。富公爷问钦差西洋见过没有，他说有好些没有见过，因为内里东西很多，都是头等的。然后富公爷奉旨，也请了钦差到他的花园，排酒唱戏，下晚回了他的公馆。

第二天，万岁差人送了伯尔都亚王的礼物，有数十抬。赏了钦差，余外也赏了他的兵丁家人，每人一个元宝，几匹缎子绸子，赏了刘老爷四十个元宝，亮蓝顶戴，又赏了富老爷暗白顶戴。到二十四日，

---

① 即傅恒。——编者注

万岁又亲自筵宴钦差，如前一样，亲手给钦差一个玉如意，又送了伯尔都亚王好些礼物，后来舒大人请了旨，也请了钦差，也回了礼物，富公爷也回了礼。这时候，钦差就辞了万岁，请旨要回广东，旨意准了，定了二十九日起身。二十七日下晚，万岁下了旨意，留钦差过端午，看斗龙舟，看抬歌会。前者没有留，因为天旱没有雨，万岁心中不大喜欢。二十六日下了雨，因喜欢，故此留住过端午节。

这一日筵宴中，叫钦差到万岁跟前，亲手又赏他一个玉如意，一个玲珑大瓷瓶，内里有龙舟转动，外面看得见，万岁也赏了他。又给他一部小册页，一面山水，一面字，很好的装饰。万岁亲手给他，对他说：这是我亲手写的画的，王公大人不能得的，我爱你，给你，你看见这个东西，就记着我，你后来再来，我很喜欢。随后，万岁送了伯尔都亚王几箱香袋、扇子、小荷包、纱葛布绢、顶好洋漆的家伙、各样顶细瓷器家伙，又赏大人，又赏他的家人兵丁，共有几十箱东西。后来下旨，准他初七日起身回广东，差前官送到广东，四堂众西洋人，送到张家湾下船处，离京五十里。一半我见的，一半不能见的，都是西老爷说的，他知道的很细，因为常陪钦差筵宴看戏看花园等事，又因他在朝里在花园里作钟作玩意，天天见万岁，万岁很喜欢他，很夸他巧，常望他说话。

如意馆内有三位西洋人画画，两位作钟，共五位，万岁常向他们两个说话，就是画画的郎老爷，官名士宁，圣名若瑟，很有德的。万岁很爱他的，他有河道雪亮蓝顶戴，王公大人面前有体面。西老爷也是如此。大学士富公爷对西洋人说过，万岁待钦差很隆重，要待他再好些也不能了，待别国人没有这样；又对刘老爷提过福建的事，说伯多禄的事，你知道不？刘老爷答应说知道些。公爷说那些人都冤枉他，那些人都不好，都受了万岁的罚，周大人周学建受了杀。伯多禄是善人：他自然有好处，这件事虽然富公爷说，必有皇上的意思，不然他不敢说。

又有一次，对西洋人笑着说，皇上我都是奉天主教的，意思要说皇上爱你们，待你们这样好的了不得，如同信教人一样。他也问西洋人说，为什么别国不差钦差来？这话说过有好几次。因为看见皇上很爱好，想愿各国常有钦差来的。西老爷对刘老爷，刘老爷对舒大人，舒大人对富公爷说了李老爷——圣名物尔巴诺——在江西监里的事，富公爷说他无罪，可叫他回去，就是回澳门回西洋，到如今不知道准放了没有。

舒大人是九门提督，又是兵部尚书，为人很仁慈，做官有好名，人都赞他，万岁很托他办大事，他很爱西洋人，待西洋人很好，他奉旨管西洋人。富公爷是公，又是大学士，万岁的小舅子，又是亲家，又是连襟，满朝第一得宠的，时刻不离万岁，为人很仁慈、良善、谦和，从不得罪人，不欺人，遇万岁喜欢，常替人求恩，人都说他好，他很爱西洋人，替西洋人办过大事，我们该求天主保佑这两位大人。

西老爷在如意馆内钟房，常见万岁，万岁常同他说话，看他做的，很夸说他的法子很巧。钦差未来之先，万岁对西老爷说过好几次，你们快快完西洋房子，你们的西洋大人来了，我叫他看我的西洋房子里的陈设，都是大西洋来的很好的东西，又有好些都是西老爷做的，很巧很妙的玩意排设。平常对西老爷说：你们的大人某日该到，因为一路的官都写了给我，明明白白显出来他很喜欢西洋钦差来中国，后来果然应了。因为待的很好，再无可加，常见了钦差之后，对着西老爷很赞美钦差说：我看他是聪明的人，很有学问的，很会办大事的。头一件皇上的大恩是待钦差好像相熟的人一样，一点不疑，许他带剑到跟前，这是从没有的事。天主赏这样的大体面，因为来意特为圣教。

有外教人说万岁待他这样隆重，因为他来意本恭敬，一点买卖没有。钦差本有德的、有学问、很良善的好人，我们到过他府里拜他，与他讲过话，看他外面很谦和慈善，说的话都是热心爱天主，为圣教的话。跟他的人也都老成良善，人人都赞美说：这些人都比别国人老诚，一个生事的人没有。钦差来，这一次虽没直言圣教，圣教自然有了好处，因为王公大人，外省来的人，引见的文武官员，都看见听见，万岁待西洋大人这样隆重，他们也自然待圣教好，他们回各省，都会讲都会传。

我们这个堂，第一受了西洋大人的好处，本年二月十九日起，拆旧堂盖新堂，二十四日搭了架上梁，二十六日成见过，远看见架子，差五大人问是盖堂么，因为万岁常路过，知道有堂，有西洋人住，不见堂，因堂小，门面被铺遮住，我在门口鼻烟铺里，同开铺的赵会长，因他是旗人，我叫他出铺答应说：是翻盖堂，五大人去了，万岁爷的轿就到了堂门口，二大人又问：是西洋人的下处么？是盖堂么？答应是。又问是哪个西洋人，答应是西澄元，马跑去赶万岁的轿，万岁坐轿，到的都是骑马，过后街道的官差人，要西老爷报状，我们答应说等西老爷来，我们不知道他给不给，西老爷来了，去见四门提督，提督说：你爱怎么样盖你就盖，吩咐在下的不许啰嗦。

三月初二日，万岁又过，因为万岁出京到花园，从花园必过教堂，因为我们的堂在御路旁边，起先万岁出入都关铺子，如今旨意叫开着，住家人都关，照先一样。我们出去在鼻烟铺里看万岁说什么，万岁看着堂说，都是旧材料，用手比着说，盖十字堂。到了花园对五大人说，盖堂为他们西洋大人来迟了，赶不上了。五大人将这些话告诉了西老爷，又说不定万岁问你这个盖堂的事，到如今万岁同他说话，没有提盖堂的事。对别的大人说盖堂的事，都是喜笑着，总没有一点不喜欢的样子。感谢天主圣母的恩，到如今很平安，人人过路都看这个堂，讲这个堂，这个堂比别堂更显扬，更出名。因为王公大人们常走这个路到万岁花园去，外省的文武官员，来引见，都走这条路，都看这个堂。万岁对西老爷不提盖堂的事，大概是这个意思，若提起不得不赏，不得不帮助，因为西老爷在万岁跟前很出力，作的东西很多很好，万岁很夸，所以不如不说不提，提起不赏，不好意思，赏怕人说万岁盖天主堂了。虽然没有赏，但因万岁喜欢不说什么，众王公大人都不说什么，王公大人也有到堂里看的，有送陈设的，这就是天主的大恩，也是皇上的大恩，定矣足矣。

第十
解散中国耶稣会后之余波

1773年（乾隆三十八年）7月21日，罗马教皇克莱芒十四（Element XIV）发表 *Dominus ac Redemptor* 谕诏，解散最有力的耶稣会。这是法国大革命前一件重要史实，因为耶稣会具有政治力量，树敌甚多，西班牙之查理三世，葡萄牙首相本巴尔（Pombal），法王路易十五之情妇庞巴杜（Nmede Dom Padour）。只有奥国皇后玛丽岱来斯（Maria Therese）寄予同情，终以利害关系，亦同意取消耶稣会。当时王权发展，教皇失掉自己主张，在他的谕诏内，竟说："我们承认耶稣会不能产生硕果……如果这个修会存在，教会内部绝对没有长久与真实的和平……"[①] 为此要取消它。

在中国的耶稣会，亦受到同样打击，他们190年（1583—1773年）的努力，于今差不多完全毁灭，他们有过光荣的历史，于此未及两世纪的时间，竟有472位西士来华，如利玛窦、汤若望、南怀仁、张诚、白晋、郎士宁、宋君荣、冯秉正，在文化史上都占有重要的地位。当中国耶稣会解散后，狄桂尼（De Guines）写着说："解散北京的耶稣

---

① 参看 R. Fulep-Muer, *Histoire de la Compagnie de Jésus*，第二卷，第142页。

会，是一件很不幸的事情，也许现在不感到它的重要，将来会明白这是何等重大的损失！"[1]

当余在罗马传信部档案处搜集资料时，在1782—1784年东方文献内，发现八件史料（第547—548页），都是北京耶稣会解散后争产的纠纷，这是向罗马报告附去的中文底稿，除第三件外，余多生涩。兹按原来次序，刊于后。

一

西洋人赵进修，恭请大人金安。兹所禀者，因京都自建天主堂以来，各堂俱有一人料理家务，名为当家。凡堂中所有房产地土，俱属当家一人管理，以供众人日费。此当家非出自己私意，实定于泰西，倘此人或因年老或有别故不能料理，先致书到泰西，另派一别人学习当家。西洋人赵进修在西堂当家，就是当今皇上亦是明知。赵进修等系耶稣会中人，因耶稣会没有了，赵进修本国王恐其散乱，乾隆四十二年特有来文，此文上说：前有耶稣会时，我知尔等办理本堂事务很好，今耶稣会靡有了，恐尔等无主张要生变化散乱，我特选赵进修主事当家，凡堂中大小事体上下人等，具要听伊安排。又说：我随后差人前去，跟尔学习办事，后来好接续当家，尔应该好好照应他等语。此文现在赵进修手内。至乾隆四十四年，又特来文说：尔务要小心管理堂中事业，毋许别人争夺，此文亦在赵进修手内。如今要有人争家产，夺当家，乱西洋人等二百余年之旧规，三堂中岂得平安，倘大人承办此事，恳求细细酌量是祝。

---

[1] 参看 Henri Cordier, *La suppression de la Compagnie de Jésus et la mission de Pékin*, pp.140-141, 1918.

二

西洋人汪达洪等谨启：

公爷阁下，洪等为申明被屈事，窃洪与赵进修二人同在堂中管事，因洪在如意馆效力，家产托与西洋人赵进修料理，不意家产为进修独霸，这几年洪等受了多少委屈，不免家务有些损坏。洪等不先说明，因为怕丢了西洋人脸面，如今进修告了，洪等不得不具实诉明了这个根子，西洋人在城内城外，有些铺房地亩，这是皇上大恩赏赐，准西洋人置买，做西洋人养廉。此养廉有皇上恩赐的，有西洋人亲友帮助的，亦有自己带来银子买的，这些铺房地亩，都在此地，全是皇上大恩，准西洋人按着西洋家规行事，洪等真感谢不浅。

西洋人在此不是一国之人，有意大利亚国、玻尔都亚国、热尔玛尼亚国、拂郎济亚国等处，这些西洋人都是平等之人，彼此如朋友一样。但此西洋人，皆是修道之士，按着天主教规矩，都听西洋罗马府这一个教宗，管圣教会之人。论西洋人来此地，不是奉本国王之命来，是自己情愿意来，不过听这一个教宗准了才来，到底西人来此为皇上效力，为发显天主的教，至于别的世俗事，总不想一丝一毫。

西洋人在此虽都是修道，但修道有各会之修士，虽各会规矩略有不同，照修道之理都一样，这些各会，罗马府都有会长，这会长们都听这一个教宗之言论，三堂西洋人，虽不是一国，到底以前都是耶稣会之人，在罗马府之会长，各堂定一个管事之人，按着西洋规矩行事。凡有家务事故，必该合众西洋人公同商议，不可随便作主。若有不公道之事许别人在会长跟前处罚，会长特下言语，立刻办理妥协。

及至乾隆三十八年，教宗断了耶稣会各样会上管事人，全都革退，立不许管事，亦定了给各人廉养份子。头里管事人如赵进修、索德超、高慎思、安国宁等，看见割了伊等管事之职，赵进修等都不依，全要霸守此家产，不听教宗之言，亦不松手。赵进修、方守义等私自商量，定了主意，霸占家产，把以前账簿烧了，另外做了别的账簿。

进修等卖了许多铺房，银子分开，一半下余，私自收用。再者，进修等手下家人朋友或给房子地亩，总不和洪等商量。

从那时候到如今，凡家中银子事务，都随进修、守义等自便，常串通南堂高慎思、索德超等，彼此互相把持，刻苦洪等。高慎思等估量着教宗知道，不依，高慎思同东堂西洋人等，求澳门一个头儿，转求西洋波尔都亚国王护伊等。澳门头儿上了高慎思等当，背了教宗之言，打发书字，定了高慎思、索德超当家，后来玻尔都亚国王知道此事，听顺教宗之言，打发洋船调澳门头儿回去问，不是如今已竟回去了。另外教宗想要高慎思回去问，不是因为在皇上地方，不能叫伊回去，但吩咐安德义用天主圣教神罚罚高慎思连顺着伊的西洋人等，如今高慎思、索德超又不服。

至于北堂，按着教宗之言定下洪与进修管堂中之事，进修不听，要自擅便独霸，三年多的功夫，进修与钱德明，暗暗勾串，用公中子，买多少礼物，送拂郎济亚国大人，全不通知洪等，反妄告东南西堂要霸占北堂众产，那拂郎济亚国大人被伊等欺哄，捎来一个无印之回书，谎称是拂郎济亚国王之意思，叫进修管事，不许别人。

从那时进修越发随便花费，立要吓唬洪等，但洪等情愿来中国，全依靠我皇上作主，那进修但依靠无印之书字，算是私的，没有一点子力量，第一西洋人不算是一国之人，有意大利亚国拂郎济亚国等处，第二利玛窦到了中国以来180年，西洋国王总没有料理西洋人堂中之事，圣教修士全是教宗料理，连西洋本国修道之事，亦单是教宗一人管理，到如今教宗总不准赵进修一人管事。论西洋人家产，虽听教宗之言，这是皇上大恩赏赐，准按圣教规矩行事，本不与拂郎济亚国王相干，西洋人在此都该听皇上之命，赵进修要拉扯拂郎济亚国王，不过是要变一个法子独霸家产。

这些年进修每人不过给洪等花费三百银子，下余每年剩五千多银子，不知伊用做什么，总不肯告诉洪等这些。闹事情是赵进修、方守义等，如南堂高慎思、索德超等一样，若不是伊等这样用法子霸占，洪等都是平安的。

现在西洋教宗都知道这些事，教宗底下会长，听教宗之言，打发文书责怪高慎思等，不是因为此地离开西洋甚远，高慎思、赵进修总不听命，洪等亦不能勉强伊等，所以伊等放心大胆，随便作主，在西洋国之修士等，听见伊等这样霸占不公，怕受伊等奇苦，因此这几年不敢来中国。

如今没有别的法子，求皇上恩典，派一个在中国多年的西洋人，懂得家产之事，亦知西洋人规矩，选几个西洋人同商量此事。第洪等管见，有四条小意思，不知妥当否：第一各堂房地文书共写一总单，不许一人随便自卖，非有了多半西洋人准了不能卖；第二北堂家产，每一个西洋人分给过日子养廉，文书折子各人收存；第三除了养廉之外，剩下银子交给料理事之人，为公中或修理房子或为病人使用，又为后来西洋人到中国的养廉，若此事平安之后，西洋人听见还有上中国来的；第四有一个西洋人不在世了，他的养廉还入公中，不许一人私收。若这样断定，西洋人都平安，没有别的一点缘故了。再者，今年固安县地亩一事，因为今年被水灾，地户人等甚苦。赵进修用不妥当之人妄告庄头种地人等，假写不好的呈词，告在固安县，庄头回明达洪，因洪是堂中当管事之职，怕进修的霸道露出来，坏了堂中善明，所以平安了事，不显伊恶样。谁想进修要独管横行，反倒恼恨，又告。洪想固安地方，历年佃户，本不欠租，今岁偶被水灾，何至妄告，况那里此时放粮赈饥，进修用人在那里告状，要苦庄头地户，实与良心不对，洪无奈只得具实诉明，为此乞公爷电鉴施行，庶洪等得以平安效力而伊等不至独霸家产矣。上呈，乾隆四十五年十二月二十四日。

三

奏为奏闻请旨事：臣奉命管理西洋各堂事务，即有西洋来京效力之人，向俱分住东西南北四堂，其各堂置买房地产业，以及出入用度，具系伊等自行经理，迄今安居无事，兹有北堂西洋人赵进修、汪达洪二人为掌管堂中产业，互相禀控到臣，当即派员详询。

据赵进修禀称：北堂向系西洋人蒋友仁管理一切银钱账目，蒋友仁故后，本国王派我管事，今已五六年了，现有本国王寄来的书信为证。再我们堂中原有置买的地亩一项，坐落固安县，每年都是我着人去取租，今年秋间，汪达洪竟派人去取租息，他本不是管事的人，不该挽越，所以我才呈控的等语。

又据汪达洪禀称：北堂原是西洋人蒋友仁管事，蒋友仁故后，四十一年间，我们西洋教宗寄信来，派我同赵进修同管事。我因在如意馆当差，无暇料理，俱系赵进修一人主事。向有置买坐落固安县地一块，赵进修差人去取租，并不告我知道，我们俱是一样管事的人，他不该自作主意。所以我着人去，将租银四十二两，尚有尾欠未清等语，并各将所执拂郎济亚国王并教宗所寄书信呈出，随将别堂西洋人传来，令其认识。佥称虽系由西洋寄来之信，但并无图记印信，无从辨别。

伏思西洋人来京效力，如果循守规矩，其家务应无庸代为料理，今赵进修、汪达洪二人以所执书信为凭，各执一词，互相争论，自不得不为之清理，以杜纷烦，随将与赵进修、汪达洪同堂居住之西洋人等传集详询，据称我们堂中产业，原是大众公产，本堂一年约得房地租息五千余两，共八个人，除一年用度外，约计尚有多余。赵进修当家管事，我们并不知道一年余存若干，所以我们众心不服。至堂中管事，向来俱是我们大家举出一人，掌管出入账目，从无国王派管，亦无教宗派管之事，即如东南等堂，俱有管事之人，并非我们国王暨教宗派的等语，众口如一，似属可信。

查西洋人在京效力百有余年，屡受圣恩赏赉，兼之所得钱粮等项，历年久远，所有积蓄原为堂中公开，如果出入分明，毫无欺隐，自可安居乐业。今赵进修所管账目，已据众口交相指摘，其平日办理不善，已可概见。而汪达洪借端挽越，亦未免有觊觎之见。无论所执

61

之西洋书信，本不足凭，即使属实，亦岂有远隔数万里之外，仅凭一书，即能使众心宁贴之理，应请嗣后西洋各堂家务，不必专令一人管理，将所有账目租息，公同登记档册，每人轮管一年，至次年再举一人管理，即将此一年出入账目，造册一本，众西洋人公同书押存验。如此周而复始，同知共见，庶众心无可积疑，永无争控之事矣。

至各堂俱置有房地，其取租房间均附近京城内外，应仍听该堂按月收取租息，惟是地亩一项，散在各州县地方，距京实远，西洋人势不能亲往收租，必须觅人代取，设有不肖之徒，从中欺骗，甚至苦累佃农，勒索地户，均难保其必无。与其事后再费周章，莫若预为筹划，以慎将来。臣请将西洋堂中所置地亩，令其详细造册，开明项亩、租银数目，呈报造办处，由造办处移咨顺天府存案，每岁秋成后，牌行该州县，将各堂应得租息照数征收，解交造办处。臣派员监督分给各堂，如此稍微变通，在西洋人既得仰沐仁恩，安享其利，亦可永杜纷烦之弊，是否允协，伏候圣训，为此谨奏请旨，乾隆四十五年十二月初六日具奏。

奉旨：依议。钦此。

四

乾隆四十五年十二月初七日奉尚书公大人谕：各堂西洋人事务，着派内务府郎中福克精额军机处行走员外郎伊江阿管理，所有各堂应行具奏行文等事，着各堂掌事西洋人转报造办处，该员等立稿呈堂办理，如有仍前任意在别处具呈控告等事，务将该西洋人奏明办理，将此谕传知各堂遵照可也。此谕。

五

太子太保御前大臣议政大臣领侍卫内大臣兵部尚书一等忠勇公和硕

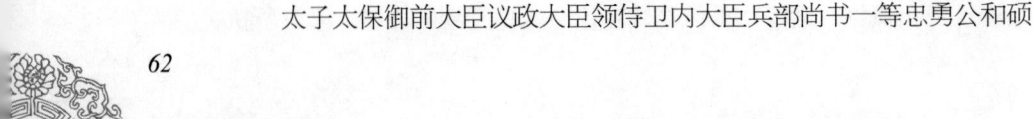

额驸福为严禁事，照得向来旗民人等入西洋天主教者，久经奉旨严禁，近来竟有无知生监及科甲出身人等，被其愚惑，往往擅入此教，且有为其代作呈词及主事生事，不惟有干例禁，且与士子品行大有关系。嗣后除一切服役人等听其照旧雇觅外，如有预带人员，信奉入教及代为书写呈词教唆生事等情，着管理西洋人事务之人员，留心查访，一经查出禀知，本爵部堂实行具奏，交部从重治罪，决不轻恕，特谕。右谕通知。

乾隆四十五年十二月十六日示谕，实贴天主堂。

六

西洋远臣向秉仁谨跪转奉，为广推圣德，均沾天恩事：窃仁等自我西土来至中华九万余里，无家无依，仰蒙皇上柔远怀育之恩，是无家而有家，是无依而有依也。乾隆四十五年十二月初九日，尚书公传西洋四堂远臣等跪听上谕，命臣等每年轮流管理堂中家事，并派郎中二员流理钦州。钦遵自今以往，再无争竞之事，实为元协至公至当。仰见我皇上万机之暇，尚且垂爱远臣，无微不至，臣等感激圣恩，愧惶弥切，惟有守分自修，竭力报效，庶不负皇上天恩也。

再臣秉仁素日深知四堂远臣中富余者极其富余，穷困者极其穷困，如西堂安德义、那永福、李衡良、叶宗孝四人，每年寄字本国求索银一百四十两，以为一人一年资深之费。伏思西洋远臣，自国初以来，如汤若望、南怀仁、闵明我、戴进贤、刘松龄等以监正效力，郎士宁在如意馆效力，此六臣俱系依大里亚国、热里玛尼亚国之人，昔年叨蒙列圣皇上赐赏之产业，原系赏赐二国之臣，今二国六臣虽故，赐赏之产业犹在，现今二国四臣毫厘不能沾受，反至穷困，远臣秉仁以为有辜皇恩之特赐也。

臣秉仁自西洋来时，带有些少资负〔斧〕，今尚未西求，亦且苟延衣食，南堂高慎思等三人一年约得租息银八九千两，西北堂梁栋村等一年约得租息银七八千两，东堂张继贤等一年约得租息银六七千两，今南东两堂人少产多，西堂人多全无租产，似此多寡未均，以至求索本国，西洋不知皇恩所赐诸堂产业，每年二万四五千两，众人用度，原自有余，乃致难困远取，如此情形，行于九万外，实属有负列圣皇上赐赏之恩，致增臣等不贫而贫之深耻也。请将此三堂每年所进二万四五千两租息，使现在十六人按数每人分给五六百两，尚有多余一万三四千两存为公中正事使用，令尚书公拣选四国各国一人，公同管理存公银两事，兹后如有新到之人，并堂中修造房屋等事，即于公存银两中分给动用，随令分管之人，呈报该管大人官员，然后准行，如此则弊端永绝，侵肥永息，远臣等富者不致于穷，而穷者可至于富，俾众远臣永无困乏，效力圣朝，上不负皇上柔远养育之恩，下可免臣等远求之苦。但此事不奉谕旨，谁肯允从，是以远臣秉仁，乃敢冒昧渎陈圣听，可否允当，伏祈训谕。为此谨将奏折呈递该管尚书公，代为转奏以闻。

乾隆四十六年正月二十五日题。

七

西洋人高慎思，为呈明事：窃等兹据西堂居住西洋人向秉仁诉称，东南堂人少产多，西堂人多全无租产，欲将北东南三堂每年资费以现在十六人均分各便，尚余存公使用，所请四国各国拣选一人，公同管理等语。伏查南东两堂肇造建立溯计将近二百载，俱系波尔都亚国之供给，其北堂历来自行过渡，与东南堂毫无干涉，至于四十年前，独西堂一人居住，其需费尽系彼国料理，并非吾等一国之供给，至又称汤若望等六人在此效力中邦，皇上赐有遗存恩惠，但此云向秉仁无知之故，具伊等六人，虽非波尔都亚国之人，然皆系波尔都亚国荐举，协助来京，一同效力中邦，故一应费度均是南堂料理，非向秉仁等可比。再向秉仁所称西堂安德义等四人，伊本国每年资助银一百四十两，由此一语可知各国供给各国效力之人，不能会合料理过渡，显然明矣。况南堂曾于四十年正月内经被火灾延烧，因己力不能重修，蒙皇上特恩赏借币银一万两，辅其兴建，续于四十五年五月内，将南堂资产取租，坐落正阳门外房间，又被延烧三十九处，已卖典出六处，始间之修盖，尚未得似前齐全，租银白必少进，计每年缺得三千余两，连现在按限应交币项不足一年当差需用，现致拮据，无非称贷度日，至请四国人，各国委出一人料理过渡，更属可笑。即今四堂居西洋人，并非一国供给，各国均有资助不同，万难会合一处，情理亦所不容，即向秉仁等应知不可进他人之田，自稽所不稼也。事不得不据实剖诉，暂行立办，理合呈明。

乾隆四十六年正月二十八日题。

八

凡传教之神父，各有职分之当为，遵其次序，最为要紧，若有一人越分妄行，离经叛道，足能乱圣教之平安，害多灵之长生，至于不能救止，非细故也。罗马府掌管天下传教重务，部院众位红衣主教，公同议定，此地各处天堂内，现今之神父，俱至本处所，俱无行圣事之权，惟听此处现今主教之命，实其传教之地方，授其行圣事之权衡，或调换他传教之所在，或收回他行圣事之权衡，一任本主教之安排，为此奏知教宗，奉现今教宗必约第六位，允准依仪，于天主降生一千七百八十年，西历二月十七日，众位红衣主教特发谕帖，本部总理红衣主教加斯德尔理，亲笔花〔画〕押，代笔者主教波尔日亚，着此则本主教安，凡在该管之地方传教之神父，俱遵此办理，并行传示，使众共知。

此按：原文译出，并无迕言不符之处，有原代权者那神父甘为证凭。

乾隆四十六年五月圣神降临瞻礼主教安译录。

第十一
澳门史料两种

罗马传信部档案处，1726年东方文献内，第516与517页，藏有关于澳门史料两种，一为两广总督孔毓珣奏折，一为九卿会议具题。前一件未载年月，据内容，系雍正二年（1724年）。因《国朝柔远记》内："纲，雍正二年夏六月定来粤洋商船额数。目，通政司右通政梁文科奏（请凡外洋人往来澳门贸易，不许久留，旨交两广总督孔毓珣议，毓珣回奏言）：……惟是自康熙五十六年，定例禁止南洋，不许中国人贸易，澳门因系夷人，不禁，独占其利……"

据梁嘉彬先生考证，葡借澳门为嘉靖三十六年（1557年），[①]《明史·佛郎机传》说："壕境在香山县虎跳门外……嘉靖十四年，指挥黄庆纳贿，请于上官，移之壕境，岁输课二万金，佛郎机遂得混入，高栋飞甍，栉比相望，闽粤商人趋之若鹜。"

澳门为明末清初中西交通的重镇，万历时周玄𬀩《泾林续记》内称："……广属香山（澳门）为海舶出入咽喉，每一舶至，常持万金，并海外珍异诸物，多有至数万者……"葡人取澳门，完全用贿赂方

---

① 见梁嘉彬：《广东十三行考》，第35页。

式。①万历二年（1574年），中国筑墙于土腰，驻兵防守。自康熙三十年（1691年）后，年纳租金五百两。阮元《广东通志·经政略》说："惟澳夷自明季听其居于壕境，无来去期限，每年租金五百两，归香山县征收。"道光二十九年（1849年）澳门总督阿马尔（Amaral）停付租金，中国无可奈何！光绪十三年（1887年）中国承认葡之永久占领权，但是，香港繁荣，已使澳门沦为不重要之地位矣！

所刊此两种资料，一方面可知清初澳门实情，人口船数；别一方面，可见我们所收租金作为葡人之"正供"，处处表现天朝怀柔，务使恩泽及于异域。

一

两广总督孔为酌陈澳门事宜。窃照广东香山县属之澳门，向有西洋人居住，朔自前朝嘉靖年间，西洋人来中国贸易，湾泊澳门，后遂认地居住，每年纳地租银五百两，充作正供，相沿二百年。

臣到任后，即委参将钟维岳，查点香山县兵马，看验澳门形势，又委香山县文武，查点澳门夷汉户口，及西洋人船只。据称西洋人租住之地，东西南三面背海，唯东北一条陆路通香山县，置房屋六百九十座，西洋人计四百二十二户，男妇共三千五百六十七名口，其人系黑白二种，不懂汉话，不事耕织，惟造作西洋器皿，并在各洋往来贸易，以养家口，设立头目约束。自选壮健者，供给口粮守卫，以防盗贼劫掠，大小洋船共二十五只，内旧有一十八只，自康熙五十九年起至雍正元年，从外国新买回澳船七只。又另有附近民人，在澳门租认西洋人房屋生理，及各色工匠，共九百零六户，男妇二千五百二十四名口。此现在之情形也。

从前防闲之法，离澳门旱路五里，设自关闸，拨香山协把总一

---

① 参看拙作《近代中西交通之研究》，《建设研究》，6卷3期。

员，带兵防守，不容西洋人私人内地。又于澳门海口之前十字门，安有目兵七十九名，赶橹船一只，又旱路离关闸十五里，地名前三寨，拨香山协左营都司一员，守备一员，带兵驻扎弹压。康熙五十六年，于沿海安设炮台，案内前三寨，建筑城一所，居住官兵，守设炮台，以示巩制。凡西洋人船只开行，及回头装载货物、商梢数目，俱令地方文武验明通报，不许夹带中国人及违禁货物出口，此现行之成例也。以思此等西洋人住久，人众守法，且于中国人错杂而居，多寡不甚相远，皇上四海一家，万国来享，原毋庸异说。惟见康熙五十六年定例，禁止西洋人不许同中国贸易。澳门西洋人，非贸易无以为生，题挂照红毛国船，听其自来之例，不在禁内。近年贸易得利，每从外国买船只驾回，连共二十五只，若不限以定数，将来舡只日多，利之所收共趋之，恐招其亲识来者日众。

臣请将现在洋舡二十五只，编列字号，即作为定额，破坏者准修造补足，以后不准添置。其西洋人头目，该国发来更换者，听其更换，此外无故前来之西洋人，不许容留居住，严行地方出入，文武查报。有中国人例前流落海外，搭船回籍者，仍应搭回。如是则澳门、西洋既得贸易生，永为盛世良民，亦不致种类繁庶，混杂内地，寓防闲于宽大之中，益见圣朝之泽及异域矣。

奉旨：着九卿会议。

二

等因具题，前来。查西洋人附居广东之澳门，历有年所，谨守法度，贸易纳租，圣朝特嘉其风向慕义之诚，以包容覆宥，俾得安居乐业，但居住既久，种类日繁，而不事耕织，惟在各洋往来贸易，养赡家口，无以防范，恐逐利无厌，必致内诱奸猾，外引番夷，混淆错杂，渐滋多事。

今该督既称澳门夷船旧有一十八只，又从外国买澳船七只，大小

共二十五只。请将现在船只编列字号，作为定额，朽坏者，准其修补足，此后不许添置等语，应如该督所请，将现在夷船二十五只，著为定额，此后总不许再有添置。并所有夷船，令该地方官编列字号，刊该印烙，各给验票一张，船户、舵工、水手及商贩夷人，该管头目姓名，俱逐一填注票内，出口之时，于沿海该管警汛，验明挂号，并报该督抚存案。如有夹违禁货物，并将中国之人入载出洋者，一经查出，将该管头目、商贩夷人，并船户、舵工、水手等，俱照通贼之例治罪。若地方各官，不实力盘查，徇情疏纵，事发之日，俱照讳盗例，题参革职。此夷船二十五只，题定之后，如有实在破坏不堪修补者，报明该地方官，查验明白，出具印甘各结，申报督抚，准其补造，仍用原编字号，倘若敢偷造船者，将头目、工匠亦俱照通贼例治罪。地方失于觉察，亦俱照讳盗例革职。

又该督疏称：西洋人头目，有自该国发来更换者，听其更换。此外无故前来之西洋人，不许容留居住等语，亦应如该督所请。除头目遇有事故，由该国发来更换者，应听其更换。其无故前来之西洋人，一概不许容留居住。每年于夷船出口之时，守口各官，俱照票事，将各船人数姓名逐一验明，通报督抚。倘有将无故前来之人，夹带人口及容留居住者，将守口各官并该督管之地方文武各官，照失查例议处。舵工、水手及头目人等，俱照窝盗例治罪，并严饬澳门之该口文口地方各官，不时巡查，务令夷汉各守本业，彼此相安，官与兵役，亦不得借端生事，致滋扰累可也。等因。于雍正三年正月二十八日题。

（二月）初一奉旨：依议。

第十二
票的问题

康熙时，以礼节问题，旅华西洋教士分为两派：一派遵循利玛窦规矩，以耶稣会为代表；另一派处于对抗地位，以多明我会等为代表。两方偏执争论，历久难为解决。康熙同情前者，故创立票制，即来华西人，如遵守利玛窦遗法，永居中国，由清廷特赐信票，可以在中国内地居住。无票者，便押至广州，或遣回西洋，或解至澳门。此制创立，约康熙四十五年（1706年）也。唯正式推行，系康熙四十七年（1708年）四月，由武英殿议决，由内务府颁发。

民国十七年三月，故宫懋勤殿内，发现康熙与罗马使节文书，其间之一，内有："……你们领过票的，就如中国人一样。尔等放心，不要害怕领票，俟朕回銮时，在宝塔湾同江宁府方西满等十一人，一同赐票，钦此。"陈垣先生根据此语，以康熙四十六年（1707年），圣祖南巡，驻跸苏州故也，甚为正确。

票含有两种意义，一为法律问题，即持票者可在中国内地行走，如各国留行之居留证；一为宗教问题，即持票者必遵守利玛窦之遗规。因之康熙谕众西洋人："自今以后，若不遵利玛窦的规矩，断不准在中国住，必逐回去……"（康熙与罗马使节关系文书影印本，第四民国二十六年，在罗马传信部档案处东方文献内第六卷、第十二卷，与第十三卷，先后发现五件关于票的文献：第一为票的副本，系康熙四十五年，可以看出票的样式；第二为康熙五十六年，西洋人苏霖等在畅春园，与圣祖关于票的对话；第三为奏折，内容与一二同；第四为礼部奏折；第五为西人苏霖等奏折，未载年月，据档案处之编制，系康熙五十一年（1712年），原文涉及票事，故附于此。

一

西洋意大理亚国人康和子年三十四岁，系方济各会人，来中国已经七年，兹赴京都陛见，永不复回西洋，为此给与信票。康熙四十五年十二月二十五日。

二

康熙五十六年四月十四日，西洋苏霖、巴多明、穆敬远等赴畅春园启奏九卿议禁天主教一事。臣等闻禁止天主教，议得很严，皇上面谕云：并不曾禁天主教，本内禁的是不曾给票的西洋人，其给过票的并不曾禁。巴多明面奏，本内引康熙八年的旨意。皇上云："是那没有得票的人，应该照康熙八年例禁止，与有票人无干。"巴多明又奏："恐怕地方官见了康熙八年之例，不管有票无票，一概禁止。"皇上云："若地方官混禁那有票的，即将朕给的票拿出来看，就有传教的凭据。"穆敬远奏："若地方官要噜嗦有票的西洋人，臣等还求万岁作主。"皇上云："果有此事，再来启奏。"苏霖禀："谋反的题目，臣等很当不得，皇上知道臣等根由。"皇上带笑云："这是衙门内一句套话，不相干，你们放心去。"随即叩头谢恩而出。

三

西洋人苏霖、巴多明、穆敬远等启奏：臣等闻禁天主教议得很严，本内引康熙八年之例，恐地方官见了，将有票无票的一概禁止，恳万岁作主，臣等来历根由，为伪为诚，悉在圣明洞鉴之中。

上云："尔等放心，并非禁天主教，本内禁的，是不曾给票的西洋人，应照康熙八年之例禁止，与有票的人无干。若地方官一概禁止，即将朕所给的票看，就有传教的凭据了。你们放心去，若有禁止有票的人，再来启奏。钦此。"

四

礼部为妄立异教，惑众诬民等事，该臣等议得御史樊条奏疏称：今有西洋人等，造为异说，名曰天主教，设为讲堂，诵经讲法，数十成群，夜聚明散，又著为教书，刊行传布。天主教中，皆家供天主之像，口诵天主之言，门贴十字之符。臣访闻近今京畿直隶，各省人民，多有信服其教者，即读书识字之人，亦或为所惑，恐流行日久，渐染滋浅，及害众人心，则廓清不易，伏祈敕下该部，严行禁止等语。查康熙三十一年二月，内阁奉上谕：前部议将各处天主堂，照旧存留，只令西洋人供奉，已经准行。现在西洋人治理历法，前用兵之际，制造军器，效力勤劳，近随征阿罗素，亦有劳绩，并无为恶乱行之处，将伊等之教目为邪教禁止，殊属无辜，尔内阁会同礼部议奏。钦此。钦遵会议得各处天主堂，照旧存留，凡进香供奉之人，仍许照常行走，不必禁止等语，因具题通行直隶各省。又于四十七年四月内，由武英殿议得各处天主堂居住修道西洋人等，有内务府印票者，任其行走居住，不必禁止，未给印票者，凡堂不许居住，往澳门驱逐，等因具奏，通行各省在案。查得此等西洋人，俱仰慕圣化航海而来，与本国人共相效力，居住各省者，俱领有印票，各修其道，历有年，并无妄作非为，其御史樊条奏严行禁止之处，相应无容议可也，奉旨：依议。

五

臣苏霖、纪理安、巴多明等谨奏：为仰求圣恩，始终保全事：窃臣等西洋人，受恩深重，不但曰不能言，即笔亦不能录。今御奉史樊绍祚，疏斥天主教惑众诬民等语，臣等闻之，不胜惊惧惶悚，其疏内诸款，皆属不深知臣等者，而天主教为邪为正，臣等为伪为诚，久在皇上圣明洞鉴之中，臣等不敢多赘辩明也。且于康熙三十一年，已经部议，上谕西洋人，并非左道惑众，异端生事，有旨通行各省，不但臣等之在中华者，时刻感激，即在西洋教中诸人，俱感激皇上圣心一体之恩。臣等远旅孤子，并无依倚，不善世务，不能周旋，惟俯伏迫切叩首，恳祈皇上至仁至慈大父母之心，矜悯保全，臣等始终顶戴，永沐弘恩，臣等无可报答，惟有上求天主，永保皇上万寿无疆而已。臣等凛凛兢栗，哀哀谨奏，伏祈重鉴。

第十三
关于白晋测绘《皇舆全览图》之资料

一、引言

  翁文灏先生在《清初测绘地图考》内，指出当时所用的方法，为三角测量，不只前此未有，而且较为准确，奠定中国地理学的基础，亦为世界之一大贡献。在这篇文章的结论内，又说："德国地理学家李希霍芬即尝极力称扬中国人地理之可靠，盖虽限于方法不能绝对精密，而所记山川地名，罔不有人亲为经历，而后入图，按图复游，一一可证……"

  此种科学的荣誉，由康熙帝之崇尚文化与西士之勤勉致力。张诚随圣祖游热河与蒙古八次，每次测量经度与纬度。康熙三十八年（1699年）黄河泛滥，次年白河继之，西士巴多明等开始绘图，圣祖分外喜悦，动测绘全中国地图之念。在杜德美领导之下，自康熙四十七年（1708年）工作正式开始，至康熙五十六年（1717年）始完结，圣祖赐名为《皇舆全览图》。

  康熙四十七年四月十六日，白晋、雷孝思、杜德美离京西去，过二月，至陕西神木，白晋病，不得前行，雷、杜两西士继续前进，至西宁。下面所刊资料，系 1936 年冬于罗马国立图书馆内所发现，号码为：Fondo Jesuitico，1254。由是项文献，得知白晋心绪，战兢唯命。是后以病居京，总各西士之分图，制成总图。康熙测绘之图，至乾隆二十六年（1761 年），西士蒋友仁等又重新测绘补增，刻于精铜，共 104 幅，乾隆庚辰秋八月御题《大清一统舆图》，有句云："……本朝文轨期同奉，昧谷寒暄重细求。无外皇清王道坦，披图奕叶慎贻留。"

二、原文

八月初九日，赫世亨传三堂众西洋人进内看旨意，臣白晋一看即不禁身心战栗，神散魂飞，后稍定，敬谨细看，即将始终本心真实录，故具此以为启奏，伏祈皇上睿鉴：臣二十余年，过受皇上格外洪恩，浃髓沦肌，即碎捐难报，臣至愚极谫，质憨行迂，然从未行一虚假无脸面之事，此皇上圣明洞鉴。今臣五十四岁，岂反如此迷糊，无病而饰言有病，将欲谁欺，委任之事未成，回京有愧于己，尚何敢回见皇上圣容。臣当起身，本月同众，才出京门时，马忽惊跳，重跌，腰痛甚，半月后尚未痊愈。臣若原有退回之心，彼时甚易，然臣勉强仍前行。后到神木县，不幸复发，臣幼年肺胸虚劳病，实不能骑马前进，若再强行，必大劳伤殒命。臣对同差官员前，与雷孝思、杜德美明议云："奈何，我病不去，或微有误大事，即不顾身，必定要去。"彼二人云："你如此病去，徒舍身何益，即无你去，亦不至误事，我二人当之足矣，不如留你在此养病，俟病好些，慢慢进京。"臣等三人即将所议详告布尔赛，并写与巴多明，以为启奏。同差官初不敢当，后不得已将臣托与地方官员云："我同差白晋，一路得病到这里，不能前往，交给你们副将道里等，着他暂住调养，待他身子好些，若要回京时，你们拨官兵护送。"臣在神木养病八日，实不敢久，徒受地方官供养调摄，因谬想皇上画图旨意，既不能效力，不如带病，随力渐行回京，以营皇上前所留旨意之事，或得以报皇恩，即坐轿回京。

臣彼时愚昧，不想该在彼处候旨，是一大罪；后病微好，不舍身赶上供事，是二大罪。臣素愚昧，从前舛错之处甚多，屡蒙皇上以大父母之仁心慈宥，今臣负此大罪，惟战战兢兢，叩首百千，伏祈极上洪恩宽释。臣虽肺腑尚虚弱，力实不足骑马远行，然必愿复行赶上供事，庶稍偿补不尽之罪。但臣罪若系于假病，直为无脸面之事，无故误大国公务，全负历年皇上隆恩，且深为耶稣一会之大耻，为天主圣教之极羞。则臣明明是一饰言诡诈为众所当弃之匹夫，又何颜复行仍堪承委任之大事，宁甘受重刑，速绝世以雪之，断不能冒受此至可耻莫大之罪名也。臣白晋不胜惶悚之至。

本月初十日发报，臣不幸稍迟误点，无奈再候。

第十四
碣石镇总兵奏折之一

一、小引

罗马传信部档案处东方文献第十三卷内藏有碣石镇总兵陈（良弼）奏折一，未载年代，由两广总督孔毓珣奏折推论，似为雍正三年（1725年）。在孔毓珣奏海洋情形时，提及雍正三年九月初七日朱谕："朕实不达海洋情形，所以总无主见，有人条奏，朕观之皆似有理，所以摇惑而不定，全在你代朕博访广询，详慎斟酌，其至当奏闻，若亦不能洞悉，宁迟日月不妨也，可与（巡抚）杨文乾、（提督）万际瑞、（碣石总兵）陈良弼、（琼州总兵）黄助等，平心和衷详议，奏闻。钦此。"（《史料旬刊》第七期）

孔毓珣于同奏内又称："……碣石镇臣陈良弼臣经面商，亦无异议，雍正三年十一月十五日朱批：'知道了。'"是项陈良弼奏折，以后半段涉及天主教传教事，故草稿流传至罗马传信部档案处。康熙末年，因礼节问题，西士内部意见不同，又因涉及皇室纠纷，树党对立，如穆经远事（见拙作：《从西方典籍所见康熙与耶稣会之关系》附录四，载《扫荡报·文史地周刊》）。于是闽浙总督满保题奏，除通晓技艺西人外，余皆送至澳门安插。我们现在刊行奏折，虽未有特殊价值，可是在当时，实发生相当作用，促雍正厉行禁教与闭关的主张。

二、原文

碣石镇陈□为圣祖远念海疆等事：窃臣是年例应巡逻省各海洋，自二月西下琼州，六月东上南澳，一年之间往返波涛，臣亲率舟师，穷搜岛屿，幸邀德威，远布海宇谧宁，因师次秀山澳门，忽见红毛船十余只，尽入广省贸易，不胜骇异，虑贻后患正拟将海外形势，红彝利害，具折奏闻。

适十二月八日接阅邸抄，伏读圣谕，远虑海疆，留心外国，禁止内地船只，不许南洋行走，以绝接济，以杜后患，且询问九卿下及闲散之人，非我皇上以尧舜兢业为心，未雨绸缪，安能虑及者也。然海外形势，诸国扼要，非身历其境，真知灼见者，谁敢妄陈于上前？臣少时曾经海上贸易，至日本、暹罗、安南、咬番吧、吕宋诸国，悉知其形势情形，故敢为我皇上陈之。夫东方海国惟日本为大，此外悉皆尾闾，并异别番。其次，即大小琉球外，皆万水朝东，亦并无别国，至福建，则惟台湾，西则暹罗为最，此外有六坤、斜存、大泥、柬浦寨、占城、交趾，而安南即与我琼州南接壤，惟东南方番族最多，如文莱、苏禄、柔佛、丁机宜、麻六甲、马神、去里何等数十国，皆系小邦，谨守国度，不敢远图。夫咬番吧为红毛市泊之所，吕宋为西洋市泊之所，诚如圣谕所云。熟知咬番吧古时为巫来由地方，缘与红毛交易，早已被其侵占矣。

臣遍观海外诸番，日本虽强，明时作乱，皆由中国奸人引诱，今则通我商船，不萌异志。琉球久奉正朔，台湾已入版图，而暹罗、安南诸番，年年奉贡，不生他心。惟红毛一种，奸宄莫测。夫红毛为西北番地之总名，其中有英咖黎、干系腊、和兰西，大小西洋各国，种族虽分，而性则一，惟有和兰西一族，凶狠异常，虽为行商，实图劫掠，凡通商船、番船，无不遭其沉灭矣。且到处窥觇，图谋入国，况其船坚固，不怕风波，海船大炮多置百余位，所向莫当。去年厦门一船，且敢肆行无忌，其明鉴也。今以十余只大船，尽集广省，且澳门一族，是其祖家，声势相援，久居我地，广东情形，早已熟烂，倘内外交通，祸有莫测，悔莫及矣。

伏乞皇上早饬督抚关部诸臣，另为设法，多方防备，或于未入港之先，起其炮位，方许进口，或另设一所，关束彝人，或每年不许多船轮流替换，不至狼奔豕突，贻害无穷，庶可消奸宄异心，而地方得以安堵。臣更有虑者，天主一教，设自西洋，延及吕宋。明时吕宋与日本通商，即将此教诱化国人，数年后，招集多人，内外夹攻，几灭日本，后被攻退，两国冤仇，至今未休。今无故各省设堂，耗费金钱数万，招集匪类，且窥我形势，绘我山川，诱我人民，不知其意欲何为，臣之所以不解者。然昔知天主延及吕宋，则夺其国土矣。此辈凶恶叵测，在日本则思图其国，在吕宋，则已夺其邦。况目下广城设立教堂，城内外布满，而入教者不知其许多人。加以同类彝船丛集，安知不相交通，阴谋不轨，此臣之所更为隐忧也。伏乞敕部早为禁绝，勿使滋曼，为害非轻，夫涓涓不治，将成江河，萌萌不绝，将寻柯斧，非我皇上图治未乱，保安无危。为亿万年计，臣不敢以此言进。至于各海口烟墩炮台，各省提镇协营，自当钦遵修整安顿，毋烦圣衷。如果臣言可采，伏乞俯赐全览施行。

奉旨：该部议奏。

三、注略

广南：系林邑附近，位于广平与平定间，遥对西沙群岛，今近茶麟。

咬番吧：奏折中言古为巫来，疑即今之Ramroe，在缅甸之西。

六坤：在古暹罗，今之洛坤（Nakan）。

斜存：在六坤北，临暹罗海湾。

大泥：据冯承钧著《中国南洋交通史·南洋群岛诸国传》注二十四云：案大泥应是 Patani 之省称，吉兰丹在其境内，则地在马来半岛东岸。

柬埔寨：即真腊，《明史》卷三二四有传，其国颇富，"自称甘孛智，后讹为甘破蔗，万历后又改为柬埔寨"，西文为 Kampoja。

占城：《星槎胜览》内有云："……顺风十昼夜到占城国，其国临海，有港曰新洲，西抵交趾，北连中国，他番宝船到彼……"

文莱：在渤泥（Barneo）岛中之 Brunei，《明史》作文莱。

苏禄：《明史》卷三二五："苏禄地近渤泥，阇婆……永乐十五年，其国东王巴都葛叭哈剌，西王麻哈剌叱葛剌麻丁峒，王妻叭都葛巴剌卜，并率其家属头目凡三百四十余人，浮海朝贡，进金缕表文……"西文为 Sulu。

柔佛：西方为 Tohore，《明史》卷三二五云："柔佛近彭亨，一名乌丁礁林……华人贩他国者，多就之，贸易时或邀至其国……"

丁机宜：西文为 Trenganu，《明史》："丁机宜，爪哇属国也，幅员甚狭，仅千余家，柔佛黠而雄，丁机宜与接壤，时被其患……华人往商，交易甚平，自为柔佛所破，往者亦鲜。"

麻六甲：即《明史》之满剌加（Malaka），《瀛涯胜览》"满剌加"条云："自占城向正南，好风船行八日，到龙牙门，入门往西行，二日可到，此处旧不称国，因海有五屿之名，遂名五屿……永乐七年己丑，上命正使太监郑和等，统赍诏敕，赐头目双台银印冠带袍服，建碑封城，遂名满剌加国……"

马神：疑是今之茂盛港（Mersing）。

英咖黎：即英吉利。

干系腊：指双西西里岛国，今意大利南部 Grande Grece。

和兰西：即法兰西。

和兰：为荷兰。

第十五
清初葡法西士之内讧

　　德礼贤在其《中国天主教传教史》内说："……非耶稣会教士们一到了中国之后，敌人们便从中挑拨，设法捣乱，因此在1634年至1635年间，各派传教士中，便发生了那最不幸的礼仪上的争执……"我们不知道德礼贤所称"敌人"为何，这种解释，似乎还含有几分正气。

　　自教皇尼古拉五世以印度教权授予葡王保罗后，葡国教士得政治的力量，日益扩张；法国为强国，欲破坏葡人在印度与远东权力，遂与葡国对抗，特别是在路易十四时代。在1660年，法人受重商精神的推动，组织东印度公司，1719年又加改组，其实力甚厚。

　　各国教士与政府合力，偏执不肯相让，并非敌人挑拨，实同一宗教有各种修会的冲突，如耶稣会、方济各会、多明我会、外方传教会、奥古斯丁会等；同一修会而又有各国的不同，如荷国耶稣会、法国耶稣会等。当时各会与各国教士，皆以罗马教皇之意见为定论，绝对服从，但教皇远在罗马，对中国问题，亦无定见，久不能决也。

　　葡法西士之内讧，就同一耶稣会士而论，自1685年（康熙二十四年）。是年路易十四名相科尔拜（Colbert）策动，决遣法国耶稣会数学家来华，巴黎国立图书馆中，藏有一种文献（号码：Fonds Français

1740），论及此事，我们节译几段，从中可知法国修士来华，自亦含有政治意味：

> 科尔拜（Colbert）同意加西尼（Cassini）的计划，决定派遣耶稣数学家来华，要他注意沿途的经纬度与磁针指度……
>
> 如果这次成功，以后继续法国学者前来，在这伟大帝国（指中国）里，我们不只可以建立商业的关系，而且可以远播法国的声誉……惟有两种困难：葡萄牙嫉妒法国，与法人以困难……其次，罗马教皇代表，受西葡影响，要法国教士来华者，须先宣誓，这却是法国皇帝不能同意的……

从此，我们知道法国修士来华之始，便有与葡国对抗的情绪，兹所发表的两种文献，第一种藏于梵蒂冈图书馆，号码为：Borg Cin. 489。西洋人闵明我，系 Dominique Navarette，义大利人，顶替 Domlniquc Counado 者。第二种藏于罗马传信部档案处，东方文献内，无年月。在巴黎国立图书馆内，藏有德理格（Pedrini）的报告，号码为 Fonds Français 25060，内有：

> 1714 年（康熙五十三年）3 月，法国耶稣会修士与葡国耶稣会修士大冲突。法人自言独立，不受葡人管束，互相呈奏，互相攻击，是年 5 月 30 日，皇帝亲手降谕，命相处为安，如一身一家，葡人解释以为只有一长一首，待艾若瑟东还后，再定一规章……似此，即第二种文献，当系康熙五十三年也。

一

康熙四十一年三月三十日，御前太监李玉、员外郎黑士亨、御书处赵昌等传旨西洋人闵明我等：前者尔等叩求弘若所进之物，到畅春园时,朕一时传弘若所为之事,与尔等教中有碍否等语。今思尔等皆系远人,若件件察明,不但与尔等教中有碍,即尔西洋人听之不便。今宽其究察,勿用多议。尔等守会中之定规,听会首之命令,即不违教也。若薄尔宅噶见所作天主堂,只许本国人行教,昂吉利亚所作天主堂,只许本国人行教,则大违教中之例矣。以后颁发旧例,听会首之命令,不分彼此,则诸事皆善矣。钦此。

二

臣白晋、巴多明、傅圣泽、杜德美、罗尔先、陆百佳谨遵旨启奏,仰求圣恩事:窃中国耶稣会西洋人总会长鲁保洛,抵京月余,至十月十四日,苏霖、纪理安带鲁保洛至畅春园,请皇上安,执一启奏封折,并未曾通知臣等伺事。臣等问亦不言。臣等万幸,荷蒙皇上弘仁,大公包众,不分何国,待之如一。下旨意:"此事有些关系尔等,有该商量者,议定公同回奏。钦此。"臣等跪聆圣旨,感激无极,此至微之事,本不敢烦渎圣聪,因与臣等关系甚重,若不详陈,难明其故。臣等叩首至地,万恳皇上宽宥,俯察下情始末,臣等粉身碎骨,难报圣恩。

鲁保洛奏折内云:自康熙四十一年,蒙皇上传旨,令住中国耶稣会的西洋人,都该依照会规,在一个会长属下,无论那一国的人,不必分彼此,遵依从前利玛窦以来行的事才是。又云:闵明我等六人,跪向天主台前,立誓发愿为凭,从前带往西洋去的圣旨是真不错,命我们照依会规相和,并无丝毫分别,俱在一个会长属下,如从前利玛窦以来之理。倘有不肯遵行者,不许留住中国等语。将此立誓之书,于康熙五十年,到了罗马府,大会长看云:闵明我等立誓之书,我无有不信之理,但法郎济亚国之人,只信他法郎济亚国人,另要立本国会长之话等语。据此奏折所云,臣等似有违背皇上旨意之大罪,有不遵罗马府大会长命之过,有不合耶稣会规之非。臣等今谨呈明:所以未尝不遵大会长之命，未尝不合会规，即知臣等万万无违背皇上旨意之处。

当利玛窦入中国时，南怀仁、汤若望未来之先，罗马府大会长议定有二会长，各统理中国修士，如分两家。是时海禁甚严，不拘何国人欲进中国者，不由波耳都噶国而来，只有澳门一路，并无他门可进，故皆属波耳都噶国供给，至今不改。一会长料理在广东、广西、海南、澳门等处从波耳都噶国而来之西洋人；一会长料理在他省从波耳都噶国而来之西洋人。现今一名林安，住在江宁；一名亚玛辣尔，住在澳门，因离罗马府远，故又于二会长之上，另立一总会长。如鲁保洛是也。若两家有难明之事，总会长常以公平无私处之。

自蒙皇上广开海路，臣等有幸入中国。康熙三十五年，法郎济亚国王闻皇上柔远弘恩，即立志以后多令修士入中国，一为效力于皇上，一为传教，遂命本国差在罗马府之大人，向耶稣会大会长云：以后我法郎济亚国修士往中国，往小西洋传教者，必有自住之堂，不许波耳都噶国会长管。是时大会长闻知其故，重商议之后，遵从国王之意。定有自住之堂，又许人多时，再立本国会长，自此法郎济亚国修士，多有欲入中国者，国王正备带修士之船，时适值皇上差臣白晋至本国，遂同聂云龙、巴多明、雷孝思等于康熙三十七年至广东，又有同时开船至中国者，即傅圣泽、罗尔先、樊托训等。因过小西洋，于次年至福建，后又有杜德美、汤尚贤、陆百佳等陆续来者，至今存三十余人，无不由大会长之命而来。于是大会长，当康熙三十九年，立臣等本国会长，现今名殷弘绪，其权如林安与亚玛辣尔二会长，同在总会长属下。

臣等来中国者，在本国临行之时，国王亲嘱有三：一云，尔等往中国，不许为波耳都噶国二会长管；一云，若有别国修士要直路到中国者，许同坐本国船到中国，与本国修士同往，亦赐其供给；一云，本国天文格物等诸学宫，广集各国道理学问，中国其来甚久，道理极多，又闻中国大皇帝天纵聪明，超绝前代，尔等至中国，若得其精美者，直寄本国之学宫，垂之不朽。臣等所以有本国会长之由来，乃自大会长所定，则臣等本无不遵大会长之命，亦无不合耶稣会规。臣等同为在总会长属下，如林安与亚玛辣尔所管之人，更为万万无违背皇上旨意。

四十一年旨意，原命臣等不拘何国人，属一个会长之下，论中国之总会长，只有一个若波耳都噶国之会长，焉有两个？是以臣等想皇上旨意，乃命臣等属一个总会长之下，非命臣等属两个会长之下，而系于波耳都噶国也。故臣等即照此旨意，写书与罗马府大会长，若闵明我等六人，立誓发愿，带往西洋去的圣旨，命我们照依会规相和，旨意之外，误增加己意，云无有丝毫分别。皇上深知臣等与彼之来历，难免有些不同处，所以皇上并未曾下有丝毫分别之旨意。

在林安与亚玛辣尔各有所管之人，俱属一总会长鲁保洛，既为相和睦，不为分彼此，臣等本国会长殷弘绪有所管之人，亦属一总会长鲁保洛，如何便为不相和睦，便为分彼此？在小西洋，亦有臣等本国之会长，彼处波耳都噶国人，未尝相争不和睦，且中国现有臣等本国人在，臣等中何尝不相和睦？彼等之意，实在要臣等无本国会长，无自住之堂，不自专家务，往尽属波耳都噶国林安与亚玛辣尔二会长之下，后有成其位者，仍然从前早已将此意寄书与大会长，借皇上不分彼此之圣旨，必要臣等依从。况此诸事，皆臣等不由自己之事，且臣等有历年至今大会长来书，皆再三坚定臣等本会长本堂之事，兹略翻二次书内要旨为据，今为何又有康熙五十年大会长与鲁保洛之回书？因鲁保洛得闵明我等六人立誓之书，彼时鲁保洛并不通知臣等，即据闵明我等惊吓之言，写书与大会长云：法郎济亚国人，若有本国会长，皇上必不容住中国，于传教大为妨碍。大会长见利害关系如此，两家来书又不同，故书内令鲁保洛得便再请皇上旨意。此臣等种种实情，始末根由，早在皇上洞鉴之中，臣等俯伏叩头不已，衷求圣恩矜怜，臣等不胜惶悚待命之至。

第十六
从西方典籍所见康熙与耶稣会之关系

一

从西方典籍，我们可见康熙与耶稣会之关系，其重要性，不只阐明东西文化上各种关系，而且可补正史之不足。笔者欲将所收资料，申诊一二，其错误自必不少。

白晋（Bouvet）来华后（1688年），出入宫廷，时常接近康熙。过十年后，刊印《中国皇帝历史像略》①，颇多特殊记载，其论及康熙相貌时，曾说："貌像尊严，身体分外均称，微高于一般人士，面容整齐，眼睛生动，较普通者略大。鼻圆而尖，向前伸，脸上虽有几颗天花遗痕，却不减轻引人的力量。"② 康熙信任白晋③，其言颇足信征。

当时西人记述，咸称康熙为有德之君，使人敬畏。故西方人士称

---

① Bouvet, *Portrait historique de l'empereur de la Chine*.
② Ibid., p.11.
③ 在巴黎国立图书馆内，余曾见白晋法文日记一，号码为Français 17240，言及如何教授康熙数学，已影印回来，将译为中文。其次，在《康熙与罗马使节关系文书》内，第十三件内有："在中国之众西洋人，并无一人通中国文理者，唯白晋一人稍知中国书义……"

之为"中国路易十四"。①《传信集》②风行全欧，序言中说："康熙的灵魂，特别伟大，取巧与欺诈都不敢逞显。记忆力特强③，遇大事有决断，凡断一事，非常慎重，必不冒险，可说永远能够统治自己。"④

康熙与耶稣会人士之间，交往甚密，过从和谐，推其原因，康熙重在致知，西人重在传教。因而非耶稣会人士，肆意攻击，以彼等崇尚虚荣，翼伏于权贵之下，遂引起纠纷许久，至为不幸之礼节问题。⑤

试举一例，汤若望位列钦天监监正，加太常寺少卿衔时（1645年），安文思（Gabriel de Magalhães）虽为同会修士，尽力抨击，坚请若望辞职。罗马公教大学教授，组织一委员会，讨论此事，经十五年之久，耶稣会会长奥利瓦（Paul Oliva）得结论如次："汤若望居此重位，并无不合适处，不只地位尊荣，而且借此可以传教。"⑥时1664年1月13日。

二

康熙与耶稣会人士关系，颇为复杂与微妙，究其蕴底，首当归于康熙天性。《传信集》叙述康熙天性时，言具有三种特质："宽仁、明智与好奇。"⑦

---

① Brucker, *Conmunication sur L'exécution des cartes de la Chine par les missiounaires du XVe siècle d'a près documents inédits*, Paris, p.387, 1890.
② 《传信集》系耶稣会来华教士写往欧洲之信，原名为 *Lettres ediffiantes et curieuses écrites par des missionnaires de la compagnie de Jésus mémoines de la Chine de t.T. XXVXI chez Gaume Frères*, 1831-1832.
③ 南怀仁随康熙外出，遇一鸟，帝问西语作何音，南怀仁以弗拉曼（Flamand）语对。过数年后，帝又遇同种鸟，仍能以弗拉曼语呼之。见 Bouvet, *op*, pp. 30-31。
④ 《传信集》, T. XXIII, 第18页。
⑤ 礼节问题，非常复杂，容另立专文论述，其要点，耶稣会主张尊孔敬祖先，非耶稣会人士反对之，结果以政治关系，耶稣会失败。1941年2月24日，瓦蒂冈合众社电，罗马教廷允许供奉孔子，以其为民族英雄及大哲学家。
⑥ J. de la Serviere, *Le P. Adam Schall d'avec un ouvrage nouveau reçue d'Histoire des missions*, pp. 519-521, 1934.
⑦ *Let. Editeur*, T. XXV, p.16.

这些特质，说明熙朝之伟大。宽仁必近人性，明智必重理性，好奇必贵经验，趋重科学，此种精神，正合欧洲 18 世纪思潮。在《中华帝国志》①内附有哈克（Raquet）审查书，以康熙与路易十四并称，他说："法国耶稣会人士，分外受人敬重，他们的才智与精神，博得 18 世纪最伟大两君主宠幸与保护：路易十四与康熙。"②

　　康熙之宽仁，可取故宫发现文献佐证之："上面谕尔西洋人，自利玛窦到中国，二百余后并无贪淫邪乱，无非修道，平安无事，未犯中国法度……"③其待多罗（Tournon），纵使立于相反地位，康熙仍以宽柔为怀，"传与多罗宽心养病，不必为愁"。④所以德礼贤（D. Elia）下此结语："康熙以后的满清君主，虽则依旧重视教士们的学术，却已痛恨着他们的宗教。"⑤

　　康熙实有清一代度量最大者，西人视之为超人。名画家王致诚（Attiret）致亚萧（Assaut）信，论及过去说："此地只有一人，即皇帝。"⑥但是从别一方面看，这种赞语，表示一种绝对权力，杜赫德（Du Halde）说："康熙之功绩与光荣，远扬海外，全欧与一重视与崇敬。"⑦

三

　　康熙朝隆盛，为清代特有，杜赫德说："中国享受太平，由康熙皇帝智慧所致。"⑧以公教论，康熙视之为外物，却能一视同仁。当西人争论礼节问题时，康熙亲手写着说："凡各国各会皆以敬天主者，何得论比

---

① 《中华帝国志》系 Du Halde 所著，原名为：*Déscription Géographique. historique chronologique politique et physique de l'empire de la chine Henri Scheurleer La haye* 1736, 4 Vol。

② 同上书，第一卷。

③ 《康熙与罗马使节关系文书影印本》第十一件，康熙五十九年十一月十八日。

④ 同上书，第一件。

⑤ 德礼贤：《中国天主教传教史》，第 81 页。

⑥ *Let. Editeur*, T. XXXV, p. 24.

⑦ Du Halde, *Description de la Chine*, T. Ⅱ, p.6.

⑧ Du Halde, *Description de la Chine*, T. Ⅰ, p.4.

（系彼之误）此，一概同居同住，则永无争竟（系'竞'之误）矣。"①

自西方人士看，康熙"生于迷信中"，②而马若瑟（Premare）却在致谢士信中说："最使我们安慰处，是皇帝很赞助公教。"③倘若没有别的文献参证，几疑西人自作宣传。如安文思死后，康熙十六年四月初六日所下诏谕："谕，今闻安文思病故。念彼当日在世祖章皇帝时，营造器具，有孚上意，其后管理所造之物，无不竭力，况彼从海外而来，历年甚久。其人质朴夙著，虽负病在身，本期疗治痊可，不意长逝，朕心伤悯，特赐银二百两，大缎十匹，以示朕不忘远臣之意。特谕。"④

四

白晋叙述康熙，有一段文章，可知康熙之处世接物："康熙好发问，不肯先说出自己的主张，听人所说后，退朝闲时默想，未见有帝王如是考虑所见所闻者。"⑤此种态度，非唯表示谨慎，而且接近科学精神。

明末清初之科学介绍，其重要多人言之矣。康熙知其重要，礼贤下士，必潜心研究。罗马梵蒂冈图书馆内，藏有康熙治代数文献，证明帝之好奇与好学。如"朕自起身以来，每日同阿哥等察阿尔热巴拉……"⑥

西学给康熙影响不小，白晋论及此时，以种高傲态度说："自从许久以来，耶稣会人士，给康熙世界各国知识，同时赠予许多精美之

---

① 《康熙与罗马使节关系文书影印本》第二件。
② 李明（Louis le Lomte），*Nouveaux Mémoires sur L'état présent de la Chine*, T.I, Epire, J. Anisson, Paris, 1696.
③ 马若瑟（Prémare），即元剧《赵氏孤儿》之译者。其致谢士信，为1699年2月17日，见 *Let. Editeur*, T. XXV, p.89。
④ 安文思，字景明，路西大尼亚国人（即葡萄牙人）。明崇祯十三年庚辰来华，传教四川等处，几死者数次。顺治五年戊子来京，遇宠。死后葬于阜成门外滕公栅栏，著《复活论》二卷。
⑤ Bouvet, *op*, p.28.
⑥ 罗马梵蒂冈图书馆内：Borg Cin. 439，见附录。

著述，特别是关于西方各种科学，使康熙明白：不只中国有科学与艺术优秀的人才，外国也有……"①

康熙好奇，似乎非为纯知，取重实用，杜赫德论及康熙治学时，他说："于处理国政大小事件外，犹能有时间研究科学……康熙嗜好之科学，为几何、代数、物理、天文、医学与解剖学。"②

因为爱知与好奇，康熙卧室内，所陈列者不是古物与艺术作品，乃是科学仪器。"介乎许多仪器中，最使康熙皇帝高兴的是平准器，上面装着带秒针的时计，测验非常准确，他将之陈列在卧室内。"③这不是卧室，这是一所实验室。

五

"以科学与理智征服知识阶级"④，是耶稣会传教唯一的方法，于明清之际，在中国有意外的成功。有明一代，舍《天工开物》与《徐霞客游记》外，科学著述，实凤毛麟角。自航路发现后，西学逐渐流入东土，天文与数学尤为士大夫所嗜好，形成一种新景象，⑤纵使无惊天之伟绩，然开创之功，实不能寂然埋没。

毕诺（V. Pinot）在其名著中说："因为中国人对数学天文的推重，耶稣会人士备极赞扬中国精神……实际上并非如是。"⑥毕诺（V. Pinot）文意，认西人只做夸浮宣传，不近事实。《明史》意大利传内说："其国人东来者，大都聪明特达之士，意专行教，不求禄利，其所著书，多华人所未道，故一时好异者咸尚之。"

康熙重人才，绝不肯放过西方有学之士，巴黎刊印《现代著述评

---

① Bouvet, *op*, p.3.
② Du Halde, *op*, T.I, pp.478-479.
③ Bouvet, *op*, pp. 142-143.
④ G. S. de Morant, *L'épopée des Jésuites français en Chine*, p.43, Grasset, 1924.
⑤ 参看梁启超：《中国近三百年学术史》，第13、14页。
⑥ V. Pinot, *La Chine et la formation de l'esprit philosophique en France*, p.21.

论》中说："中国传教之耶稣会人士，不仅信德高尚，而且精通文学、几何、天文，在欧洲为知名之士。"①这是一种科学传教政策，耶稣会视科学为有力工具。白晋很坦白地说出："一世纪的经验，天主要我们利用科学来华传教，现在似乎更为需要。因为从此以后，借科学的力量，可以击溃偶像的崇拜。"②

1703 年 2 月 15 日，洪若翰（Jean de Fontaney）写给谢士说："11月 2 日，皇帝宏恩要我们进京，并言凡谙数学者，皆留宫效力，余者任去内地各省，各从其愿。"③

康熙仁厚，珍念远臣，自采取一种怀柔政策，而西方人士之品德与学识，亦为重视的原因。倘如从人性方面看，除这些冠冕大道外，尚有别种细微原因，虽不重要，而实能博得帝王之欢心。

罗马梵蒂冈图书馆内，有一文献，很可说明耶稣会处处用心，不肯放松一个机会。"……前者朕体违和，尔等跪奏西洋上好葡萄酒，乃高年人大补之物。即如童子饮乳之力，谆谆泣奏，求皇上进葡萄酒，或者有益。朕即准其所奏，每日进葡萄酒几次，甚觉有益，饮膳亦好，今每日竟进数次，朕体已经大安。念尔为朕之诚心，不可不晓谕……"④

六

康熙重用西士，亦一实利问题，熙朝定案内，载有事实如次：永定河决，卢沟桥费八万余金始告成，未几有石料经过，有重十余万斤者，恐伤桥，工部拟用木料护之，估计约费万金。"奉旨着用西洋滑车拉过，仁等遂以绞架滑车数具运之，每架用十余人，共出数百斤之力，

---

① 《现代著述评论》，原名：Obervation sur les écrits modernes, 1736, T.Ⅵ, p.284.
② Bouvet, *op*, pp. 250-251.
③ *Let. Edzteur*, T.ⅩⅩⅦ, pp. 76-77.
④ 梵蒂冈图书馆：Borg Cin. 3, 见附录。

俄顷过桥，甚为轻便，并无损伤，且有护桥之费。"①

来华耶稣会人士，实际是技术人员，《传信集》内，颇多此种记载。如"刘应（Visdelou）受康熙之命，至内地各省治河"。②所以，毕诺以一种含讥语调说："在耶稣修士生活中，手艺一如强称之为机械学，亦未尝不可一较数学占重要的地位。"③但是，耶稣会人士，并不视此为侮辱，相反的，这是一种光荣，他们的目的在传教。结果，他们胜利了。

1692年3月22日，康熙下诏谕，保护全国教堂，允许人民信仰自由，有人比之如君士坦丁大帝（Constantin）。

我们只举一件小事：从康熙五十年到六十一年（1711—1722年），康神父一人购买房地，有十五处。④这虽不足说明教会发展，但是亦可窥见一斑了。次之，雍正十年，清朝禁教，广东总督报告，在广州一城内，有教堂八所，教友超过一万以上。⑤

七

1703年，洪若翰说，"康熙不惜手执圆规"⑥，静聆雅教。这是一位好学生，进度很快，"在短时期内，其才智颖出，著有《几何学》一书"⑦。白晋为康熙教授，亦曾言及："读欧克利（Euclid）《几何学》，从头到尾至少有12次之多。"⑧这可说帝王治学的佳话。

康熙治科学，亦重在实用，南怀仁所教者，复请安多默（Antoine

---

① 仁即南怀仁，此文系康熙十年十一月十四日，见《熙朝定案》第2—3页。
② Let. Editeur, T. XXVI, p.96.
③ V. Pinot, op, p. 23.
④ 罗马传信部档案，见附录。
⑤ 见陈垣：《从教外典籍见明末清初之天主教》。
⑥ Suceo Goto les Premiers Echanges de la civilisation d'orient et L'occident dans les temps. moderne, Revue de littérature comparée Examen 192. p.4.
⑦ Ibid.
⑧ Bouvet, op, pp.128-131.

Thomas）解释，特别是关于测量器具，"应用几何学，凡事有如学者们，他要彻底明白"。

康熙科学知识颇广，当时批评《中华帝国志》者，曾论到康熙科学范围，"有光学、物理学各种实验，反射学、透视学、静力学与流体力学"①。为此，康熙特别优待他们，取得尊荣地位。白晋说："康熙要他们坐在身旁，除太子外，无人能享有此尊荣者。"②不是夸张，这正是中国教师之大道。

八

自康熙三十一年诏谕后，事实上，宗教已成公开性质。高伯阳（Charles Le Gobien）叙述康熙对公教意见，认为"绝无邪乱之处"③。1693 年 7 月，钦赐法国耶稣会修士房屋一所，位于皇城内。六年后，特许建立教堂，据《传信集》中称："帝遣使前来，以志殊恩。"④洪若翰亦说，当康熙二次南巡时（1689 年），曾问："所过之处，是否亦有教堂。"⑤而最使人惊奇者，帝遣特使至南京与杭州，"代帝行祭，并询实况"⑥。

康熙不反对宗教，然亦无坚确信心，其优待西方人士，可说是外交手腕，以示大国风度。证据在开教诏谕下后，随即遣人告来华西士："须写给各省传教士，善用此种特许，毋使各地官吏有所控告。反之，朕即立刻撤销。"⑦

又在《清室外纪》，亦叙及康熙与宗教："前传闻中国皇帝有入教

---

① *Obervation sur les écrits modernes*, T.Ⅶ, p.17.
② Bouvet, *op*, p.165.
③ Gobien, *Histoire de L'étude de L'Empereur de la Chine en France la religion chrétienne*, p.126, J. Anisson, Paris, 1698.
④ *Let. Editeur*, T.ⅩⅩⅥ, p.127, 这所教堂毁于 1827 年。
⑤ *Let. Editeur*, T.ⅩⅩⅥ, p.106.
⑥ *Let. Editeur*, T.ⅩⅩⅥ, p. 107.
⑦ *Let. Editeur*, T.ⅩⅩⅥ, pp. 125-126.

之意。不知汝曾闻之否？但此消息不甚确实，余今日亦尚疑之。"①

耶稣会人士亦明白康熙心理，《传信集》有许多处提及，唯西人精神，始终不认失望存在，一片痴诚，相信他们的方法。第一步，借实用科学，取得康熙与学者们的同情，俾有接近机会。第二步，指出儒家理论与公教理论吻合，正如毕诺所说："这样，中国人视公教非舶来品，不特不与中国习惯与历史相冲突，而且是表现中国历史与习惯。"②

这种传教方式，虽受人攻击，却是得到教皇英诺森十一世（Innocent XI）之允许，1681年12月3日致南怀仁信中说："承天之助，在中国传教，须借重你与你一样的人物……"③ 因之，西人憧憬着一种幻想，不说"康熙是公教的保护者"④，即说"在一世纪内，中国会成为一个公教的国家"⑤。

允礽初废立后，康熙沉入"深痛中，心脏弱，跳得很快，卧病几死"⑥，罗德先（Rhodes）进药，痊愈，遂荣任内廷御医。这在康熙与耶稣会人士关系上，又多一层友谊。

九

康熙重用西士，最显著结果，为公教发展。陈垣先生从教外典籍中，立有精论。史学家万斯同有句说："流入中华未百年，骎骎势几遍海内。"⑦ 西人善利用时机，深入宫中内部生活，难免参预机密，穆经远（Bloan Moraon）事，即一证例。余在罗马获两种文献，可以说明雍正即位后宗室与禁教之惨剧。⑧

---

① 《清室外纪》第2章。
② V. Pinot, *op.* p. 2.
③ Brucher, *La compagnie de Jésus*, p.62, 1912.
④ *Let. Editeur*, T. XXVI, p.127.
⑤ Bouvet, *op*, pp.42-44.
⑥ *Let. Editeur*. T. XXVIII, p.52.
⑦ 参看陈垣《从教外典籍见明末清初之天主教》。
⑧ 罗马梵蒂冈图书馆，Borg Cin. 439，罗马传信部档案室，东方文献，T18, p. 536，见附录。

康熙一朝，耶稣会人士居高位者，颇不乏人。在钦天监有南怀仁与戴进贤（P. Kogler）；中俄订《尼布楚条约》时（1689年），张诚（Gerbillon）等随索额图前去，订最公平条约。其他如白晋、巴多明（Parrenin）等，皆受特宠。"当奉旨外出时，乐队先行，丁马卫护，坐八人轿，旁有仗仪与万人伞，威风凛冽，实非笔可形容。"① 毕诺是不大同情耶稣会的，他说："一件朝衣，便是一张品德的证件。"② 这虽是一种讥笑，却有一部分真理。

洪若翰知道受西方人士指诘，在一封信内说："我可向你保证，我们绝不贪求这些虚荣，并且竭力设法避免过。但是在中国，奉旨行事，自己不能做主，不得不如此。"③

西人在康熙朝供职，其重要乃在沟通东西文化，容后专述。只地理一项，便可见到一斑。"中国地理最伟大时期，乃在1687年。是年法国派去许多知名学者，如张诚、刘应、李明、白晋等，由他们的工作，我们始有亚洲东部历史、人种、地理的知识与文献。"④ 圣马丁（St. Martin）的话，并非过言。

十

1722年11月，圣祖驾崩，这与耶稣会是一重大打击。殷弘绪（François Xavier d'Entvecolles）写给杜氏说："幸福的时候完结了，与这位大帝一齐完结了。"⑤ 37年后，钱德明（Amiot）谈到宋君荣（A. Gaubil）之死，写给学者利斯尔（L'Dsle），回想到光荣的过去，语调中含着沉痛的悲哀。他说："在北京，在中国，一切都改旧观，保护圣

---

① Gio Ghirardini, *Relation du Voyage fail à la Chine sur le Vaisseau l'Amphitrite. en l'année* 1698. Paris chez Nicolas pepie, pp.73-75, 1709.
② V. Pinot, *op*, p.3.
③ *Let. Editeur,* T. XXVII, p. 18.
④ Vivien de St. Martin, *Histoire de La Géographie*, Paris, p.401.
⑤ *Let. Editeur*, T. XXXVI, p.101.

教会的康熙，伟大的康熙不复存在了……"[1]

附录一 （共四件）

（一）字启

傅先生知尔等所作的阿尔热巴拉，闻得已经完了。乞立刻送来以便手订，明日封报莫误。

二月初四日　和　素　传
李国屏

Borg Cin. 439

（二）启

傅、巴、杜　先生知二月二十五日

三王爷传旨：去年哨鹿报上发回来的阿尔热巴拉书，在西洋人们处所有的西洋字的阿尔热巴拉书，查明一并速送三阿哥处，勿误，钦此。帖到可将报上发回来的阿尔热巴拉书，并三堂众位先生所有西洋字的阿尔热巴拉书，查明即刻送武英殿来，莫误。

二月二十五日　和　素　传
李国屏

Borg Cin. 439

（三）

谕王道化，朕自起身以来，每日同阿哥等察阿尔热巴拉新法，最难

---

[1] *Let. Editeur*, T.T. XXXVII, pp.12-13.

明白，他说比旧法易，看来比旧法愈难，错处亦甚多，鹘突处也不少，前者朕偶尔传与在京西洋人开数表之根，写得极明白，尔将此上谕抄出，并此书发到京里去，着西洋人共同细察，将不通的文章一概删去，还有言者甲乘甲，乙乘乙总无数目，即乘出来亦不知多少，看起来此人算法平平尔，太少二字即是可笑也。特谕六月二十二日二更报到奉旨朕在这里都算得了。虽然，仍教他们算完启奏。钦此。

Borg Cin. 439

（四）

十月十八日奉上谕新阿尔热巴拉，朕在热河发来上谕，原有着众西洋人公同改正，为何只着傅圣泽一人自作，可传与众西洋人，着他们众人公同算了，不过着傅圣泽说中国话罢了，务要速完。钦此。

王道化　传
纪先生　知
Borg Cin. 439

附录二

四十八年正月二十五日奉上谕：西洋人自从南怀仁、安文思、利类思、徐日昇等在内廷效力，俱勉力公事未尝有错，中国人亦多不信，朕向深知其真诚，所以可信。即历年以来朕访查尔等之行，实并无过犯，况非礼之事断不去做。前者朕体违和，尔等跪奏西洋上好葡萄酒，乃高年人大补之物，即如童子饮乳之力，谆谆泣奏，求皇上进葡萄酒，或者有益。朕即准其所奏，每日进葡萄酒几次，甚觉有益，饮膳亦好。今日竟进数次，朕体已经大安。念尔等为朕之诚心，不可不晓谕，今将众西洋人传在养心殿都叫知道。钦此。

附录三

罗马传信部档案处藏有大宗东方文件，当余抄录各样交通史料时，随时发现康熙时传教士购置产业契约，皆系抄稿，余一一撮记，共二十件。

时间	卖者	买者	性质	价钱	地方
康熙三十七年八月	袁士隆	思边	房	一百五十两	钱塘县馨如坊
康熙四十年七月十五日	刘象乾	西洋南、劳	房	三百八十两	坝口街西
康熙四十一年九月	张孟升	天主堂	房	三百两	虞子号安着
康熙四十三年十月十三日	齐门徐氏	天主堂梅	房	三百五十两	长安县含光坊前街水池
康熙五十年六月十六日	刘太绪	西洋康	房	十六两二钱	南关
康熙五十一年二月十六日	龚席珍	天主堂康	房	二百四十两	
康熙五十二年九月十一日	郭起凤	西洋康	房	一百两	
康熙五十二年闰五月十六日	方烛碧	西洋康	地	四十两零二钱	城南石长屯
康熙五十四年八月十三日	沈起贵	康	房	二百六十五两	西坝口街
康熙五十五年正月初十日	衣衮	西洋康	房	五十两	
康熙五十五年六月	方自西	西洋康	地	二十二两六钱八分	城南石长屯
康熙五十五年九月二十二日	张继祯	西洋康	地	五两二钱四分一厘三毫	
康熙五十七年二月二十二日	刘子器	西洋康	房	三十两	西坝口街
康熙五十七年七月十三日	方烛碧	西洋康	地	五十一两零四分	
康熙五十九年三月初十日	方升大	西洋康	地	五两二钱二分	
康熙五十九年十二月十六日	方烛碧	西洋康	地	八两五钱四分	
康熙六十年二月初四日	董殿邦	天主堂穆、巴	房	八百两	南海甸街
康熙六十年十一月初七日	刘司兴	西洋康	房	六十五两	西坝口
康熙六十年五月二十二日	李贵荣	西洋康	地	二两八钱一分	
康熙六十一年五月二十日	任礼存	西洋康	房	九百两	北门里

总计：在 24 年内（康熙三十七年至六十一年）所买房十三，地七，而康神父所购者有十五，共费银三七八一两九三一三。

附录四（共二件）

（一）

财买结塞思黑行止恶乱，谋望非常，暗以资贤人心，且使门下之人广为延誉，称其仁孝，夸其相貌，如西洋人穆经远伊皆收为心腹，各处为之揄扬，以希图储位，众人所知。

又畏罪而诈称有扶杖而行反，私向西洋人穆经远云，因皇父欲立我为皇太子，我是以诈病回避，僭妄无耻，莫此为甚，众所共知。

允禵往军前时，塞思黑又私与密约，若圣祖皇帝圣躬欠安，即遣人驰信军前，以便计议。此秦道然、穆经远吐供明鉴，众所共知。

塞思黑初到西宁时，穆经远恐将来移住口外，向塞思黑私虑，塞思黑云，你不知道越远越好。据此，即心怀悖乱显然，众所共知。

在西宁时，于所居后墙，潜开窗户，密与西洋人穆经远从窗户往来，商谋计议，行踪诡秘，众所共知。

又与穆经远商议，欲将资财藏匿伊所。又令穆经远觅人开铺，以便将京中带来信悉物件，先放铺中，慢慢送与塞思黑处，有何机密诡诈若此，众所共知。

塞思黑又向穆经远云，前日有人封一字叫我的太监送进来，上写山陕百姓说我好又说我很苦的话。我随着人送还此字，并向伊说，我兄弟没有争天下的道理。彼时穆经远劝塞思黑将此人拿交楚仲，塞思黑云，若拿交楚仲，此人就吃大亏了。此等奸民，塞思黑不即行拿交该管官员，又恐其吃亏，纵令逸去。至云我兄弟没有争天下的道理，塞思黑身在拘禁，无权无勇，属下无人，而尚为此不争天下之语，则其平时念念不忘争天下，积想成痴，至今日，冲口随心，在在皆成悖逆，众所共知。

罗马传信部档案处 T. 18, P. 36

（二）雍正四年六月二十二日

刑部为请旨事，会看得穆经远附和塞思黑，朋奸不法一案。据穆经远供：

我在塞思黑处行走有七八年，他待我甚好，人所共知，如今奉旨审我，不敢隐瞒。

当年太后欠安，听得塞思黑得了病，我去看，他向我说，我与八爷、十四爷三人有一个皇太子，大约我身居多，我不愿坐天下，所以装病成废人。后十四爷出兵时说，这皇太子一定是他。这都是塞思黑说过的话。

我原与年希尧相与，在年希尧家会过年羹尧，后年羹尧在口外，塞思黑写了何图名字，叫我拿到年羹尧处，托他照看。我问他要什么西洋机件，他说别的都不要，就只爱小荷包。我就向塞思黑说，他叫我拿了三四十个小荷包给年羹尧，他留下了。我因向年羹尧说，塞思黑大有福气，将来必定要做皇太子的。原是我赞扬他的好处，要年羹尧为他的后，年羹尧向我说，皇上把九贝子骂了。我听见这话心上不服，因对他说：皇上骂九贝子是作用不足为凭的，怕年羹尧不信我的话，所以向他这样说的，如今一字不敢隐瞒。

塞思黑将到西宁时，我向他说，我们到了西宁，皇上若叫我们出口，如何受？塞思黑说越远越好，看他的意思远了由他做什么了。塞思黑原与阿其那允禩很好，自皇上登极后，也不如意，虽不说，我在旁也看得出来。他到西宁后，有骡夫张五往来寄信，他儿子五阿哥到西大同来，塞思黑向我抱怨，塞思黑的五阿哥告诉塞思黑说，他家人太监把允禵当日出兵时，曾嘱咐塞思黑若圣祖皇帝但有欠安，带一信给允禵的话，塞思黑也向我说过，这话是有的。在西宁听有十四爷处抄出塞思黑的帖子，他向我说，我同十四爷往来的帖子，我原叫他看了就烧，不知道他竟把帖子留下不烧，也为这事抱怨十四爷，我如今想来，他们帖子不是好话，塞思黑在西宁常向他跟随人抱怨说把我一人怎么样了，也罢了，把我跟随的都累在这里，我心上过不去，若他过一平安日，我死也甘心。底下人听这话都感激他，我也说他是好人，造出字来写信叫儿子，不愿带累他们，邀买人心，中什么用。我有一本格物穷理书，他看了说有些像俄罗素的字样，这字可以添改，不想他后来添改了，写家信我不知道。

我住的去处与塞思黑只隔一墙，他将墙上开了一窗，时常着老公叫我。后我病了，他自己从这窗到我住处是实，他时常抱怨，我劝他求皇上，说不是时候，等三年孝满，才可求得话，我实不知道他甚么缘故。在西宁同我商量说，京中家抄了，这里定不得也要抄。我要将银子拿二三千放在你处，向你取用，怕万岁爷知道，不曾拿这银。

上年冬天我到塞思黑那里去，向我说有一怪事："外边有个人说是山陕百姓，拿了一个帖子，我看了随退还了。向那人说，我弟兄没有争天下的理，此后再说我要拿了。"我向他说这人该拿，交与楚仲才是，他说若拿他就大吃亏了。帖子上的话，我没有看见，只见他说话神情，那帖子中明有不好的话，事情我当日原看他是个好人，后来他知道圣祖皇帝宾天时，眼泪也没有。我是外国人，逢人赞扬他，就是我该死之处，有何办处等语。

查穆经远以西洋微贱之人，幸托辇毂之下，不遵法度，媚附塞思黑，助其狂悖。当塞思黑在京时，养奸诱党，曲庇魍魉，什物遗赠，交结朋党，而经远潜与往来，密为心腹，广行交游，煽惑人心。至塞思黑称病闲居，佯言甘于废弃，实心储位自许，鲜耻丧心已无伦比，而经远逢人赞扬塞思黑大有福气，将来必为皇太子之言。及塞思黑诸恶败露，本当立正典刑，蒙我皇上至圣至仁，令往西宁居住，冀其洗心悔罪，乃不但绝无愧惧之心，益肆怨尤之恶，而经远之穴墙往来，构谋愈密,奸逆愈深,是王法之所不容,人心之所共愤。除塞思黑已经诸王大臣同议罪,奏请王法外,穆经远应照奸党律拟斩监候,但穆经远党附悖逆,情罪重大,应将穆经远立决枭示,以为党逆之戒可也。

Valican Borg Cin. 439

文献笺注

《身见录》注略

一、《身见录》自序

余姓樊氏，名守义，生长山右之平阳①，虔事真主，惟期无歉于己而已。忆自康熙丁亥岁，季冬之月，远西修士艾先生讳者②，奉命遣往泰西，偕余同游。凡所过山川都邑及夫艰险风波，难更仆数，其或耳闻之而目有未睹者，我姑弗道，即所亲历，亦竟未尝笔载一端也。乃于庚子之六月，余独回归中土，时督抚提明，遵旨赴京，获觐天颜，仰荷宠赉，至辛丑孟夏，蒙王公大人殷殷垂顾，询以大西洋人物风土，余始以十余年之浪迹，一一追思，恍如昨见，爰举往返巅末，为记其略云。

二、《身见录》

起自澳门，登巨舰，备资粮，浩浩洋洋，洪无际涯，向西南而昼

---

① 樊守义生于绛州，明以州隶平阳府，清初仍旧，雍正二年改为直隶州，领五县。以故，他的墓上刻着生于绛州。
② 艾先生即艾若瑟，亦名艾逊爵，1662生于法国南部的尼斯，1695年到澳门。1707年，康熙遣往罗马，负驳斥多罗的禁令。1720年东还的途中，死于好望角附近。

夜行焉。行二月经过之国，巴拉哥亚①也，莫尔乃阿②也，玛辣加③也，盘噶④也，稣玛尔辣⑤也，及多海岛⑥。地气至热，物土丰厚，人烟稠密，产丁香胡椒桂皮稣木檀香佳果，终岁不绝。人之容颜，带有紫色，情性和平，大概如是。内玛辣加国⑦有大府名巴打斐亚⑧者，乃河滥打国⑨商客集居之地。有洋船二百余艘，停泊海口，兵马获⑩守城门，昼夜不懈。其城内街市中界一河，道旁树木遍值⑪河沿。凡大小西洋与夫中国种种货殖，靡不毕具，缙绅之家，构园囿于城外。余于是府停舟候风十五日而后行。

约行三四月，始见大狼山⑫，因舟中乏水，遂至亚墨里加洲⑬巴以亚府⑭。府之前乃平水湾，有大船百余艘，更有极高大而甚坚厚者为战船，上置大炮。此地富厚，地气清爽，天时无寒。产巴尔撒木香⑮、刀伤油、鼻烟、桂皮、白糖、长米、粮、畜、牛、羊，而金若银多，且易取波尔都尔国⑯。此处有地靠海边，府内建立天主堂、圣人堂、修道会院，咸

---

① 巴拉哥亚为 Palawan 的对音，亦作巴拉望，《诸蕃志》"三屿"条内作巴姥酉。魏源《海国图志》卷十一"海岛国"内说："巴拉望岛，又名巴拉瓜。"
② 莫尔乃阿为 Borneo，《明史》作婆罗。
③ 玛辣加为 Malacca，《瀛涯胜览》称满剌加，《明史》有传。
④ 盘噶即 Bangka，《岛夷志略》中称彭家，亦作邦家。
⑤ 稣玛尔辣为 Sumatra，古称须文达那，《岛夷志略》作须文答剌，今天称苏门答腊。
⑥ 多海岛，指麻六甲与波罗洲间的群岛。
⑦ 内玛辣加国即《宋史》中婆国，《岛夷志略》"爪哇"条说："爪哇即古婆国也。"
⑧ 巴打斐亚即 Batavia，即今日的雅加达。
⑨ 河滥打国即荷兰。1602年，荷人组织联合东印度公司，向印尼进行侵略，1684年，借印尼发生事故，成立殖民地的统治政权。
⑩ 获，应为护。
⑪ 值，应为植。
⑫ 大狼山，狼为浪之讹，即非洲南端的好望角，于1486—1487年由地亚士发现，称"风波角"，1488年更名为好望角。
⑬ 亚墨里加洲即美洲。1504—1505年间，刊行亚美利克·维斯补琪（Americ Vespuce）的信，他曾参加了四次航行，因而在1507年出版的地志中，将哥伦布发现的新地，即以维斯补琪的名定为亚美利加。
⑭ 巴以亚府即 Bahia，亦名圣萨尔瓦多（St. Salvator）。16世纪葡人占领巴西，1763年即以巴以亚为都城。1822年离葡独立。
⑮ 巴尔撒木香为 parfum 的译音，意为香料。
⑯ 波尔都尔国及以后的波尔多嘞尔国皆指今之葡萄牙。

极崇固。诸种器具，悉用雕金，置大学中学，各方俊秀，多会于此。人品聪颖清和，总理其间者若巡抚然，而以下文武共襄其事。有一耶稣会院在山之巅，修道者百余士人。凡所需之物，则制机轮，用一人在内行走，即时挽上，其巧妙如此。然其地不产石，所盖大堂，乃先于大西洋制就石料，移此凑成。有屋一所甚宽，其间多藏珍重，上层为书库，庄①书五六十架，不啻数十万卷，乃是巴以亚府实绩也。

是年八月初，始抵大西洋波尔多嘞尔国，进海口，多有筑防守炮台，凡洋物至此②，则发号炮，查明报知有司方许入。行五里即见京城，城外有大河③一道，从内地出流于海，停泊洋船三四百。

是日也，余登岸居耶稣会院，修士乍见，殷勤如故，即送安顿银器俱。全视④风景，壮丽可观，允称富国，无物不备。地多泉穴，其房俱三四层不一，而公侯王府，更极崇美。若天主堂、圣母堂、圣人堂纯用石造，奇峻特异，雕饰供器，悉以金银。修道院颇多，而每院修道者凡数百，并设学校，分小学四品，中学二品，大学三品。且有养济院数处，甚广大，更多富贵园囿。第三日，国王⑤召见，其宫殿之崇美，目所⑥睹者也。外设兵卫，内侍群僚，王之右有弟三人。王年近二旬，容颜温励谦和。异日复见王，命朝内游，见红帐复墙，或锦或绣，若绘画然。夏以磁器掩下截，玻璃窗、花毡垫、金镶凳、水晶桌，炫耀人目也。而朝内亦有天主堂，王之便于瞻礼者。往谒大臣，若华⑦差减耳。又翌日，王与后往宗堂谢主，其舆服华丽，则又不可胜述矣。国王之诞，余往祝其礼。国王上立，旁群臣仰上鞠躬，凡三躬，近王前，亲王手，或问答，或退班，约略如是，时康熙四十八年

---

① 庄为藏之讹。
② 凡洋物至此，文不可解，依照停泊洋船语，物当为船之讹。
③ 京城即葡萄牙首都里斯本，大河指达若（Tage）河。
④ 视当为市之讹。
⑤ 这时葡萄牙国王为若望五世（Jean V）。
⑥ 按语意，所字下似缺一未字。
⑦ 按语意，华字下似缺一丽字。

正月也，居其国已四月矣。

及辞行，给水陆照各一纸，赠程仪。王公大人各有所馈。爰起程，往东行，过依大利亚国地中海①，南望亚非利加，北眺大西洋。程途一月，风阻巴斯尼亚国②，有城如波尔多嘞尔亚国者忘其名矣。又一地，人皆安分，不炫富贵，爱清雅，惟喜亭囿，大率如是。

两月后，乃至意大里亚国界，曾入一城，宫室悉以石造，多天主堂，产阿里伐果③、榛子树。风土温和，最为丰厚。有耶稣会院，无论内之规模，见其外貌庄重，已令人景羡矣。余于此留住一日，因大舟难进，易小舟行。二月下旬，至蛇奴划国④，其属国名格尔西加⑤者，风土无非富足，亦产格里伐果，可造油。多城郭，人情与前各国无异，惟喜出外谋为⑥。王公大族，门楼峻大，金银珍宝，容人觇玩，在西洋郡⑦称是国为冠也。所盖之精，宫室之美，人才之盛，世家之富，难以尽述。城外则近海，有大小洋船百余，建塔于海口，每夜有以灯照远客船，至都司格纳诸侯之国里务尔诺⑧府，城虽不大，然坚固齐整可观，风土人情丰厚。

余于此始行陆程，至比撒⑨府，乃古府也。犹有古时宫殿宝塔遗址⑩，周城水绕。又至西合捺府，有总学⑪，招四方弟子学习格物穷理，有耶稣会院。

余居数日而后行往教化王⑫之国，其京都名罗马府，乃古来总都，

---

① 按照海程计算及文意，应当是经直布罗陀海峡，至西班牙的安达鲁西亚（Andalusia）。
② 巴斯尼亚即西班牙，文中误将巴斯颠倒，应为斯巴尼亚。
③ 阿里伐及后之格里伐皆为拉丁文 Oliva 之译音，即橄榄果。
④ 蛇奴划国为 Genova，意大利西岸的重城，属于利古利亚（Liguria）地区，航业很发达。
⑤ 格尔西加为 Corsica，原属 Genova，1768 年卖给法国。
⑥ 为似为生之误。
⑦ 按语意，郡为群之误。
⑧ 都司格纳为 Toscana，1860 年始并入意大利。里务尔诺为 Livorno，由麦地谢士（Medicis）族统治。
⑨ 比撒为 Pisa，位于阿尔诺（Arno）河畔，属都司格纳地区。
⑩ 宝塔即著名的斜塔，建于 12 世纪。遗址指公墓，有壁画为骷髅舞。
⑪ 西合捺即 Siena，总学即大学，自 14 世纪即著名。
⑫ 即教皇，这时的教皇为克莱芒十一世（Clement XI，1700—1721 年在位）。

城围百里，教王居焉。城门暮夜不闭。余至此二日，见教王，承优待，命阅宫殿，内外房宇几万所，高大奇异，尤难拟议。多园囿，有大书库，库列大厨，无论其所藏经书之多，即书柜书箱，总难屈指。开辟迄今，天下万国史籍，无不全备。教王普理圣教事，下有七十二宰相及主教司铎，本国文武，共襄王事。朝外兵卒，日数更替，法虽有绞斩流，而犯者卒少。有宫殿二所，一在伯多禄圣人堂左①，为常居；一在石马山②，为教王夏月居焉。

公侯家，绣缎饰墙，金花镶凳，宝器无价，摆设床帐，不啻万亿。其出入车马鞍帏，华美难比。使役仆卒，各以衣帽分职，城内外花园有多景致，每年修理，春夏憩息，摆列珍玩。又凡各国使臣，务极浮华，为国君光彩。邻邦货物，靡不悉具。邻邦英俊，群集城内。

人造一高梁③，长九十余里，引远高山大泉之水，流入城内，挖洞得泉，十字街堆石山，凿石人，四傍冒水，街道铺石，各家俱有水法④，货物成市，必有其类。修道者每会不计其数。天主堂、圣人圣母堂，无论内外之美，即一祭台令人看玩不尽。大概以石为之，而祭台则更以珍贵之石为之也。供器无非金银。耶稣会有十院，又有三堂。堂中所用器皿祭衣，镶珠玉金宝。又一堂系一夫妇年老者所建立，因夫妇年老乏嗣，愿献家产于圣母，而未经创制，忽夫妇同兆，见圣母指示盖堂之处，有雪者是也。时乃炎天，果见有雪处，随奏教王查阅，建一圣母堂，因名圣母雪堂⑤。有一圣若望堂⑥者，傍有古教王宫殿⑦，堂内深大，雕成十二宗徒白石像，中有圣物库，四面铁门。有一完石

---

① 此处所指，即今日的梵蒂冈宫。
② 石马山由于两座雕像得名，即 Castore 与 Pohuce。此所宫殿由殷琪奥（Flaminio Fonzio）计划，建于 1574 年。
③ 高梁系指克洛底亚水道（Agua Claudia），长 38 古罗马里，引苏彼亚哥（Subiaco）水入城。
④ 水法系指喷泉。
⑤ 圣母雪堂系罗马八十圣母教堂中最壮丽者。关于建筑起源的传述，仅能追述到 13 世纪。
⑥ 圣若望堂相传君士坦丁大帝赠予教皇西尔维斯脱（Sylvestre，314—335 年在位）者，事不可靠。至教皇塞尔若斯（Sergius Ⅲ，904—911 年在位）始更名为圣若望堂。
⑦ 古教王宫殿即拉脱朗宫（Latrano），自 313 年后，各教皇居此。1308 年，此宫焚毁，于 1568 年由封达纳（Dcm Fantana）重建。

109

空塔①，可容千人。有一所非宫非殿，其房如塔，形圆，上下五层相连，有万余间，周围窗户，层层便看，乃古时养狮处②，今已坍毁其半矣。有一大桥名天神桥③，两傍多造天神石像，各执耶稣受难之具。有一大爆台④，铁栅，乃护守宗堂之要。

有一大堂名圣伯多禄堂⑤，堂门外有一石塔，座下四石狮，从厄日多国⑥送来。上有字迹，乃厄日多国文字。堂门外两傍，乃石围廊，内广，上平，高可三丈，二百四十八石柱，前后左右，白石圣像二百位。左右有水泉，宽二尺，水上涌。堂前面有大门七所，上面有大高石造成门楼数层。其殿宇闳阔，不一而足。柱围六抱，柱墩尤大，宝盖高十余丈，门窗数千。顶上空球内可容二十人，远望百里，傍宝盖二座，地铺花石板，柱用彩石墙，露造圣像。又有圣人伯多禄圣像，堂内葬伯多禄圣身。总言之，则殿处看人若孩。⑦又耶稣受难像在铜柱亭内。有圣额我略⑧，圣盎伯洛削⑨，圣热乐尼莫⑩，圣奥斯定⑪四位

---

① 完石空塔即安东石柱（CoLonna di Marcus-Aurelius）。高92.5米，共28石所成，上刻与日尔曼人战争图。中空，螺旋而上，人可至其顶，所言容千人事，不确。
② 养狮处即斗兽场（Collosseum），系罗马帝王维斯巴卿（Vespatienus，69—79年在位）而建，可容五万人。初名伏洛维剧院，取维斯巴卿王朝的名；8世纪更名为Collosseum，有说是以剧院宏大，有说是以奈宏大石像的缘故。80年举行落成典礼，游艺百日，死兽五千多。中古流行谚语："斗兽场永存，罗马永存；斗兽场消灭，罗马消灭。果有此时，世界末日到了。"
③ 天神桥，横跨地伯尔河上，于136年由罗马帝王亚德里安（Adrien，117—138年在位）所建。1668年，采用泊尔南（Bernin）的设计，两边装置天使雕像十尊，以故称天神桥。
④ 大爆台，爆为炮之误。台为圆形，临地伯尔河畔，由墙内螺旋而上，墙很厚，上有宫殿，宫墙有瓦加（Vaga，1501—1547年）的壁画。此建筑物系亚德里安所建，直到咍加拉（Caracalla）死后（217年），罗马帝王葬于此。6世纪时，蛮人侵入，罗马人用此守城，变为炮台，此坚固奇怪的建筑物，在中世纪时，变成了野心家夺的藏身地，14世纪末，归教皇国所有。1527年，教皇克莱芒七世在此受围困者有六个月。
⑤ 圣伯多禄堂建于326年，15世纪又加改造。
⑥ 厄日多国为埃及Egypte之译。所言石塔系罗马皇帝加利古拉（Caligura，37—41年在位）时，自埃及运回。高25.5米，一完整石柱，1586年，竖立于此。
⑦ 按语意，这句话是形容伯多禄堂的广大，从内看人如小孩。
⑧ 额我略为Gsegoise（330—390?年），著有诗文。
⑨ 盎伯洛削为Ambroise（340—397年），为米兰主教，善诗文，精音律，为奥古斯定老师。
⑩ 热乐尼莫为Jerome（331—420年），精哲学与神学，译《圣经》为拉丁文。
⑪ 奥斯定为Augustin（354—430年），著作甚多，最著名者为《忏悔录》。

110

圣人之像在焉。凡石柱傍空处，则更有石圣像。堂门外左向，约行里半程①，绳②用石环洞相连，至教王内庭之路，统计伯多禄圣人堂，悉用石造并无寸木，以前略言其概。

罗马府城内学宫，一乃热尔玛尼亚国公侯子弟之学宫③，一乃厄肋西亚④国世家子弟之学宫，一乃各国世家子弟统学宫，一乃本府总学，无分贵贱，各有分师，但不若各国者在内居住，俱属耶稣会管理，别院不知其详，然所学之事，皆格物穷理之学。城内多养济院，有兵役养济院、过客养济院、穷民及癫病养济院，皆受益焉。富贵家蠲助，延内外医生，药室各有专司，其病人之床，洁净可爱，大约千间，器皿全具而且洁净也。又有孤子院，衣食俱备。圣伯多禄曾于狱中化人时，画十字于地，即得水泉，以便领洗，至今尚在。瞻礼日，各堂音乐大成时，洋洋充满，恍若天国，难以言语形容。教王视朝，与夫赐宴，威仪情状，亦复难比。

城外二十里，有国君奉教名各斯当底囊⑤者，建圣保禄堂⑥，有圣保禄泉。当时保禄为道致命，圣首下地，三掷即成三泉，余曾饮是泉水。王公家，筑园于城外三十里，有城名夫辣斯加的⑦，如园囿、水法、水琴、水风，种种奇异。又有城名底伏利⑧，亦去府城三十里。类如此，虽西洋亦属著名园者也。

---

① 约行里半程，按实际距离，应为行约半里程。
② 绳为纯之误。
③ 学宫即修道院，热尔玛尼亚指神圣罗马日尔曼帝国，即德国。
④ 厄肋西亚，按当时耶稣会发展情况，当为法国，即 Gallia 译音，果如是即当为厄肋亚。下文统学宫当为总学宫。
⑤ 各斯当底囊即君士坦丁大帝（Constantin，274—337 年），自 306 年后，逐步统一罗马帝国。
⑥ 圣保禄堂系 386 年狄奥多西所建，并非君士坦丁，如文中所言。1823 年毁于火，1854 年又重新建立，失去原建筑质朴的风格。保禄泉亦称三泉，传述如文中所言，罗马人迷信饮泉水可以去病。
⑦ 夫辣斯加的为 Frascati，距罗马 24 公里，在阿尔班山中。景色秀丽，别墅甚多。
⑧ 底伏利即 Tivolli，距罗马城约 40 公里，系避暑最好的地方，瀑布多。别墅中最著名的为埃斯特别墅（Villa d'Este），建于 1550 年，为文艺复兴时代建筑的代表作品，楼台如画，喷泉林立，大小不等，水声如乐，游息于其间，宛若置身于水林。

居罗马五月，乃至热尔玛尼亚之属国挪波里①国中，路经各所，富足无比。入加蒲亚②府，有耶稣会院。因入挪波里国，都城土地，华美富厚，人性和乐。城外临海，各国船集。有山出火烟③，城内宫殿，有遗址并有圣迹。一乃拿禄④圣人之血，收藏堂中。此圣人去世多年，然每遇圣人瞻礼之日，堂中所存圣人本身之血，向系干泯，而诵圣经之时，其血复化，流如新鲜，瞻礼毕，又变为干。一乃若翰圣人之血，当日为道致命，而门人收葬圣人，惟留取圣人本身之血保存焉，无非思念圣人之功德。圣若翰以迄于今去世已一千七百余年矣。而圣人之血，尚存堂中，不独存而已，且于每遇圣若翰弥撒，诵圣若翰经，则圣人本身之血，亦化如新，变为多矣。乃弥撒经诵毕，随又变干而少。此圣迹不论何日，惟圣若翰弥撒经为定，约余诚目睹者也。

复回至罗马府，进见教化王，赐见降福，赐大设⑤圣物。在罗马起程，四⑥至都司噶纳国，都城名福乐冷济亚⑦，府内宫殿、露台、堂殿、学宫、修道会院，略与罗马府相同。有一堂经造二百余年未免⑧，坚固精巧，难以言语形容。于此往见国王，即圣德贤王，赐见，赐坐，命冠，赐问，赐饮食之物，着人送至馆。又赐游看宫殿、宝藏、花园。又往一园，内畜虎象异兽之类。另赐宝药奇异二箱，又赐车马送至交界。

又到波罗尼亚⑨大府，乃古时一都城，地极丰丰⑩，人民富庶，公

---

① 挪波里系古希腊人所建的殖民地，中古世纪，由纳曼人建立双西西里岛王国，此后法国、西班牙与德国经常争夺，1860年始属于意大利。这里景色美丽，多艺术作品。意人常言："看过挪波里后，好再死去！"
② 加蒲亚即Capua，位于乌尔杜纳（Vulturne）河畔，风景秀丽。公元前215年，汉尼拔屯军于此，因而有"深睡在加蒲亚美妙之中"的谚语，意为沉于逸乐失掉好时光。
③ 山出火烟指维苏夫（Vesuves）火山，高1200米。
④ 拿禄（Janvier，250?—305年）系贝奈文（Beneven tum）的主教。
⑤ 按文义，设应为赦之误。
⑥ 四当为回之误。
⑦ 福乐冷济亚为Firenze，为文艺复兴的中心。
⑧ 免似为完之误。
⑨ 波罗尼亚（Bolognia）位于来诺（Reno）河畔，中世纪，它的大学以法学著称。
⑩ 后一丰字似为厚字。

侯世家繁众，城池宫室极华，而府内人民聪俊好学。后至莫得纳①府，诸侯都城。又到巴尔玛②大府，诸侯之都城。此府宫室人物之美，不能述记，诸侯赐见。又过巴未亚③等府，难以记述。

又至弥辣诺④大府，古时龙巴尔的亚⑤国地方，土产极丰，人性和平，府内人民俱富饶，露台宫殿，尽美难言。公侯世家俱多造物主之圣堂，有百余所。又有一总堂⑥建造至今数百余年，尚未成就，其两旁之墙垣，亦未成工，一边其柱墙如古，其一边尚未砌完。有大学宫甚多，大养济院俱系宰相圣家禄盖造。又有修道会院极多，金银宝藏花园，亦不乏有。古时宗王宫殿⑦之形迹尚存焉。此时有撒索尼亚⑧及波禄尼亚二国世子游至此府，欲见余，往见时，赐坐赐宴在大众之前，有音乐。后及辞，过诺瓦辣⑨府，极多城池。到物尔车利⑩名府，又有则济利亚⑪国王长子赐顾，余即回见焉。后又到都利诺⑫府都城，此府虽不大，见伯孟得⑬诸侯。此府土产丰厚，人性坚强有勇，好交往，又好学，又多公侯世家，臣民俱忠。诚⑭内宫室房屋，均平一体，贫富相等，乙式高大，即穷人亦与大富相同耳。又有一宗堂，在国王宫殿之内，堂中间有祭台，其台上有珍宝箱柜，外金宝镶嵌，内藏天主耶稣受难去世至宝之物，遗留与门人，至今显迹千万世焉。于次⑮

---

① 莫得纳（Modena）于 1860 年并入意大利。
② 巴尔玛（Parma）系伊脱拉斯人所建，1545 年改为公国，与莫得纳同时并入意大利。
③ 巴未亚（Pavia）临代桑河，1525 年，法朗梭与查理五世战于此而被俘。
④ 弥辣诺即 Milano，系意大利北部重要城市。
⑤ 龙巴尔的亚为 Lombardia。6 世纪末，龙巴尔的亚人随歌德人南移，越阿尔卑斯山，入意大利北部波河流域，到处劫掠，经二十多年便定居这里，因而这块地带就称为龙巴尔的亚。
⑥ 总堂为峨特式，建于 1386 年，至 1805 年始完成，共用了 419 年。
⑦ 古时宗王宫殿系指斯伏尔查（Sforza）宫，今为米兰博物馆。
⑧ 撒索尼亚即 Saxonia，即德同的北部。
⑨ 诺瓦辣即 Novara，1513 年，法人败溃于此。
⑩ 物尔车利即 Vorcelli。
⑪ 则济利亚即西西里岛，那时与挪波里合而为一王国。
⑫ 都利诺即后之都林（Torino），位于波河左岸，19 世纪意大利统一的中心。
⑬ 伯孟得为 Piemont，意为"山麓"，撒丁王国的主要部分，在意大利的西北部。
⑭ 诚似为城之误。
⑮ 次之下似失一"日"字。

113

见国王，而国王赐见，亦谦恭待人。又罕见希奇之物有二，不知何人巧作。用一大架，水盘上用一巨木为柱，柱上又小转轮数个，不用人力，其轮自转作，就丝线傍着二人，可抵五六百人之工。其一有巨木欲为板者，不用人力，乃制①之水中，其锯自能推收其木，又用一绳，自能伸缩相凑，便成为板矣。

又至都林府，有默想会院一所，在于城外。每年有王侯缙绅世家，皆往此院，修省平日，善恶无亏，以八日为度，去而复更。院内楼房宫殿，清雅洁净。后又至鄂洛稣国②二诸侯之子。起身时往罗肋多③府拜圣室，其圣室在一大堂内。堂右有一大宝藏，右旁有教王行宫一所，甚坚固高大。圣室即圣母之室，乃天神朝报天主降孕之处。先载④如德亚国纳撒肋府⑤，后因年久，人民不诚，天主降罚，许寇贼入境戕害之。圣母预令天神，拔举圣室渡海，而置之玛祭亚⑥国中，乃圣母初迁是国也。越四载，国民亦复如是，圣母又徙至意大利亚国。有兄弟二人，因往者多利益，日繁，致相虐害，圣母又弃之，徙其室于罗肋室⑦，今数百年矣，不复移动，竟成罗肋多府矣。盖圣母屡迁之后，遐迩流传，朝礼者甚众，所遇困难，万种疾病，苦难灾祲，一入圣室，其病立愈消除。所以王侯公卿所赠金银极多，四海之内，奇珍异宝，概聚圣室之中。曾有盗贼，闻圣室厚积，顿起谋心，望见圣殿之顶，即若雷击，惊栗失措，不能移步，遂逃归焉。于是圣教宗主，大兴营造，宝石名木，外立巨殿，包围圣室，又以文锦奇珍彰之。置左六院所，聚博学成德之士，供之使之，或主教或祭祀，或拯济穷民之匮乏。至于奉教主并大小官职，悉感圣室之圣威灵验。所以老弱贫

---

① 制为置之误。
② 鄂洛稣国即俄罗斯。
③ 罗肋多（Loreto）属安哥纳（Ancona）省。据传述圣室移于此系1291年5月9日夜。终年朝进者，踵趾相接。
④ 载为在之误。
⑤ 如德亚即犹太，纳撒肋传说是耶稣生地。
⑥ 玛祭亚现属南斯拉夫，临亚得里亚海。
⑦ 室为多之讹。

病士民人等，无不得其养者。余拜圣室之后即往返焉。

至康熙五十七年二月，复回波尔多噶利亚国，复见国王，即赐见。温厚赐问良久，又赐黄金一百。于五十八年三月初旬，至①大西洋波尔多噶利亚国起身回中国。于康熙五十九年六月十三日至广东广州府。于是年八月二十八日至京。于九月初五日到热河，九月十一日在于波罗湖同北三十里，叩见皇上，赐见赐问良久，此乃余往大西洋之略志也。

后　记

当16世纪初，葡萄牙人发现新航路后，中国与欧洲的关系开辟了一种新的局面。随着西方侵略者殖民地的开拓，中西人士的往来亦逐渐频繁。就资料中所提供的，最早去欧洲的是郑玛诺。

郑玛诺是澳门人，字维信，自幼随意大利人卫匡国学习，继后跟他去欧洲，顺治十一年（1654年）到罗马，学格物穷理探源之学，于康熙十年（1671年）东归，住在北京，康熙十四年（1675年）去世，活了38岁。②

康熙二十年（1681年），法人柏应理西还，带了许多中国书籍，法国即借这些书籍开始了汉学的研究。为了翻译汉文，柏应理邀沈、黄二人西行。到欧洲后，沈学于葡京里斯本，于康熙三十二年（1693年）东还。黄独留巴黎，精法文，仅知在1716年仍流落在法国。③

康熙四十四年（1705年），因为"礼节问题"，罗马派多罗来华，处理纠纷。清廷以宾礼优遇，但是多罗作风不正，于康熙四十六年（1707年），自南京发布"禁约"，康熙非常不满，亲笔批"禁约"

---

① 至为自之误。
② 费赖之：《入华耶稣会士列传》，法文本，第1卷，141号。
③ 巴黎图书馆藏：F. N. A. F. 280，有黄亲笔写的借书条，系法文，1716年2月19日。

说:"览此告示,只可说得西洋人等小人,如何言得中国之大理……"① 为了将是非澄清,便在同年,康熙派艾若瑟西去,樊守义随行。

樊守义②字利和,于康熙二十一年(1682年)生于山西平阳府。康熙四十六年(1707年)冬,奉清廷命令,随艾若瑟去欧洲。初学于意大利的都林,继后学于罗马,笃志好学,体质柔弱③,于康熙五十八年(1719年),偕艾若瑟东还。舟行至好望角附近,艾若瑟病故,樊守义独归中土。康熙重视所遣使臣,命两广总督赵弘灿向粤海关及香山县探查。樊守义回广东后,随即至北京。康熙六十年(1721年)夏,很多人询问欧洲的风土情况,遂将其亲身经历,写成这篇《身见录》。这是国人写的最早的一部欧洲游记,不论其内容如何,都是有特殊意义的。《身见录》原稿未曾刊行。藏在罗马图书馆中,夹在《名理探》书内。我于1937年,将原稿摄回,共14页。樊守义归国后,并无什么可叙述的地方,死在乾隆十八年(1753年)。

《身见录》原稿未分段,未断句。现在按照原文加以分段,并试加注释,也许有不少错误的地方。这篇旅欧的记录,就内容来说没有什么特殊的价值。但是,旅欧将近十三年,就他的观感记录下来,也反映了当时的情况,如意大利封建割据的分裂,充满了中世纪晚期的气氛。其次,明末西方传教士东来,自然于文化交流起了一定的作用,但是对于殖民地的发展与以后帝国主义的侵略也起了一定的影响,这是无可否认的。所谓"礼节问题"也便是文化侵略的开端。

纵使如此,我们觉着《身见录》仍有它的历史资料的意义,这是我国最早的一部旅欧游记,距今已250多年了。其性质与《佛国记》相仿佛。《佛国记》的作者为法显,晋安帝隆安三年(399年)春,发自长安,西去求经。"显俗姓龚氏,平阳武阳人。"平阳时出名人,晋时有涉绝幕的法显,清初又有渡重洋的樊守义,两人记述,幸完整传

---

① 《康熙与罗马使节关系文书影印本》第十四件,故宫博物院编。
② 费赖之:《入华耶稣会士列传》,法文本,第2卷,310号。
③ "纵使体质不强……",见《传信集》,第3卷,第466页。

于今日，这是有特殊意义的。为此，将《身见录》刊印，能够注释的加以注释，不妥当的地方还请读者多提意见。

本文最早刊于1941年桂林《扫荡报》《文史地》副刊52—53期，《山西师范学院学报》于1959年2月号重新刊载。

《北使记》笺注

一、绪言

13世纪初，成吉思汗进攻中亚时，蒙古大将木华黎与金国作战，深入山西、河北、陕西等境内。金主完颜珣觉着局势的严重，于兴定四年（1220年），派遣礼部侍郎吾古孙仲端（"吾"亦作"乌"），出使北朝，翰林院待制安延珍随行。

关于此次出使，金元两史的记载不同。《金史》记出使为一次，即自兴定四年七月至五年十二月（《金史》卷十六与卷一二四）。刘祁之《归潜志》中《北使记》与《金史》是一致的。《元史》却为两次，系于太祖十六与十七两年，而使臣又同为吾古孙。《元史》分系于两年，显然是错误的，因短促的时间内吾古孙不可能有两次的行程。

兴定五年（1221年）夏，吾古孙奉国书前往请和，觐见成吉思汗于回鹘国，期两国和好，以兄弟相称。成吉思汗不允，并向金使说："我向欲汝主授我河朔地，令汝主为河南王，彼此罢兵，汝主不从，今木华黎已尽取之，乃始来请耶。"仲端乞哀。帝曰："念汝远来，河朔既为我有，关西数城未下者，其割付我，令汝主为河南王，勿复违也。"（《元史·太祖纪》）吾古孙出使的情况只有这样简略的记述，却说明这次出使是失败的。

吾古孙仲端，名卜吉，字子正，承安二年（1197年）策论进士。兴定四年（1220年）七月，出使北朝。初谒木华黎，安延珍留止；吾古孙独往西域，涉流沙，逾葱岭。于兴定五年（1221年），谒成吉思汗，致其使事，无结果而还。吾古孙后为翰林学士，留守汴京。感触既深，情意萧索，知国事不可为，于癸巳（1233年）正月，闭户自缢（《归潜志》卷六）。

刘祁为吾古孙朋友，记其出使事实。刘祁字京叔，山西浑源人。生于金泰和二年（1202年）。父名从益，弟名郁，同为金元间之名家。崔立事变后，文献丧失甚多，祁留心时事，著《归潜志》，保存了当时一部分资料。《秋涧集》内，王恽叙述浑源刘氏时，以刘祁活了四十八岁。这样，他死在元定宗五年（1250年）了。

《北使记》附于《归潜志》卷十三内。王国维在《古行纪校录》中，有简括的校注（《海宁王国维先生遗书》，三十七）。金人称蒙古为北朝，故以《北使记》命名。若就所记之内容言，实为出使中亚的记述，关于西辽的情形，各地的风俗，亦可补正史的不足，与其弟刘郁所作《西使记》是相同的。此就所知者试为笺注。

二、《北使记》笺注*

兴定四年七月，诏遣礼部侍郎吾古孙仲端，使于北朝，翰林待制安延珍副之。至五年十月复命。

> 吾古孙：《金史》卷一二四与《归潜志》卷六作乌古孙。又《金史》卷一六，"兴定四年七月，以乌古论仲端使大元"，按：《金史》"论"为"孙"之讹。《金史》卷一二四有"乌古孙仲端传"，应从《金史列传》作乌古孙。

---

* 本文中《北使记》原文为正文字体格式，笔者笺注为楷体格式，以为区别，望读者识之。——编者注

五年十月复命:《金史》卷一六有"兴定五年十二月丁巳,礼部侍郎乌古孙仲端、翰林待制安延珍使北还,各迁一阶"。以故原文十月应为十二月。

吾古孙谓余曰:"仆身使万里,亘天之西,其所游历甚异。喜事者,不可不知也。公其记之。"

刘祁于其《归潜志》卷六中,述及记录北使记的经过。当吾古孙出使返金后,"备谈西北所见,属赵闲闲记之。赵以属屏山,屏山属余。余为录其事,赵书以石,迄今传世间也"。按:《归潜志》卷一,赵秉文号闲闲,字周臣,磁州滏阳人。李纯甫号屏山,字之纯,宏州襄阴人。刘祁以文称著,并与他们关系很深,故作此记述。

自四年冬十二月,初出北界行,西北向,地浸高,并夏国前七八千里。山之东,水尽东;山之西,水尽西。地浸下。又前四五千里,地甚燠。历城百余,皆非汉名。访其人云,有磨里奚、磨可里、纥里迄斯、乃蛮、航里、瑰古、途马、合鲁诸番族居焉。

磨里奚即蔑儿乞（Merkites）部,亦名兀都亦惕。

磨可里即客烈亦惕（Keraites）,包括五个分部。

纥里迄斯即今吉尔吉斯（Kirghiz）。

乃蛮（Naimans）为大部,住斡儿寒河上游。

航里即康里（Kancalis）,系乌古思支派之一。

瑰古即畏兀儿（Uigur）,蒙古兴起时,畏兀儿已衰落,却仍然保存较高文化。由畏兀儿字母产生了蒙古与满洲字母。

途马即秃马惕（Toumates）,其地近吉尔吉斯。

合鲁即合剌鲁（Karluks）,《唐书》称之为葛逻禄,系乌古思支派之一。

又几万里,至回纥国之益离城,即回纥王所都,时已四月上旬矣。

益离城即《元史》亦剌八里（Ilbalik）,位于亦列河上,城因河而得名。靠近固勤扎（Kulja）,在今伊宁县内。

大契丹大石者，在回纥国中，昔大石林牙，辽族也。太祖爱其俊辩，赐之妻而阴蓄异志。因从西征，挈其孥，亡入山后，鸠集群糺，径西北，逐水草居，行数载，抵阴山，雪石不得前。乃屏车，以驼负辎重，入回鹘，攘其地而国焉。日益强，僭号德宗，立三十余年。死，其子袭，号仁宗。死，其女甘氏摄政。奸杀其夫，国乱，诛。广宗者次子立，以用非其人，政荒，为回鹘所灭。

辽族大石林牙事略，见《辽史》卷三十之《天祚本纪》。天祚保大二年（1122年），金太祖入居庸关，耶律大石自古北口逃走。次年四月，金将娄宝俘获大石，为太祖次子宗望当向导，不以俘虏对待。是年九月，大石自金逃走。

保大四年（1124年）七月，耶律大石自立为王，驻北庭都护府，即别失八里（Besbalik）。集聚十八部族首长，逐水草，以谋恢复疆土。

天会十年（1132年），大石称帝于起儿漫（Kerman），号葛尔罕（Gurkhan），改元为延庆。延庆三年（1134年），大石林牙东还，建都于虎斯斡耳朵（Ghaz-ordo），改国号为康国，即世所称之西辽。康国十年（1243年），耶律大石死，庙号德宗。其子夷列年幼，皇后塔不烟统理国政，有七年之久（1144—1150年）。继后，夷列即位，改元绍兴，在位十三年（1151—1163年）而卒，庙号仁宗。

仁宗子幼，其妹普速完掌握国政，即《北使记》所称之甘氏。改元崇福，在位十四年（1164—1177年）。

普速完为萧斡里剌子萧朵鲁不妻，与其夫弟朴古只沙里私通，杀其夫，其翁率兵围宫，射死普速完及朴古只沙里。立仁宗次子直鲁古，改元天禧，在位三十四年（1178—1211年）。

先是，于1208年，西辽史上发生两件重要的事情。一为花刺子模国王穆罕默德的势力扩大，并撒马儿罕，脱离西辽藩属而独立。一为屈出律被成吉思汗击败后，逃至西辽，受到直鲁古的

121

庇护，并娶了他的女儿。直鲁古庸弱昏聩，启屈出律的野心。屈出律与穆罕默德联络，共谋西辽。1211年，陷虎斯斡耳朵，俘获直鲁古，西辽以此灭亡。并非如《北使记》中所说：为回纥所灭。按《北使记》文意，回纥是指花剌子模帝国。如果这样理解，回纥仅起协助的作用，非灭亡西辽的主角。

阴山即塔勒奇（alki）山，耶律楚材《西游录》谓此山东西千里，南北二百里。《西使记》说："过亦堵两山间，土平民伙，沟洫映带，多故垒坏垣，问之，盖契丹故居也。"常德过此，距西辽之亡，已四十八年。

今其国人无几，衣服悉回纥也。其回纥国，地广袤际，西不见疆界，四五月百草枯如冬。其山暑伏有蓄雪，日出而燠，日入而寒。至六月衾犹绵。夏不雨，造秋而雨，百草始萌。及冬，川野如春，卉木再华。

回纥国地广袤际，系指花剌子模帝国而言。其时花剌子模帝国统治中亚全境，东起锡尔河，西至乌尔米亚湖，东南至印度河，南至波斯湾。气候特殊，《长春真人西游记》中说："始师来觐，三月竟草木繁盛，羊马皆肥。及奉诏而回，四月终矣，百草悉枯。"又，"二月二日春分，杏花已落。"耶律楚材《西游录》，记寻斯干气候时亦称："盛夏无雨。"

其人种类甚众，其须髯拳如毛，而缁黄浅深不一，面惟见眼鼻。其嗜好亦异。有没速鲁蛮回纥者，性残忍，肉必手杀而啖，虽斋亦酒脯自若。有遗里诸回纥者，颇柔懦，不喜杀，遇斋则不肉食。有印度回纥者，色黑而性愿。其余不可殚记。其国王阇侍，选印都中之黔而陋者，火漫其面焉。

关于中亚居民之状貌，张骞西去时，便观察出他们的不同。《大宛传》中说："自大宛以西……其人皆深眼多须髯。"颜师古注《汉书·西域传》说，"今之胡人，赤眼赤须，状类弥猴者，本其种也。"但是，这仅是一种相貌，并没有什么可重视处。至于面惟见眼鼻，不能作沙网掩面，那只是形容须鬣过多，仅露眼鼻。

没速鲁蛮为"Mussulman"的译音，指花剌子模居民而言。遗里为"Herat"译音，在今阿富汗境内。印都即今之印度。

其国人皆邑居，无村落，复土而屋，梁柱檐楹皆雕木。窗牖瓶器，皆白琉璃。金银珠玉，布帛丝枲极广。弓矢车服，甲仗器皿甚异。鳌鼋为桥，舟如梭然。惟桑五谷颇类中国。种树亦人力，其盐产于山，酿葡萄为酒，瓜有重六十斤者，海棠色殊佳，有葱美而香，其兽则驼而孤峰，牛有口脊，羊而大尾。又有狮象孔雀水牛野驴。有蛇四跗，有恶虫状如蜘蛛，中人必号而死。自余禽兽，草木鱼虫，千态万状，俱非中国所有。

盐产于山：长春真人至西域后，遇碣石城（Kesh），度铁门，又东南行，"西望高涧若冰，乃盐耳。山上有红盐如石，亲常见之。东方惟下地生盐，此方山间亦生盐"。（《长春真人西游记》卷下）

瓜有重六十斤者：耶律楚材《西游录》说："八普城西瓜大者五十斤"，又说，"瓜大者如马首"。

羊而大尾：马致远《紫芝路》中："青草畔有牧酪牛，黑河边有扇尾羊，他只是思故乡。"

蛇有四跗：刘郁《西使记》说："过立讫儿城，所产蛇皆四跗，长五尺余，首黑身黄，皮如鲨鱼，口吐紫焰。"

恶虫状如蜘蛛：刘郁《西使记》说："有虫如蛛，毒中人则烦渴，饮水立死，惟过醉葡萄酒，吐则解。"七十一著《回疆风土记》："八义虫，新疆在在有之，形类土蜘蛛，色褐而圆，八爪微短，紫口，口有四歧，啮铁有声。……少动触之，辄噬人，最为毒恶，痛彻心髓，须臾不救，通身溃烂而死。"

有山曰塔必斯罕者，方五六十里。葱翠如屏，桧木成林，山足而泉。其裕衣缟素，衽无左右，腰必带。其衣衾茵帱，悉羊毳也，其毳植于地。其食则胡饼、汤饼而鱼肉焉。

文献笺注 《北使记》笺注

123

兴定五年（1221年），吾古孙仲端至西域后，觐见成吉思汗于何地，史无明确的记述。《元史·太祖本纪》十六年（1221年）辛巳夏四月，驻跸铁门关，秋，帝攻班勒纥（Balkh）等城。《元圣武亲征录》说：十六年夏，"上驻军于西域速望坛（按即算端）避暑之地"。多桑述及1221年，"成吉思汗灭塔里寒后，驻夏于其附近山中"（多桑：《蒙古史》，一卷七章）。塔里寒（Talikan）位于波谜罗川（Murghab）之旁，即塔必斯军山可能为巴落帕美斯（Parapamisus）山脉中之一，亦即吾古孙谒见成吉思汗之地。

衣缟素，衵无左右：长春真人叙述中亚习尚时，"衣则或用白氎，缝如注袋，窄上宽下，缀以袖，谓之衬衣，男女适用"。

其毳植于地，此即《西使记》中所提及之垄种羊，按耶律楚材的解释，垄种羊是木绵。（《湛然居士文集》十二，《赠高善诗》）

其妇人衣白，面亦衣，止外其目。间有髯者，并业歌舞音乐。其织衵裁缝，皆男子为之。亦有倡优百戏，其书契束，并回纥字，笔苇其管。言语不与中国通。人死不焚葬，无棺椁，比敛，必西其首。其僧皆发，寺无绘塑。经语亦不通。惟和沙州寺象如中国，诵汉字佛书。

间有髯者：长春真人《西游记》卷下，"妇人出嫁，夫贫则再嫁；远行逾三月者，则亦听他适。异者，或有须髯"。

面亦衣：即指纱网，今波斯等处，妇人仍以纱网掩面，只露两目。

笔苇其管：中亚一带用苇笔，波斯人称之为Kalam。

和州为今之吐鲁番。

沙州为今之敦煌县。

予曰：嘻，异哉，公之行也。昔张骞、苏武衔命使绝域，皆历年始归。其艰难困苦，仅以身免。而公以苍生之命，挺身入不测之敌，万里沙漠，嘻笑而还。气宇恢然，殊不见衰悴忧戚之态。盖其忠义之气，素贮乎胸中。故践夷貊间，若不出闺阃然。身名偕完，森动当世，懔乎真烈丈夫哉。视彼二子亦无愧。故余乐为之书，以备他日史有采云。

《金史·乌古孙仲端列传》，论及"仲端为人，乐易宽厚，知大体，奉公好善，独得士誉"，这与刘祁的跋语是一致的。

原载《山西地方史研究》第二辑，山西人民出版社1962年版。

《西使记》笺注

绪 言

元宪宗九年（1259年），常德出使中亚，浑源刘郁笔录其经过，题为《西使记》，其中也反映了旭烈兀西征的事迹。

当成吉思汗死后（1227年），中亚问题并未得到解决。蒙古虽征服了花剌子模帝国，中亚局势亦未安定下来。波斯仍在继续抵抗，报达帝国实力强大，威胁蒙古所占领的地带。旭烈兀承袭了传统政策，于宪宗二年（1252年），受命继续向西方进攻，消灭波斯的木乃奚。此后即进兵两河流域，征服报达帝国，结束了阿拔斯王朝。复向西进军，占领叙利亚，到达地中海滨，建立起伊尔汗国。"伊尔汗"意为各族人民的统治者。便在此时，常德奉命西行，出使慰问。自宪宗九年离和林，至世祖中统元年（1260年）返国，共需时一年又二月。记中虽未提及觐见旭烈兀地点，但按照当时动向，很可能在今日之大不里士（今伊朗）。中统四年（1263年）三月，刘郁录其出使情况，成为研究蒙古向外发展的重要资料。

关于常德的情况，我们是不了解的。只知常德字仁卿，《元史》也没有特殊的记述。王恽《秋涧集》中，有诗二首，题其出使中亚西觐旭烈兀的情况，亦难说明什么问题，附录于常德注释中。

关于刘郁的情况，我们知道的较多一点。王恽作《浑源刘氏世德碑》（《秋涧集》卷五十八）说："郁字文季，亦名士。中统元年，肇建中省，辟左右司都事。出尹新河，召拜监察御史。能文辞，工书翰，别号归愚，卒年六十一。"

但是关于刘郁常有混淆之处。元朝与刘郁同名者，别有一人，字仲文，析州蒲阴人。乌程施国祁于《礼耕堂丛说》中，曾为文明辨。根据刘因《静修集》卷七的叙述，刘仲文"少从事亳州参军，谢病归，杜门不出，以春秋左氏学为业。所居里名黄台，因以为号。后仕京师，为将仕郎，年六十余，命酌赋诗而终"。显然这不是《西使记》的作者，顾嗣立于《元诗选》内所采之鹊山诗。自系刘文季的作品，因文季工书翰，为篆隶真行名家，其首章末二句为："倚天翠壁三千仞，只欠磨崖字几行。"这表现出一种自信，与其善书法是相符合的。

其次刘郁的籍贯亦误为真定人。《元史·世祖纪》有："中统元年，召真定刘郁、邢州郝子明、彰德胡祇遹等，乘传赴阙。"这里的刘郁即《西使记》作者。那时他寄寓在真定，征召时自按居住地开列，并不是他的原籍。修《元史》者仓卒照档案抄录，未加订正，以致误刘郁为真定人。《四库》书的修订者亦未能详察，提要中亦沿此错误了。丁谦于《〈西使记〉地理考证》中（浙江图书馆丛书第二集），删去浑源二字，谓刘郁为真定人，已属错误。更进一步，又以常德为郁的本名，仁卿其字，更是错误了。前人如张星烺等已多指正。

《西使记》刊于王恽《玉堂嘉话》中（《秋涧大全集》卷九十四）。王国维于《古行纪校录》内，有简略的校注（《海宁王静安先生遗书》，三十七）。道光五年（1825年），法人雷慕沙（A. Rémusat）译为法文；光绪元年（1875年），俄人孛勒斯齐纳德（E. Bréstchneider）译为英文，对研究中古中亚史是有积极意义的。

《中州集》内，元遗山简介刘从益时说：从益"有二子，祁字京叔，郁字文季，俱有名于时"。（《中州集》，卷六）刘祁笔录乌古孙出使北朝的经过，刘郁又记述常德出使的情形，真是兄弟媲美了。从山西地方文献而言，两种记述，弥足珍贵。故就所知者试为笺注，作为研究中亚历史的资料。

《西使记》笺注[*]

壬子岁，皇弟旭烈统诸军，奉诏西征，凡六年，拓境几万里。

《元史·宪宗纪》，宪宗二年壬子（1252年）秋七月命"旭烈征西域素丹诸国"。宪宗即蒙哥的庙号。旭烈即旭烈兀，拖雷之子，蒙哥之弟，生于元太祖十二年（1217年），死于至元二年（1265年）。

宪宗三年（1253年）五月二日，旭烈兀离和林。宪宗六年（1256年）师次阿姆河，继入波斯，击溃木乃奚的抗拒。宪宗八年（1258年）灭报达帝国。宪宗九年（1259年）入叙利亚。继因蒙哥皇帝之死，停止远征。

己未正月甲子，常德字仁卿，驰驿西觐。

宪宗九年（1259年），常德离和林西行，依据波斯所记，那时旭烈兀驻帖必力思，亦作大不里士（Tabriz），常德应至其地。关山万里，途路艰辛，王恽称赞常德的西觐，附其《题常仁卿运使西觐记行》诗二律：

九万鹏抟翼，孤忠驾使轺。功名元有数，风雪不知遥。抵北逾鳌极，维南望斗杓。胡生摇健笔，且莫诧东辽。

三策条民便，逾年致节旄。梦惊羊脾日，险历幻人刀。碧碗昆坚异，黄金甲第高。白头书卷里，留滞敢辞劳。（《秋涧大全集》，卷十二）

---

[*] 本文中《西使记》原文为正文字体格式，笔者笺注为楷体格式，以为区别，望读者识之。——编者注

自和林出兀孙中，西北行二百余里，地渐高。入站，经瀚海，地极高寒，虽暑酷，雪不消。山石皆松文。西南七日，过瀚海，行三百里，地渐下。有河阔数里，曰昏木辇，夏涨以舟楫济。

和林即哈剌和林（Karakorum），因和林川得名。今称额尔德尼昭（Erdenitso）。兀孙，《四库》本作乌孙，泛指今蒙古人民共和国西部及新疆的东北部。

昏木辇，蒙古人称浑浊为昏（hun），称河为木辇（Muren）。昏木辇意为"浑浊河"。按时间估计，当为今之额尔济斯河。

数日过龙骨河。复西北行，与别失八里南已相直，近五百里。多汉民，有二麦黍谷。河西注潴为海，约千余里，曰乞则里八寺。多鱼可食。有碾硙，亦以水激之。

龙骨河即乌伦古（Ulungur）河。所注入之乞则里八寺（Kizilbash）海，即今之乌伦古湖。1872年，于河入口处建布伦托海城。《元史》卷一四九《郭德海传》，有"从先锋柘柏西征，渡乞则八里海"之语。

别失八里（Beshbalik）为唐之金满县，系北庭都护所在地，在今乌鲁木齐东孚远县的北部。突厥称"五"为别失，称"城"为八里。耶律楚材《西游录》，称此城为"鳖思马"。

南已相直的"已"为北之误。南北相直始可与下文相接。《汉西域图考》卷三有说明，已为北之讹。

碾，《丛书集成》本（简作《丛书》本）作辗。

行渐西有城曰业瞒，又西南行，过孛罗城，所种皆麦稻。山多柏，不能株，络石而长。城居肆囿，间错土屋，窗户皆琉璃。城北有海，铁山风出，往往吹行人堕海中。西南行二十里，有关曰铁木儿忏，察守关者皆汉民。关径崎岖似栈道。

业瞒（Emil）为河名，亦为城名。《元史》称业瞒城为叶密里，《西域图志》称为额敏城，今称为额敏县。

孛罗（Borotala）为河名，亦为城名。孛罗城《元史·西北地附录》作普剌，《西游录》作不剌，今作博罗县。

城北有海，海指亚拉湖（Alakul）。鲁柏罗克（G. Rubruck）于 1253 年（元宪宗三年）曾经此地，记述海中有岛，岛上有山，称阿拉尔脱伯（Araltube）。此山即铁山，亦即《郭德海传》中所说的铁山。山峡中，时起大风，可将行人吹堕海中。

铁木儿忏系蒙古语"Temor cham"的译音，意为"铁的路"。元时称之为松关，今称之为松树头。《湛然居士集》卷三，有《过夏国新安县》诗："昔年今日度松关，车马崎岖行路难。瀚海潮喷千浪白，天山风吼万林丹。"祁韵士《西域释地》，释及塔尔奇山时说："由博罗塔拉越此山之岭而入，峻险如关，阍路曲折，通一线为果子沟。林木茂密，疑非凡境。"

出关，至阿里麻里城，市井皆流水交贯。有诸果，惟瓜、蒲萄、石榴最佳。回纥与汉民杂居，其俗渐染，颇似中国。又南有赤木儿城，居民多并汾人。有兽似虎，毛厚，金色无文，善伤人。有虫如蛛，毒中人则烦渴，饮水立死。惟过醉葡萄酒，吐则解。有喵酒。孛罗城迤西，金银铜为钱，有文而无孔。方至麻阿中，以马捧拖床递铺，负重而行疾。或曰，乞里乞四，易马以犬。

阿里麻里，回语为 Almalik。鄂本笃在《契丹导言》中说："固尔扎（Kulja）位于伊犁河上，距古代阿力麻里城不远。"根据俄人谢米诺夫所说，固扎尔西北四十俄里伊犁河谷处为阿里麻里，在今伊宁县境内（参看岑仲勉先生《蒙古史札记》）。《长春真人西游记》说："土人呼果为阿里马，盖多果实，以是名其城。"

赤木儿，《四库》本作齐穆尔。耶律大石西移时，统率汉军，多有并汾人，留在那里落户成家。似虎之兽系凶猛的野猫，体力甚强，皮很珍贵，蒙古人称为歇鲁斯（Shelus）。

毒蛛，土人称之为哈剌库尔忒（KharaKurt），意为黑虫，系虫中最毒者，咬人即死。清七十一《回疆风土记》（《小方壶斋舆地丛钞》，第二帙），称之为"八义虫"，形似"土蜘蛛，色褐而圆，八爪微短，紫口，只有四歧，啮铁有声"。

嗜酒，《丛书》本作畜酒。

麻阿，未详。按文意似指阿里麻里。

乞里乞四为吉尔吉思（kirghiz），《新唐书》称为黠戛斯。

二月二十四日，过亦堵两山间，土平民伙，沟洫映带，多故垒坏垣。问之，盖契丹故居也。计其地去和林万五千里而近。有河曰亦，运流汹汹东注。土人云，此黄河也。

亦堵为"夷朵之略也"（王国维：《西辽城考》）。亦堵即《辽史·天祚纪》之虎思斡尔朵（Guz Ordo）。耶律楚材《西游录》说："又西有河曰亦列，其西有城曰虎思窝鲁朵，即西辽之都是也。"亦堵在吹河（Chu）之畔。

亦河"即叶河，亦即碎叶之略"（王国维，同上）。隋唐时，称吹河为碎叶川。准噶尔人言混浊曰"吹"，故土人说吹河为黄河。

《丛书》本误断句为"有河曰亦运"，运当与"流汹汹"相连。

二十八日，过塔剌寺。三月一日，过赛蓝城，有浮图，诸回纥祈拜之所。三日，过别石兰，诸回纥贸易，如上巳节。四日过忽章河，渡船如弓鞋然。土人云，河源出南大山，地多产玉，疑为昆仑。山以西多龟蛇，行相杂。邮亭客舍，氎如浴室。门户皆以琉璃饰之。民赋岁止输金钱十文，然贫富有差。

塔剌寺（Talas）为河名，亦为城名。塔剌寺城即汉时的郅支城（《汉书》七十，《陈汤传》）。《元史》作答剌速。河名今仍旧，城名今为 Auliata。

赛蓝即塞里木（Sairam）。《明史》卷三三二说："赛蓝在达失干之东，西去撒马儿罕千余里。有城郭，周二三里，四面平旷。"王国维注《长春真人西游记》，以赛蓝为唐初笯赤建国。

别石兰似为石国的都城柘折（Chaj）。拉施特称之为白讷克特（Binkath）。《明史》作达失干（Tashkend）。长春真人西行时，自赛蓝至霍阐没辇，需用六天时间。常德经此时，自赛蓝至忽章河，路途相同，而仅用三天的时间。按时间推算，当为今之塔什干城。

忽章河即今之锡尔河（Syr Darya）。《隋书》与《唐书》中称药杀水。大食称细浑河（Sihun），突厥称叶叶河（yapyap），意为川流不息。

蒙古西侵后，规定丁税最富者每人每年纳十底纳尔（Dinar），贫者纳一底纳尔。这样造成贫者负担过重。1258年，阿儿浑陈明此弊，旭烈兀敕令改变丁税，贫者仍旧，富者增至五百底纳尔（多桑：《蒙古史》，四卷五章）。

南大山，《丛书》本作南太山，以大山为是。

八日过挦思干。城大而民繁。时群花正坼花，惟梨、蔷薇、玫瑰如中国。余多不能名。隅城之西，所植皆蒲萄粳稻，有麦亦秋种，其乃满地。产药十数种，皆中国所无。药物疗疾甚效。曰阿只儿，状如苦参，治马鼠疮，妇人损胎及打扑内损，用豆许，咽之自消。曰阿息儿，状如地骨皮，治妇人产后衣不下，又治金疮，脓不出，嚼碎傅疮上即出。曰奴哥撒儿，形似桔梗，治金疮及肠与筋断者，嚼碎傅之自续，余不能尽录。

挦思干即撒马儿罕（Samarkand），《希腊古地志》作marcanda。《大唐西域》作飒秣建，在今乌兹别克。挦思干位于塞拉夫森河（Zarafshan）南，此河亦称金河，源出于吉沙尔山。《丛书》本干讹作千。

《丛书》本坼作开，坼后之花字在梨字之后，作"时群花正开，惟梨花，蔷薇……"

《丛书》本无隅字。又缺"其乃"二字，按文意删去是不妥当的。

所言阿只儿、阿息儿及奴哥撒儿药物，均为李时珍辑入《本草纲目》二十一卷内。惟李著中称《西使记》为《西域记》，不知所本。

十四日，过暗不河。夏不雨，秋则雨。溉田以水，地多蝗，有鸟飞食之。十九日，过里丑城，其地有桑枣，征西奥鲁屯驻于此。二十六日，过马兰城，又过纳商城。草皆苜蓿，藩篱以柏。二十九日，殢扫儿城，山皆盐，如水晶状。

暗不河之"不"系木之误，《元史·郭宝玉传》有"次暗木河"之语。暗木河（AmuDaria）古称妫水（Oxus），今称阿姆河。大食称之为只浑河（Jihun），亦作齐红河。

里丑城不可考。按文义，"征西奥鲁屯驻于此"，而奥鲁（Ogrouk）意为留置眷属及辎重之处，那么旭烈兀于宪宗六年一月初，渡阿姆河后，曾结营于黍布儿干（Schaubourgan）草原，于此驻冬（多桑：《蒙古史》，四卷四章），即里丑城当在此地的周近。

马兰，《元史》作麻里兀，亦作马鲁（Merv）。《后汉书·安息传》称之为木鹿。

纳商，《元史》作你沙不儿（Nishapur）。尼沙与纳商音相近，不儿为城之意。

殢扫儿城前缺一"过"字，依《丛书》本补正。城的位置不可考。按自纳商至殢扫儿城只用了三天的时间，距木乃奚国仅六七里，这样情况，殢扫儿城可能在沙赫鲁德（Shahrud）周近。宪宗六年六月，旭烈兀至徒思城（Tus），结幕于阿儿浑园，继后又至尼沙不儿。到十一月去木乃奚国时，曾经过沙赫鲁德，而这一带至今仍是产盐地区。为此，殢扫儿城可能在沙赫鲁德城的周近，或者就是这个城。

近西南六七里，新得国曰木乃奚。牛皆驼峰黑色。地无水，土人隔山岭凿井，相沿数十里，下通流以溉田。所属山城三百六十，已而皆下。惟担寒西一山城名乞都不，孤峰峻绝，不能矢石。丙辰年，王师至城下，城绝高险，仰视之，帽为坠。诸道并进，敌大惊。令相大者纳失儿来纳款。已而兀鲁兀乃箅滩出降。箅滩犹国王也。其父领兵别据山城，令其子取之。七日而陷。金玉宝物甚多，一带有直银千笏者。

木乃奚，《元史》作木剌夷（《太宗纪》），亦作没里奚（《宪宗纪》），同为大食语 Malahidas 的译音。波斯语称木乃奚为亦思马因（Ismail），意为"迷途者"。这个国家实力很强，占领枵梭答而（Mazanderan）及库底斯坦（Kurdistan）地区。堡寨很多，选择地势险峻的绝壁，以资防守，与蒙古人作长期对抗。其寨著名者，有阿拉模忒（Alamut）与乞都不（Ghirdkuh）等。波斯缺雨，自古即组织复杂的人工灌溉，隔山凿井，称之为坎儿井（kariz），亦称暗井。

所属山城三百六十，《丛书》本作三百五十。

担寒可能为里海南 Damghan 的对音。《丛书》本担误作檐。乞都不，《元史·郭侃传》作乞都卜。此城须悬梯上下，守以精兵悍卒。当蒙古大将怯的不花围攻之时，郭侃架炮轰击，守将火者纳失儿投降。按：原文大为火之误。火者，尊称也。故"令相大者"应为"令相火者"。

兀鲁兀乃应为兀克乃丁（Rokn-ud-din khourschah），系阿老瓦丁（Ala-ud-dinllmohammed）之子。1255年12月2日，阿老瓦丁被暗杀后，其子兀克乃丁继位，成为木乃奚的统治者，常居麦门底司（Mei-moun-diz）。兀克乃丁命其民遵守正教，清除盗匪，以期有所建树。是的旭烈兀西征，木乃奚割据堡垒，失掉互相联系，而蒙古吸取中国攻城战术，所向无敌。兀克乃丁迫于形势，不得已有投降之意，但是态度并不坚决。为了利用他的影响，旭烈兀施以压力，1256年11月19日，兀克乃丁投降蒙古。次年正月，随旭烈兀至哈马丹，受到旭烈兀的优待。便在这一年，兀克乃丁自请入朝蒙哥皇帝。既至后，蒙哥拒绝接见，于返归的途中，蒙古命人杀之于统阿山附近。

山城指阿剌模忒，系木乃奚首都。阿剌模忒在可疾云（Kazvin）东北的爱尔不斯山（Elburs）中，建于860年。此城地形优良，凿岩为室，储存宝物、图书、粮食甚多，经久不变，可保存长久的时间。旭烈兀巡视时，见此高山绝岭，深为惊异。蒙古围攻阿剌模忎时，兀克乃丁之父已死。蒙古人纵火焚烧房屋，却取得许多珍贵的图书及仪器。

金玉宝物，依《丛书》本补入"玉"字。

其国兵皆刺客，俗见男子勇壮者，以利诱之。令手刃父兄，然后充兵。醉酒，扶入窟室，娱以音乐美女，纵其欲。数日，复置故处。既醒，问其所见，教之能为刺客，死则享福如此。因授以经咒日诵，盖使蛊其心志，死无悔也。令潜使未服之国，必刺其主而后已。虽妇人亦然。其木乃奚在西域中最为凶悍，威胁邻国四十余年。王师既克，诛之无遗类。

木乃奚系波斯回教的宗派，属十叶派。亦称亦思马因派。好勇斗恨，自视如神，阴结党羽，使权贵畏慑。常采用暗杀方法，消除异己，因称之为"刺客派"。刺客之名，源于叙利亚的亦思马因人。称此等人为哈失歆（Haschischin）。富浪人读此字为"Assissin"，由此而引申出法文Assassln，意为刺客或暗杀者。

旭烈兀出师时，蒙哥命他灭尽亦思马因人。征服木乃奚后，单就库底斯坦一地区，死者达万二千人。其未死之木乃奚人，如，犹太人分散于诸国。受刺客威胁者，至此始安。（参看多桑：《蒙古史》，四卷四章）

威胁邻国四十余年，《丛书》本作霸四十余年。

四月六日，过讫立儿城。所产蛇皆四跗，长五尺余。首黑，身黄，皮如鲨鱼，口吐紫焰。过阿剌丁城，袑咱苍儿人，被发，率以红帕首。衣青如鬼然。王师自入西域，降者几三十国。

讫立儿，《元史·郭侃传》作兀里儿。宪宗七年（1257年）正月，蒙古军于此伏兵取胜。按自殢扫儿城至此的时间推算，当在今德黑兰的西边。

阿剌丁即阿剌模忒（Alamut），《郭侃传》作阿剌汀，蒙古军破木乃奚游兵三万。祸咱苍儿系Mqzenderan的译首，苍为答字之讹。祸咱答儿为波斯省名，即今之基良省。

红帕首，《丛书》本作红帕勒首，多勒字为是。

有佛国名乞石迷西，在印毒西北，盖传释迦氏衣钵者。其人仪状甚古，如世所绘达摩像。不茹荤酒，日啖粳一合，所谈皆佛法，禅定至暮方语。

乞石迷西即《新唐书》所称个失蜜。《元史·郭侃传》作乞石迷，今称克什米尔（Kashmir）。开元八年（720年）八月，唐遣使册个失蜜国王真陁罗秘利为个失蜜国王（《册府元龟》卷九六四）。元宪宗二年（1252年）秋七月，命诸王托罗该萨奇勒征身毒。宪宗三年夏六月命塔塔儿带等征怯失迷儿等国。《西使记》所言或即此次出征的结果。《郭侃传》说："至乞石迷部忽里筭滩降。"

丁巳岁，取报达国。南北二千里，其主曰合里法。其城有东西，城中有大河。西城无壁垒，东城固之以甓，绘其上甚盛。王师至城下，一交战，破胜兵四十余万。西城陷，皆尽屠其民。寻围东城，六日而破，死者以数十万。合里法以舸走获焉。其国俗富庶为西域冠。宫殿皆以沈檀乌木降真为之。壁皆黑白玉为之。金珠珍贝，不可胜计。其妃后皆汉人。所产大珠曰太岁强兰石瑟瑟金钢钻之类。带有值千金者。其国六百余年，传四十年，至合里法则亡。人物颇秀于诸国。所产马名脱必察。合里法不悦，以橙浆和糖为饮。琵琶三十六弦。初合里法患头痛，医不能治。一伶人作新琵琶七十二弦，听之立解。土人相传，报达诸胡之祖，故诸胡皆臣服。

丁巳为1257年。当旭烈兀征服木乃奚后，即着手准备征服报达的工作。1257年9月21日，旭烈兀遣使至报达，通知哈里法谟斯塔辛（Mosta'ssim）投降。谟斯塔辛庸弱无能，沉溺逸乐，妄自尊大。在位十五年（1242—1257年），无所建树。其复旭烈书，有"余将为伊兰之主，进兵杜兰，恢复原状。持此举将足以变更世界面目"之语，说明他昧于形势而不知大祸之将临。

合里法，《丛书》本误作："其王曰合法里。"

1257年11月中，旭烈兀军次曲儿忒山地，结营于塔克怯斯剌（Thak-kessra）附近。这时候，蒙古大将怯的不花已占领罗耳大部分土地。1258年1月，蒙古大军已渡达遏水，达遏水即今之底格里斯河。18日，旭烈兀结营于报达城东。30日，蒙古诸军同时进攻，战斗剧烈。2月5日，蒙古军占领阿只迷门楼。哈里法知大势已去，三次遣人投降，旭烈兀拒绝接见。10日，谟斯塔辛率其三子及阿里族人三千，亲至旭烈兀军营，旭烈兀以礼接见，留于怯的不花营中。13日，蒙古大军入城。15日，旭烈兀宴诸将于哈里法宫中。劫掠报达城有七日之久，蒙古人获得无数的财富。

"妃后皆汉人"的说法是不够正确的。报达城沦陷后，旭烈兀命人籍其后宫人数，得嫔妃女奴七百人，宦者千人。旭烈兀允许选留百人，谟斯塔辛选其亲属。西方记述中未见有提及汉人者。

东城固之以瞽瞽，王国维校本多一瞽字，依《秋涧》本删去。

报达城陷后，屠城七日，秽气满城，旭烈兀移驻城外瓦迦夫（Vacaf），命人召谟斯塔辛，合里法知在所难免，决意就死。2月20日，蒙古军以囊盛谟斯塔辛及其长子，并宦者五人，在瓦迦夫附近，驱群马践踏，至死为止。谟斯塔辛死之日，旭烈兀任命阿里八哈都儿（Ali Bahadour）为报达长官。谟斯塔辛活了四十六岁。

"传四十年"的"年"为"主"之误，依《丛书》本改正。

公元762年，合里法满速儿（Al Manssour，745—775年）定都于报达城，横跨达遏水。632年，阿布伯克（Abou-Bek）建立第一任合里法。但是，在750年，阿布尔阿拔斯（Aloul-Abbas）建立阿拔斯王朝，传至谟斯塔辛为三十七世，并非四十世。若以穆罕默德纪年言，自622年至1258年共为636年，即常德所言六百余年是正确的。

137

旭烈兀西征，灭木乃奚与报达，在波斯建立起一个新国家，称伊尔汗国，都于帖必力思（Tabriz），统治了七十八年（1256—1334年）。

报达之西，马行二十日，有天房。内有天使神，胡之祖葬所也。师名癖颜八儿。房中悬钱绲，以手扪之，心诚者可及，不诚者，竟不得扪。经文甚多，皆癖颜八儿所作。辖大城数十，其民富实。

天房指默伽（Mekka）言，亦柞麦加。祖葬所指黑石殿（ka'aba）。穆罕默德不葬于麦加，而葬于麦地纳。

癖颜八儿，《四库》本作巴延巴尔，系波斯语 Peighember 之对音，意为"先知者"。

西有密乞儿国，尤富。地产金，入夜视有光处，志之以灰。翌日发之，有大如枣者，至报达六千余里。

阿拉伯人称埃及首都开罗为密乞儿（Misr），开罗建于973年。《元史·郭侃传》作密昔儿。当蒙古军向西亚扩张的时候，埃及强盛，于1249年俘获法王路易九世。那时，法王为封建领主的领袖，继续十字军的侵略战争，侵略埃及而为埃及所挫败。1250年，名将艾伯各（Eibeg）即位，在埃及建立马麦鲁克（Mamlloucs）王朝，奋发图强，抗拒外来敌人的侵略。

报达灭亡后，旭烈兀向叙利亚进军，以怯的不花为前锋，占领摩苏尔、阿勒坡、大马士革等城。自忽秃思（Couttouz）为埃及算端后，决心抗拒蒙古的侵略，1260年7月（不是9月），两军战于拜桑（Baissan）附近，蒙古军遭受到沉痛的打击，怯的不花战死。旭烈兀震惊，急欲为怯的不花复仇，但是因蒙哥皇帝的死，被迫放弃报复性的侵略，他不能再作远征了。

国西即海，海西有富浪国。妇人衣冠如世所画菩萨状。男子胡服，皆善寝，不去衣。虽夫妇亦异处。有大鸟，驼蹄，苍色，鼓翅而行。高丈余，食火，其卵如升许。

富浪国指欧洲而言，系 Franks 的译音。当欧洲十字军处于衰落的时候，路易九世遭受到挫败，故遣使鲁柏罗克（G. Rubruk）至和林，1254年1月3日，觐见蒙哥皇帝，企图结盟，拒抗土耳其，以保护欧洲人在西亚所获的利益。终于无结果而还。

大鸟即鸵鸟。陈藏器说："高七尺，足如橐驼，鼓翅而行。"（《本草纲目》卷五十下）

依库本补卵字。

其失罗子国出珍珠。其王名袄思阿塔卑。云西南海也，采珠，盛以革囊，止露两手。腰絙石坠入海，手取蛤并泥沙，贮于囊中。遇恶虫，以醋噀之即去。既得蛤满囊，撼絙，舟人引出之，往往有死者。

失（石）罗子（Shiraz），《元史》作泄剌失（《西北地附录》）。在波斯故都柏舍波里（Persepolis）南。到中古后期，石罗子衰落，其商业为记施（Kish）所代替（《诸蕃志》，卷上）。

袄思阿塔卑，《元史·郭侃传》作换斯干阿答华。阿塔卑为Atabeg的译音，系地方首长的称号。

印毒国去中国最近。军民一千二百万户。所出细药、大胡桃、珠宝、乌木、鸡舌、宾铁诸物。国中悬大钟，有诉者击之。司钟者纪其事及时，王官亦纪其名，以防奸欺，民居以蒲为屋，夏大热，人处水中。

印毒即印度。蒙古人侵印度仅至印度河流域。到宪宗时虽有征身毒及怯失迷儿之举，并无结果可言。

己未年七月，兀林国阿早丁筭滩来降，城大小一百二十，民一百七十万。山产银。

1259年蒙古征兀林国事，《元史·郭侃传》言之较详。"己未破兀林游勇四万，阿必丁筭滩大惧，来降，得城一百二十。"这样，阿早丁之早为必之误。《四库》本作乌兰国阿克丹。兀林国当在石罗子与乞里湾之间，很难确定切实地方。戊午年（1258年），郭侃征富浪后，师还至中亚西南部石罗子，又至宾铁。己未年又至兀林及乞里湾。按其进军行程，排列顺序，即兀林国应

139

为波斯南部滨海地区，现在的第七省。

黑契丹国名乞里弯，王名忽教马丁箪滩。闻王大贤，亦来降。其拔里寺大城。狮子雄者，鬃尾如缨，拂伤人，吼则声从腹中出，马闻之怖溺血。狼有鬃。孔雀如中国画者，惟尾在翅内，每日中振羽。香猫似土豹，粪溺皆香如麝，鹦鹉多五色，风驼急使乘，日可千里。鹁鸽传日亦千里，珊瑚出西南海，取以铁网，高有至三尺者。兰赤生西南海山石中。有五色鸭，思价最高。金钢钻出印毒，以肉投大涧底，飞鸟食其肉，粪中得之。撒八儿出西海中，盖璕玳之遗精；蛟鱼食之，吐出，年深结为，价如金。其假者，即犀牛粪为之也。骨笃犀大蛇之角也，解诸毒。龙种马出西海中，有鳞角。牡马有驹，不敢同牧。骝马引入海，不复出。皇雕一产三卵，内一大者，灰色而毛短，随母影而走，所逐禽无不获者。垅种羊出西海，羊脐种土中，溉以水，闻雷而生。脐系地中，及长，惊以木，脐断，啮草，至秋可食，脐内复有种。又一胡妇，解马语，即知吉凶，甚验，其怪异等事，不可殚纪。往返凡一十四月。

黑契丹即西辽。乞里弯即今之给尔曼（Kerman）。当成吉思汗于1218年征服西辽后，哈籍伯（Borak Hadjib）逃走至给尔曼，自立为主，建立新国，维持到1309年。忽教马丁，《郭侃传》作忽都马丁，投降蒙古，借以维持流亡局面。拔里寺城，依据张星烺意见（《汇篇》，五册）似指给尔曼首府 Bardashir 城。

这段所叙述的各种奇产异物，久经传述，真伪相杂，兹就特殊者，简注如次。

香猫：亦称灵猫，李时珍依据刘郁所述收入《本草》五十一卷中。

珊瑚：波斯语为 marjan。景教碑有"南流珊瑚之海"。

兰赤：《辍耕录》卷七，回回石头有刺，色艳如红玫瑰，即红宝石。兰赤译音而兼译意。兰即《辍耕录》所称之刺，系波斯语 Lal 的译音。

思价最高，库本作其价最高，以其为是。

撒八儿：系阿拉伯语 Anbar 的译音，即龙涎香。

瑇玳：《本草》记述大如扇，似龟甲有文，解毒兼辟邪。

年深结为：《丛书》本作年深结成，以结成为是。

垅种羊：《湛然居士集》卷十二《赠高善长》说："西方好风土，大率无蚕桑，家家植木绵，是为垅种羊。"按此，垅种羊为木绵的别名。

郁叹曰：西域之开，始自张骞。其土地山川固在也。然时代浸远，国号变易，事亦难考。今之所谓瀚海者，即古金山也。印毒即汉身毒也。曰鸵鸟者，即安息所产大马爵也。蜜昔儿即唐拂菻地也。观其土产风俗可知已。又《新唐书》载拂菻去京师肆万里，在海西上，所产珍异之物，与今日地里正同，盖无疑也。中统四年三月浑源刘郁记。

丁谦改"郁叹曰"为"郁跋曰"。据《秋涧集》仍以"叹"为是。拂菻是拜占庭，密昔儿是埃及，不能混而为一，刘郁所言是错误的。

中统四年为 1263 年。

原载《山西地方史研究》第二辑，山西人民出版社 1962 年版。

《佛国记》笺注*

法显昔在长安，慨律藏残缺。于是遂以弘始二年，岁在己亥，与慧景、道整、慧应、慧嵬等同契，至天竺寻求戒律。

《晋书》载记十七《姚兴》上，有"改元弘始"的话，却没有说相当于晋帝的哪一年。但是在姚兴改元弘始后，提到襄阳流入万人叛晋而奔姚兴，《晋书·帝纪十》将此事系于安帝隆安二年十二月。这样可以确定姚兴改元弘始在隆安二年十二月前了。己亥为隆安三年，改元弘始时为元年，所以法显称其动身时为弘始二年。

《高僧传》初集卷三说到法显，"以晋隆安三年（399年），发自长安，西渡流沙"。按在乾归国法显夏坐时间推算，即他离开长安的时间，应该是在隆安三年三月间。《〈法显传〉考证》中，日人足立喜六说："依《晋书》后秦姚兴改元弘始，时在隆安三年九月，实法显发迹长安后之事也。"这样说法是不够妥当的。

初发迹长安，度陇，至乾归国，夏坐。

---

* 本文中《佛国记》原文为正文字体格式，笔者笺注为楷体格式，以为区别，望读者识之。——编者注

陇指陕西与甘肃间之陇山，山高而长，古称"欲上者七日乃得越"。

《晋书》载记二五称，乞伏国仁死后，乞伏乾归被推为"河南王，赦其境内，改元曰太初"，这是发生在太元十三年（388年）。隆安元年（397年），吕光"遣其子纂伐乾归，使吕延为前锋。……引师轻进，果为乾归所败，遂斩之"。乾归取胜后，因"所居南景门崩，恶之，遂迁于苑川"。按洪亮吉《十六国疆域志》卷十五，苑川"即今兰州理是也"。法显到时，这个小国暂时安定，法显去后的次年（400年），这个国便为后秦灭亡了。《晋书》十说："隆安四年秋七月，姚兴伐乞伏乾归降之。"

夏坐亦称安居，雨季时静修的意思。《西域记》卷八说："故以四月十六日入安居，七月十五日解安居也。"为时约三个月。法显常提到安居，有助推算他的行程。

夏坐讫，前行至耨檀国。

耨檀国即南凉秃发傉檀统治的国家。《晋书》记述隆安三年"秋八月，秃发乌孤死，其弟利鹿孤嗣伪位"。元兴元年（402年），"秃发利鹿孤死，其弟傉檀嗣伪位"。由此可见法显至南凉时，傉檀尚未继承王位。法显所以称为耨檀国是回忆的提法，也是印象的提法。《晋书》载记二六说："是以诸兄不以授子，欲传之于傉檀。及利鹿孤即位，垂拱而已。军国大事皆以委之。"这说明法显到南凉时，傉檀是实际领导者。《晋书》又说："乌孤以安帝隆安元年（397年）僭立，至傉檀三世凡十九年，以安帝义熙十年（414年）灭。"这样，南凉为西秦灭亡时，法显已返国两年了。事经既久，傉檀统治较长，亦较为突出，语之为"傉檀国"，亦是可理解的。秃发居地为乐都，即今之碾伯县。

度养楼山至张掖镇。张掖大乱，道路不通。张掖王殷勤遂留为作檀越。于是与智严、慧简、僧绍、宝云、僧景等相遇。欣于同志，便共夏坐。

143

关于养楼山尚无确定的解释，可能为养女山。《水经注》卷二说："长宁亭北有养女岭，即浩亹山，西平之北山也。"《十三州志》中，张澍亦引作"浩亹之西山，西平之北山也"。西平为秃发乌孤称西平王之地，在今西宁县北。

法显到张掖，段业为张掖王。《晋书》八七说："吕光末，京兆段业自称凉州牧。"所言张掖大乱，道路不通，系指段业部属李嵩与索嗣的冲突。

关于张掖王殷勤，足立校刊中改为"张掖王段业"，文虽显明，却又如他说，"诸本所未见"，这样仍以存疑为是。

檀越梵文为 Dānapai，意为保护者。

夏坐讫，复进到敦煌。有塞，东西可八十里，南北四十里。共停一月余日。

敦煌为汉武帝元鼎六年（公元前 111 年）设置。敦煌塞指玉门关附近一段长城。武帝为了防御匈奴，诏谕酒泉太守，根据"察地形，依阻险，坚壁垒，远望侯"的原则，建筑长城和烽燧。法显等五人随使先发，复与宝云等别。敦煌太守李浩供给度沙河。沙河中多有恶鬼热风，遇则皆死，无一全者。上无飞鸟，下无走兽，遍望极目，欲求度处，则莫知所拟。唯以死人枯骨为标识耳。

胡震亨跋《佛国记》说："敦煌太守李浩，即凉武昭王李嵩，按嵩于是年（指隆安四年）三月，受段业敦煌之命。"浩为嵩是无疑的。阚骃《十三州志》说："后魏天兴三年（400 年），凉昭王立于敦煌，以子让为之郡守。"

沙河即沙漠。法显自敦煌西行，出玉门关，经沙漠感到严重的困难。玄奘于《西域记》十二说："从此东行入大流沙，沙则流漫，聚散随风，人行无迹，遂多迷路。四远茫茫，莫知所指，是以往来者聚遗骸以记之。"

行十七日，计可千五百里，得至鄯善国。其地崎岖薄瘠。俗人衣服，粗与汉地同。但以毡褐为异。其国王奉法，可有四千余僧，悉小乘学。诸国俗人及沙门尽行天竺法，但有精粗。从此西行所经诸国，类皆如是。唯国国胡语不同，然出家人皆习天竺书，天竺语。

鄯善国古称楼兰国，是西域许多国家中最靠近中国的。汉昭帝时攻破楼兰，改名为鄯善。《西域记》称楼兰为"纳缚波"，意为新城，即梵语Navapur的译音。《魏书》说到鄯善，"地多沙卤，少水草"，与法显所说"崎岖薄瘠"是相符合的。

住此一月日。复西北行十五日到乌夷国。

乌夷国，《西域图志》称之为哈喇沙尔（Karashahr），《西域记》卷一称之为阿耆国。乌夷国古称焉耆国，今称焉耆县。

乌夷国僧亦有四千余人，皆小乘学，法则齐整。秦土沙门至彼都不预其僧例。法显得符行堂公孙经理，住二月余日。于是还与宝云等共为乌夷国人，不修礼义，遇客甚薄。智严、慧简、慧嵬遂返向高昌，欲求行资。法显等蒙符公孙供给，遂得直进。

《魏书》卷一〇二论焉耆说，"俗事天神，并崇信佛法"，学小乘，歧视大乘，所以法显说："秦土沙门至彼都不预其僧例。"今锡兰、缅甸等地，尚保存此种习俗。大乘出家者至其处，须重新依法出家，方能参预僧例。但在执行上，亦有宽严不同。

魏晋之时，对焉耆的评论是苛刻的。《魏书》说："国小人贫，无纪纲法令。"《晋书》卷九七说，"好货利，任奸诡"，这与法显所说乌夷国人"不修礼仪，遇客甚薄"是相似的。

高昌为吐鲁番县属之哈剌和卓城。汉时为高昌壁，晋时称高昌郡。

西南行，路中无居民，涉行艰难，所经之苦，人理莫比。

法显由乌夷国出发，向西南行，经一月多的时间到于阗。法显于通路叙述简略，途路艰苦，可能横渡大沙漠，溯媲摩川，出尼攘城，然后到于阗。《西域记》十二有："媲摩川东入沙碛，行二百里至尼攘城，周三四里，在大泽中。泽地热湿，难以履涉，芦草荒茂，无复途径。唯趣城路，仅得通行。故往来者，莫不由

145

此城焉。"媲摩川为今之克里雅河，依玄奘所述，即此路为晋所趣之道。

《水经注》卷二，将"涉行"改为"沙行"，涉有经行之意，仍以涉为是。

在道一月五日，得到于阗。其国丰乐，人民殷盛。尽皆奉法，以法乐相娱。众僧乃数万人，多大乘学，皆有众食。彼国人民星居，家家门前皆起小塔，最小者可高二丈许。作四方僧房，供给客僧，及余所须。

《北史》九七论"于阗，山多美玉。……俗重佛法，寺塔僧尼甚众"。《西域记》称于阗为瞿萨旦那（Kustana），今之和田县。国主安顿法显等于僧伽蓝。僧伽蓝名瞿摩帝，是大乘寺。三千僧共犍槌食。入食堂时，威仪齐肃，次第而坐。一切寂然，器钵无声。净人益食，不得相唤，但以手指麾。

僧伽蓝为 Saingharama 的译音，意为园林。以后略作"伽蓝"，变为寺院的通称。

瞿摩帝为 Gomati 的译音，意为洁净。

犍槌，梵文为 Ganta，寺院中集合众僧用的打击乐器。

慧景、道整、慧达先发向竭叉国。

竭叉国，《水经注》卷二引道安语："有国名迦舍罗逝，此国狭小而总万国之要，道无不由。"《高僧传》初集《智猛传》说："猛于奇沙国见佛文石唾壶。"由此可见竭叉、迦舍与奇沙同为 Khasa 的译音。《西域地名》Khasa 条中以为是 Kashkar 之省译，"因其名与 Kashgar 相类，故义净不空误识为疏勒"。竭叉不是疏勒，而是今之 Chitral。

法显等欲观行像，停三月日。其国中十四大僧伽蓝，不数小者。从四月一日城里便扫洒道路，壮严巷陌。其城门上张大帏幕，事事严饰。王及夫人采女皆住其中。瞿摩帝僧是大乘学，王所敬重，最先行像。离城三四里，作四轮像车。高三丈余，状如行殿。七宝庄校，悬缯幡盖。像立车中，二菩萨侍，作诸天侍从，皆金银绸莹，悬于虚空。像去门百步，王脱天冠，易着新衣，徒跣持华香，翼从出城迎像。头面礼足，散华烧香。像入城时，门楼上夫人婇女，遥散众华，纷然而下。如是庄严供具，车车各异。一僧伽蓝则一日行像。四月一日为始，至十四日行像乃讫。行像讫，王及夫人乃还宫耳。其城西七八里有僧伽蓝名王新寺。作来八十年，经三王方成。塔后作佛堂，庄严妙好，梁柱户扇窗牖皆以金薄。别作僧房亦严丽整饰，非言可尽。岭东六国诸王，所有上价宝物，多作供养，人用者少。

　　岭东六国指葱岭以东南方的六国，即沙车、于阗、扜弥、精绝、且末与鄯善。

既过四月行像，僧韶一人随胡道人向罽宾。

　　僧韶是本初作僧绍，据思溪藏本仍以僧韶为是。

　　罽宾即今之迦湿弥罗（Kasmira）。《西域记》卷三称："四境负山，山极峭峻，虽有门径而复隘狭，自古邻敌无能攻伐。"

法显等进向子合国，在道二十五日便到其国。国王精进。有千余僧，多大乘学，住此十五日已。

　　子合国为今之叶城县。《后汉书》西夜条说："子合国居呼鞬谷，去疏勒千里。"《洛阳伽蓝记》作朱驹波国，谓"人民山居，五谷甚丰"。《新唐书》卷二二一上说："朱俱波亦名朱俱槃，汉子合国也。……直于阗西千里。"

于是南行四日，入葱岭山，到于麾国安居。

　　葱岭含意较广，包含新疆西南诸大山，不专指帕米尔。

　　于麾国为汉之蒲犁，亦称塔什霍尔罕（Tashkurghan）。《西域地名》以于麾为今蒲犁县治，全县境称色勒库尔（Sarikol）。

安居已，山行二十五日到竭叉国，与慧景等合。值其国王作般遮越师。般遮越师汉言五年大会也。会时请四方沙门皆来云集，集已，庄严。众僧坐处，悬缯幡盖，作金银莲华，著缯座后，铺净坐具。王及群臣如法供养。或一月二月或三月，多在春时。王作会已，复劝诸

147

群臣设供供养，或一日二日三日五日。供养都毕，王以所乘马鞍勒百副，使国中贵重臣骑之。并诸白毡，种种珍宝，沙门所须之物，共诸群臣，发愿布施。布施已，还从僧赎。

足立于《〈法显传〉考证》中，妄改"安居已，山行二十五日"为"安居讫，北行二十五日"是没有根据的。前已提到竭叉国不是疏勒，法显自无北行的需要。

般遮越师为 Pancavariska 的译音。阿育王（前272—前232年）第十二年宣布："在朕领属内忠良之臣民及外国人，须每五年参于大会。"

其地山寒，不生余谷。唯熟麦耳。众僧受岁已，其晨辄霜，故其王每请众僧，令麦熟然后受岁。其国中有佛唾壶，以石作，色似佛钵。又有佛一齿，国人为佛齿起塔。有千余僧，尽小乘学。自山以东，俗人被服，粗类秦土，亦以毡褐为异。沙门法用转胜，不可具记。其国当葱岭之中。自葱岭已前，草木果实皆异，唯竹及安石榴甘蔗三物与汉地同耳。

受岁指僧人受戒后，每年夏坐，即增一法腊。七月十五日为受岁之日，在那里早晨即要降霜了。

从此西行向北天竺，在道一月得度葱岭。葱岭冬夏有雪，又有毒龙，若失其意，则吐毒风雨雪，飞沙砾石，遇此难者万无一全，彼土人即名为雪山也。度岭已到北天竺。始入其境，有一小国名陀历。亦有众僧，皆小乘学。

法显由竭叉国起程，行一月至陀历。陀历为 Daril 的译音，在葱岭之南，印度河的北面，距乌苌国旧都城瞢揭厘（Manglaor）约有千里。这条路是去乌苌国最短与最险的道路。《洛阳伽蓝记》说："渐出葱岭，土田堯崤，民多贫困，峻道危路，人马仅通。"

其国昔有罗汉，以神足力将一巧匠上兜率天，观弥勒菩萨长短色貌，还下刻木作像。前后三上观，然后乃成。像长八丈，足趺八尺。斋日常有光明，诸国王竞与供养，今故现在于此。

昔有罗汉为末田底迦（Madhyantika）。《西域记》卷三说："达丽罗川中大伽蓝侧，有刻木慈氏菩萨像……末田底迦阿罗汉之所造也。"

顺岭西南行十五日，其道艰阻，崖岸险绝。其山唯石，壁立千仞，临之目眩。欲进则投足无所。下有水名新头河。昔人有凿石通路施傍梯者，凡度七百。度梯已，蹑悬絙过河。河两岸相去减八十步。九驿所记，汉之张骞、甘英皆不至此。

凡西行而经此途路者，都叙述这段道路的艰阻。宋云说："铁锁为桥，悬虚为度，下不见底，旁无挽提。倏忽之间，投躯万仞，是以行者望风谢路。"玄奘说："逆上信度河，途路危险，山谷杳冥。或履絙索，或牵铁锁，栈道虚临，飞梁危构。橡栈蹑登，行千余里至达丽罗川，即乌杖那国旧都也。"达丽罗川即陀历。

众僧问法显："佛法东过其始可知耶？"显云："访问彼土人皆云：古老相传，自立弥勒菩萨像后，便有天竺沙门赍经律过此河者。像立在佛泥洹后三百许年，计于周氏平王时。由兹而言，大教宣流，始自此像。非夫弥勒大士继轨释迦，孰能令三宝宣通边人识法。固知冥运之开，本非人事。则汉明之梦有由而然矣。"

关于释迦牟尼逝世的年代，历来有不同的意见，有的以为在公元前483年，有的以为在公元前543年。如取后一种年代，即法显所记立像的时间为公元前243年，这样当然不是周平王的时候了。

度河，便到乌苌国。其乌苌国是正北天竺也。尽作中天竺语，中天竺所谓中国，俗人衣服饮食亦与中国同。佛法甚盛，名众僧住止处为僧伽蓝。凡有五百僧伽蓝，皆小乘学。若有客比丘到，悉供养三日。三日过已，乃令自求所安。常传言佛至北天竺，即到此国也。佛遗足迹于此。迹或长或短，在人心念。至今犹尔。及晒衣石，度恶龙处，亦悉现在。石高丈四尺，阔二丈许，一边平。

度河，指渡苏婆（Svat）河，喀布尔河的支流。

乌苌国，《洛阳伽蓝记》作乌场国。宋云经此地时说："北接葱岭，南连天竺，土气和暖，地方千里，民物殷阜。"《西域记》卷三作乌仗那（Udyana），其地花果茂盛，寒暑和畅；其人好学而不功，禁咒为艺业。都城为瞢揭厘，即今之Mankial。

慧景、道整、慧达三人先发向佛影那竭国。法显等住此国夏坐。

那竭国，《洛阳伽蓝记》作那迦罗诃（Nagarahara），其都城为今之迦拉拉巴特（Jalalabad）。《西域记》卷二称其地："深涧峭绝，瀑布飞流，悬崖壁立。"

坐讫，南下到宿呵多国。其国佛法亦盛。昔天帝释试菩萨，化作鹰鸽，割肉贸鸽处。佛既成道，与诸弟子游行。语云：此本是吾割肉贸鸽处。国人由是得知，于此处起塔，金银校饰。

宿呵多国在斯瓦特河与印度河之间，斯坦因在Girarai处发现遗址，得到证实。《洛阳伽蓝记》说："七日渡一大水，至如来为尸毗王救鸽之处，亦起塔寺。"《往五天竺国传》中，慧超称宿呵多为西业者多（Svastu），并称"此城俯临辛头大河北岸"。

从此东下五日行到犍陁卫国，是阿育王子法益所治处。佛为菩萨时，亦于此国以眼施人。其处亦起大塔，金银校饰，此国人多小乘学。

犍陁卫国（Gandhusa），《北史》九七乾陀国条称："在乌苌国西，本名业波，为嚈哒所破，因改焉。"都城为布色羯罗伐底（Pushkaravati），约在今Hashtanagara处。

法益为阿育王太子拘浪拏。他的遗迹在呾义尸罗。《西域记》卷三记呾义尸罗城外东南，"南山之阴，有窣堵婆高百余尺，是无忧王太子拘浪拏为继母所诬抉目之处，无忧王所建也"。

《西域记》卷二，记述以眼施人的传述，发生于犍陁卫国。"从众生欲惠施不倦，丧身若遗。于此国土，千生为王，即斯胜地，千生舍眼。"

自此东行七日，有国名竺刹尸罗。竺刹尸罗汉言截头也。佛为菩萨时，于此处以头施人，故因以为名。

竺刹尸罗为Taksacila的译音。Taksacila由Chedanarm与Siras

两字形成，意为截头。《西域记》卷三说："如来在昔修菩萨行为大国王，号战达罗钵剌婆，唐言月光，断头惠施，若此之舍，凡历千生。"竺刹尸罗当今 Shahdheri 处。

复东行二日，至投身饲饿虎处。此二处亦起大塔，皆众宝校饰。诸国王臣民竞与供养，散华然灯，相继不绝。通上二塔，彼方人亦名为四大塔也。

关于传述中舍身喂虎的地点，至今并无定论。沙畹释《宋云行纪》说："欲求其地，应在 mahaban 中寻之。"这也是不可能的。

四大塔系指贸鸽、舍眼、截头与喂虎四塔。

从犍陀卫国南行四日，到弗楼沙国。

宋云称弗楼沙为佛沙伏。《洛阳伽蓝记》说："复西行十三日至佛沙伏城。川原沃壤，城郭端直，民户殷多，林泉茂盛。"佛沙伏为 Purushapura 的译音。《西域记》卷二言及健驮罗国的都城，"号布路沙布逻，周四十余里。王族绝嗣，役属迦毕试国，邑里空荒，居人稀少。"由宋云与玄奘的记述，弗楼沙在隋唐之间的变化是很大的。弗楼沙当今之白沙瓦（Peshawar）城。

佛昔将诸弟子游行此国，语阿难云："吾般泥洹后，当有国王名罽腻伽于此处起塔。"后罽腻伽王出世，出行游观时，天帝释欲开发其意，化作牧牛小儿，当道起塔。王问言："汝作何等？"答曰："作佛塔。"王言大善。于是王即于小儿塔上起塔，高四十余丈，众宝校饰。凡所经见塔庙，壮丽威严，都无此比。传云阎浮提塔，唯此为上。王作塔成已，小塔即自傍出大塔南，高三尺许。

罽腻伽为贵霜王国的创始人，于公元前 58 年即位，统治了大约 28 年。按其排列为迦腻色迦一世。

佛钵即在此国。昔月氏王大兴兵众，来伐此国，欲取佛钵。既伏此国已，月氏王笃信佛法，欲持钵去，故大兴供养。供养三宝毕，乃校饰大象，置钵其上。象便伏地，不能得前。更作四轮车载钵，八象共牵，复不能进。王知与钵缘未至，深自愧叹。即于此处起塔及僧伽蓝。并留镇守，种种供养，可有七百余僧。日将欲中，众僧则出钵与白衣等，种种供养，然后中食。至暮烧香时复尔。可容二斗许，杂色而黑多，四际分明，厚可二分，莹彻光泽。贫人以少华投中便满。有大富者欲以多华而供养，正复千万斛，终不能满。

《大庄严论经》马鸣说："我昔曾闻拘沙坛中有王名真檀迦腻吒，讨东天竺。"马鸣为公元2世纪的人。拘沙为贵霜的别译，所谓"我昔曾闻"，必然是回忆往日的事实。真檀迦腻吒即迦腻色迦一世。

宝云、僧景只供养佛钵便还。慧景、慧达、道整先向那竭国供养佛影佛齿及顶骨。慧景病，道整住看。慧达一人还于弗楼沙国相见。而慧达、宝云、僧景遂还秦土。慧景应在佛钵寺无常。

关于"慧景应在佛钵寺无常"的解释，胡震亨于《佛国记》跋语中，谓佛钵寺无常者为慧景，而法显南度小雪山同行为道整与慧应。《佛游天竺记考释》中，岑仲勉亦以为是慧景，"但应之为义，是追述时归咎运命之语，不云小雪山而云佛钵寺者，乃举其附近胜地言之"。在《〈法显传〉考证》中，足立以为死于佛钵者为慧应，"景"字系窜入原文者。根据法显前后文情，足立所说较近事实。法显于同行者的生死是不会忽略的。

由是法显独进，向佛顶国所。西行十六由延，便至那竭国界醯罗城。中有佛顶骨精舍，尽以金薄七宝校饰。国王敬重顶骨，虑人抄夺。乃取国中豪姓八人，人持一印，印封守护。清晨八人俱到，各视其印，然后开户。开户已，以香汁洗手，出佛顶骨，置精舍外高座上。以七宝圆碇。碇下琉璃钟覆上，皆珠玑校饰。骨黄白色，方圆四寸，其上隆起。每日出后，精舍人则登高楼，击大鼓，吹螺，敲铜钹。王闻已，则诣精舍，以华香供养。供养已，次第顶戴而去。从东门入，西门出。王朝朝如是供养礼拜，然后听国政。居士长者亦先供养，乃修家事。日日如是，初无懈倦。供养都讫，乃还顶骨于精舍中。有七宝解脱塔，或开或闭，高五尺许以盛之。精舍门前，朝朝恒有卖华香人。凡欲供养者种种买焉。诸国王亦恒遣使供养，精舍处方四十步，虽复天震地裂，此处不动。

由延（Yojana），《西域记》卷二作踰缮那，并称"踰缮那者，自古圣王一日军行也。"在《〈法显传〉考证》中，足立将法显与玄奘所记行程作了比较，法显用六朝尺度较玄奘用者为大。法显所称之由延，亦因地不同。在北部，每一由延为8.045公里；在恒河流域，每一由延为10.458公里。

醯罗（Hidda）系梵文Hilo的讹转，其意为骨，在今Begram附近。《西域记》卷二醯罗城"周四五里，竖峻险固，花林池沼，光鲜澄镜。……第二阁中，有七宝小窣堵波，置如来顶骨。"

从此北行一由延，到那竭国城。是菩萨本以银钱贸五茎华，供养定光佛处。城中亦有佛齿塔，供养如顶骨法。城东北一由延，到一谷口，有佛锡杖，亦起精舍供养。杖以牛头栴檀作，长丈六七许。以木筒盛之。正复百千人，举不能移。入谷口四日西行，有佛僧伽梨精舍供养。彼国土亢旱时，国人相率出衣礼拜供养，天即大雨。那竭城南半由延有石室，博山西南向，佛留影此中。去十余步观之，如佛真形。金色相好，光明炳著。转近转微，仿佛如有。诸方国王，遣工画师模写莫能及。彼国人传云：千佛尽当于此留影。影西百步许，佛在时剃发剪爪。佛自与诸弟子共造塔，高七八丈，以为将来塔法，今犹在。旁有寺，寺中有七百余僧。此处有诸罗汉辟支佛塔乃千数。

僧伽梨（Samghati）即袈裟，为僧人用衣之一。

博为搏之讹。搏，团也，有环绕之意。后文到阇崛山时，有"入谷搏山，东南上十五里"。

辟支（Pratyeka），意为独觉，言在无佛之世，能独自领悟者。

住此冬三月，法显等三人，南度小雪山。雪山冬夏积雪。山北阴中遇寒风暴起，人皆噤战。慧景一人不堪复进，口出白沫，语法显云："我亦不复活，便可时去，勿得俱死。"于是遂终。法显抚之悲号，本图不果，命也，奈何。

由那竭国南行，度小雪山。所遇的山隘可能是 Khyber 隘。按照叙述慧景死的情况，法显的悲伤，这样深刻的事件，法显不会错误的。佛钵寺去世者不是慧景，而是慧应。

复自力前得过岭南，到罗夷国。近有三千僧，兼大小乘学。住此夏坐。

罗夷国（Rohi）为今之 Lakki，在 Kurram 河南岸的小镇。

坐讫，南下十日到跋那国。亦有三千许僧，皆小乘学。

跋那国，《西域记》卷十一作伐剌拏（Varnu），当今之 Bannu，亦作 Harana。

从此东行三日，复渡新头河，两岸皆平地。过河，有国名毗荼，佛法兴盛，兼大小乘学。见秦道人往，乃大怜愍。作是言："如何边地人能知出家，为道远求佛法。"悉供给所须，待之如法。

毗荼，《西域记》卷十一作钵伐多国（Parvata），即今之 Llch。

从此东南行，减八十由延，经历诸寺甚多，僧众万数。过是诸处已到一国，国名摩头罗。

摩头罗（Mathura）为今之 Muttra，在阎牟那（Yamuna）河西岸。《华严经音义》中言及摩头罗说："此云孔雀城，或云密善，皆吉事者也。"

又经捕那河，河边左右有二十僧伽蓝，可有三千僧，佛法转盛。凡沙河已西天竺诸国，国王皆笃信佛法。供养众僧时，则脱天冠，共诸宗亲群臣，手自行食。行食已，铺毡于地，对上座前坐。于众僧前，不敢坐床。佛在世时，诸王供养法式相传至今。

捕那河亦译作阎牟那河，为恒河支流。

从是以南名为中国。中国寒暑调和，无霜雪。

中国（Madhyadesa）为中天竺之别称。《水经注》卷一说："自是以南皆为中国，人民殷富。"

人民殷乐，无户籍官法。唯耕王地者，乃输地利。欲去便去，欲住便住。王治不用刑斩，有罪者但罚其钱，随事轻重。虽复谋为恶逆，不过截右手而已。王之侍卫左右，皆有供禄。举国人民，悉不杀生，不饮酒，不食葱蒜，唯除旃荼罗。旃荼罗名为恶人，与人别居。若入城市，则击木以自异，人则识而避之，不相搪突。国中不养猪鸡，不卖生口。市无屠酤及酤酒者。货易则用贝齿。唯旃荼罗渔猎师卖肉耳。

> 旃荼罗为 Candala 的译音，《翻译名义集》作旃陀罗。《摩奴法典》确定四个瓦尔纳（婆罗门、刹帝利、吠舍、首陀罗）后，不同种姓者不得通婚。如果违犯这种规定而生的子女，即为"最下的贱民"，贱民必须住在村外，阶级的压迫是十分残酷的。此处所提的旃荼罗着重指渔猎师。

自佛般泥洹后，诸国王长者居士为众僧起精舍供养。供给田宅、园圃、民户、牛犊。铁券书录后王王相传，无敢废者，至今不绝。众生住止房舍、床蓐、饮食、衣服，都无缺乏。处处皆尔。众僧常以作功德为业，及诵经坐禅。

> 印度奴隶主竭力支持宗教，压迫人民。统治者建立寺庙，给予如文中所说那样丰富的物资，寺庙经济得到有力的发展。通过这些寺庙，奴隶主巩固他们的政权。

客僧往到，旧僧迎逆，代担衣钵，给洗足水，涂足油，与非时浆。须臾息已，复问其腊数次第，得房舍卧具，种种如法。众僧住处，作舍利弗塔、目连阿难塔，并阿毗昙律经塔。

> 印度习俗称正午前为时，正午后为非时，非时不得食，只能饮果汁等，故称非时浆。

> 舍利弗、目连、阿难同为释迦弟子。阿毗昙意译为"论"。

安居后一月，诸希福之家，劝化供养僧，行非时浆。众僧大会说法，说法已，供养舍利弗塔，种种香华，通夜然灯。使伎人作舍利弗，本婆罗门时诣佛求出家。大目连大迦叶亦如是。诸比丘尼多供养阿难塔，以阿难请世尊听女人出家故。诸沙弥多供养罗云。阿毗昙师者供养阿毗昙。律师者供养律。年年一供养，各自有日。摩诃衍人则供养般若波罗蜜、文殊师利、观世音等。众僧受岁竟，长者居士婆罗门等各持种种衣物，沙门所须，以布施僧。众僧亦自各各布施。佛泥洹以来，圣众所行，威仪法则，相承不绝。自渡新头河至南天竺，迄于南海四五万里，皆平坦无大山川，止有河水耳。

阿难请世尊听女人出家，《印度简史》有解释，其大意：当释迦说法的第五年，输头陀罗国寡居的皇后，三次请求出家都被释迦拒绝了。但是她并不甘心，剪去头发，着破衣，随着释迦行列前进。阿难看到这种情况，又为她三次请求，却又被释迦拒绝了。阿难就问释迦："假如一个妇女由于奉行释迦牟尼佛所宣布的教义和宗规，离开家庭去过无家室的生活，能够悟解精神上的真理吗？"释迦回答："她能够。"阿难乘势请求，释迦同意妇女出家。

大迦叶为释迦弟子。罗云为释迦之子罗睺罗。

摩诃衍即大乘教法。

般若波罗蜜，般若意为"智慧"，波罗蜜意为"到彼岸"，便是说竭其智慧以求达到涅槃境地。

从此东南行十八由延，有国名僧伽施。佛上忉利天三月为母说法来下处。佛上忉利天，以神通力，都不使诸弟子知。未满七日乃放神足。阿那律以天眼遥见世尊，即语尊者大目连，汝可往问讯世尊。目连即往，头面礼足，共相问讯。问讯已，佛语目连："吾却后七日当下阎浮提。"目连既还，于时八国大王及诸臣民，不见佛久，咸皆渴仰。云集此国，以待世尊。

僧伽施在阎牟那河与恒河之间，即今之僧结萨（Sankisa）。《西域记》卷四作劫比他国。

阎浮提（Jambuduipa）为佛经所称四大洲之一。中国与印度同属阎浮提洲。

时优钵罗比丘尼即自心念，今日国王臣民皆当奉迎佛。我是女人，何由得先见佛。即以神足化作转轮圣王，最前礼佛。佛从忉利天上来向下，下时化作三道宝阶。佛在中道七宝阶上行。梵天王亦化作白银阶，在右边执？

寺北五十由延，有一寺名火境。火境者恶鬼名也。佛本化是恶鬼，后人于此起精舍，布施阿罗汉以水灌手，水沥滴地，其处故在。正复扫除，常现不灭。此处别有佛塔，善鬼神常扫洒，初不须人工。有邪见国王言：汝能如是者，我当多将兵众住此，益积粪秽，汝复能除不？鬼神即起大风，吹之令净。此处有百枚小塔，人终日数之不能得知。若至意欲知者，便一塔边置一人已，复计数人。人或多或少，其不可得知。有一僧伽蓝可六七百僧。此中有辟支佛食处，泥洹地大如车轮。余处生草，此处独不生。及晒衣地处，亦不生草，衣条著地迹，今故现在。法显住龙精舍夏坐。

此节系法显在僧伽施的传闻，并非实地经历者。

坐讫。东南行七由延到罽饶夷城。城接恒水，有二僧伽蓝，尽小乘学。

罽饶夷城为戒日王所居地，即今之Kanauj。《西域记》卷五，称此城为羯若鞠阇，意为花城，亦即曲女城。

恒水（Ganges）《西域记》作殑伽河。罽饶夷城长二十余里，跨越殑伽河两岸。《西域记》卷五称"城隍坚峻，台阁相望，花林池沼，光鲜澄镜。异方奇货，多聚于此"。

去城西六七里，恒水北岸，佛为诸弟子说法处。传云说无常苦、说身如泡沫等。此处起塔犹在。

关于说法处，《西域记》卷五称："在昔如来，于此六月。说身无常，苦空不净。"

度恒水南行三由延，到一村名呵梨，佛于此中说法、经行、坐处，尽起塔。

呵梨亦作呵梨底（Hariti），意为欢喜天。

从此东南行十由延，到沙祇大国。出沙祇城南门道东，佛本在此嚼杨枝，刺土中即生长七尺，不增不减。诸外道婆罗门嫉妒，或斫或拔远弃之，其处续生如故。此中亦有四佛经行坐处，起塔故在。

沙祇大为 Saketa 之译音。《佛游天竺记考释》中，岑仲勉引用《括地志》的话："沙祇大国即舍卫国也，在月氏南万里，即波斯匿王浚处。"按：浚应作治，以唐人讳改之。《西域记》卷五作鞞索迦，即今之 Ayodhya。

从此南行八由延，到拘萨罗国舍卫城。城内人民希旷，都有二百余家，即波斯匿王所治城也。大爱道故精舍处，须达长者井壁及鸯掘魔得道般泥洹烧身处，后人起塔皆在此城中。诸外道婆罗门生嫉妒心，欲毁坏之，天即雷电霹雳终不能得坏。

南行八由延为"北行"之误，因法显出沙祇城北行八由延恰好至舍卫城。

拘萨罗（Kosala），《西域记》作忄萨罗。《西域地名》以南北二国同用此名，南国以沙祇为国都，北国以舍卫城为国都。

舍卫城，《西域记》卷六作室罗伐悉底（Sravasti），在今帕特那（Patna）西北的 sahet-mahet 地区，近发掘出许多遗物。法显至此城时，人民希旷，反映衰落的情况。

波斯匿（Prasenajit）王为拘萨罗国王。曾亲自拜见释迦。《西域记》言及舍卫城时，"此则如来在世之时，钵逻犀那特多王所治国都也"。

出城南门千二百步，道西，长者须达起精舍。精舍东向开门户。两厢有二石柱。左柱上作轮形，右柱上作牛形。池流清净，林木尚茂，众华异色，蔚然可观，既所谓祇洹精舍也。佛上忉利天为母说法九十日。波斯匿王思见佛，即刻牛头栴檀作佛像，置佛坐处。佛后还入精舍，像即避出迎佛。佛言还坐，吾般泥洹后，可为四部生作法式，像即还坐。此像最是众像之始后人所法者也。佛于是移住南边小精舍，与像异处，相去二十步。

须达为舍卫城长者，《西域记》卷六称之为"苏达多"（Sudatta）。玄奘注此："唐言善施，旧曰须达，讹也。"

祇洹精舍本有七层，诸国王人民竞兴供养。悬缯幡盖，散华烧香，燃灯续明，日日不绝。鼠衔灯柱，烧华幡盖，遂及精舍，七重都尽。诸国王人民皆大悲恼，谓栴檀像已烧。却后四五日，开东小精舍门，忽见本像。皆大欢喜，共治精舍，得作两重，还移像本处。

须达于舍卫城南，购祇陀太子园林，建立精舍，即著名的祇洹精舍。法显至此。精舍仍蔚然可观。玄奘称此地为"逝多林"，距法显仅二百多年，精舍"室宇倾圮，唯余故基"，园林已荒废了。

法显、道整初到祇洹精舍，念昔世尊住此二十五年。自伤生在边夷，共诸同志游历诸国，而或有还者，或有无常者。今日乃见佛空处，怆然心悲。彼众僧出问显等言："汝从何国来？"答云："从汉地来。"彼众僧叹曰："奇哉！边地之人，乃能求法至此。"自相谓言，我等诸师和上相承以来，未见汉道人来到此地也。

相传释迦在祇洹精舍住二十五年，说《金刚经》与《阿弥陀经》。法显至其地，追怀往昔，怆然心悲。

边夷，足立喜六校本作"边地"，按下文有"奇哉，边地之人"，应以边地为妥。

精舍西北四里，有林名曰得眼。本有五百盲人依精舍住此。佛为说法尽还得眼。盲人欢喜，刺杖着地，头面作礼。杖遂生长大。世人重之，无敢伐者，遂成为林。是故以得眼为名。祇洹众僧中食后，多往彼林中坐禅。祇洹精舍东北六七里，毗舍佉母作精舍，请佛及僧，此处故在。

毗舍佉为弥伽罗长者的女儿，因她生于二月，而印度称二月为毗舍佉，故亦名毗舍佉。毗舍佉为鹿子长者之母，故亦称鹿母，所建的堂称鹿母堂。

祇洹精舍大院落有二门，一门东向，一门北向。此园即须达长者布金钱买地处。精舍当中央佛住此处最久。说法、度人、经行、坐处亦尽起塔，皆有名字。及孙陀利杀身谤佛处。

相传外道谤佛，以孙陀利与佛有利。复杀此女而缄其口，埋尸于逝多园。

159

出祇洹东门，北行七十步道西，佛昔共九十六种外道论议，国王、大臣、居士、人民皆云集而听。时外道女名旃遮摩那起嫉妒心，乃怀衣着腹前似若妊身，于众会中谤佛以非法。于是天帝释化作白鼠，啮其腰带断，所怀衣堕地，地即劈裂，生入地狱。

旃遮摩那系婆罗门女，《西域记》卷六作瞿伽梨苾刍，以她带盂谤佛，欲"败佛善誉，当令我师独擅芳声"。

及调达毒爪欲害佛，生入地狱处，后人皆标识之。又于论议处起精舍，精舍高六丈许，里有坐佛。

调达为释迦从弟，与释迦有宿怨。《西域记》卷六称："伽蓝东百余步，有大深坑，是提婆达多（Devadatta）欲以毒药害佛，生身陷入地狱处。"

其道东有外道天寺，名曰影覆，与论议处精舍夹道相对，亦高六丈许。所以名影覆者，日在西时，世尊精舍影则映外道天寺。日在东时，外道天寺影则北映，终不得映佛精舍也。外道常遣人守其天寺。扫洒、烧香、燃灯供养。至明旦，其灯辄移在佛精舍中。婆罗门恚言："诸沙门取我灯，自供养佛为尔不止。"婆罗门于是夜自伺候。见其所事，天神持灯绕佛精舍三匝，供养佛已，忽然不见。婆罗门乃知佛神大，即舍家入道。传云近有此事。绕祇洹精舍有九十八僧伽蓝。尽有僧住，唯一处空。此中国有九十六种外道，皆知今世后世。各有徒众，亦皆乞食，但不持钵。亦复求福于旷路侧立福德舍。屋宇床卧饮食供给行路人及出家人来去客，但所期异耳。调达亦有众在，供养过去三佛，唯不供养释迦文佛。舍卫城东南四里，琉璃王欲伐舍夷国，世尊当道侧立，立处起塔。

琉璃王《西域记》作毗卢择迦王（Viru-dhaka），系波斯匿王之子，末利夫人所生。

舍夷国（Sakya）意为证者。《西域记》卷六作劫比罗伐窣堵国（Kapilavastu），亦称迦夷，系释迦所生地。舍夷在今尼泊尔境南，白塔瓦尔州的塔赖（Talai）地方。净饭王夫人寝殿侧有精舍，以纪念释迦生处。公元前252年时，阿育王立纪念柱，刻"释迦牟尼佛生于此"。此柱于1895年在Uska西北处发现，证实生于岚毗尼园中的传述。

世尊当道侧立，《西域记》卷六说："毗卢择迦王嗣位之后，追怨前辱，兴甲兵，动大众，部署已毕，伸命方行时，有苾刍闻已白佛。世尊于是坐拓树下，毗卢择迦王遥见世尊，下乘敬礼。退而言曰：茂林扶疏，何故不坐？枯株朽蘗，而乃游止。世尊告曰：宗族者，枝叶也。枝叶将危，庇荫何在！王曰：世尊为宗亲耳，可以回驾。于是睹圣感怀，还军返国。"

城西五十里，到一邑名都维，是迦叶佛本生处，父子相见处，般泥洹处，皆悉起塔。迦叶如来全身舍利亦起大塔。

都维（Tadwa）是迦叶佛（Kasyapa）本生处。都维亦称碓国，在舍卫城西五十里。玄奘去时已荒芜。

从舍卫城东南行十二由延，到一邑名那毗伽，是拘楼秦佛所生处，父子相见处，般泥洹处，亦有僧伽蓝，起塔。

那毗伽（Napika）是拘楼秦佛（Krakuch-chhanda）本生处。《西域记》卷六谓此系故城，在劫比罗伐窣堵南五十余里。

《法显传考证》译本中，略去"起塔"二字，这是错误的。《西域记》卷六说："城南不远，有窣堵波。"

从此北行减一由延，到一邑是拘那含牟尼佛所生处，父子相见处，般泥洹处，亦皆起塔。

拘那含牟尼（Kanakamuni）《西域记》卷六作迦诺迦牟尼，为旧大城市，在那毗伽东北三十余里，按嘉来尔（Carlleyle）的考订，拟今之Kanakpur村。

从此东行减一由延，到迦维罗卫城。城中都无王民，甚如丘荒。只有众僧，民户数十家而已。白净王故宫处，作太子母形像。及太子乘白象入母胎时，太子出城东门，见病人回车还处皆起塔，阿夷相太子处，与难陀等扑象槨射处。箭东南去三十里入地令泉水出，后世人

161

治作井，令行人饮之。佛得道，还见父王处，五百释子出家向优波离作礼地六种震动处。佛为诸天说法，四天王守四门，父王不得入处。

　　法显至伽维罗卫城时，城无王民，甚如荒丘，玄奘去时，"荒芜已甚，王城颓圮"。

　　佛在尼拘律树下东向坐。大爱道布施佛僧伽梨处，此树犹在。

　　尼拘律树即榕树。佛至榕树园，大爱道即憍昙弥以金缕袈裟献佛。《大智度论》卷二十二说："佛知众僧堪能受用，告憍昙弥以此上下衣与众僧。"

　　琉璃王杀释种子，释种子先尽得须陀洹，立塔今亦在。

　　琉璃王前欲灭种，遇佛当道还兵。继又听其生母言，复带兵前往，攻陷迦维罗卫，悉灭释种。

　　须陀洹即预流果，意为"去凡夫初入圣道之法流也"。

　　城东北数里有王田，太子树下观耕者处。城东五十里有王园，园名论民。夫人入池洗浴，出池北岸二十步，举手攀树枝，东向生太子。太子堕地行七步。二龙王浴太子身，浴处遂作井。及上洗浴池今众僧常取饮之。凡诸佛有四处常定。一者成道处，二者转法轮处，三者说法论议伏外道处，四者上忉利天为母说法来下处，余则随时示现焉。

　　论民园为释迦外祖母岚毗尼所有，故亦称岚毗尼（Lumbini）。释迦父为净饭王，母为摩诃摩耶（Mahamaya），当她怀妊时，相传在园中手攀无忧树而生释迦。阿育王二十年时，于此建立石柱，以作纪念。

　　迦维罗卫国大空荒，人民希疏，道路怖畏白象师子，不可妄行。

　　迦维罗卫途路艰险，慧超经行时说："林木荒多，道路足贼，往彼礼拜者甚难，方迷。"

　　从佛生处东行五由延，有国名蓝莫。此国王得佛一分舍利，还归起塔，即名蓝莫塔。塔边有池，池中有龙，常守护此塔，昼夜供养。阿育王出世，欲破八塔，作八万四千塔。破七塔已，次欲破此塔，龙便现身，持阿育王入其宫中，观诸供养具已。语王言："汝供若能胜是，便可坏之持去，吾不与汝争。"阿育王知其供养具非世之有，于是便还。此中荒芜，无人洒扫，常有群象以鼻取水洒地，取杂华香而供养塔，诸国有道人来，欲礼拜塔，遇象大怖，依树自翳，见象如法供养。道人大自悲感。此中无有僧伽蓝可供养此塔，乃令象洒扫。道人即舍大戒还作沙弥，自挽草木，平治处所，使得净洁。劝化国王作僧住处。已为寺主。今现有僧住，此事在近。自尔相承至今，恒以沙弥为寺主。

蓝莫，《西域记》卷六称："蓝摩国空荒岁久，疆场无纪，城邑丘墟，居人希旷。"蓝莫今地尚未能确定。

从此东行三由延，太子遣车匿白马还处，亦起塔。

车匿（Chandaka）为释迦的侍者，所乘白马为犍陟（Kanchaka）。释迦出蓝莫城后，解宝衣，去璎珞，命车匿还白马于其父，从此远去了。

从此东行四由延到炭塔，亦有僧伽蓝。

炭塔为毕钵罗部族所建。释迦寂灭后，舍利已分，毕钵罗部族无所获，乃求炭烬供养。《西域记》卷六说："收余灰炭，持至本国，建此灵基而修供养。"

复东行十二由延到拘夷那竭城。城北双树间希连河边，世尊于此北首而般泥洹。及须跋最后得道处，以金棺供养世尊七日处，金刚力士放金杵处，八王分舍利处，诸处皆起塔，有僧伽蓝，今悉现在。其城中人民亦希旷，止有众僧民户。

拘夷那竭城，《西域记》卷六作拘尸那揭罗（Kusinagara），在印度联合省葛拉喀堡（Gorakhpar）地区。通常称"mathakumuar"，意为"太子涅槃"。

希连河为今之拉普底（Rarti）河。

须跋亦作苏跋陀罗（Subdhara），为拘夷那竭城的贤者，耆老多智。当他听到佛将涅槃，即来双树间，听佛说法，成为释迦最后的弟子，先佛而涅槃。

163

法显到拘夷那竭城，居民希旷。慧超去时，"佛人涅槃处，其城荒废无人住也"。

从此东南行十二由延，到诸梨车欲逐佛般泥洹处而佛不听。恋佛不肯去，佛化作大深堑不得渡。佛与钵作信遣还其家。立石柱上有铭题。

梨车（Lichhavis），据《佛游天竺记考释》可能为占领毗舍利北部族之一，后为摩竭提阿阇世王所击退。

《增壹阿含经》卷三六说："尔时世尊欲使毗舍离城人民还归，即化作大坑，如来将诸比丘众在彼岸，国土人民而在此岸。是时世尊即掷己钵，在虚空中与彼人民。"

自此东行五由延，到毗舍离国。毗舍离城北大林，重阁精舍，佛住处及阿难半身塔。

毗舍离（Vaisali）为古北族居民的城市。《西域记》卷七作吠舍厘，玄奘去时，"城已甚倾颓，其故基址，周六七十里。宫城周四五里，少有人居"。《佛游天竺记考释》引用肯宁汉（Cunningham）的考订，毗舍离当今之 Besarh 村。

其城里本庵婆罗女家为佛起塔，今故现在。城南三里道西，庵婆罗女以园施佛，作佛住处。佛将般泥洹，与诸弟子出毗舍离城西门。回身右转，顾看毗舍离城，告诸弟子是吾最后所行处。后人于此处起塔。

庵婆罗女为毗舍离淫女。听到佛至毗舍离，便先梨车迎佛至家供养，听说法而得道。《西域记》卷七言吠舍厘城南，"有精舍，前建窣堵波，是庵婆罗女园，持以施佛"。

城西北三里有塔名放弓仗。所以名此者，恒水上流有一国王，王小夫人生一肉胎。大夫人妒之，言：汝生不祥之徵。即盛以木函，掷恒水中。下流有国王游观，见水上木函。开看，见千小儿端正殊特。王即取养之。遂便长大甚勇健。所往征伐，无不摧伏。次伐父王本国，大王愁忧。小夫人问王，何故愁忧。王曰：彼国王有千子，勇健无比，欲来伐吾国，是以愁耳。小夫人言：王勿愁忧，但于城东作高楼，贼来时置我楼上,则我能却之。王如其言。至贼到时,小夫人于楼上语贼言:"汝是我子,何故作反逆事?"贼曰:"汝是何人,云是我母?"小夫人曰:"汝等若不信者,尽仰向张口。"小夫人即以两手搆两乳。乳各作五百道,俱堕千子口中。贼知是我母,即放弓仗。二父王于是思惟,皆得辟支佛。二辟支佛塔犹在。后世尊成道,告诸弟子,是吾昔时放弓仗处。后人得知,于此起塔,故以名焉。千小儿者,即贤劫千佛是也。佛于放弓仗塔边告阿难言:我却后三月,当般泥洹。魔王娆固阿难,使不得请佛住世。

千子见父母事,《西域记》卷七记述较为复杂,言小夫人为鹿女,足所踏过的地方便生莲花。梵豫王畋游,见花寻迹,同载而返。"日月既满,生一莲花,花有千叶,叶坐一子。余妃诬罔,咸称不祥,投殑伽河,随波泛滥。乌耆延王下流游观,见黄云盖,乘波而来,取以开视,乃有千子,乳养成立,有大力焉。"

魔王娆固意为阿难被魔王波旬所惑。《西域记》卷七,言魔王请佛,佛答:"却后三月,吾当涅槃,魔闻欢喜而退。"

从此东行三四里有塔,佛般泥洹后百年,有毗舍离比丘,错行戒律,十事证言,佛说如是。尔时诸罗汉及持戒律比丘凡有七百僧,更检校律藏,后人于此处起塔,今亦在。从此东行四由延,到五河合口。

五河合口处为由毗舍离到巴连弗邑的渡口。五河为恒河(Ganges)、摇无那河(Jumna)、舍牢浮河(Saragu)、阿夷罗婆提河(Hiranyavati,即今之 Gandak 河)及拉普底河(Rapti)。

阿难从摩竭国向毗舍离欲般泥洹,诸天告阿阇世王。阿阇世王即自严驾将士众追到河上。毗舍离诸梨车闻阿难来,亦复来迎,俱到河上。阿难思惟,前则阿阇世王致恨,还则梨车复怨,即于河中央入火光三昧烧身而般泥洹,分身作二分,一分在一岸边。于是二王各得半身舍利还归起塔。

摩竭提(Magadha)于公元前 6 世纪时,为恒河两岸十六国之一。在频毗沙罗统治期间,征服了东部鸯伽王国,摩竭提便这样强盛起来。

阿阇世王（Ajatasatru）为频毗沙罗之子，于公元前491年即位，崇信佛法。为了与梨契察毗族斗争，加强控制，在恒河岸上建立华氏城。华氏城亦名巴连弗邑城。

关于分身事，《西域记》卷七说："东南行三十余里，殑伽河南北岸各有一窣堵波，是尊者阿难陀分身与二国家。阿难陀者，如来之从父弟也。"二国指摩竭提与毗舍离。

度河，南下一由延到摩竭提国巴连弗邑。巴连弗邑是阿育王所治。城中王宫殿皆使鬼神作。累石起墙阙，雕文刻镂，非世所造，今故现在。

巴连弗邑（Pataliputia）为摩竭提国的首都，即今之巴特那（Patna）。《罗摩衍史诗》中亦提到这所名城。《西域记》卷八说："昔者人寿无量岁时，号拘苏摩补罗城（唐言香花宫城），王宫多花，故以名焉。逮乎人寿数千岁，更名波吒厘子城（旧曰巴连弗邑，讹也）。"玄奘去时，其城荒芜虽久，基址尚在。

阿育王弟得罗汉道，常住耆阇崛山，志乐闲静。王敬心请于家供养。以乐山静不肯受请。王语弟言，但受我请，当为汝于城里作山。王乃具饮食，召诸鬼神而告之曰：明日悉受我请，无座席，各自赍来。明日诸大鬼神各持大石来，辟方四五步。坐讫，即使鬼神累作大石山。又于山底以五大方石，作一石室，可长三丈，广二丈，高丈余。

阿育王弟名宿大多（Vitasoka），《西域记》卷八作摩醯因陀罗。玄奘详记此事，宿大多感悟得道后说："今出危城，志悦山谷，愿弃人间，长从丘壑。"阿育王劝说："欲静心虑，岂必幽岩，吾从尔志，当乃崇树。"王为弟在城中筑山，躬迎请住此山庐。

耆阇崛山（Gridhakuta），《水经注》卷一作灵鹫山，系五峰中的东峰，相传释迦于此讲《法华经》与《楞严经》。《西域记》卷九说："宫城东北行十四五里，至姞栗陀罗矩吒山，唐言鹫峰，亦谓鹫台，旧曰耆阇山，讹也。"

有一大乘婆罗门子名罗汰私婆迷，住此城里，爽悟多智，事无不达，以清净自居。国王宗敬师事，若往问讯不敢并坐。王设以爱敬心执手。执手已波罗门辄自灌洗。年可五十余，举国瞻仰，赖此一人，弘宣佛法。外道不能得加陵众僧。于阿育王塔边造摩诃衍僧伽蓝，甚严丽。亦有小乘寺，都合六七百僧众，威仪庠序可观。四方高德沙门及学问人，欲求义理皆诣此寺。婆罗门子师亦名文殊师利，国内大德沙门，诸大乘比丘皆宗仰焉，亦住此僧伽蓝。

罗汰私婆迷的"汰"为"沃"之讹。《高僧传》初集卷三《智猛传》中说："后至华氏国阿育王旧都，有大智婆罗门名罗阅宗，举族弘法，王所钦重。"罗阅宗当即罗沃宗。

凡诸中国唯此国城邑为大。民人富盛，竞行仁义。年年常以建卯月八日行像。作四轮车，缚竹作五层。有承栌楅戟，高二丈许。其状如塔，以白毡缠上，然后彩画作诸天形像。以金银琉璃庄校其上。悬缯幡盖，四旁作龛，皆有坐佛菩萨立侍。可有二十车，车车庄严各异。当此日境内道俗皆集，作倡伎乐华香供养。婆罗门子来请佛，佛次第入城。入城内再宿，通夜然灯伎乐供养。国国皆尔。

建卯月为印度的岁首月，以北斗星在建卯位时，亦称角月。角月当唐时的二月。

其国长者居士各于中立福德医药舍。凡国中贫穷孤独残跛一切病人皆诣此舍。种种供给医师，看病随宜，饮食及汤药皆令得安，差者自去。

《善见律毗婆沙》卷二称："是时阿育王闻人宣传为作供养，王念言，我国中比丘求药而不能得。王于四城门边起作药藏，付药满藏中。"法显所见医药舍系阿育王所创立的，分人兽两种，以疗疾病。

阿育王坏七塔，作八万四千塔。最初所作大塔在城南三里余。此塔前有佛脚迹。起精舍户北向开。塔南有一石柱，围丈四五，高三丈余。上有铭题云：阿育王以阎浮提布施四方僧，还以钱赎，如是三反。

167

塔北三四百步，阿育王本于此作泥犁城。中有石柱，亦高三丈余，上有师子。柱上有铭记作泥犁城因缘及年数日月。

泥犁城（Niraya）意为地狱。《西域记》卷八说阿育王即位后，崇尚外道，作地狱残杀人民。继后见比丘灵异，皈依佛法，建立石柱。

从此东南行九由延至一小孤石山。山头有石室，石室南向佛坐其中。天帝释得天乐般遮弹琴乐佛处。帝释以四十二事问佛，一一以指画石，画迹故在。此中亦有僧伽蓝。

小孤石山（Giryek），在耆阇崛山之东。《西域记》称之为因陀罗势罗窭诃（India-sailaguha）山，即帝释窟。玄奘叙述："其山岩谷沓冥，花林蓊郁，岭有两峰，岌然特起。西峰南岩间，有大石室，广而不高。"西峰即小孤石山。

般遮（Panchasikha）为音乐神名。

从此西南行一由延到那罗聚落。是舍利弗本生村。舍利弗还于此村中般泥洹，即此处起塔，今亦现在。

那罗聚落，《西域记》卷九作迦罗臂拏迦邑（Kalapinaka），在释帝窟西三十余里，与法显所述相合。

舍利弗（Saripatra）知佛涅槃，欲先涅槃，返那罗本生地，集亲说法而入涅药。

从此西行一由延到王舍新城。新城者是阿阇世王所造，中有二僧伽蓝。出城西门三百步，阿阇世王得佛一分舍利起塔，高大严丽。

王舍新城（Rajagriha），以频毗娑罗王住此，故称王舍城。又传阿阇世王继位后，以此城为都，故称阿阇世王所建。其地为今之 Rajgir，在 Behar 西南十六里处。

出城南四里，南向入谷，至五山里。五山周围，状若城郭，即是蓱沙王旧城。城东西可五六里，南北七八里。舍利弗目连初见頞鞞处，尼犍子作火坑毒饭请佛处，阿阇世王酒饮黑象欲害佛处。

五山在旧王舍城周近。城西北为毗布罗山（Vaibhavgiri），城南为七叶窟山（Sonagiri），城东北为萨箕恕魂直迦钵婆罗（Sarpis-kundikaparara），即今之 Viplagiri，城东北次远处为耆阇崛山（Chatagiri），城东北更远处为帝释窟山（Giryek）。

瓶沙王为频毗婆罗（Bimlisana）之略，旧城即摩揭陁首都上茅宫城。《西域记》卷九称："多出胜上吉祥香茅，以故谓之上茅城也。"

城东北角曲中，耆旧于庵婆罗国中起精舍，请佛及千二百五十弟子供养处。今故在。其城中空荒无人住。

耆旧（Jivaka）亦作耆婆，系频毗婆罗王之子，王舍城的名医。《西域记》卷九说："时缚迦大医，旧曰耆婆讹也。于此为佛建说法堂。周其壖垣，种植花果。余枝蘖株，尚有遗迹。如来在世，多于中止。"

入谷搏山东南上十五里，到耆阇崛山。未至头三里，有石窟南向，佛本于此坐禅。西北三十步，复有一石窟，阿难于中坐禅。天魔波旬化作雕鹫，住窟前恐阿难。佛以神足力，隔石舒手，摩阿难肩，怖即得止。鸟迹手孔今悉存，故曰雕鹫窟山。

鹫鸟怖阿难事，《西域记》卷九说："如来鉴见，申手安慰，通过石壁，摩阿难顶，以大慈言而告之曰：魔所变化，宜无怖惧。阿难蒙慰，身心安乐。"

窟前有四佛坐处。又诸罗汉各各有石窟坐禅处，动有数百。佛在石室前，东西经行，调达于山北嶮巇间横掷石伤佛足指处。石犹在。佛说法堂已毁坏，止有砖壁基在。其山峰秀端严，是五山中最高。

调达掷石，《西域记》卷九记述大石："高丈四五尺，周三十余步，是提婆达多遥掷击佛处也。"

法显于新城中买香华油灯，倩二旧比丘，送法显上耆阇崛山。华香供养，然灯续明。慨然悲伤，抆泪而言，佛昔于此住，说首楞严。法显生不值佛，但见遗迹处所而已。即于石窟前，诵首楞严。停止一宿，还向新城。

法显至耆阇崛山，停止一宿，《高僧传初集》卷三，神化其事。以"显既至山，日将曛夕，遂欲停宿。两僧危惧，舍之而还。……至夜，有三黑狮子，来蹲显前，舐唇摇尾，显诵经不辍"。

出旧城，北行三百余步，道西迦兰陀竹园精舍，今现在。众僧扫洒。

迦兰陀（Karanda）在王舍旧城北门外一里多的地方，建有温泉的竹园，施于外道。继见如来后，闻法净信，追惜竹园所居异众，《西域记》卷九说迦兰陀"于此建立精舍，功成事毕，躬往请佛。如来是时遂受其施"。

精舍北二三里有尸摩赊那。尸摩赊那者，汉言弃死人墓田。

尸摩赊那（Smasana）为弃尸处，亦称尸陀林，靠近耆阇崛山。

抟南山西行三百步，有一石室名宾波罗窟。佛食后，常于此坐禅。又西行五六里山北阴中，有一石室名车帝，佛泥洹后五百阿罗汉结集经处。出经时铺三高座，庄严校饰。舍利弗在左，目连在右。五百数中少一阿罗汉，大迦叶为上座。时阿难在门外不得入。其处起塔，今亦在。搏山亦有诸罗汉坐禅石窟甚多。

车帝窟亦称七叶窟（Sartaparna）。《西域记》卷九说："竹林园西南行五六里，南山之阴，大竹林中有大石室。"其地为如来涅槃后，摩诃迦叶波佛典结集处。

出旧城北东下三里有调达石窟。离此五十步有大方黑石。昔有比丘在上经行，思惟是身无常苦空，得不净观厌患是身，即捉刀欲自杀。复念世尊制戒不得自杀。又念虽尔，我今但欲杀三毒贼，便以刀自刎。始伤肉得须陀洹。既半得阿那舍，断已成阿罗汉果般泥洹。

关于比丘自杀事，《西域记》卷九说："昔有苾刍，勤励心身，屏居修定，岁月逾远，不证圣果。退而自咎，窃复叹曰：无学之果，终不时证，有累之身，徒身何益？便就此石自刺其颈，是时即证阿罗汉果。"

从此西行四由延到伽耶城，城内亦空荒。

伽耶（Gaya）在王舍旧城西南，系释迦成道的地方。《西域记》卷八说："西南行四五十里，渡尼连禅河至伽耶城。城甚险固，少居人。"

复南行二十里，到菩萨本苦行六年处，处有林木。

释迦在伽耶城南乌留频螺（Ururilva），勇猛苦修六年。其地在尼连禅河边，亦称苦行林。

从此西行三里到佛入水洗浴，天案树枝得攀出池处。又北行二里得弥家女奉佛乳糜处。从此北行二里，佛于一大树下石上东向坐食糜，树石今悉在。石可广长六尺，高二尺许。中国寒暑均调，树木或数千岁，乃至万岁。从此东北行半由延到一石窟，菩萨入中，西向结加趺坐。心念若我成道，当有神验。石壁上即有佛影现，长三尺许，今犹明亮。时天地大动，诸天在空中白言，此非过去当来诸佛成道处。去此西南行减半由延，贝多树下是过去当来诸佛成道处。诸天说是语已，即便在前唱导，导引而去。

佛影石窟，《西域记》卷八说："室中龙曰，斯室清胜，可以证圣。唯倾慈悲，勿有遗弃。菩萨既知非取证所，为遂龙意，留影而去。"

贝多树（Bodhivrksa）原称毕钵罗树。释迦于贝多树下成正觉，故称为菩提树。

菩萨起行，离树三十步，天授吉祥草，菩萨受之。复行十五步，五百青雀飞来，绕菩萨三匝而去。菩萨前到贝多树下敷吉祥草，东向而坐。时魔王遣三玉女从北来试。魔王自从南来试。菩萨以足指按地，魔兵退散，三女变老。自上苦行六年处及此诸处，后人皆于中起塔立像，今皆在。佛成道已七日观树受解脱乐处，佛于贝多树下东西经行七日处，诸天化作七宝台供养佛七日处，文鳞盲龙七日绕佛处。佛于尼拘律树下方石上东向坐，梵天来请佛处。四天王奉钵处。五百贾客授麨蜜处。

关于五百贾客，《西域记》卷八称："二商主各持行资麨蜜奉，

171

世尊受纳。"伽耶城商业发达，新起的佛教是与奴隶时代的商业有关系的。

度迦叶兄弟师徒千人处。此诸处亦起塔，佛得道处有三僧伽蓝，皆有僧住。众僧民户，供给饶足，无所乏少。戒律严峻，威仪坐起入众之法。佛在世时，圣众所行，以至于今。佛泥洹以来，四大塔处，相承不绝。四大塔者，佛生处、得道处、转法轮处、般泥洹处。

关于迦叶兄弟三人，《西域记》卷八叙述如来告优娄频螺迦叶波曰："弃鹿皮衣，舍祭火具，时诸梵志，恭承圣教，以其服用，投尼连河。"其二弟捺地迦叶波及伽耶迦叶波，各率二百五十徒众，仿效其兄所为，愿修梵行。

阿育王昔作小儿时当道戏，遇释迦佛行乞食，小儿欢喜，即以一掬土施佛，佛持还泥经行地。因此果报作铁轮王。王阎浮提，乘铁轮案行阎浮提，见铁围两山间地狱治罪人，即问群臣："此是何等？"答言："是鬼主阎罗治罪人。"

相传世有七山八海，互相环绕。绕第八海咸海之山为铁围山。

王白念言，鬼王尚能作地狱治罪人。我是人主何不作地狱治罪人耶？即问臣等谁能为我作地狱主治罪人者？臣答言，唯有极恶人能作耳。王即遣臣遍求恶人。见池水边有一长壮黑色发黄眼青，以脚钓鱼，口呼禽兽，禽兽来便射杀无得脱者。得此人已，将来与王，王密敕之："汝作四方高墙，内殖种种华果，作好浴池，庄严校饰，令人渴仰。牢作门户，有人入者辄捉，种种治罪，莫使得出。设使我入，亦治罪莫放。今拜汝作地狱王。"有比丘次第乞食，入其门，狱卒见之，便欲治罪。比丘惶怖，求请须臾，听我中食。俄顷复有人入，狱卒内置碓臼中捣之赤沫出。比丘见已思惟此身无常，苦空如泡如沫，即得阿罗汉。既而狱卒捉内镬汤中，比丘心颜欣悦，火灭汤冷，中生莲华，此丘坐上。狱卒即往白王，狱中奇怪，愿王往看。王言，我前有要，今不敢往。狱卒言，此非小事，王宜疾往。更改先要，王即随入。比丘为说法，王得信解，即坏地狱，悔前所作众恶。

悔前所作众恶：阿育王第八年（公元前261年）征服迦陵伽国，以其所为残暴，皈依佛法。阿育王第十三谕中说："并吞迦陵伽以来，天爱热烈维护正法，又宣扬正法之教规。天爱因征服迦陵伽而感痛恨。"

由是信重三宝，常至贝多树下，悔过自责，受八斋。王夫人问："王常游何处？"群臣答言："恒在贝多树下。"夫人伺王不在时，遣人伐其树倒。王来见之，迷闷辟地。诸臣以水洒面良久乃苏。王即以砖累四边，以百瓯牛乳灌树根，身四布地，作是誓言：若树不生，我终不起。誓已，树便即根上而生，以至于今。今高减十丈。

关于伐菩提树事，《西域记》卷八说："王妃素信外道，密遣使人夜分之，后重伐其树。无忧王旦将礼敬，唯见蘖株，深增悲慨。至诚祈请，香乳溉灌，不日还生。王深敬异，叠石周垣，其高十余尺，今犹见在。"

从此南三里行到一山名鸡足，大迦叶今在此山中。劈山下入，入处不容人。下入极远有旁孔，迦叶全身在此中住。孔外有迦叶本洗手土，彼方人若头痛者，以此土涂之即差。此山中即日故有诸罗汉住。彼方诸国道人，年年往供养迦叶。心浓至者，夜即有罗汉来共言论。释其疑已，忽然不现。

从此南三里行，按照法显行文习惯，应为三由延。《法显传考证》说："故鸡足山即在菩提树东南约二零里之地，此适与法显三由延及玄奘之百余里云云吻合。"

鸡足山在伽耶城东南二十里处，《西域记》卷九说："莫诃河东，入大林，野行百余里，至屈屈吒播陀（Kukkutapada）山，唐言鸡足山。"

此山榛木茂盛，又多狮子虎狼，不可妄行。

鸡足山周近，途路艰阻，《西域记》卷六说自炭塔东北行，"经途危阻，山牛、野象、群盗、猎狮伺求旅行，为害不绝"。《往五天竺传》中，慧超说："林木荒多，道路足贼，往彼礼拜者甚难。"

法显还向巴连弗邑，顺恒水西下十由延，得一精舍名旷野，佛所住处，今现有僧。

因为恒水向东流，所以顺恒水西下应为顺恒水西行。下文接着"复顺恒水西行十二由延"，说明"下"为"行"之讹。

旷野精舍在今 Baliya 东约一里的 Bikayur 地方。

复顺恒水西行十二由延，到迦尸国波罗㮈城。城东北十里许，得仙人鹿野苑精舍。此苑本有辟支佛住，常有野鹿栖宿。世尊将成道，诸天于空中唱言："白净王子出家学道，却后七日当成佛。"辟支佛闻已即取泥洹，故名此处为仙人鹿野苑。世尊成道已，后人于此处起精舍。

迦尸（Kasi）为公元前5世纪公国，其地即今之贝那勒斯（Benares）。《华严经音义》说迦尸为竹名，竹堪为箭，其国多竹，以故为名。

波罗㮈即今之贝那勒斯，《西域记》卷七称为婆罗尼斯，并说该城"西临殑伽河，长十八九里，广五六里。闾阎栉比，居人殷盛，家积聚万，室盈奇货"。释迦选此繁荣的城市传播佛教是十分重要的。

鹿野苑今称 Sarnath，《西域记》卷七有如来与提婆达多俱为鹿王断事的叙述，以其林为施鹿林，因而称为鹿野苑。

佛欲度拘骓等五人，五人相谓言："此瞿昙沙门本六年苦行，日食一麻一米尚不得道，况入人间恣身口意，何道之有？今日来者慎勿与语。"佛到五人皆起作礼处。复北行六十步，佛于此东向坐，始转法轮，度拘骓等五人处。其北二十步，佛为弥勒受记处。其南五十步，翳罗钵龙问佛："我何时当得免此龙身？"此处皆起塔见在。中有二僧伽蓝，悉有僧住。

五人为拘骓亦作憍陈如，颇鞞亦作马胜，跋提亦作小贤，十力迦叶亦作起气，摩诃男拘利亦作摩诃男。净饭王命他们于苦行林服侍太子。

自鹿野苑精舍西北行十三由延有国名拘睒弥。其精舍名瞿师罗园，佛昔住处。今故有众僧，多小乘学。从是东行八由延，佛本于此度恶鬼处，亦尝在此住经行坐处，皆起塔，亦有僧伽蓝可百余僧。

　　拘睒弥（Kausambi），《西域记》卷五作赏弥，为邬陁衍王居住地，在贝那勒斯西北约八十一里的 Kosam 村。释迦在此住数年，无着在此著唯识论，世亲于此著显扬圣教论。

　　瞿师罗（kokila）为鸟名。有长者声似鸟声之美，故名瞿师罗长者。《西域记》卷五说："城内东南隅有故宅余址是具史罗（旧云瞿师罗，讹也）长者故宅也。"佛于此说法数年。

　　从此南行二百由延，有国名达嚫。是过去迦叶佛僧伽蓝，穿大石山作之，凡有五重。最下重作象形，有五百间石室。第二层作师子形，有四百间。第三层作马形，有三百间。第四层作牛形，有二百间。第五层作鸽形，有百间。最上有泉水，循石室前绕房而流，周围回曲，如是乃至下重，顺房流从户而出。诸层室中，处处穿石作窗牖通明，室中朗然，都无幽暗。其室四角头，穿石作梯蹬上处。今人形小，缘梯上正得至昔人一脚所蹑处。

　　达嚫国约当今之得干（Dekkan）地区。法显未至其地，所记为传闻。

　　因名此寺为波罗越，波罗越者，天竺名鸽也。其寺中常有罗汉住，此土丘荒无人民居，去山极远方有村，皆是邪见，不识佛法、沙门、婆罗门及诸异学。彼国人民常见人飞来入此寺。于时诸国道人欲来礼此寺者，彼村人则言汝何以不飞耶？我见此间道人皆飞，道人方便答言翅未成耳。达嚫国险道路艰难，难知处。欲往者要当赍钱货，施彼国王。王然后遣人送，展转相付，示其径路。法显竟不得往，承彼土人言，故说之耳。

　　关于波罗越，《西域记》卷十叙述㤭萨罗时，以西南三百余里，至跋逻末罗耆厘山，所记精舍情，"阁有五层，层有四院"，与法显所言，颇为符合。但是，跋逻末罗耆厘（Bhraranagirl）

175

意为"黑峰",而波罗越(Paravata)意则为"鸽",二者音虽相近,意却不同。波罗越伽蓝,法显以为迦叶佛所建,玄奘却以为龙猛,未知哪个是正确的。

从波罗榇国东行,还到巴连弗邑。法显本求戒律,而北天竺诸国皆师师口传,无本可写。是以远步乃至中天竺。于此摩诃衍僧伽蓝得一部律,是《摩诃僧祇众律》,佛在世时最初大众所行也。于祇洹精舍传其本,自余十八部各有师资,大归不异,然小小不同。或用开塞,但此最是广说备悉者。

《摩诃僧祇众律》(Mahasanghika)为大众部所传之律藏。法显回国后,住锡道场寺,于义熙十二年与佛陀跋陀罗共译此律为四十卷。

复得一部钞律可七千偈,是《萨婆多众律》,即此秦地众僧所行者也。亦皆师师口相传授,不书之于文字。

《萨婆多众律》(Sarvastiuadah)亦称说一切有部,系上座部的一分支。

复于此众中得杂阿毗昙心,可六千偈。

杂阿毗昙心(samyaktabhidharma-hridayasasha)意为大法,亦称杂心论。宋元嘉十年(433年),宝云传译于长干寺,共十四卷。

又得一部《綖经》,二千五百偈。

《綖经》,《高僧传》初集卷三作线经。

又得一卷《方等般泥洹经》,可五千偈。

《方等般泥洹经》(Vaipulya-parinirvanasutra)即大乘般泥洹经,共六卷。义熙十三年(417年),法显与佛陀跋陀罗译出,宝云执笔。

又得《摩诃僧祇阿毗昙》。

《摩诃僧祇阿毗昙》(Abhidharma)为大众所传之阿毗昙,后无所传。

故法显住此三年,学梵书梵语写律。道整即到中国,见沙门法则,众僧威仪,触事可观,乃追叹秦土边地,众僧戒律残缺,誓言自今已去至得佛愿不生边地,故遂停不归。法显本心欲令戒律流通汉地,于是独还。

法显住此三年,即自义熙元年至义熙三年,学口传戒律与写经。

顺恒水东下十八由延,其南岸有瞻波大国。佛经行处及四佛坐处,悉起塔,现有僧住。

瞻波(Champa),《西域记》卷十记述:"周四千余里,国大,都城北背殑伽河,周四十余里。"当今之Bhagalyrur。

从此东行近五十由延,到多摩梨帝国,即是海口。其国有二十四僧伽蓝,尽有僧住,佛法亦与。法显住此二年写经及画像。

多摩梨帝(Tamalitti)国,《西域记》卷十作耽摩栗底,"国大,都城周十余里,滨近海陲,土地卑湿"。其地当今为Tamluk。

于是载商人大舶,泛海西南行,得冬初信风,昼夜十四日到师子国。彼国人云,相去可七百由延。其国本在洲上。东西五十由延,南北三十由延。左右小洲乃有百数,其间相去或十里、二十里,或二百里,皆统属大洲。

冬初信风,在印度东岸于每年十月中旬至十二月中旬发生,同时有与风方向相同的海流。到五月中旬至九月中旬,即发生相反的季节风与海流。

师子国亦称僧伽罗(Simnhala),即今之锡兰。锡兰的广袤,法显的记述是错误的。锡兰东西为137里,南北为217里,即南北长于东西。今已改称斯里兰卡。

多出珍宝珠玑,有出摩尼珠地方可十里。王使人守护。若有采者十分取三。

摩尼珠为宝玉的总称。《酉阳杂俎》卷三说:"摩尼珠中有金字偈。"

其国本无人民,止有鬼神及龙居之。诸国商人共市易。市易时,鬼神不自现身。但出宝物,题其价直。商人则依价直取物。因商人来往住,故诸国人闻其土乐,悉亦复来。于是遂成大国。其国和通,无冬夏之异，草木常茂，田种随人，无有时节。

师子国为印度洋贸易要地。《西域记》卷十一说到僧伽罗"本宝渚也，多有珍宝，栖止鬼神"。

佛至其国，欲化恶龙。以神足力，一足蹑王城北，一足蹑山顶。两迹相去十五由延。于王城北迹上起大塔，高四十丈。金银庄校，众宝合成。

山顶即佛足山，《星槎胜览》解释锡兰说："海边有一磐石，上印足迹，长三尺许，常有水不干，称为先世释迦佛从翠蓝屿来登此岸，足蹑其迹，至今为圣迹也。"佛足山在科伦坡之东。

塔边复起一僧伽蓝，名无畏山，有五千僧。起一佛殿，金银刻镂，悉以众宝。中有一青玉像高二丈许，通身七宝焰光，威相严显，非言所载，右掌中有一无价宝珠。

无畏山又名阿跋耶祇厘。《西域记》卷十一说佛教到僧伽罗后，经二百余年，"各擅专门，分成二部。一曰摩诃毗诃罗住部，斥大乘，习小教。二曰阿跋耶祇厘住部，兼学二乘，弘演三藏"。两派互相对峙，互相争论。《〈法显传〉考证》以无畏山住部创建于公元前八十七年。

法显去汉地积年，所与交接悉异域人。山川草木，举目无旧。又同行分披或留或亡，顾影唯已，心常怀悲。忽于此玉像边，见商人以晋地一白绢扇供养，不觉凄然，泪下满目。

法显于义熙四年（408年）至锡兰，停居两年，去国已久，心常怀悲，见白扇而凄然下泪，不只反映出深厚的情绪，更说明中锡友好关系、经济贸易往来，很早已发生了。

其国前王遣使中国，取贝多树子，于佛殿傍种之。高可二十丈，其树东南倾。王恐倒故，以八九围柱柱树，树当柱处心生，遂穿柱而下入地成根，大可四围许。柱虽中裂，犹裹其外，人亦不去。树下起精舍，中有坐像，道俗敬仰无倦。城中又起佛齿精舍，皆七宝作。王净修梵行，城内人信敬之情亦笃。

阿育王在位时，初遣其子摩哂陀（Mahinda）去锡兰传授佛教。继后，为了度帝须王（Tissa）夫人阿冕罗（Anula），又派遣桑伽密多（Sangamitta）公主，取道海上至锡兰，并带去贝多树，植于弥伽园（Meghavana）中。相传今日园中活着的菩提树是她带来的。

其国立治已来，无有饿荒散乱。众僧库藏，多有珍宝，无价摩尼。其王入僧库游观，见摩尼珠即生贪心，欲夺取之。三日乃悟，即诣僧中稽首悔前罪心。告白僧言，愿僧立制，自今已后，勿听王入其库看，比丘满四十腊然后得入。其城中多居士长者萨薄商人，屋宇严丽，巷陌平整。四衢道头皆作说法堂。月八日、十四日、十五日铺施高座，道俗四众皆集听法。

萨薄为Sarva之译音，意为一切。

其国人云都可六万僧，悉有众食。王别于城内供五六千人。众须食者则持本钵往取。随器所容皆满而还。佛齿常以三月中出之。未出前十日，王庄校大象，使一辩说人著王衣服，骑象上击鼓唱言。菩萨从三阿僧祇劫，苦行不惜身命，以国妻子及挑眼与人，割肉贸鸽，截头布施，投身饿虎不吝髓脑。如是种种苦行为众生故成佛

三阿僧祇劫意为三期无量时间。释迦经过三期修养成正果。

在世四十九年，说法教化，令不安者安，不度者度。众生缘尽，乃般泥洹。泥洹已来一千四百九十七年。世间眼灭，众生长悲。却后十日，佛齿当出至无畏山精舍。国内道俗欲殖福者，各各平治道路，严饰巷陌，办众华香供养之具。

关于佛灭的年代，我国采用"众圣点记"推算，载于《善见律毗婆沙》。相传优婆离尊者于佛灭后结集律藏已，在《善见律毗婆沙》上做一点记，以志佛灭后的第一年。自是以后，每年做一点，年年不绝，传至觉音尊者。随后觉音以此律本授予佛陀跋陀罗。齐武帝永明七年（489年），佛陀跋陀罗来中国，与僧绮合译此律本为中文。次年安居后又加一点，总计为九百七十五点。

据此而推，1956年锡兰举行佛灭两千五百年纪念会时，按中国所传的计算，相差六十年，即一个甲子，佛灭不是两千五百年，而应为两千四百四十年。关于这种差法，在《现代佛学》（1956年，第五期）吕澂谈南传的佛灭年代时，以为与印度历法木星纪年（Vrihaspati-chakra）有关。假使掌握不准一个年代的周期，便要发生六十年的差距。如宗喀巴生于至正十七年丁酉（1357年），有人却以为永乐十五年丁酉（1417年），相差有六十年。法显于义熙七年即411年言佛灭为一千四百九十七年。由此而推，佛灭应为一千零八十六年。吕澂以此数为加倍计年法，实际折半计算，即为公元前544年，其间包括一年的起点数。以此与1956年相和即为两千五百年。法显关于佛灭的记述给锡兰纪念会提供了踏实的资料。

如是唱已，王便夹道两边作菩萨五百身已来种种变现，或作须大拏，或作睒变，或作象王，或作鹿马。如是形象，皆彩画庄校，状若生人。然后佛齿乃出，中道而行。随路供养，到无畏精舍佛堂上，道俗云集，烧香然灯，种种法事，昼夜不息。满九十日乃还城内精舍。城内精舍至斋日则开门户，礼敬如法。

五百身意为五百世，指最长的时间。

须大拏（Sudana）亦作须提梨拏。《大智度论》卷十二说："须提梨拏太子，秦言好爱，以其二子施婆罗门，次以委施，其心不转。"

无畏精舍东四十里有一山，山中有精舍名跋提，可有二千僧。僧中有一大德沙门，名达摩瞿谛。其国人民皆共宗仰。住一石室中四十许年，常行慈心，能感蛇鼠，使同止一室而不相害。

一山，指眉沙迦（Missaka）山，摩哂陀至师子国后，与帝须王相会于此山。摩哂陀常住于此。

城南七里有一精舍名摩诃毗可罗。有三千僧住。有一高德沙门戒行清洁，国人咸疑是罗汉。临终之时王来省视，依法集僧而问比丘得

道耶？其便以实答言是罗汉。既终王即案经律以罗汉法葬之于精舍东四五里。

摩诃毗可罗（Mahavihara）精舍为帝须王所建，在今 Ruvanveli 塔附近。帝须王于此地迎接桑伽密多公主，植其菩提树于弥伽园。

积好大薪，纵广可三丈余，高亦尔近。上著栴檀沉水诸香木，四边作阶，上持净好白毡，周匝蒙积，上作大輂床。似此间輀车，但无龙鱼耳。

輂车为没有车轮的丧车。

当阇维时，王及国人四众咸集，以华香供养，从輂至墓所。王自华香供养。供养讫，輂著积上，酥油遍灌，然后烧之。火然之时，人人敬心，各脱上服及羽仪伞盖，遥掷火中以助阇维。阇维已，收捡取骨，即以起塔。法显至，不及其生存，唯见葬时。

阇维意为火葬。

王笃信佛法，欲为众僧作新精舍。先设大会饭食僧。供养已，乃选好上牛一双，金银宝物庄校角上，作好金犁，王自耕顷四边，然后割给民户，田宅书以铁券。自是已后，代代相承，无敢废易。法显在此国，闻天竺道人于高座上诵经云：佛钵本在毗舍离，今在犍陀卫。竟若干百年（法显闻诵之时有定岁数，但今忘耳），当复至西月氏国。若干百年，当至于阗国。住若干百年，当至屈茨国。若干百年，当复来到汉地。住若干百年，当复至师子国。若干百年，当还中天竺。

屈茨（Kucha）即龟兹国。

到天竺已，当上兜术天上。弥勒菩萨见而叹曰：释迦文佛钵至，即共诸天华香供养七日。七日已还阎浮提，海龙王持入龙宫。至弥勒将成道时，钵还分为四复本频那山上。弥勒成道已，四天王当复应念佛如先佛法贤劫千佛共用此钵。

频那山即须弥山之毗那怛迦（Vinataka）山，相传为四天王所住。

钵去已，佛法渐灭。佛法灭后，人寿转短，乃至五岁。十岁之

181

时，粳米酥油皆悉化灭。人民极恶，捉木则变成刀杖，共相伤割杀。其中有福者逃避入山。恶人相杀尽已还复来出。共相谓言：昔人寿极长，但为恶甚，作诸非法，故我等寿命遂尔短促，乃至十岁。我今共行诸善，起慈悲心，修行仁义。如是各行仁义，展转寿倍乃至八万岁。弥勒出世初转法轮时，先度释迦遗法弟子出家人，及受三归五戒斋法供养三宝者。第二第三次度有缘者。法显尔时欲写此经，其人云：此无经本，我止口诵耳。

  三归谓皈依佛、法、僧。五戒谓不杀生、不盗窃、不邪淫、不妄语及不饮酒。

  法显住此国二年，更求得弥沙塞律藏本。得长阿含，杂阿含，复得一部杂藏，此悉汉土所无者。

  住此国二年系自义熙六年（410年）至义熙七年（411年）。

  弥沙塞律（Mahisasaka），《高僧传》卷三《佛驮什传》中称："先沙门法显于师子国得弥沙塞律梵本，未及翻译，而法显迁化。京邑诸僧，闻什善所学，于是请令出焉。以其年冬十一月（宋景平元年即423年）集于龙光寺，译为三十四卷，称为五分律。"

  长阿含（Dirghagama）为凉州沙门竺佛念所译，道含受笔。《高僧传》初集卷二《佛陀耶舍传》中提及后秦弘始十二年（410年）翻译此经。那时法显正在师子国，所以他得到长阿含经时说："汉土所无者。"

  杂阿含（Samyuktagama）为求那跋陀罗及宝云等译出，共五十卷。宋元嘉十二年（435年），求那跋陀罗到广州。《开元释教录》卷五上说："杂阿含经五十卷，于瓦官寺译，梵本法显赍来……"

  杂藏，部归小乘，为法显所译。

  得此梵本已，即载商人大船上，可有二百余人。后系一小舶，海行艰险以备大船毁坏。得好信风，东下二日便值大风，船漏水入。商人欲趣小船，小船上人恐人来多，即斫𦈢断。商人大怖，命在须臾。恐舶水满，即取粗财资掷著水中。法显亦以君墀及澡罐并余物弃掷海中，但恐商人掷去经像。唯一心念观世音及归命汉地众僧："我远行求法，愿威神归流，得到所止。"

法显返国的时间，大约为义熙七年八月（411年9月）。他说"得好信风"，即是西南季节风转变的时候。

如是大风昼夜十三日，到一岛边。潮退之后，见船漏处即补塞之。于是复前。

法显于海上遇大风，经十三昼夜至一岛边，《〈法显传〉考证》拟为今之Nicobar群岛。

海中多有抄贼，遇辄全无。大海弥漫无边，不识东西，唯望日月星宿而进。若阴雨时为逐风去亦无准。当夜暗时，但见大浪相搏，晃然火色鼋鳖水性怪异之属。商人荒遽不知所向。海深无底，又无下石住处。至天晴已乃知东西。还复望正而进。若值伏石，则无活路。如是九十日许，乃至一国名耶婆提。

关于耶婆提（Yavadivipa）争论最多，尚无确定。《佛游天竺记考释》中说："质言之，记文简单，无可比勘。而耶婆提之名，昔人复常混用，究为今之爪哇抑苏门答腊，一时尚难论定矣。"可能在苏门答腊。

其国外道，婆罗门兴盛，佛法不足言。停此国五月日，复随他商人大船上亦二百许人，赍五十日粮，以四月十六日发，法显于船上安居。东北行趣广州。一月余日，夜鼓二时遇黑风暴雨，商人贾客皆悉惶怖。法显尔时亦一心念观世音及汉地众僧，蒙威神佑得至天晓。

黑风系南海初夏所起的旋风。

晓已，诸婆罗门议言，坐载此沙门，使我不利，遭此大苦，当下比丘置海岛边。不可为一人，令我等危险。法显本檀越言："汝若下此比丘，亦并下我。不尔，便当杀我。如其下此沙门，吾到汉地，当向国王言汝也。汉地王亦敬信佛法，重比丘僧。"诸商人踌躇不敢便下。于时天多连阴，海师相望僻误，遂经七十余日。粮食水浆欲尽，取海咸水作食。分好水，人可得二升，遂便欲尽。商人议言，常行时正可

183

五十日便到广州。尔今已过期多日,将无僻耶。即便西北行求岸,昼夜十二日,到长广郡界牢山南岸,便得好水菜。

长广郡于晋武帝咸宁三年(277年)置。《晋书》十五说长广郡"统县三,户四千五百",隶属青州。

牢山即崂山,在今即墨县东南六十里。

但经涉险难,忧惧积日,忽得至此岸,见藜藋依然,知是汉地。然不见人民及行迹,未知是何许。或言未至广州,或言已过,莫知所定。即乘小船入浦,觅人欲问其处,得两猎人。即将归,令法显译语问之。法显先安慰之,徐问:"汝是何人?"答言:"我是佛弟子。"又问:"汝人山何所求?"其便说言,明当七月十五日欲取桃腊佛。又问:"此是何国?"答言:"此青州长广郡界,统属晋家。"

义熙六年(410年),刘裕灭南燕。青州与兖州从东晋元帝南迁后,便为南燕的领地,当然也属刘裕了。以故宋绍兴初思溪藏本作"统属刘家",亦可理解的。

闻已,商人欢喜,即乞其财物,遣人往长广。太守李嶷敬信佛法,闻有沙门持经像乘船泛海而至,即将人从至海边迎接经像,归至郡治。商人于是还向扬州,留法青州请法显一冬一夏。

留法青州应为"留兖青州",《隋书》地理志称,"兖州盖取水为名",所以兖州亦作"沇州"。法为沇之误。《资治通鉴》卷一一六,义熙八年九月,"北徐州刺史刘道怜为兖、青二州刺史,镇京口"。法显返长广郡后,应刘道怜的邀请,在京口住一冬一夏。京口即今之镇江。

夏坐讫,法显远离诸师久,欲趣长安。但所营事重,遂便南下向都,就诸师出经律。

法显出国时,志在发扬律藏。回来后,前秦已灭,佛驮跋陀及宝云等已南下建康,住道场寺。法显以经律为重,南下,就诸师翻译经律。

法显发长安,六年到中国,停六年还,三年达青州。凡所游历减三十国。沙河已西迄于天竺，众僧威仪，法化之美，不可详说。窃惟诸师未得备闻，是以不顾微命，浮海而还，艰难具更。幸蒙三尊威灵，危而得济。故竹帛疏所经历，欲令贤者同其闻见。是岁甲寅。

法显全部历游时间，自隆安三年三月出发至义熙八年七月返抵青州，共需时间十三年又四月。他所经历的国家，自沙河以西算起共为二十七国，即其结语中所说"减三十国"。

"是岁甲寅"一语，不当列入跋语内，应视为《历游天竺记传》初稿时日。甲寅为义熙十年（414年），法显已返青州，在京口住一冬一夏，到建康，写其历游的概述。两年后，义熙十二年（416年）丙辰，因讲集重问游历，"由是先所略者，劝令详载，显复具叙始末"。因而疑"甲寅"为初稿时日。

晋义熙十二年，岁在寿星。夏安居末，迎法显道人，既至，留共冬斋。因讲集之余，重问游历。其人恭顺，言辄依实。由是先所略者，劝令详载，显复具叙始末。自云，顾寻所经，不觉心动汗流。所以乘危履险，不惜此形者。盖是志有所存，专其愚直。故投命于不必全之地，以达万一之冀。于是，感叹斯人，以为古今罕有。自大教东流，未有忘身求法如显之比。然后知诚之所感，无穷否而不通；志之所将，无功业而不成。成夫功业者，岂不由忘夫所重，重夫所忘者哉。

《佛国记》笺注后记

魏晋时代，佛教渐盛。当朱士行于甘露五年（260年）从于阗取回《般若经》后，大乘思想在魏晋玄学的基础上得到发展，受到统治阶级的支持，姚兴便是一例。他专志佛法，迎接鸠摩罗什，翻译了许多大乘经典，广为传播，影响颇深。

便在佛教的传播中，律藏残缺是难以建立僧伽制度的。慧远寄昙摩流支说："至于沙门戒律，所阙尤多。"为了弥补这个缺陷，法显决心创辟荒途，到印度寻求律藏，以补缺陷。

法显俗姓龚，平阳武阳人。武阳不可考，平阳为今之临汾县。他幼年体弱，早岁度为沙弥。受大戒后，于晋安帝隆安三年（399年）离开长安，去印度寻求律藏，费时将近十四年之久。法显出国的年龄，至今尚无一致的解释，根据现有的资料，大约在六十岁以上，这真是古今所罕有的。法显于义熙八年（412年）返国，后至荆州，卒于辛寺，春秋八十有六。

《佛国记》有种种不同的名称。在藏经内，多称之为《法显传》；在丛书中，又多题为《佛国记》。明胡震亨跋此书时说："据宋僧跋语，当名《佛国记》。"这样提法，就书的内容来说是比较妥当的。

《佛国记》是佛教史的重要资料，也是关于国外史地最早有系统的记录。法显善于观察，他到竭叉国，看到"其地山寒，不生余谷，唯熟麦耳"。他到恒河流域，察觉到旃荼人"与人别居，若入城市，则击木以自异"。反映出受婆罗门人的迫害。在远程航海中，他说："大海弥漫无边，不识东西，唯望日月星宿而进。"当然，《佛国记》中有许多不恰当的地方，倘如去其糟粕，其于中古世界史是有益的。从1836年，雷慕沙（A. Rémusat）译《佛国记》为法文后，外人译注者相继辈出，如比耳（S. Beel）、翟理斯（H. A. Giles）、足立喜六等，引起史学界的重视与研究。

前收集中亚与南海资料时，得向觉明先生的帮助，以南京四学院所刻《历游天竺记传》为底本，参照《宋云行纪》、《西域记》、《佛游天竺记考释》及《法显传考证》等，试为笺注，对中西交通史资料或有补于万一。

　　　　　　　　　　本文为作者生前未刊稿，写于 1965 年 3 月。

杜赫德的著作及其研究

第一章
引　言

　　杜赫德（Du Halde）神甫的名字永远和《中华帝国志》、《耶稣会士书简集》联系在一起。他在法国文学史中的地位与《一千零一夜》的译者安托尼·加朗（Antoine Galland）的地位相差不远。他关于中国的知识并不是第一手的；这些知识来自于他的同行们。然而他却很善于选择整理这些知识，以致18世纪的作家们都援引他的作品。

　　杜赫德当时的工作，正如我们所料的一样，是18世纪前半个世纪的法国耶稣会士们对中国的研究。这个世纪的法国思想经受了一次深刻的变革；中国至少是间接地以它与希腊、拉丁、基督教迥异的文明加速了人们思想的转变，对于那些聪明、睿智的人们来说，这种文明不仅是令人佩服的，而且它尤其是理性主义和克己主义的。对于哲学家们来说，能够发掘这种文明该是多么大的意外收获啊！

　　18世纪初，在中国的耶稣会士们都是些科学家和道德家。继利玛窦之后，他们以高度的机智和坚韧的毅力来耕耘这块神圣的土地。他们方法上的基本点是：为使中国人民信教，首先他们自己须在文化和语言上成为中国人；而后，在掌握了孔子哲学的同时，他们以为便可以得心应手地把中国人置于福音的灵光之下；最后，像当时倾向于积极进取的中国人那样，他们企图用科学征服中国的人心。这种办法是值得称赞与令人钦佩的，它使得他们在各种情况下获得研究中国并深入到其文明中去的良机。

但是，这种办法也同样使耶稣会士们处于一种非常微妙的境况，在中国这样一个国家，如果把基督教作为绝对真理，中国人绝不会对它感兴趣。由于拉丁的严格性与中国人的中庸精神相抵触，如果天主教作为来自西方的某种哲学而出现，那它就会如同佛学一样，又存在着失去自身面目的危险。耶稣会士们体验到这种悲剧性的困境。礼仪之争仅仅是两种运动斗争的结果。不管是耶稣教士还是他们的对手，似乎都既不全错，也不全对。

在18世纪，耶稣教教士们以极端欧化的报道而成为拉丁世界追求异国情调的主要引路人。在这个总体思想趋向解放的世纪里，作家们不仅借鉴了他们的事实，而且向他们借鉴了某些与自己思想有关的论据，以致在写作中守旧的文人指责耶稣会士们是为异教徒服务的。假如这些人稍稍想到他们的真正目标，他们的指责或许就不那么激烈了。他们压倒一切的目标是传播福音。他们既没有在中国成为纯学者的打算，也没有取悦于他们在法国的同胞的意图。

可以肯定，耶稣会士们从文化的角度揭示了中国。任何人要谈论中国，即使在现在都必须求助于耶稣会士们写的东西，特别要借助于杜赫德神甫的《中华帝国志》。在这不朽的著作面前人们思忖着耶稣会士们是否真的了解了中国，依我们看来，他们介绍的知识值得相信，但也是些经验主义的知识。可以说耶稣会士们把中国拍摄下来，但不是画下来。这里有很大差别。维厄尔（Léon Wieger）保证说："中国的过去，对于我们来说，再也没什么可取的了。"[①] 这纯粹是无知的傲慢。因为真实的中国，我是说它的灵魂与文化，还尚未被欧洲所认识。

当耶稣会士们到达中国时，在中国的知识界产生了什么样的反

---

① 戴遂良（Léon Wieger）：《年代久远的中国》，1920年，第278页。

应？当他们传播他们对于中国所写的东西时，在法国的精神上又引起了什么反响？他们如何能获取那样多的知识？他们主要写些什么内容的东西？在这篇谨慎的微不足道的论文里，我想对这些问题做出回答。

每当我阅读关于18世纪以前研究中国的作品时，法国人存在的偏见总给我强烈的印象。对于我来说，盲目的赞赏就等于根本的否定。我依据中法两国的各种文献资料，像法官们伸张正义所做的那样，来恢复中国的庐山真面目。不是建立在最值得信赖的文献基础上的论点，我一个也不发表。

这部作品分为六章：叙述中国教外文人如何尊重耶稣会士，以及康熙皇帝和传教士之间的关系；由于皇帝的保护，耶稣会士在知识界展开了哪些活动。由于拥有传教士们的文字资料，杜赫德神甫写出了著名的作品《中华帝国志》，我试图衡量一下它的实际价值。杜赫德的作品在1735年发表之后对作家们产生了一种巨大的影响，我将以特殊方式研究其中的三位作家：孟德斯鸠（Montesquieu）、伏尔泰（Voltaire）、魁奈（Quesnay）。

这里要说明一下，我曾受益于很多先前的作品，特别是华诺（V. Pinot）先生、陈垣先生的著作。我无意写一部包罗万象的作品，只就有关问题表示自己的见解，这可以帮助西方人更好地深入了解耶稣会士们对18世纪法国文学所做的贡献。

一、1685年以前法国对中国的认识

在16世纪以前，多亏了马可·波罗（Marco Polo）、鄂多立克·德·波多诺纳（Odorie de Pordenone）的作品，契丹，这个对中国的古老称呼早已驰名欧洲。这个被人们叙述得那样美妙的神奇的国度，像惹人喜爱的魔术一样，影响着欧洲人的想象。她在哪里？确实存在吗？

191

作为世界地理中托勒密（Ptolémée）错误观念的受害者们，欧洲的学者不能解决这个问题。自从1245年英诺森四世（d'Innocent Ⅳ）和1249年、1253年路易九世（Louis Ⅸ）的使节到来以后，人们确信契丹的存在，但人们不知道她的确切位置在哪里。此外，很快流传欧洲的支那一词提示了另一个问题。契丹和支那是表示同一个国家还是两个不同的地区？传教士们通过寻找在契丹的基督教徒来消除这个难点。

罗耀拉（Ignace de Loyola）请沙勿略（François Xavier）确切测定他所经过的地区的"气候、温度"。后者于1552年4月9日写信给前者："从中国出发，我打算去耶路撒冷，当我知道了路程的距离时，我将写信告诉你。"① 但是八个月以后他死了。对中国的地理方面的情况，就没法知道更多的东西了。对于欧洲16世纪的人们来说，中国还是一个未知的世界，她与欧洲没有任何官方或其他的往来。

严格地说，认定契丹就是中国，应归功于利玛窦。以马可·波罗指示的迹象为基础，利玛窦在1595年访问了南京之后，写道："符合我的假设的是波罗说的人们到达这座城市（南京）是通过一条叫作'江'的河。在中国，人们的确是这样称呼这条河的，不过人们还加上了扬子江的称呼。另外，他说在这条河的南方有八个王国，这是该河这一边中国的八个省。而在河的北边有七个王国，这是中国十五个省份中的七个省。因此，依我之见，契丹不是不同于中国的一个王国；波罗说的大汗只不过就是中国的国王。"② 从这时起，人们最终使中国上了世界地图。

中国与欧洲之间变得来往很频繁了。从1610年利玛窦去世到1687年5名法国耶稣会士到达中国期间，有162位传教士的名字出现在《传教中国之耶稣会诸神父名录》③上，但是关于中国的认识仍然相当模糊。蒙田（Montaigne）在他的论文中出色地谈论了中国，他的话

---

① 裴化行（Henri Bernard）：《鄂本笃兄弟在上亚洲的穆斯林中》，天津，1934年，第11页。
② 裴化行，前引书，第38页。
③ 亨利·柯蒂埃（Henri Cordier）：《18世纪中国研究史片断》，巴黎，1895年，第6页。

已经描绘出为伏尔泰所清晰描述的中国之轮廓,然而他们缺乏准确性。他说道:"在中国,没有我们的商业性和知识性,但王国的管理和艺术之卓越绝伦,在若干方面超过了我们的典范,它的历史使我们觉得世界是如此广阔而且丰富多彩,这是无论我们的古人和今人所不能体会的……"① 但是,这仍使我们注意到蒙田的兴趣一直延伸到中国,他的兴趣开创了转向远东的异国情调的法国文学。

中国仅仅被很有学问的人所了解,而这种人的数量是很有限的。在1685年之前,为数众多的作家还在创造中国的传奇。在一本名为《中国和东京的偶像崇拜者之风俗记》的书中,我们读到这样天真的话:"此外,不应该忽略中国人的相当可笑和奇特的一种习俗:他们的妻子在生孩子之前,哪怕是在一两个小时之前还在从事家务劳动,好像什么事也没有似的(因为她们体格太健壮了)。而丈夫说上床就上床。如果妻子生了一个女儿,便可躺11天;如果生个男孩,可躺18天。即使在此期间,他也要由妻子来伺候和服侍,就像丈夫是产妇一样。"② 这纯粹是一个臆想中的叙述。我们绝对不知道这种稀奇古怪的习俗存在于中国的什么地方!然而我们也知道法国人对于中国的看法,甚至到现在,仍是一个荒唐可笑的主题。因为在法国文学中有一个以旅游者叙述为基础的传统,而这些旅游者的目的不在于学习而在于消遣。

耶稣会士们怀疑这些可笑的故事,并且经常向学者们抱怨,巴多明(Parrenin)神甫写信给科学院领导人德·麦郎(Dortus de Mairan)说:"我看到过一些记述,其中,除了夹杂着些粗鲁以外,没有什么太引人注目的东西。"③

---

① 蒙田:《随笔》,第3册,第3篇,第13章,斯托夫斯基出版社,1919年,第369页。
② 《中国与东京的偶像崇拜者之风俗记》(S. L. N. D.),第11页。
③ 《耶稣会士书简集》,第34卷,第54页。神甫还说道:"然而,假如这些稀有的篇章能逃脱时代的不公,而在千年之后在某个著名的图书馆的废纸堆里保留一二的话,可能会有某只慈悲之手把它们从灰尘中拨出来,一家出版社也会为公众服务并使他们懂得17世纪末的中国的实况。可是由于前前后后的优秀作家所写的东西没有这种机遇,所以人们才毫无根据地说时代变了。"

17世纪，在利玛窦神甫以后，中国变成了有闲作家的相当新鲜的主题。他们唯一的目的在于说些非同寻常的事物和能够取悦于读者的东西。然而我们也要指出，使一个国家了解一种外国的文明，这是一件非常艰难的任务。要确切地评价一些本国以外的观念和习俗，需要时间和开放的精神。

此外，欧洲人对茶叶的了解，也表明其在17世纪对中国的知识是多么不了解。1660年9月25日，普庇斯在他日记中叙述道："我派人去找一杯茶（一种中国的饮料），这东西过去我从未喝过。"[①]亨利·柯蒂埃不无道理地说："只有在18世纪，茶叶才最终被欧洲所接受。"[②]

可以说，在1685年以前，对欧洲人来说中国仍是个神奇的国度。然而经过法国耶稣会士们研究之后，至少在某些方面中国变得"比欧洲的若干省份还出名"[③]。

二、耶稣会士到达时中国知识分子的状态

为了更好地理解18世纪中国在法国所获得的声望，有必要形成一种对这个国家知识分子所处的精神状态的正确看法，这种精神状态是在耶稣会士到达时的情况。人们过去经常想象中国是一成不变的，不论是在思想上，还是在教育上，都不会发生演变。这是一个误解。

从宋朝建立（960年）到明朝垮台（1644年），这期间，一种新哲学——新的儒学思想产生了。这种学说吸取了六百多年的中国思想观念。它的出现原因有二：

其一，在隋（581—618年）、唐（618—907年）两朝，经济发

---

① 转引自亨利·柯蒂埃：《18世纪法国视野里的中国》，《法兰西文学院例会报告》，1908年，第761页。
② 同上。
③ 《中国驱逐耶稣会士记》，1769年，第1页。转引自P. 马尔蒂诺（P. Martino）：《17、18世纪法国文学中的东方》，阿歇特出版社，1906年，第107页。

展很快，由于生活变得不那么艰难了，人们开始寻求豪华与娱乐，在755年的天宝时期，安史之乱宣告了这种物质文明的末日来临，被战争与物质财富搞得疲惫不堪的知识分子转向一种更富于精神的、简朴好静的内心生活。

其二，在引进佛教之后，520年一位杰出的印度禅宗派人物菩提达摩（Bodhidharma）到了广东，以后一度定居在河南的嵩山。他创立了禅宗学派。文人们起先对佛教持冷漠态度，但到了唐朝中期，他们分成了两个营垒：以韩愈为首的反佛教派和支持佛教的佛教派。这时，禅宗改造了他们的理论，取消外部的矫饰，集中精力于内省，这恰好迎合了中国这一时期的精神需要。

新儒学只不过是儒学和佛学的一种混合。起先的儒学很少谈到本质，只谈人命与天命。为了置身道德实践中，可以说它几乎排除了所有玄学。创新者以他们的观念与佛学相悖为借口，创立了新的玄学。其形式仍是儒学形式，但是，它的实质是佛学。最杰出的代表人物是去世于1529年的哲学家王阳明，他的基本思想可以总结为：上天是存在的，绝对的，而且是人的归宿；对于人来说，意识就是上天；通过天生的本性，它向我们揭示善与恶、该做与不该做的事情。

当这种新玄学在社会上流传时，文人们处于麻木状态，为了捍卫王阳明的真理，终于产生了可悲的争论。新儒学风尚盛行，甚至将军们也想阐明他们关于本质与意识的见解。他们中最优秀者仅知道撰写一些伦理学的格言，其他人则只是寻找消遣。新儒学的蜕化是明朝覆灭的主要原因之一，它导致了1644年3月19日的灾难，皇帝自缢于煤山，明王朝就这样覆灭了。

因此，文人们在有了这种相当理想主义的哲学的同时，又受辱于明的后继者满洲人的统治，于是他们抛弃了这种思潮而趋向于积极的研究。

这种反映从好几个方面表现出来。首先，王阳明学派失去了威望。明朝的覆灭给它以致命的打击。明代伟大的哲学家刘宗周（蕺山）

死于1644年，他是第一位改革王氏理论的人。他的基本思想凝集于这样一句话："再好的理论也抵不上一次微小的行动。"从这时起，人们不为学习而学习，而为行动而学习。他严厉地攻击不符合实际的儒学，并创造了一种新的哲学气氛。不少杰出的作家追随这个运动。除刘宗周外，还有朱舜水（1600—1682年）、黄梨洲（1619—1695年）、顾炎武（1613—1683年）、王船山（1619—1695年）等。他们的行动扩展到两个领域：第一，为恢复汉族的统治而开展反满斗争；第二，恢复儒学的真正的论点与思想，使之不被错误的观念所歪曲，从而导致了一场复古运动。

随之，人们开始着手于本质哲学的研究。从新儒学的创立开始，知识分子倾其全力于人文哲学研究上，但他们跌入了陈规旧套。而一些人确信积极的研究是会有成果的。因为通过经验他们可以验证自己研究的对象。这里有两位作家特别值得我们注意：徐霞客和宋应星。

徐霞客（1585—1640年）是一位伟大的地理学家，为了研究山脉与河流而周游各地，足迹遍布整个中国。他的著作《徐霞客游记》不仅具有文学价值，而且特别具有地理学价值。潘稼堂在前言中写道："霞客之游，在中州者，无大过人，其奇绝者，闽、粤、楚、蜀、滇、黔百蛮荒徼之区，皆往返再四，其行不从官道。……向来山经地志之误，厘正无遗。……然未尝有怪迂侈大之语，欺人以所不知。"

另一位作家是宋应星。他死于康熙皇帝执政初年，是一位伟大的博物学家，其代表作《天工开物》按科学方法论述食物、服装、家具、颜色。此外，这部著作中有为数众多的图画，这些图画简明扼要地说明了他的论点。M. W. K. 藤（Ting）这样评价这部著作："16世纪以前在工业方面没有一本著作能超过它，即便是在全世界，这部著作也是无与伦比的。"

最后，是佛教的改革。这时，禅宗达到鼎盛时期，但是，由于它的玄奥晦涩，人们觉察到它的思辨与其说是照亮人类的智慧，不如说是使人的智慧受到蒙蔽。于是一种反对派出现了，一位南宗僧人袾宏

（Tchou Houng，死于 1615 年）成为这场改革运动的倡导者。他写了许多小作品，并建立了虔诚的法规。由于大朴大智的指引，他懂得滔滔不绝地谈悟性是危险的，应该强调的是实践的理性。

我们可以用两句话来描述 16 世纪末中国知识界的状态：由于它的主观主义的形而上学，新儒学再也不能保持自己的权威，知识分子为改变国家的文化和政治状况而不断地寻求积极的知识。这就说明了耶稣会士们的成绩，这些耶稣会士们在利玛窦之后，给中国带来基督教的同时，也带来了科学。

三、明末清初被中国知识分子所评价的耶稣会士

当明朝末年传教的耶稣会士到达中国时，他们带来的不仅是一种新的宗教，而且还有科学知识。在中国知识界，这两种东西的传入产生了怎样的反响呢？换言之，面对这种文化与信仰，中国的文人做出了何种反应呢？

随着利玛窦（P. Ricci）作品的发行①，为数众多的知识分子对传教士给予很大关注。尽管学术思想不同、传统不同，但他们之间的关系密切，结下了不解之缘。这些良好的关系与其说是宗教的，不如说是以科学为目的的。我们看到了倾向于正面学习的这时期一般的思想精神。耶稣会士们以其执行命令的天才的灵活性，很快明白了科学的重要性，于是科学后来成了他们传教的最好手段。

欧洲的科学为中国的知识分子打开了一个新世界。学者韩思昆（Han See Kun，1686—1772 年）写道："约在万历皇帝（1573—1620 年在位）统治中期，利玛窦到了中国。从点、线、面、体开始，他创

---

① 利玛窦中文作品目录：1.《天主实义》；2.《几何原本》六卷；3.《交友论》；4.《同文算指》；5.《西国记法》；6.《测量法义》；7.《二十五言》；8.《勾股义》；9.《畸人十规》；10.《徐光启传》；11.《辩学遗牍》；12.《浑盖通宪图说》。

立了几何学。他按照几何的方法构成的形与物是非常准确的。"耶稣会士们给中国学者们的礼物总是科学仪器。1719年10月14日卜文气（P. Porquet）神甫在写给他兄弟的信中有些很有趣的报道："可以使他们感到高兴的差不多是这样一些东西：表、望远镜、显微镜、眼镜和诸如平、凸、凹、聚光等类的镜，漂亮的风景画和版画，小而精致的艺术品，华丽的服饰、制图仪器盒、刻度盘、圆规、铅笔、细布、珐琅制品等。"[1]

这些物品受到中国文化人的高度评价，能使他们做出更深入的研究。但是，在思想狭隘的人中间，西方科学的优越性引起了不信任和怀疑。就像当人们第一次面临浩荡的大海，他们表现出一种恐惧。利玛窦1599年到达北京时，正值中日冲突，人们不相信他，当时的报道把他当成一个日本间谍。

这种对传教士们的不信任归因于他们的科学能力和两个并非不重要的原因：首先，在中国历史上，从军事上看，明朝是最软弱的朝代之一，它经历过众多的外部失利，例如，日本在沿海省份的掠夺，蒙古部落的专横。对于外国，明朝保持着一种防御态度，它表现出的态度如果说不是害怕的话至少也是不信任。其次，传教士们会制造大炮。1622年，应阁臣徐光启的要求，皇上命令神甫罗如望（J. de Rocha）、龙华民（N. Longobardi）和阳玛诺（E. Diaz）制造大炮用以抗击日本海盗。1639年毕方济（François Sambiaso，死于1649年）向崇祯皇帝（1628—1644年在位）建议："在这关键时候，为了强国利民、一统天下，必须改历；为了提供军费，应该开挖矿藏；为了自己，应向欧洲购买大炮；为了陛下同自己的敌人斗争，谨献四门大炮的区区薄礼，它们肯定能使您战绩卓著和获得意外的满意。"[2] 此外，毕方济和一些

---

[1] 《耶稣会士书简集》，第29卷，第205页。关于画像，我们有一个很有趣的材料：韩国英（P. Gibot）写道："至于画像，请只给我们寄来救世主、圣母和约瑟夫、罗耀拉、沙勿略等圣人，以及守护天使的画像。但除了脸和手以外，不要暴露出身体其他部分，否则它们对我们没有用处。"《耶稣会士书简集》，第37卷，第55页。
[2] 萧一山：《清代通史》，三卷本，第1卷，上海，1932年，第578页。

葡萄牙军队在 1644 年清军入关之后，还支援明朝王室反对满清。

当欧洲舰队带着大炮和装备到达中国时，人们以为他们是来征服中国的。学者全祖望（1705—1775 年）的诗是这种思想状态的见证：

五洲海外无稽语，奇技今为上国收。
别抱心情图狡逞，妄将教术酿横流。
天官浪诩庞熊历，地险深贻闽粤忧。
凤有哲人陈曲突，诸公幸早杜阴谋。

1784 年在陕甘总督福康安接到的圣旨上有这样的话："近闻西洋人与回人本属一教，今年甘省逆回滋事，而西洋人前往陕西传教者，又适逢其会。且陕甘两省，民回杂处，恐不无勾结煽惑情事。著传谕福康安、毕沅，务须不动声色，留心防范，严密访拿。"

经多次调查，福康安写了一份报告，我们用几句话概括如下：根据刘多明我（Dominique Liou）的供词，天主教完全不同于伊斯兰教，他们吃猪肉，七天中有两天斋戒，他们敬仰唯一的上帝，并遵守十诫。我的这些话是善意的。欧洲人不是伊斯兰教徒，因为他们不知道《古兰经》。

然而，不应认为所有的中国人都表现出对传教士的不信任和恐惧，很多非天主教的中国学者为修道士辩护。沈德符在其名为《万历野获编》的著作中指出：一般而论，天主教是佛教的一个分支，它的学说是非常诱人的。如果以为他们，如利玛窦、王丰肃（Alphonsus Vagnoni）是到我们国家来搞间谍活动并伺机应变，我们就从根本上大错特错了。

由耶稣会士带来的基督教同样引起了敌视，反天主教思想在很多著作中占统治地位。但这种不利于基督教的思想与其说出自敌意，不如说来自无知。将近明末，在《罪言》中，王朝式（Wang Tsao Che）写道：最初，入华欧洲人仅仅 13 位，现在多不胜数。过去仅仅在南京用天堂的诺言来吸引人民,现在,在好几个省流传。过去仅仅是地位低下的人接受圣油和圣水,现在文化人也这样做而且十分起劲。这些人甚至撰写序言和跋,以此而夸耀传教士们的美德,并跻入我们的圣人行列!假如过去的文人看到这种情况,他们会不禁失声恸哭,因为我们正在堕落。

1697年,另一位作者郁永河(Yu Yun Ho)谈到天主教时说:"诱人入其教中,中国人士被惑,多皈其教者。今各省郡县卫所皆有天主堂,扃门闭甚密,外人曾不得窥见,所有不耕不织,所用自饶。皆以诱人入教为务,谓之'化人'。"

其实这是在赞美。很遗憾,他们没有就这种吸引人的方法向我们提供更多的细节。只要看到传教士的热情得到的好结果就够了。在另一部名为《破邪集》的书中,我们看到给人印象更深刻的引证,黄贞写道:"迩来有天主教中人利玛窦、会友艾姓儒略名,到吾漳。而钝汉逐队皈依。深可痛惜。更有聪明者素称人杰,深感惑其说,坚为护卫,煽动风土,更为大患。"

如果我们仔细地探究不信任的原因,我们会觉察到基本的异议之一是基督教的排他的特性。由古希腊精神转化来的经院式哲学给了他们太多的思辨。传教士们忘记了中国知识分子的教养完全不同于西方。

此外,传教士中那些不是耶稣会士的人太强调教理,这种强调使他们失去了中国人的人心甚至精神[①],同时这种强调也引起礼仪之争。中国人对宗教不感兴趣,而这些宗教的代表者们却对一些教义和礼仪问题争执不休。此外,这些教徒不懂汉语,更不懂这个国家的历史,他们冒失地宣称,中国人是偶像崇拜者,因为他们还保存着对孔夫子和先辈的祭祀。在皇家档案的第十一部卷宗中,我们读到康熙皇帝如下的话:"因自多罗来时,误听教下阎当,不通文理,妄诞议论。若本人略通中国文章道理,亦为可恕。伊不但不知文理,即目不识丁,如

---

① 威廉·马丁(William Martin):《必须了解中国》,佩兰出版社,1935年,第184页。

何轻论中国理义之是非?"

同样,我们应强调人们该把反天主教运动归于宗教礼仪的纷争。康熙多次声称:"中国的天主教徒应随从利玛窦规矩。否则,这种宗教信仰于中国有害。"这个证据使我们看到,如果说从一开始非天主教知识分子谈起天主教都摇头咂舌的话,可他们对利玛窦却还能保持着强烈的同情。这种赞扬性的评价显而易见应归于他的善行与科学,似乎应特别归于他对使命的机智和灵活性。

对天主教来说,佛教是个可怕的对手。如果我们浏览一下传教士们的著作,我们会读到对佛教徒的辛辣的批评,傅圣泽(Fouguet)对德拉福斯公爵(Duc de la Force)写道:"和尚是我们所信仰的圣教理论的大敌,他们一般总是恶意中伤我们的首倡者,他们巧舌如簧地在人民中间散布流言蜚语。为了丑化我们,又用千奇百怪的没有半点信仰的故事来添油加醋。"[1]

但是,人们不应该对这种敌视过分渲染。我们知道利玛窦与和尚袾宏之间有友好的书信往来。此外,在《天说》中,袾宏为我们提供了这样生动的事实:"一老宿言:'有异域人,为天主之教者,子何不辩?'予以为叫人敬天,善事也,奚辩焉!"

约在16世纪末,在徐光启的鼓励下,天主教传播很快。一位文人陈思淳有一本叫《天文学入门》的著作。在这本著作中,他攻击天主教。他把这部书的手稿寄给了济明和尚,济明和尚是知识界的名人,后者回信给他:"我高兴地看到你的信和读了你的著作,由于我脱离了世俗生活,所以我不愿挑起争论。你说传教士极力攻击佛教,我可以告诉你佛是任何东西也毁不掉的。而且,目前佛教徒们不再恪守其本分了,他们保留的仅仅是形式而已。传教士们的攻击倒会使他们认识自己的真实处境,从而回到自己的真正使命上来。对于佛教来说,这是一种祝福。"这封信相当清楚地向我们表明了在天主教传入以后佛教的态度。

---

[1] 《耶稣会士书简集》,第26卷,第231页。

在中国现代文明史中，通过耶稣会士而引入的实验科学，对于我们似乎是一个举足轻重的事件。出于对科学的热爱，传教士们特别为中国文人所重视。在他们之间，存在着真诚的交往，但同时也存在着天真的误会。梅文鼎（1632—1721年）的诗便是一个很好的例子。

梅文鼎是著名数学家，他认为，要和传教士们一起研究数学，必须成为基督教徒。他想保持自己思想的完好无损，因此，尽管他热爱科学，却不敢接近这些宗教。这使他感到痛苦。后来，当他得知学者薛仪甫（Si Y Fu，即薛凤祚）在没有成为基督教徒的情况下，由穆尼阁神甫（Nicholaus Smokoleuski）指导，达到了一种科学的高度，他感到非常吃惊。他的这首给薛仪甫的诗，表现了面对传教士的中国人心理上的有趣面貌之一。

> 大地一黍米，包举至圆中。
> 积候成精测，宁殊西与东。
> 三角御弧度，八线量虚空。
> 窃观欧罗言，度数为专功。
> 思之费寝食，奥义心神通。
> 简平及浑盖，臆制亦能工。
> 唯恨栖深山，奇书实罕逢。
> 我欲往从之，所学殊难同。
> 讵忍弃儒先，翻然西说攻。
> 或欲暂学历，论交患不忠。
> 立身天地内，谁能异初终。
> 晚始得君书，昭昭如发蒙。
> 曾不事耶稣，而能彼术穷。
> 乃知问郯者，不坠古人风。
> 安得相追随，面命开其矇。

总之，指出中国的天主教文人对基督教的赞颂是适当的，他们的评价是确切的，这些评价，能使我们对耶稣会士在中国的活动有一个全面的看法。

谢肇淛（Hia Chao Tsi）写道："天主国在佛国之西，其人通文理，儒雅与中国无别。有利玛窦者，自其国来，经佛国而东……其书有《天主实义》，往往与儒教互相发，而与佛老一切虚无若空之说，皆深诋之，是亦迷杨之类耳。……其说为近于儒，而劝世较为亲切，不似释氏动以恍惚支离之语愚骇庸俗也。与人言恂恂有礼，词辩叩之不竭。异域中亦有人也已！"

另一位作家张尔岐（Chang Erh Ti，1611—1677年）为我们描绘出利玛窦一幅惟妙惟肖的画像。这幅肖像是一个珍贵的明证，因为张尔岐不仅对经典著作很博学，而且是一位伟大的思想家，请看他是怎样描绘这位杰出的传教士的吧：

1581年利玛窦来到中国。皇帝命令官员冯琦（Fon Ti）了解这位新来者的能力。冯琦回答说："为严事天主，精器算耳。"他秃头，赤肩露臂，人们以为他是印度的僧人，把他领到一座寺庙时，他打手势说，他不信佛。之后，通过翻译，他说他是一位儒生。找到一个安身的处所以后，他开始和一位中国的先生研究经典著作。两年后，他大致地懂了这些经典的基本思想。他到了北京。他的言论远比佛教的说教有说服力，他至高无上的思想使他把对上帝的爱置于压倒一切的首位。他教导人们要审慎、积极，他不禁止杀生，他的活动宗旨是反对佛教。当他看到神明的偶像时，他建议把它们销毁。①

如此生动准确的肖像，不需要加以评论。时代的总精神趋向是积极的，基督教披着科学的外衣加以传播正是对中国当时的实际倾向的一种反应。人们以基督教的积极的特点来与佛教分庭抗礼。

1925年发现的皇家档案第十一部卷宗，使我们了解到康熙五十九

---

① 张尔岐的《蒿庵闲话》记："玛窦初至广州，下舶，髡首袒肩，人以为西僧，引至佛寺，摇首不肯拜，译言我儒也。遂僦馆延师读儒书，未一二年，'四子''五经'皆通大义。"

年（1720年）十一月十八日皇帝召见耶稣会士的情况。这个皇帝御笔修改过的文件谈到多罗来华后的礼仪之争。康熙对教士们说："自利玛窦到中国，二百余年，并无贪淫邪乱，无非修道，平安无事，未犯中国法度。""今尔教主，差使臣来京，请安谢恩。倘问及尔等行教之事，尔众人共同答应中国行教俱遵利玛窦规矩。"

"贪淫"二字是皇帝亲笔加的，原文只有"并无邪乱"的字样。皇帝的这个补充告诉了我们皇帝本人对耶稣会士的意见。

耶稣会士们受到了非天主教文人一致而友好的承认。康熙年间，天主教有很大发展，下一章，我们将阐述康熙与天主教的关系。《耶稣会士书简集》为我们提供了为数众多的证明，我们只需引证一位僧人玑山（Ki Shan）咏《澳门教堂》的两句诗就够了：

街口相逢者，皆是去教堂。

第二章
康熙皇帝和耶稣会士们

　　1661年，24岁的顺治皇帝驾崩，并指定其第三个儿子即后来有名的康熙，这位"中国的路易十四"[1]继位。在这位皇太子未成年之前，由皇家四位亲王摄政，但他们的决定须得到皇太后的批准。

　　妃嫔所生的康熙皇帝，从童年时代就表现出少有的聪明和智慧。在1667年处决他的大臣鳌拜之后，愈加显示出他的性格。[2]白晋（J. Bouvet）在自己的著作中说："他的威严构成中国皇帝的历史性的肖像。"他身材匀称，气宇非凡，面容端庄，双眼比他同族的人要大而且炯炯有神，鼻梁微弯，鼻尖圆润，天花在他脸上虽然留下了几个麻点，但丝毫没有使他焕发的风采减少分毫。[3]

　　康熙皇帝面色温和，显得有几分仁慈而温文尔雅。据当时的回忆录载，他的威仪不仅不会使人恐惧，而且会使人产生一种爱戴感。一

---

[1] 布吕凯尔（Bruker）神甫：《18世纪传教士关于制作中国地图的交流，据未出版档案整理》，巴黎，1890年，第387页。
[2] 萧一山：《清代通史》，三卷本，第1卷，上海，1932年，第396—399页。
[3] 白晋：《中国皇帝康熙传》，巴黎，1698年，第11页。

眼便使人看出，他是天朝大国的主宰。①《耶稣会士书简集》的序言中，对康熙皇帝的精神面貌有所描述："他襟怀磊落的精神，使他获得了尊敬，这是任何矫揉造作和虚伪掩饰者所绝不能获得的尊敬。他那幸运而忠实的记忆力，遇事胸有成竹的果决，三思而后行的审慎，都使他永远充满睿智，永远不动声色和泰然自若。"

耶稣会士们所做的这种褒扬性的描述是符合实际的。在皇帝与教士之间建立起一种和谐与默契的相互关系。从以上的叙述中可以看到，这种热情是出于不同的动机：皇帝一方是为了科学，另一方，传教士们是为了传播《圣经》。正是由于这个原因，当代人强烈地谴责传教士们是在寻求社交的荣耀和大人物们的庇护。请看下面的事实，传教士们的反对者在宗教和礼仪的探讨性的争论中表现出盲目的反对情绪，争论的双方被情感迷住了眼睛。当汤若望（Adam Schall）被任命为钦天监监正时，耶稣会士安文思（Gabriel de Magalhaens）于1649年初向他发难，并于该年年中，上书要求罢免汤若望。在罗马书院的教授们进行了长达十五年之久的一系列调查之后，耶稣会会长奥里瓦（Paul Oliva）才得出如下的结论："看来汤若望神甫像从前一样工作。为了基督教的繁荣、稳固和扩张，他负起如此重大之使命，并没有感到困难。"② 这是1664年1月13日的事了。

康熙皇帝与耶稣会士的关系自然而然地引出如下三个问题：

1. 为什么康熙如此器重这些宗教人士？
2. 他们的关系是怎样形成的？
3. 其结果又如何？

我们试着回答这些问题，这是很重要的，因为这些问题的答案，将有益于理解杜赫德的著作。

---

① 南怀仁（Verbiest）神甫在陪伴皇帝的旅行中，有一天陛下问他弗拉芒语中几种鸟的名字。几年以后，遇到同类的鸟时，陛下可以用南怀仁神甫的语言说出这种鸟的名字。参见白晋，前引书，第30—31页。

② J. 德·拉塞尔维耶尔（J. De la Servière）：《一部新作中的汤若望神甫》，《传教史杂志》，1934年，第519—521页。

一、为什么康熙重视耶稣会士

可以说康熙皇帝对传教士特别是耶稣会士的亲善是出于他的天性："他生来就有一种博大、睿智和好奇的精神。"[1] 这三种品质足以证明他的开明治国的伟大。17、18 世纪的欧洲作家们把他的名字和路易十四的名字相提并论。拉盖特（Raquet）神甫在赞赏《中华帝国志》这部书时，以不容置疑的方式写道："法国的耶稣会士们是些出类拔萃的人物，他们与生俱来的天才和在致力于福音书的推广中所焕发出的卓越精神，使与他们同时代的两位最伟大的帝王路易十四和康熙争先恐后地赐予他们恩惠。"[2]

康熙的博大精神体现在一切领域之中。为了持久的和平，他不仅想打破汉人与满人的隔阂，而且还想取消中国人与欧洲人的界限。1928 年 3 月，人们在北京的故宫档案里发现了十四件关于梵蒂冈教廷使团来华的文献资料。[3] 康熙皇帝亲手用朱笔御批的第十一件文书显示着他博大的精神境界。我们把这个反映当时由于传教士们之间的看法分歧而使他们的使命处于危难境地的文件翻译一下，康熙的博大精神便可见一斑了。他写道："前日曾有上谕，多罗好了陛见之际再谕。今闻多罗言'我未必等到皇上回来'的话[4]，朕甚怜悯。所以将欲下之旨晓谕。朕所欲言，近日自西洋所来者甚杂，亦有行道者，亦有白人借名为行道，难以分辨是非。如今尔来之际，若不定一规矩，唯恐后来惹出是非。也觉教化王处有关系，只得将定例，先明白晓谕，命后来之人谨守法度，不能稍违方好。以后，凡自西洋来者，再不回去的人，许他内地居住。若今年来明年去的人，不可叫他居住。此等人譬如立

---

[1] 《耶稣会士书简集》，1831 年，第 25 卷，第 16 页。
[2] 杜赫德：《中华帝国志》，四卷，第 1 卷，《赞赏》，海牙，亨利·舍尔勒尔出版，1736 年。
[3] 《康熙与罗马使节关系文书》，影印版，北京，1932 年。这些文献是珍贵的，它们确定了康熙皇帝在礼仪之争中的态度。
[4] 康熙四十五年二月初四，皇帝在北京周边巡查。

207

于大门之外，论人屋内之事，众人何以服之？况且多事。更有做生意、做买卖此等人益不可留住。凡各国各会皆以敬天主者，何得论彼此，一概同居同住，则永无争竞矣。为此晓喻。"

如果说这位皇帝眼界的开阔值得我们欣赏的话，那是因为他实践了如下的基本原则：作为一个君王，在他身上统一性和多向性应该是共存的，这种共存不是混合在一起，而是融合在一起的。在他的同代人眼里，康熙皇帝几乎像个超自然的人物。1743年著名画家王致诚（Attiret）神甫给达索（D'Assaut）先生写道："这里有一位盖世无双的人，这就是皇帝。"① 这种与绝对权威相得益彰的思想品质使他赢得了功德与光荣。"他的功德与光荣越过了辽阔的海域使整个欧洲都刮目相看和无比赞誉。"②

一种博大精神脱离了智慧，那将像一朵没有香味的花，不管它有多么美丽，总是一种缺憾。1704年，当中国学者撰写清朝的上一个朝代——明朝的历史时，康熙御笔写下了一个充满智慧的按语，他说："明史不可不成，公论不可不探，是非不可不明，人心不可不服。关系甚巨，条目甚繁，朕日理万机，精神有限，不能逐细批览，即敢轻定是非，后有公论者，必归因朕。朕不畏当时而畏后人，不重文章而重良心者也。"③

不论是在他的公务生活还是在他的私生活中，康熙皇帝的智慧都宛若一盏耸立于孤岛上的明灯，在充满暴风雨的沉沉黑夜里驱逐着黑暗，指引着大海的航船。正是由于这个原因，杜赫德神甫在谈及康熙皇帝的大治时，指出："中国享受着深沉的和平，沐浴在皇帝的荣光与智慧之下。"④

在宗教事务中，作为至尊的皇帝所表现出的谨慎是显而易见的。

---

① 《耶稣会士书简集》，第35卷，1831年，第247页。
② 杜赫德：《中华帝国志》，第2卷，第6页。
③ 萧一山，前引书，第1卷，第632—633页。
④ 杜赫德，前引书，第1卷，第478页。

对天主教和对其他宗教一样，他总是表现出一种父亲般的亲情。不要忘记，在康熙皇帝眼里，基督教是一种外国宗教；也不要忘记，在耶稣会士们眼中，这位帝王，"生于偶像崇拜的氛围之中，从童年起就饱受民众的逢迎，受到迷信观念的哺育"①。然而马若瑟（Prémare）神甫1699年2月17日给拉谢兹（De la Chaise）神甫的信写道："使我感到最大的欣悦是，这位君王给天主教以从未有过的优待。"②假如没有其他文件来证明皇帝这一优厚的恩惠，那么这封信的价值尚可值得怀疑，但在1925年7月发现的皇家档案中的第十一件文书中我们找到了与之相吻合的言论，皇帝写道："使尔等各献其长，出入禁中，曲赐优容致意。尔等所行之教，与中国毫无损益。"③

为了更好地理解康熙的关注精神，让我们读读白晋神甫下面这句话吧，皇帝一直对他格外厚待④："他（皇帝）询问得很多，并难得地首先袒露了他的感情，他倾听着人家对他讲的一切，以便从容地进行更改，一位对他所见所闻进行如此思考的帝王是很难得的。"⑤下面，让我们试着进一步探讨一下皇帝的精神境界。

明末清初耶稣会教士们用西方文明对中国所做的启蒙是中国文明史上一件具有重大意义的事情。当白晋神甫论及耶稣会教士的科学对这个帝王产生的影响时，用有点自豪的口气说出下面的话是有道理的："耶稣会士们长期以来使他了解到关于欧洲所有的王国和世界其他民族，以及献给他的不同时代的外国优秀作品，尤其是他从我们的艺术和科学中获得的众多知识，使他认识到：尊重和擅长科学与艺术的人不仅中国有，外国也有。"⑥

谁不寻求好奇心的满足？但一位帝王如果为求知欲所驱使，则

---

① 李明（Louis Le Comte）:《中国现状新志》，第1卷，书简，巴黎，J. 阿尼松出版，1696年。
② 《耶稣会士书简集》，第26卷，1831年，第89页。
③ 《康熙与罗马使节关系文书》，前引书，第十一。
④ 同上书，第十三。康熙五十九年腊月二十二，教廷使节嘉乐被皇帝召见。皇帝对他说："在中国之众西洋人，并无一人通中国文理者，惟白晋一人稍知中国书义，亦尚未通。"
⑤ 白晋，前引书，第28页。
⑥ 白晋，前引书，第31页。

要比一般人更容易招来一种严重危险：新的爱好会使人几乎忘记自己的本能。但在康熙身上，他的求知精神总是保持着适度的分寸。他不仅能控制自己求知的激情，而且还懂得利用这种激情。杜赫德神甫在《中华帝国志》中对他这种禀赋讲得很透彻："这位日理万机的一代君王，却仍是偷闲去钻研科学，他对科学有着一种特殊的天才和嗜好……他想学习几何、代数、物理、天文、医学和解剖学。"①

他执政的时代是一个辉煌的时代。他的伟大应毫不含糊地归功于他的文化素养，这种素养能使他尊重大臣们的建议和珍惜学者们的劳动。他的私人房间里不像他的先辈们一样充满首饰和古代艺术品，而是以科学仪器作为装饰。下面是白晋神甫一句意味深长的话："在所有的仪器中，他最喜欢的是用于观察天体的双筒望远镜、两座挂钟、水平仪，这种仪器精确度很高，他让人把这些仪器摆在自己的房间里。"②这样的房间与其说是寝室倒不如说更像是个试验室。

必须指出，康熙皇帝对耶稣会士们的器重不只是由于他与生俱来的难能可贵的禀赋，而更重要的是一种传统的中国态度。在这种亲善中，可以看出他是在忠于孔夫子的思想。孔夫子说："父在观其志，父没观其行。三年无改于父之道，可谓孝矣。"③在中国，一位伟大的帝王的品质就是忠于父道。假如我们观察一下顺治和汤若望之间的关系，就明白了，为什么康熙对耶稣会士们充满好感。

1650年，在摄政的多尔衮死后，清朝的第一任皇帝顺治执政。这位年轻的帝王有着优秀的品质，尤其热爱正义，但他太沉湎于酒色。汤若望通过他的科学和品德很快得到了这位君王的恩宠。皇帝喜欢看到这位德高望重的老人④，并把他称作"通玄教师"⑤。如果德·拉塞尔维耶

---

① 杜赫德：《中华帝国志》，第1卷，第478—479页。
② 白晋，前引书，第142—143页。
③ G. 普梯埃（G. Pauthier）：《东方经书》，巴黎，1840年。《论语》，第一篇第十一节，第178页。
④ 在1656年和1657年之间，中国皇帝顺治曾24次到汤若望寓所探望他。参见德·拉塞尔维耶尔，前引书，第510页。
⑤ 萧若瑟：《天主教传行中国考》，1931年，第283页。"神奇的神甫"中文为"通玄教师"。

尔神甫关于汤若望的文章可靠的话,那么在皇帝和这位天文学家之间存在着一种确定的亲密关系。他说:"有一天汤若望为满足这位年轻君王的好奇心,穿戴上神职服装,表演和解释弥撒仪式的主要程序。"①

此外顺治爱和他一起长时间聊天,或者一起在花园里一边摘花采果,一边散步。这种厚待也许在欧洲人看来是很自然的事,然而在中国人眼里,这简直是不可思议的事情。因为,不要忘记,正如杜赫德神甫所说:"皇帝有绝对权威,他威严的仪表简直就像神。"②

无论如何,汤若望得到顺治皇帝的欢心这一点是确定无疑的。著名历史学家萧一山先生确认说:"亘顺治之世,清廷对于若望等,始终优待,无中国菲薄夷狄种族之见。"③

康熙对利玛窦也是同样的态度:对中国人甚至对皇帝来说,首要的义务是谨守父道。

但是,我们刚才阐明的理由不是唯一的,应该强调指出的是,耶稣会士们掌握的优秀科学代表西方文明确实是当之无愧的。

"把科学和理性灌输给执政者"④,这是耶稣会士们在世界所有国家的办法,这种办法对中国不仅适用,而且是机灵而大受欢迎的。所谓机灵,是指其同中华民族在通过"长期科举制而形成的一种僵化精神相对而言的"⑤;所谓大受欢迎,是因为在实验科学方面中国没有欧洲那样教养有素。因此,耶稣会学者们在中国文人中重新唤起了对天文学、数学,特别是对实用科学的兴趣。梁启超先生死于1928年,但是他的影响至今还能感觉得到。他公正地说:"明末有一场大公案,为中国学术史上应该大笔特书者,曰欧洲历算学之输入。中国知识线和外国知识线相接触,晋唐间的佛学为第一次,明末的历算学便是第二次,

---

① J. 德·拉塞尔维耶尔,前引书,第510页。
② 杜赫德:《中华帝国志》,第2卷,第10页。
③ 萧一山,前引书,第1卷,第580页。
④ G. S. 德莫朗(G. S. De Morant):《法国耶稣会士在华业绩》,格拉塞出版社,1928年,第43页。
⑤ 同上书,第44页。

在这种新环境之下，学界空气，当然变换。"①

我们不能同意毕诺先生的观点。他说："耶稣会士们争相赞美中国精神，因为中国人喜爱和尊敬数学、天文学……然而事实并非如他他们设想的那样美好。"②

为了对这种非议做出回答，我们不妨从康熙统治下的中国非天主教学者们所撰写的《明史》中寻找答案，从该书我们知道："当时中国非天主教学者们认为，来自西方的文人是些教养很高的人。他们不在乎名誉，而专心致志于自己的使命。他们著作中所论之事我们尚不知道。有些好奇的人爱和他们联系……相当多的人，除了皇亲以外，都和这些文人有了联系。"③

对传教士怀有好感的康熙皇帝首先是一位喜爱艺术与科学的朋友。这些"在中国宣传信仰的耶稣会士们，不仅对自己的宗教高度的虔诚，而且是些光辉无比、文学造诣甚高、熟悉几何的人，是些天才学者，即使在欧洲，他们也是杰出的天才的人物"④，因此，皇帝岂能无动于衷？中国的伟大帝王们都恪守这样的格言："利用天才乃是智慧的标志。"

洪若翰（De Fontaney）神甫在1703年2月15日写给拉谢兹神甫的信中说："11月2日我们接到皇帝召我们去北京的充满善意的圣旨：'所有传教士们都到我的宫廷来，懂得数学的人留在我的身边服务，其他人可去外省或他们愿去的地方。'"⑤这已成了一个定规，耶稣会士们在离开自己的国家之前，就得使自己通晓科学。难道他们错了吗？这种方式能说明他们的目的吗？这个问题不属于我论述的范畴了。可以

---

① 梁启超：《中国近三百年学术史》，上海，1927年，第13—14页。
② V. 毕诺（V. Pinot）：《中国与法国哲学思想之形成》，1932年，第21页。
③ 陈垣：《从教外典籍看明末清初的天主教》，《Pon Che 杂志》，第3卷，第1、2、3期。（陈垣此文原发表于《北平图书馆刊》第8卷第2号，1934年。作者此处注引自《Pon Che 杂志》，文末参考文献中又作引自《Pan Che 杂志》，不能确定其中文名称。——校者注）
④ 《现代作品概观》，第6卷，1736年，第284页。
⑤ 《耶稣会士书简集》，1831年，第27卷，第76—77页。

肯定的是，耶稣会士们在中国宣传科学的同时，他们也毫不隐瞒自己的计划，即在中国培植天主教信仰，并要消除异教的势力。[1]

二、皇帝与耶稣会士的关系

在进入问题的要害之前，先该做一个重要的提醒。从导致形成这种友好和有时双方彼此疑惑的关系来看双方的意图，如果他们不是根本对立的，起码他们也不是完全一致的。康熙皇帝对耶稣会士们的感情是以分享共同利益为标准的，谁有卓越的才能谁就受到君王的器重，这是这位皇帝的一个直接的原则。如果耶稣会士们在北京宫廷受过奖励，那是因为他们精明和能干。可以举出很多这样的例子。如刘应（P. de Visdelou）神甫曾"受皇帝之召到各省去治理泛滥全国的洪灾"[2]。至于耶稣会士们，他们是把宗教利益置于首位的，假如给他们机会教化皇上的话，他们能接受任何重任。毕诺先生用他带点讽刺的语调说："体力活，我说的是假如人们需要手艺的话——在神甫们的生活中占有比数学更重要的地位。"[3] 果真如此的话，那么对耶稣会士们来说这是一种分外的光荣。

在像中国这样一个文化与宗教传统如此根深蒂固的国家里，实用目的和宗教目的很难达成协议。要使这两个截然不同的目的之间建立起一种和谐，的确非得有像康熙皇帝这样一位英明的君主所拥有的权威才行。[4]

---

[1] 参见白晋，前引书，第250—251页。"由于一个多世纪的经验，人们认识到科学是一切自然手段中最重要的手段，上帝想让传教士利用这种方式把信仰传入中国并在中国扎根。今天似乎还想让他们以大张旗鼓的方式利用它在中国铲除异教。"

[2] 《耶稣会士书简集》，第26卷，1831年，第90页。

[3] V. 毕诺，前引书，第23页。

[4] 戴遂良在一篇关于中国的文章中写道："仅仅由于耶稣会士在北京受到的恩宠，基督教才度过了几次危机。1692年康熙皇帝颁发宽容基督教的诏令，但由于文人们心怀恐惧，康熙皇帝实际上又禁止了它。"

213

耶稣会士们利用了康熙皇帝的这种精神状态，把天主教信仰的根子在中国扎得如此之牢，以致尽管康熙的儿子和继承人雍正皇帝百般禁止，在他执政十年之后，据广东政府的报告，仅广州一城就有八座教堂，信徒达一万之众。① 要达到这样的数字，耶稣会士们和皇帝之间的关系得达到一种多么友好和牢固的程度啊！下面我们愿意对这种关系进行一个清楚而准确的描述。

　　这种关系首先带有知识的特点。对康熙皇帝来说，耶稣会士们不是教徒，而是教授。众多的文献资料告诉我们，康熙皇帝以何等炽灼的热情来研究实用科学。洪若翰神甫1703年2月15日的信告诉我们，皇帝"把着直尺和圆规爱不释手"②。身居金銮宝殿，身穿龙袍蟒裰，头带珍珠皇冠的皇帝洗耳恭听身穿朝服的耶稣会士们的讲解。这是位神奇莫测的学生——"皇帝在短短的时间内竟变得那样通晓，以至于他竟写成了一本几何书"③。他的确热爱这门科学，他说他相信自己从头至尾把欧几里得的书的译本读了不止十二遍。④ 他不仅知道欧几里得，而且知道阿基米德。

　　这种热情自然引起亲近他的人的欣赏。白晋神甫向我们提供了关于这方面有趣的细节：安东（Antoine Thomas）用中文向他讲解南怀仁（Verbiest，1623—1688年）神甫以前教过他的教学器具的使用方法及几何、算术的应用。他叫神甫们慢慢讲解他一直想知道的欧几里得的原理之精髓，而且想对这些东西理解得和老师一样深刻。⑤

　　几何不能满足他求知的胃口。他还想知道其他的科学。在谈到杜赫德的著作时，《现代作品概观》的作者向我们提供了极有意义的情况，

---

① 陈垣，前引文，第一章。（此注释作者原文为Chun Yun，在前文中与此名最为相似的只有Chen Yun，从所引内容来看，也应为陈垣此文。——校者注）
② 苏埃奥·戈铎（Soueo Got）：《远东与西方在近代的最初文化交流》，《比较文学杂志》，1928年，第407页。
③ 同上书，第407页。
④ 白晋，前引书，参见第128—131页。
⑤ 白晋，前引书，第126—127页。

这些情况使我们准确地了解到这位伟人的科学知识是多么丰富："他们（耶稣会士们）教他有关光学的知识，并在好多试验中向他展示各种奇迹，同时还教他反射光学、透视、静力学以及流体静力学等。"[1]

要知道，在中国人的头脑中，老师的地位是和天地、人君、父母同等的。对他不仅应该尊敬而且必须崇拜。因为对中国人来说，老师是传播真理的人。这种近似宗教式的感情向我们说明了康熙皇帝对耶稣会士们厚待的程度。在白晋的《中国皇帝康熙传》中，我们读到这样的话："终于，他竟让我们和他并肩坐在他的宝座上，这使我们诚惶诚恐，因为除了对他的孩子而外，他对任何人也不曾这样做过。"[2]

在我们说康熙对耶稣会士们的高度器重不是由于宗教的原因时，这毫不意味着在他们的交谈中不涉及基督教的真谛。根据我们掌握的中国资料和欧洲文献，我们敢于肯定康熙皇帝不仅高度评价天主教，而且当着满朝文武赞扬过天主教。[3]

在南怀仁神甫逝世十天后，于1688年2月7日五位新的教士抵达北京。[4] 3月31日，他们受到皇帝的召见，皇帝的淳朴使他们深有感触。

这些被路易十四授予数学家头衔的耶稣会士们，通过自己的科学和品德在中国取得了牢固而特殊的地位。作为对他们服务的报偿，1692年皇帝颁发一道对他们优惠的豁免诏书，这是一个明显的进步，因为国家首脑明确地承认了"天主教没有做任何不好或有失检点的事情"[5]。

---

[1] 《现代作品概观》，1736年，第7卷，第17页。
[2] 白晋，前引书，第165页。
[3] 《耶稣会士书简集》，1831年，第25卷，第21页。
[4] 这五位法国耶稣会士是：居伊·塔夏尔（Guy Tachard）、张诚（Jean François Gerbillon）、白晋、李明和刘应（Claude de Visdelou）。（也可参考《耶稣会士书简集》，1831年，第27卷，第106页。）（居伊·塔夏尔并非此次来华五位耶稣会士之一，应该是洪若翰。——校者注）
[5] 康熙三十一年正月三十，康熙皇帝诏书。参考郭弼恩（Le Gobien）神甫所著《中国皇帝就基督教颁发诏书史》。

1693年7月,皇帝怀着父亲般的善意为法国耶稣会士在皇城赐选一座寓所,神甫们在周围建造了一所小教堂。六年以后,康熙皇帝特许他们在这座房子附近一块广阔的场地上建造一座教堂。张诚和白晋两位神甫用四年时间经营,建成了一座外观十分漂亮的教堂。此外,康熙皇帝还想让他手下的一位大臣把那座寓所和教堂都管起来,以向全朝表明这是陛下特别关注的事情。①

　　在皇帝第二次(1689年)巡游南方诸省之前,他曾询问过洪若翰神甫,"在他的途中是否会找到几个我们的教堂"②。这表明,耶稣会士与皇帝始终保持着极好的宗教关系。郭弼恩神甫说:"深谙基督教的康熙皇帝对教士们有求必应。"③他的话是有一定道理的。

　　此外,白晋神甫一直享受特殊的待遇。在给拉谢兹神甫的一封信中,他讲道:"同一天晚上八点,陛下在他的书房第二次召见我们,而且比上午更亲近,谈的时间更长。"④但更使我们感到有点破格的是,皇帝向南京和杭州的教堂派去了一个人,"了解这些教堂的情况,以表示对那里真正的上帝的尊崇,并了解这些教堂的情况"⑤。

　　当然,我们也无需夸大皇帝的这些倾向。康熙之所以欢迎耶稣会士,更重要的原因不是他们的宗教,而是他们的科学。其证明是,当他们接到豁免诏书时,皇帝对他的执法长官说:"须写给各省传教士,善用此种特许,毋使各地官吏有所控告。反之,朕即立刻撤销。"⑥

　　耶稣会士们不知道康熙对他们的真实感情,他们把这些情况告诉了自己的同事和朋友,《耶稣会士书简集》反复证明了这一点。这里必须说明一下耶稣会士们所使用的方法。首先,通过科学实践,他们赢

---

① 《耶稣会士书简集》,1831年,第26卷,第127页。这个教堂毁于1827年。
② 同上书,第27卷,第106页。
③ 郭弼恩:《中国皇帝就基督教颁发诏书史》,巴黎,J.阿尼松出版,1698年,第126页。
④ 《耶稣会士书简集》,1831年,第26卷,第105页。
⑤ 同上书,第26卷,第107页。
⑥ 《耶稣会士书简集》,第27卷,1831年,第125—126页。

得康熙皇帝的厚遇,由于这种厚遇,他们才得以进行传教活动。其次,他们向中国人指出儒学与基督教义之间理论上的契合,用这种方法来开阔中国人的眼界。这种策略得到了教皇英诺森十一世(Innocent XI)的赞许,他在1681年12月3日给南怀仁神甫的信中写道:"但愿助人的上帝给你们保佑,我对你和像你一样在这个民族为宗教利益服务的人们别无他求……"①对于这第二步,毕诺先生讲得千真万确:"中国人看到基督教不违背自己的传统和历史,而只是自己的历史和传统的另一种表达方式,他们才会自发地亲近基督教。"②

通过这种机智、高尚而合法的手段,耶稣会士们取得了辉煌的成就。"看到皇帝如此公开地宣布自己是我们教会的庇护人,对于基督徒来说是莫大的喜悦。"③由于这位帝王对基督教亲善的举止,当时人希望"在一个世纪后出现一个全盘基督教化的中国"④。

中国的传教史是充满痛苦的,唯有康熙皇帝和耶稣会士们之间的纯洁灿烂的友谊之星在昔日苍凉的天空中大放光明。在康熙十分宠爱的一位汉族血统的王子死后,在他的长子、王位继承人被废黜以后,家庭纠纷使他陷入万分忧郁之中,并伴有剧烈的心悸病,人们开始担心他的健康。⑤疾病使他处于十分衰弱的境地,从中医的观点来看,他已没有任何希望了。⑥"罗德先(Bernard Rhodes)神甫服侍他恢复了健康,耶稣会士们为恢复他精神上的健康比为了恢复他的身体的健康更为卖劲,他们满怀着希望的心情","为了这位伟大帝王的康复"⑦而不断使自己的祈祷花样翻新。

---

① 布吕凯尔:《耶稣会》,1919年,第662页。
② V.毕诺,前引书,第92页。
③ 《耶稣会士书简集》,第26卷,1831年,第127页。
④ 白晋,前引书,参考第242—244页。
⑤ 《耶稣会士书简集》,第28卷,1831年,第52页。
⑥ 同上书,第56页。
⑦ 《耶稣会士书简集》,第28卷,1831年,第55页。

217

三、皇帝与耶稣会士们亲密关系的结果

这些关系的第一个积极成果是基督教的发展。我们可以在《耶稣会士书简集》中找到有关在中国传教的不可胜数的细节。大历史学家万斯同总是误解基督教,他写了一首打油诗告诉我们基督教是怎样迅速传播的:

天主教设何怪妄,著书真欲欺愚昧。
流入中华未百年,駸駸势几遍海内。①

由于康熙皇帝的庇护,基督教才得以迅速传播。他的这种庇护甚至被写到打油诗里。这一事实引起了伏尔泰的嘲笑。基督教的迅速扩张引起了非基督教人士精神上的不安,人们简直怀疑这些传教士是些政客。首先,是他们的科学能力使人不安;其次,他们自由出入宫廷使人担心他们会有什么阴谋。②

第二个结果是,由于传教士对中华帝国的种种效力,他们被提到大臣的显要地位。需要说明一点,没有一个传教士接受正式官员的职务,比如一个省的总督之类,但他们的官品却使他们享有相当高的荣誉。

举例来说:"当白晋神甫外出时,他享有与钦差大臣同样高的礼遇,众人陪同,前边是乐队,接着是抬着'布道台'的呐喊者和马鞭队。其中有人举着红色木牌,上写'钦差'两个大字,'钦差'就是宫廷特使的意思。其他人执着龙杖,在两根粗方棍头上盘绕着两只金色的神龙。抬轿子的人们紧随其后,轿子两边几个人步行伴随,其他人

---

① 万斯同(1643—1702年),出生于浙江省。《明史》的作者。我们翻译的诗出自《〈明史〉新乐府》。参阅陈垣,前引文,第六章。
② 梁启超,前引书,第29—30页。根据口头传闻,耶稣会士们参与了皇太子胤礽反对由喇嘛所支持的胤禛的纠葛。后者在康熙皇帝死后成了皇帝,下令禁止基督教。

则骑马步后,一个人打着一把大黄罗伞,伞高高地撑着,在空中飘荡。另一个人则持着一把类似大方扇的东西,上部向下弯着,每逢官员们乘露天轿子外出时,它总是为他遮着太阳。因为白晋神甫的轿子是封顶的,所以这把扇子只夹杂在队伍之中,但由于它是金色的而且体积很大,所以它总是一个很醒目的装饰品。"①

在康熙手下的,我们应首先提到南怀仁神甫,他是钦天监监正,工部右侍郎。"对南怀仁,康熙总是从心眼里器重,他给他以从未给别人的特殊待遇。"②其次,我们应该提及戴进贤神甫(Kœgler,1680—1746),康熙任命他为钦天监监正。这位神甫知识渊博,人们称赞他是一位"精神磊落的人并在天文学上是首屈一指的人物"③。后来,他的地位更加显赫了。这证实了毕诺先生的话:"一件朝服就像一种美德的合格证。"④这似乎是一种讽刺,实质上,这是千真万确的。因为,一位当时的人评述道:"这些欧洲人的操行是纯洁的。"⑤

我们同样应提到张诚(1654—1707年)和徐日昇(Thomas Pereyra, 1645—1780年),他们在和俄国订《尼布楚条约》时(1689年)当过翻译。在会谈期间,这两位神甫表现得机智而忠诚,受到双方的高度评价。由于他们的斡旋,中俄之间终于达成和解。他们的竭诚服务由后来颁发的豁免诏书而得到了报偿。⑥

这些在中国锦衣朝服、出门乘轿的耶稣会士们引起了很多的批评。洪若翰预见到这种后果,他说:"我可以保证,这并不是我们所追求的,而是我们尽量避免的。但是当我们接受王命而进出于皇宫时,

---

① 吉奥·吉拉尔蒂尼(Gio Ghirardini):《1698年乘昂菲特里特号轮船漫游中国记》,巴黎,尼古拉·佩比出版,1700年,第73—75页。
② 白晋,前引书,第162页。
③ L. 范赫(L. Van Hée):《在中国做官的耶稣会士》,《传教史杂志》,1931年,第39页。
④ V. 毕诺,前引书,第73页。
⑤ 陈怀康的话。转引自陈垣,前引文,第7章。
⑥ 还有其他在清朝为官的耶稣会士,但是因为我们谈的是康熙与耶稣会士的关系,所以我们没有提到那些与康熙没有官方关系的耶稣会士们。

219

我们是无权拒绝这种殊遇的。"①

第三个据我的看法是更为重要的结果，那是在知识范畴内所引起的后果。一方面是西方文明被引入中国，另一方面是欧洲人更加了解了中国。圣马丹（Vivien de Saint Martin）在他的《地理学史》中中肯确切地指出："中国地理学历史的伟大时代是1687年。这一年，法国布道团的到来具有划时代的意义，其中塔夏尔、张诚、刘应、李明和白晋形成了第一个核心。这个布道团一直因拥有众多的杰出人物而享有盛名。多亏了这个布道团，人们才会看到一大批关于东亚的历史、人文科学、地理学知识的珍贵文献。"②

中国对于以上结果显得更为严肃。它首先采取一种消极的态度，就事论事，为了避免可能会产生棘手的困难的两种文明间的冲突，它宁愿保持孤立。它没有看到文化的孤立与繁荣是背道而驰的。滚滚东去的大江是任何人力难以阻挡的，即使筑起了堤坝，所造成的灾难会更不可收拾。耶稣会士带来的西方文明就好比这样的大江。康熙死后，科学被丢弃了，但现实是，经过一段剧烈的奋争以后，它已吸引了所有学者们的注意。

中国现代文明的历史，应该有耶稣会士们的一份功劳，如果人们有时感到遗憾，耶稣会士们"用世俗的手段把机巧和科学推向极致，那么，他们的诚心诚意则肯定会使人给予谅解"③。

无论如何，在17世纪末18世纪初的中西文明之间，耶稣会士们起到了一种沟通的作用。这种作用有其重要意义，因为任何一种文明都不是完美无缺的，它需要由其他文明来加以充实，而且，任何文明缺少了宗教因素，都不会得以持续。

1722年11月康熙皇帝驾崩。这对天主教徒们是一个沉重打击。

---

① 《耶稣会士书简集》，第27卷，1831年，第78页。
② 维维安·德·圣马丹（Vivien de St. Martin）：《地理学史》，巴黎，1873年，第404页。
③ A. 杜密里（A. Dumeril）：《耶稣会士对18世纪思想运动的影响》，《第戎科学院论文集》，第三辑，第2卷，1874年，第3页。

殷弘绪（d'Entrecolles）神甫在写给杜赫德神甫的信中，凄凉地说："幸运的时代一去不复返了，它随着这位君王的逝世而消失了。"[①]37年以后，谈及宋君荣（Antoine Gaubil）神甫逝世时，钱德明（Amiot）神甫在写给学者里斯勒（L'Isle）的信中，充满了对昔日光荣的缅怀和深沉的悲哀："这座皇城里的事物已经大变样了，甚至整个帝国都大变样了。传教士和他们所宣传的神圣宗教的庇护人——康熙皇帝，伟大的康熙不在了！……"[②]

[①] 《耶稣会士书简集》，第26卷，1831年，第121页。
[②] 同上书，第27卷，第12—13页。

第三章
17世纪末18世纪初耶稣会士对中国文化的研究及其影响

1658年，卫匡国（Martini）的《中国史》发表之后，对这部著作充满不倦好奇心的帕斯卡（Pascal）写道："中国是黑暗的，但也有可找到的光明，请探寻它吧！"[①]的确，在17世纪，中国还是一个尚未被了解的国家，虽然人们已经开始品味中国的产品了。[②]

中国的被发现，严格地说不过是开始于17世纪末。这种发现起源于两种迥然不同而又平行存在的精神。一方面是唯利是图的精神，一种对财富疯狂追求的精神，它推动着人们来到中国的沿海；另一方面是一种企图向全人类传播福音的精神。这两种强有力的倾向在法国表现在两种具体的行动上：其一是1660年法国印度公司创立；其二是1685年路易十四（Louis XIV）派耶稣会士到中国。

如果查阅一下戴贝洛（D'Herbelot）的《东方文库》中《孔夫子》

[①] 帕斯卡：《思想录及其他小作品》，L. 布伦斯维格（L. Brunschvig）发表，巴黎，阿歇特出版社，第九篇，第593条。
[②] 参阅 H. 贝勒维奇-斯坦科维奇小姐（H. Belevitch-Stankevitch）的论文：《路易十四时期法国的中国情趣》，巴黎，1910年。

一文，人们会发现一种歪曲历史真实的情况。该文称："好像中国人从印度人那里吸收了大部分科学知识，这一事被孔夫子的生活所证实，这位中国的伟大理论家在哲学上受到了印度理论家的熏陶。"[1]

然而，孔夫子死于公元前479年，享年73岁。而佛教的传入则始于公元65年汉明帝时，按传说，汉明帝在梦里见到一位穿金衣的人对他说："到西方去寻找幸福吧。"为找到真神，他立即派出一个使团，这个使团找到了佛教。孔子逝世与佛教传入中国，其间相隔有五个世纪之久。

这个例子除了无知的成分以外，还使我们看到当时一种精神上的不良的习气，有很多作品的作者信口雌黄，1736年的《特雷武报》曾说道："由于人们喜爱海外奇谈和讲些稀奇古怪的事情，并用以哗众取宠，因此，当时的大部分思想平庸的人，不管是海外来的还是一般庸人，其论事的方式总是自然而然地带着一种添油加醋或夸张，甚至有点撒谎的特点。所以，使得历史和中国游记的真实性变得有些可疑了。"[2]

路易十四派来的耶稣会传教士们，他们的目光是远大的，在柯尔贝（Colbert）的启迪下，曾尽一切可能传授科学和艺术，并使之成为一个完善的事业，他们并没有沾染信口雌黄的习气。首先，路易十四和拉谢兹神甫一样"想的是法国的利益与宗教和科学的利益是一致的"[3]。其次，"柯尔贝以为欧洲人所知甚少的中国会给法国的手工业带来新的光明，提供一些借鉴"[4]。正是出于这双重意图，他们才把理智地认识中国的使命委托给耶稣会士们，而耶稣会士们在完成自己的使命时也的确表现出非凡的毅力。

在上一章我们已经提到，耶稣会士们由于向宫廷提供了详细、

---

[1] 巴泰勒米·戴贝洛（Barthellemi D'Herbelot）：《东方文库》或《东方知识百科辞典》，巴黎，1796年。
[2] 《特雷武报》，1736年，第529页。
[3] 亨利·柯蒂埃：《18世纪中国研究史片断》，巴黎，1845年，第7页。
[4] 转引自苏埃奥·戈铎：《远东和西方在近代的最初文化交流》，《比较文学杂志》，1928年，第414页。

充实、可靠的知识而获得特殊的地位。让我们听一听巴多明是怎么说的吧:"当我谈到作家时,请不要以为这是些简单的抄书匠。他们是些机智的官宦子弟,企图能有朝一日被赏识,能在朝廷谋得高官显爵。"①

可以肯定,对耶稣会士们的文化行为做一番考核是极其重要的,不仅他们的著述成了杜赫德神甫著作的源泉(对此,我们马上会谈到),而且尤其是耶稣会士们发现了中国是一个"具有理性和道德的社会"②。这个中国受到18世纪哲学家们的赞誉。

这一章将包括三个部分:耶稣会士对中国历史、地理、哲学的研究及其影响。

一、耶稣会士的历史著作

1782年,傅圣泽在写给汉学家富尔蒙(Fourmont)的信中谈到他研究中国时说:"我越是深入地研究,就越是从中发现了一座令人崇敬的古老宫殿,而至今欧洲对它尚全然无知。"③确实,研究中国的文明是一件艰巨的事情。对于当代人来说,一方面工具不足,缺少科学方法,必然有一些困难;另一方面,中国文献资料之丰富使他们望而生畏。这就是为什么在谈及中国历史时,富尔蒙有理由觉得:"这里至少有150卷书,中国没有任何中断,它代表着二十二个皇族,每一个皇族,曾经统治了三个、四个、八个乃至十个世纪之久。"④

当传教士们处在像中国这样一个历史悠久的国家时,了解它的历史似乎是最迫切不过的事情了。但他们对这样一个伟大的国家的悠久历史全然无知,因此,不难理解出版关于中国历史的书以满足开化的

---

① 《耶稣会士书简集》,第30卷,1831年,第80页。
② 《特雷武报》,1736年,第1300页。
③ V. 毕诺:《与法国对中国的认识有关之未出版文献(1685—1740)》,巴黎,1932年,第10页。
④ 富尔蒙:《关于古老民族的历史的批判反思》,1735年。

欧洲的意愿就成为耶稣会士们工作的第一个成果。

首先，我们应该指出卫匡国神甫用拉丁文写的《中国史》。此书的第一部分是1692年被佩雷梯埃（Peletier）神甫译成法文的，这部著作赢得了某种荣誉，因为它带有许多汉语的原文。同时，因为他大胆地把有关伏羲氏的传说编入其中，更引起了人们的重视。一位现代批评家说："直到冯秉正（Maillac）神甫时期还没有任何可以和卫匡国神甫的书相比肩的著作。"①

我认为，卫匡国神甫的功绩是双重的：首先，他的《中国史》不是对中国习俗一种走马看花式的材料汇集；其次，他大胆地接受了这样的结论："中国生活在诺亚洪水之前。"他是中国古老文明的最热情的捍卫者之一，他具有向被《圣经》肯定下来的记载进攻的勇气。

要弄清中国的编年史，必须经过一番专门的研究才行。这里，我们顺便提一提卫匡国神甫的著作所产生的意外结果：由于他的《中国史》，从此以后中国成为纯粹的无神论国家。我们从中找到了伏尔泰为什么不断谴责波舒哀（Bossuet），因为波舒哀在他的《世界通史讲话》里有意将中国排除在外。我们从中也找到了帕斯卡在扯碎的纸片上写上"摩西（犹太教的先知）和中国哪一个更可信"②时所表现的无法消除的不安的原因了。

其次，在众多关于中国的史书中③，我们要特别指出1732年由苏西埃（Souciet）神甫发表的宋君荣神甫的《中国天文学简史》，因为它具有相当重要的科学价值。确切地说，它不是纯粹的历史，它只是

---

① 转引自金绍清（Ting Tchao Ts'ing）的论文：《法国人对中国的描述（1650—1750年）》，巴黎，1928年，第40页。
② 帕斯卡，前引书，第九篇，第593条。
③ 我们这里指出关于中国历史的主要作品，米歇尔·鲍迪埃（Michel Baudier）：《中国王宫史》（1662年）；曾德昭（Alvarez Senudo）：《中国通史》（1667年）；米歇尔·鲍迪埃：《中国征战史》（1670年）；奥尔良（Orléans）神甫：《征服中国的鞑靼人的征战史》（1688年）；卫匡国神甫：《中国史》（1692年）（法文版由佩雷梯埃修道院长翻译）；白晋神甫：《中国皇帝康熙传》（1697年）；郭弼恩神甫：《中国皇帝就基督教颁发诏书史》（1698年）；李明神甫：《中国现状新志》；宋君荣：《中国史中蒙古族最初五位皇帝历史编年摘要》（1729年），《中国天文学简史》（1732年），《成吉思汗和蒙古帝王史》（1739年）；等等。

225

通过某些史实而构成的一个编年实录,例如有夏、商、周三代的存在。宋君荣是传教士中最资深的一位学者,但又是一位非常谨慎的人。①他在自己的史著中对很多事情做了保留。他所下的每一个断语,都以对天文的实际观察为基础,都是为了评论《周易》上的某些记载,或是以对中国著作中的某些事实进行了一番慎重客观的研究为基础才得出来的。他清晰的智慧和博大的精神给史学研究带来了一种新的开拓。他在确定了《书经》上关于日食、月食的可靠性之后,写道:"这是班固将夏、商、周时期断代的一个伟大的证据。"②此外,宋君荣神甫于1739年发表了一部重要著作《成吉思汗和蒙古帝王史》,借助中文资料来使人们认识这位伟大的皇帝。谈到这本书时,雷慕沙(Abel-Rémusat)说:"它足以使一位作家赢得声誉。"③确实,为了更好地介绍亚洲的历史,中国古代的编年史是至关重要的,在他之前,还没有人这样好地了解它们,还没有人以这样有益的方式来开掘它们。

被誉为"活图书馆"④的宋君荣神甫在撰写他的《中国史论集》⑤时,不是以一种整理的方式或走马看花的方式,而是以一种客观精神来真正地揭示中国。在谈到这些关于中国历史的著作时,钱德明神甫在1759年写给里斯勒的信中说:"迄今我还没有看到过人们对这些历史著作有任何应用。"⑥他以不倦的精神致力于缜密的研究,他所拥有的中国知识之渊博是令人叹服的。⑦顺便说一下,"宋君荣神甫是唯一不认为自己比中国人更了解中国的传教士"⑧。我不知道金绍清先生是根据什么来下这一断语的,但可以肯定的是,他作为一个地道的汉学

---

① 《学者报》,1757年。
② 宋君荣(Gaubil):《中国天文学简史》,第41页。
③ 转引自布吕凯尔:《1723—1759年间在京传教士宋君荣神甫之历史著作中的中国与远东》,《历史问题杂志》,第37卷,第509页。
④ 《耶稣会士书简集》,第37卷,第10页。
⑤ 比如其中的《唐史》,1791年。
⑥ 《耶稣会士书简集》,第37卷,1831年,第14页。
⑦ 钱德明神甫宣称:"中国学者自己从中找到了自我教育的东西。"同上书,第10页。
⑧ 金绍清,前引书,第49页。

家确实从没有过戴遂良著作中那种先入为主的精神。

尽管史学家不胜其数,其中大部分是耶稣会士,但真正的中国历史在17世纪末和18世纪初尚未被写出来,他们对中国的历史知识仍然是粗略而带有偏见的。但当时研究中国在欧洲又很时髦,这就是冯秉正神甫翻译《中国史》的基本原因。

1702年这位神甫动身来中国,并以非凡的毅力翻译根据宋代最杰出的历史学家司马光的著作编著的《通鉴纲目》①。这是一部最重要的中国编年史巨著,自开天辟地以来的中国古代的重大事件,它都有记载,同时也是一部儒家的代表作。它是以向行政官员们传授政治哲学和教育他们在上述事务中该做什么不该做什么为宗旨的。冯秉正神甫的翻译于1730年完成,译稿在1737年左右到达法国,寄存在里昂的耶稣会士们手中。当时的学者弗雷烈(Fréret)于1735年已收到这部译作的序言,1742年左右他想将它在卢浮宫发表。但是,由于经费的原因,"没有一家书店愿印这三十卷的《中国史》"②。然而,茹夫尔(Jouvre)对此种说法持否定态度,他以自己手中冯秉正的信为证,说明其真正的原因是,耶稣会士们像18世纪初的作家们一样,想迎合公众的口味。当时,宋君荣神甫已发出抱怨:"人们不喜欢这样抽象、这样枯燥的东西,人们想要的是某些描绘,某些游记,尤其想要的是用以娱乐消遣的东西。"③另一个原因是耶稣会士们拖延了它的发表时间。因为冯秉正神甫的译作中所介绍的中国编年史同《圣经》的记载有着水火不容的冲突和矛盾④,只有这部译稿经过耶稣会的删节到了克罗西神甫(Grosier)手里,它才得到了发表的机会,出版工作从1777年延续到1783年,才仅仅出到四开本第13卷。

这些历史著作使中国在欧洲得到认识。然而由于这些著作是按中

---

① 《通鉴纲目》的意思即"中国通史编年"。这部珍贵著作于1084年完成,1476年完成续补,在明代经过审核,1707年又经康熙御批,成为中国历史的一种教材。
② V. 毕诺:《中国与法国哲学思想之形成》,第143页。
③ 同上书,第144—145页。
④ 参见亨利·柯蒂埃:《补充远东教会史之未出版文献》,《远东杂志》,第3卷,第79页。

227

国观点所撰写，它们又出于外国作者之手，特别是涉及现代内容的史著，更具有另一种重要的意义，它们可以使《中国史》更加完善。作为外国人和宗教人士的耶稣会士们，他们的作品不受审查，他们敢于讲出自己所要讲的事情，对此，中国人应该尊重他们。

无论如何，由于耶稣会士们的著述，法国才得以由此获得有关中国历史的比较可靠的知识。

二、耶稣会士们的地理学作品

耶稣会士们在编纂历史著作的同时，他们的文化知识活动在另一个领域——地理学领域里也产生了作用。这就进一步提高了他们的声誉，以致他们的名字永远写在了中国地理学的史册上。

可能恰恰是由于他们在地理学中所取得的重要成绩，致使某些作者无比天真地认为："中国人通过耶稣会士们绘制的地图来认识他们自己的国家。"好像在他们之前，中国的地理学根本不存在似的。这种偏见纯属无知，因为世界古老的地理学当然是《书经》中的《禹贡》[1]。宋君荣神甫在自己的天文学观察报告中说："在这一章里所提到的地方被确定的方位是那样精确，以致可以绘制出一幅包括大半个中国的地理图。"[2] 确实，大禹把中国分为九个部分，命名为州，该字表示"可居住的地方"。

此外，中国的地理学家收集和积累了有关中国的全部资料。因此，斯文·赫定（Sven Hedin）有理由指出："中国人受益于政治、贸易及地理学上的实际见闻，因此，在某些方面（如东方的一些大河的源流）所做的详尽描述，其准确性胜过19世纪末欧洲人的设想。"[3] 是

---

[1] 禹贡指"禹指定的贡品或佃租"。禹在位的时间大约是公元前2205—前2198年。
[2] G. 普梯埃:《东方经书》，巴黎，1860年。《书经》，第二部分，《夏书》，第60页。
[3] 转引自裴化行:《鄂本笃兄弟在上亚洲的穆斯林中（1603—1607）》，天津，1934年，第40页。

的，中国地理学不是始自于宋君荣神甫。

我们提出这样的看法，丝毫没有贬低耶稣会士们的功绩的意思。恰恰相反，我们的意图正是要突出这些优秀的智慧之作的客观价值。

大约在1582年，当利玛窦到达广东时，尽管他们掌握的地理知识十分丰富，他的脑海里还是出现了这样一个问题：是否中世纪的作家们所讲的"契丹"就是中国？经过大量的调查，特别是个人的经验之后，经过16年的时间，利玛窦得出下述结论："契丹"就是中国，"大汗"与中国皇帝没有区别，但是汗八里是北京而不是南京。① 在中国文人看来，利玛窦的成就主要是在地理学方面的。一方面是由于他撰写了《乾坤体义》②一书；另一方面，是他向皇帝提供了一本《万国舆图》③。从这时起，中国不再像以前那样被当作一个世界，而它只是世界的一部分了。这在中国人的观念中是一场重大的革命。

艾儒略（Jules Aleni，1582—1649年）1623年完成的《职方外记》至今尚不失为一部名著。说实在的，这部著作不是他独创的作品，正像他在序言里说的，它是庞迪我神甫（Didace de Pantoja，1571—1618年）和熊三拔神甫（Sabbathin de Urris，1575—1620年）著作的一个补充。这部著作标志着一个伟大的进步，它的意义在于：作者借助中国的原始资料标出了城市和山脉的距离。但是，由于中国地理学上的缺陷，导致了天文观测的忽视。在他们的描写中，中国地理学家们总是采用一种丈量地亩的尺度作为标准，而这种尺度在使用上又没有统一的标准，所以得到的数据很不可靠。

我们应该对卫匡国的功绩给以公正评价。他的著作《中国新地图集》④一书显示出他善良的愿望，他善于利用中国资料，但不善于避开它们的错误。南怀仁关于地理学的著作，以及1672年分为两卷的《坤

---

① 转引自裴化行：《鄂本笃兄弟在上亚洲的穆斯林中（1603—1607）》，天津，1934年，第39页。
② 《论天与地》，用中文写成，冠以如下标题：《乾坤体义》，三卷。
③ 这是份地图，名为《万国舆图》。
④ 《中国新地图集》，1655年由阿姆斯特丹的出版商让·博路出版。

229

舆图说》和 1674 年的《坤舆全图》都是按照老办法纂写的。它们有某种历史价值,但除了照搬中国已知的东西之外没有什么新的东西。

这里要加两点必要的说明:第一,自利玛窦来华以后,地理学一直是耶稣会士们极为关注的事,因为这门学科成了深入中国知识界最有效的手段之一;第二,下面我们即将要谈的法国耶稣会士们撰写的地理学著作的真正功绩并不意味着由他们创立了一个新学科,因为他们广泛地利用了中国的原始资料和他们前人——传教士们的著作。他们真正的功绩似乎在于他们的方法以及他们所做的坚持不懈的努力。

这项宏伟的工作是在康熙统治时期进行的。在《中国书目》中,亨利·柯蒂埃详细地引述宋君荣的信并指出产生这部巨著的根源:"第一,这是巴多明想出的一个通过让康熙皇帝看长城的地图从而使皇帝产生一种对地理学的好奇心的办法;第二,这位皇帝对白晋、雷孝思(Regis)、杜德美(Jartoux)三位神甫所绘制的长城地图如此满意,以致他决心使他们绘制中国鞑靼统治下的所有辽阔国土的地图。"[1] 此外,还有另一个没有说出来的原因,但我们一想便知,那就是康熙统治初期,中国经常处于战乱之中,康熙愿有一个领土一览表,以便改革他的经济和军事形势。

耶稣会士们来中国之前本来就是学者,他们不仅拥有最新最好的科学仪器,而且他们还就地做些完全新颖的试验。张诚神甫曾陪同康熙八次巡视蒙古地区。他精心地通过天文观察测定纬度,通过罗盘测定经度。而后,除去以前传教士进行的观测,1699 年黄河泛滥和 1700 年白河决堤给了耶稣会士们绘制地图的机会。因此,白晋、雷孝思和巴多明开始了一项使皇上颇为满意的工作。

康熙是一位充满智慧和求知精神的皇帝,1708 年,他想要一幅长城地图,白晋、雷孝思和杜德美被授命试制。6 月 14 日,他们离京西去。两个月后,白晋在陕西病倒,雷孝思和杜德美继续向前勘测,直

---

[1] 亨利·柯蒂埃:《中国书目》,第 1 卷,巴黎,1878 年,第 510 页。

到西宁，以便通过长城内侧的地图来完善自己的工作。1709 年 1 月 10 日，他们返回北京。地图绘制得相当精致，以致康熙很快决定让他们再制一幅全国地图。

下面是可以对这项不朽的工作略见一斑的图表①：

日期	省别	测绘者姓名
1709	蒙古	费隐（Fridelli）、白晋、雷孝思、杜德美
1709	直隶	费隐、杜德美、雷孝思
1710	黑龙江	费隐、杜德美、雷孝思
1711	山东	雷孝思、麦大成
1711	山西、陕西、甘肃	费隐、杜德美、汤尚贤、潘如
1712	河南、江南、浙江、福建	雷孝思、冯秉正、德玛诺
1713	江西、广东、广西	麦大成、汤尚贤
1713	四川	费隐、潘如
1714	云南、贵州、湖南、湖北	雷孝思、费隐
1715	中国全图	白晋

这一地理学上的壮举以其持续之久和工作的幅度之广令我们折服。从 1709 年 5 月 8 日开始，到 1717 年元旦结束。这些地图首先用中文出版，随后，在著名地理学家唐维尔（D'Anville）领导下，于 1730—1734 年间，在法国刻版印刷。②从此以后，在欧洲人眼里，中国不再是一块"隐姓埋名的土地"了。

这部巨著的巨大声誉应归功于为使之成功而采取的方法。对于这个问题，宋君荣神甫是这样解释的："他们（耶稣会士们）有几个大罗盘，一些其他仪器，一个水平仪和其他一些与执行皇帝旨意有关的物件。用一些标着精确尺码的绳子，准确地测量着从北京出来的路程……在路上，他们观测和记录太阳子午时的高度，随时观测罗盘经

---

① 参见杜赫德：《中华帝国志》，第 1 卷，前言。
② 参见《唐维尔中国回忆录》，巴黎，1776 年。

纬方位，并精心地观察罗盘针的变化与倾斜。"[1]

从 1717 年以后，中国对自己领土的地图有了更精确的绘制。人们指责耶稣会士们的地图没有恰当处理物理地理学问题，然而，只要看一看他们当时完成这一任务所遇到的困难，对他们的评价或许会更公正一些了。宋君荣神甫还谈道："……陪同他们的中国和鞑靼官员们，对他们约束很紧，这些官员居然下令不让神甫们去他们应去的地方……"[2] 他在 1736 年 11 月 5 日给苏西埃神甫的信中还写道："我们大家不能不感谢你写的关于地图方面的东西；是由于对我们法国布道团的荣誉的真正热忱，才使你讲出这些话的，因此，理所当然应让你满意……无论如何，公众将清楚地看到我们的神甫们已经做出了依靠自己的才智所能做到的一切……"[3]

康熙对这些地图非常满意。汤尚贤神甫指出："陛下在好几个省份巡察他亲自标示的地方。这位皇帝多次说：'画得一点也不错。'"[4] 这就是说没有任何错误。当这些地图呈交皇帝时，皇帝对他的大臣、朝中的大学者蒋廷锡说："此朕费三十余年之心力，始得告成，山脉水道，亦合《禹贡》，尔可以此图并各省分图，使九卿细阅，倘有不合，九卿有所知者，可即面奏。"[5] 由此可见，这部著作深得康熙皇帝赏识，而且他对它的作者们是怀着深深谢意的。

三、耶稣会士们的哲学作品

中国用她浩瀚的文籍来满足耶稣会士们来华求知的胃口，但是不

---

[1] 布吕凯尔：《18 世纪传教士关于制作中国地图的交流，据未出版档案整理》，第三届国际地理科学大会，1889 年在巴黎召开，第 388—389 页。
[2] 同上书，第 369 页。
[3] 同上书，第 395—396 页。
[4] 杜赫德：《中华帝国志》，第 1 卷，前言，第 42 页。
[5] 萧一山：《清代通史》，第 1 卷，上海，1932 年，第 583 页。

应该以为了解中国的地理和历史是他们唯一的目的。当路易十四派使团来中国时，柯尔贝对洪若翰神甫说："神甫，科学不值得你远涉重洋，不值得你远离自己的祖国和朋友，而屈尊生活在另一个世界。然而用宗教去驯化人心，为耶稣基督去赢得灵魂的愿望则往往诱使你们去进行类似的远行……"① 这些教徒的根本目的首先在于传播福音。

仅仅为了使中国人接受基督教这一学说，就会使耶稣会士们把深入了解中国的哲学视为必不可少的东西。哲学的中国，被视为作为宣传宗教信仰而研究的对象，这的确是欧洲人的伟大发现之一。李明神甫在他的《中国现状新志》中写道："中国人民保存着两千年对上帝的真知，而且以其堪称楷模和足以使基督徒受到教益的方式使上帝感到荣耀……"② 假如中国之思想智慧没有提供足够的、不可否认的证据的话，这位神甫是不会下这样的断语的。

中国的典籍就是这种断语的一个明证，没有一位传教士否认过它的价值。当然对它们可以进行各种争论，但人们绝对不能否认其对理性与道德进步方面所做出的巨大贡献。关于这些典籍的问题，曾引起过两种截然相反的意见：第一，深深为这些经书③的智慧之伟大所感动的耶稣会士们总是发表一种赞誉的评价，故而，刘应神甫回答中国皇帝说，孔子学说"不仅毫不与基督教相悖，而且与它的原则十分吻合"④。第二，耶稣会士的对手们则相反，他们猛烈地攻击这种学说，例如何努多神甫（Renaudot），出于其好斗的本性，不愿做出任何妥协，他想"把中国人贬低到美洲蛮人的水平"⑤。

因此，耶稣会士们有必要及时翻译中国的经典著作，更确切地

---

① 《耶稣会士书简集》，第27卷，1831年，第46—47页。
② 李明：《中国现状新志》，第2卷，巴黎，阿尼松出版，1696年，第141页。对这些话，审查官写道："命题是虚伪、轻率、可耻、错误的，是对神圣的基督教的侮辱。"（审查官的话为拉丁文。——译者注）
③ "经"的大意是，一种确定无疑的、永恒不变的信条。
④ 白晋：《中国皇帝康熙传》，第228—229页。
⑤ V. 毕诺，前引书，第239页。

说，是改写这些著作。首先，为了使基督教牢固地扎根于中国，需要把基督教学说同中国文明和谐地结合起来，以提高中国人民所创造的这种文明。其次，传教士们在来中国之前需要吸取中国经典著作中所阐明的道德力量。再次，为了反对自己的对手，难道如实地指出中国的思想不是一个最机智的方法吗？然而如何把基督的本质与奠定书经基础的无神论协调起来呢？

按编年顺序，耶稣会士翻译和改编的中国经典著作如下：

一、《中国科学提要》，1662年，郭纳爵神甫（Ignace de Costa）译，这是一部《大学》和《论语》的合译本，在殷铎泽神甫（Prosper Intorcetta）的关怀下出版。

二、《中国政治道德科学》，巴黎，1672年出版，殷铎泽译，是一部《中庸》的译本。首先用拉丁文附有中文原文在1667年发表，1671年在印度果阿再版，1676年在南京再版。

三、《中国哲人孔子》，在1687年出版，由殷铎泽、恩理格（Herdtrich）、鲁日满（Rougemont）、柏应理（Couplet）四人合作编译，是一部引起很大争议的著作。毕诺曾指出书刊审订者对原文的变动。下面是一个例文：

手　稿	出版的正文
相反地，对这样一位伟大祖先的纪念尤其被后人永远保留在氏族的祭礼里。	相反地，对这样一位伟大祖先的纪念尤其被后人永远保存在祭祖的宗教仪式之中。[①]

四、《中国六经》，由卫方济神甫（François Noël）编译，1711年发表于布拉格。这是《四书》的一部新的译本，《孝经》和《小学》的译文也收在其中。

五、《书经》，由宋君荣译，由德经（De Quignes）于1770年在巴黎发表，1740年宋君荣就将译文附上详细的注释寄给弗雷烈，然而这

---

① 转引自V. 毕诺，前引书，第156页。

本书耽搁了三十年后才发表。《书经》是一部非常有名的著作,这是公元前24世纪至公元前8世纪政府的道德规范,智者传下的公理,成为中国古老文明的概括。

六、《易经》,由雷孝思译成拉丁文,这部译著在1834年才发表出来。雷孝思神甫死于1738年,是在他死后一个世纪才得以发表。雷孝思利用了冯秉正翻译的《易经》。① 与这部著作有关的作品有马若瑟的《易经理解》②和刘应的《易经说》③。

此外,从17世纪以来,许多关于中国哲学的著作已经出版,这些著作只不过是些普及性和经过整理的书。甚至杜赫德在《中华帝国志》中,也仅仅援引了一些简要的摘录。这些著作具有不可否认的重要性。首先我们应该说明的是,这是天主教第一次面对中国典籍时,对它们重要性的一种近乎幼稚的夸奖。白晋神甫在给莱布尼兹(Leibniz)的信中,认为这些中国的"圣书"是带有预言性的著作:"如果我有暇在这里谈谈其中细节的话,你将通过这封信高兴地了解到真正的宗教几乎全部蕴藏在中国的古籍之中,而且救世主的生与死和他的神职的基本功能,以一种预言的方式都包括在了中国古代这些不朽著作之中。"④ 这是些相当卓越的观念。

孔子哲学进入西方哲学之中,这是不容忽视的另一种结果。从此之后,他的名字跻入了与希腊著名哲学家并驾齐驱的行列。因为孔夫子是"若干个世纪不曾有过的最伟大的人类导师"⑤。耶稣会士们的著作都十分推崇孔子精神。它的道德学说是那样自然,那样崇高,荟萃了人类理性最精纯的源泉,从而使人更加敬佩。在1769年的一份简介中,有这样奇特而意味深长的话:"孔子总是和用线条代表源远流长哺育地球的大河、用圆点代表装点河山的大城市的地理学家们一样,用

---

① 《耶稣会书目》,1895年,巴黎,皮卡尔出版社,"冯秉正(Maillac)"词条。
② 法国国家图书馆,中文部,27203。
③ G. 普梯埃:《东方经书》,第137—149页。
④ 《莱布尼兹论哲学、数学、历史等文集》,汉堡,1734年,第79页。
⑤ G. 普梯埃:《东方经书》,第11页。

235

简洁的笔触勾画自己的思想。"①

应不应该责备耶稣会士们对孔子的赞扬有点过分呢？肯定是不应该的。但是，使我们感到惊奇的是，在如此众多的中国哲学家中，耶稣会士们为何偏偏只赞颂孔子？因而，这些教士们的作品会给他们的读者们一种印象：中国的思想是个统一体。事实上，尽管孔子格外受到欧洲人的青睐，但他的学说已不再是纯粹的了，特别是佛教传入以后。其他学派，在这位伟大哲学家生前同样存在着。此外，18世纪作家们滥用中国文明达到了惊人的程度。孟德斯鸠和伏尔泰不认识一个中国字，但都敢于深信不疑地谈论中国。人们盲目地相信他们，因为他们是著名的作家。所以这种舆论不完全是由耶稣会士们造成的。对中国的发现导致了一种道德新观念的形成。这种观念不再是贵族式的，而变成大众化的东西了。以后我们将会看到，18世纪的哲学家们所宣扬的理性宗教和大众宗教完全是一码事。这种看法乍看起来似乎有点难以令人理解，但读一读杜赫德神甫下面这段话便会茅塞顿开了："通过这篇作品，人们将会看到，中国的圣贤们在道德上是大众化的，是致力于改造民俗的，如果说他们毫不像希腊、罗马的哲人们那样使自己的思想闪露光芒，那么，人们很容易发现他们是在力图使自己的学说适应民众的理解力。"②哲学家们从而得出结论：学说与权威的结合是阻碍进步的错误根源。"让每一个人在自己的法律中去和平地寻找光明吧！"③这句话变成了一条百科全书派的格言。

如果说耶稣会士们在中国取得了不亚于他们在欧洲取得的如此众多的成就，那么是因为他们对中国没有采取像他们的对手一样的态度。在他们的同代人眼里，"那些开发中国和印度的人们，他们不想作为东方人来开发它们"④，而是以西方人的方式来开发，似乎全世界都应按

---

① 《大禹与孔子——中国故事》的简介，苏瓦松，1769年，第5—6页。
② 杜赫德：《中华帝国志》，第3卷，第158页。
③ 艾米尔·法盖（Emile Faguet）：《18世纪》，巴黎，前言，第16页。
④ G. 朗松（G. Lanson）：《18世纪哲学思想的形成与发展，东方和远东的影响》，《教学与讲座杂志》，1909年，第65页。

欧洲方式生活。①利玛窦和他的继承者们以其远见卓识，始终站在中国人的立场上，无论是在科学工作中，还是在宣扬福音书中，他们不是只顾献身于教会的教育，而是始终尊重中国的传统和结构。

耶稣会士们在文化知识方面的活动是富有成果的。他们的科学和宗教的著作产生了巨大的影响。清朝在典籍研究中卓有成就的著名学者们，都至少间接地受到西方的研究方法即分析法的影响。

通过上述简要概括的说明，我们或许可理解到这些智慧的创造者的重要性。通过他们的历史、地理和哲学的著作，中国的轮廓被很好地勾画了出来。中国不再是传奇性和想象中的国家了。在一篇论"汉学"的文章中，爱德华·沙畹（Edouard Chavannes）不无道理地写道："当人们在查阅卷帙浩繁的4大卷对开本著作（指《中华帝国志》）时，会发现这里蕴藏着18世纪汉学的矿藏，他们不能不叹服法国某些宗教人士们所完成的巨大工作。面对一种多姿而壮阔的古老文明，这些先驱们懂得开辟一条康庄大道的重要意义。它能使后人们一起瞥见这个辽阔的领域并把自己探求的矛头指向这里。"②

---

① 本笃十四世在其1755年7月26日的教皇谕旨中，明确地说："让所有人都是天主教徒，而不要全变成拉丁人。"参见《新星与老手》（Nova et Vetera），第2期，1935年，第229页。
② 爱德华·沙畹：《汉学，法国科学》，第2卷，巴黎，拉鲁斯出版社，第137页。

237

第四章
杜赫德的《中华帝国志》

  耶稣会传教士们利用自己得天独厚的条件和不倦的活动开始系统地探索中国。尽管18世纪初,中国变得时髦起来,但是西方对它的认识,还是表面多于实质。雷孝思、宋君荣和冯秉正诸神甫的不朽巨著的发表是以后的事。宗教礼仪之争使得耶稣会士们格外谨慎,以避免被自己的对手抓住把柄,这是很自然的事情。因此,上述著作的手稿被埋没在图书馆的尘土之中不能发表,只能作为这些卓越作者所留下的珍贵纪念品而被保存。

  在这种可悲的环境中,运气降临到杜赫德的头上。为了准备着手撰写著作,他批阅了生活在中国的同事们的回忆录和笔记。由于很多在北京的神甫不时地把自己的著作寄给外省的神甫,因此,杜赫德神甫没能读到它们。此外,我们应该说明一下,由于这些回忆录和注释的迟迟不能发表,杜赫德关于中国的著作的成就变得更加突出和持久。

  要很好地使法国了解中国在18世纪的情况,研究杜赫德的著作是绝对必要的。这些作品不仅作为中国知识的"总和"而出现,而且它对18世纪的启蒙思想家来说是一座了解人类精神进步的宝库,他们就是到这里来寻找理性主义的论据的。杜赫德的著作的重要性是毋庸置疑的。下面,我们将对杜赫德其人、其作,特别是《中华帝国志》进行一番论述。

一、杜赫德神甫其人

温和、亲切、虔诚,对自己的责任兢兢业业,这就是杜赫德。人们不了解他的生平也可以研究他的《中华帝国志》,这是一部十分漂亮的辑录,是来自第二手资料的科学著作。此外,杜赫德是一位学者,不是艺术家;是一位书斋里的教徒,[①] 不是活动家。在这位杰出的汉学家的生平中,没有什么惊天动地的事。

我们在《耶稣会书目》的一篇文章《杜赫德》中,看到一段他的传记性的简介,照抄如下:

> 让·巴普蒂斯特·杜赫德,1674 年 2 月 1 日生于巴黎,1692 年 9 月 8 日进耶稣会;1708 年,他在巴黎书院任教。随即被选为郭弼恩的继承人,郭氏是收集整理各国有关耶稣会士们信件的负责人,是国王的忏悔神甫勒特利(P. Le Tellier)的秘书。1729 年脱落梧(P. Trevou)去世后,他成为摄政王之子奥尔良公爵(Duc d'Orléans)的忏悔神甫。1734 年 8 月 18 日逝世于巴黎。[②]

尽管这是个很简单的介绍,但它可为我们绘出杜赫德的基本轮廓,并了解到他的著作成功的原因。"他是一个巴黎人,"日内瓦画家特普弗尔(Tœpffer)心怀叵测地写道,"无疑,杜赫德是所有人中最

[①] "杜赫德神甫,其思想是健康而纯洁的……",《现代作品概观》,第 5 卷,第 164 页。
[②] 《耶稣会书目》,巴黎,皮卡尔出版社,1895 年,"杜赫德"词条。

轻浮的一个。"① 这种指责是不公正的。然而，当人们对某些微妙之处做出自己的判断时，也难免会有所偏见。例如在宗教礼仪的争议中，杜赫德始终持谨慎态度，主持人布依埃（Bouhier）在一封信中肯定地说："我看不到他（杜赫德）在这篇文章中留下什么可攻击的把柄。"②

作为耶稣会教士，杜赫德很了解自己的处境。在这种关键时刻，他必须与耶稣会的对手们进行斗争，尤其是必须完成自己应尽的义务。在纠纷中，杜赫德保持着客观态度，在他的同事看来，也是如此。《学者报》写道："尽管他有点自负，但考虑到和传教士们的文字关系，杜赫德承认，由于传教士们把旅行当作自己的主要目标，并把注意力集中到这个目标上，因此，在充斥于他们作品中的事物的描写上没有能保持足够的谨慎，没有能使之准确可靠，他们有点太附会中国。作家对自己国家的事物所做的描写，往往出自敝帚自珍和自卖自夸的立场。"③ 杜赫德所采取的态度是客观而机智的。

当他的《中华帝国志》在1735年发表时，受到了人们的热烈欢迎。人们认为杜赫德不仅是一位学者和历史学家，而且是一位古典作家。《现代作品概观》中谈到《中华帝国志》时这样写道："总之，他是一个文笔简朴、严谨，有判别力和韧性的人，始终受着理性和真理的支配。"确实，杜赫德首先是一位古典作家，但我们要讲清楚，他的古典主义已不是17世纪的古典主义了。几乎可以这样说，他是蜕变了的古典主义。人们可以感受到，伏尔泰的悲剧接替了拉辛的悲剧。

在杜赫德的著作中，我们要指出两个基本的特征：一方面，他的丰富的感情使他能想象得到除他自己的观点以外的其他观点；另一方面，他在使公众认识中国的同时，与这个遥远的国度息息相通。他密切注视着读者的趣味，以便不伤害他们的细腻的情感。毕诺在谈到他

---

① R. 特普弗尔（R. Tœpffer）：《一个日内瓦画家的思考与琐语》，1865年，巴黎，阿歇特出版社，第35页。
② 转引自维吉尔·毕诺：《中国与法国哲学思想之形成》，1932年，第173页，注81。
③ 《学者报》，1735年，第617页。

的一篇作品时不无道理地说："显然，他（杜赫德）精炼了这篇作品，纯化了这篇作品。因为传教士们的作品太古色古香和太具有中国式的风格，而这会使法国人感到刺耳。"①

作为《耶稣会士书简集》的编辑、《中华帝国志》的作者，杜赫德在公众面前成了耶稣会士们关于中国事物的发言人和专家。他热爱他从未见过的中国。"杜赫德在对中国人形象的描述上，也竭尽奉承之能事。"② 一位传教士这样说。

耶稣会士们的意图是通过一般方法来使人们认识中国思想，保持人们对中国的敬重，尤其是振奋起"那些对这样一个如此礼貌、如此通情达理的民族感兴趣的人们的热情"③。圣西门（St-Simon）把《耶稣会士书简集》叫作"狡猾的叙述"④，不是没有道理的。故而，我们应该考察一下《中华帝国志》是否也是一种编造的历史或者其编造的痕迹达到何种程度。

杜赫德神甫在中国思想的传播上起了重要的作用。在18世纪，经常把中国作为榜样而加以引述的有两类作家，"自然神论者和经济学家。这两类人都将某些耶稣会士奉为大师"⑤。在这些具有深刻影响的大师中，德高望重的当首推杜赫德。

这种断言不是轻率的，而是有充分道理的。在论及杜赫德的文章中，亨利·柯蒂埃毫不犹豫地写道："尽管杜赫德神甫从未到过中国，他的法文著作仍是关于这个大帝国著作中最上乘的作品。"⑥

在考察《中华帝国志》之前，我们应先考察一下《耶稣会士书简集》，因为实际上这些信件是《中华帝国志》的主要素材。

---

① 维吉尔·毕诺：《中国与法国哲学思想之形成》，1932年，第174页。
② 《耶稣会士书简集》，第37卷，第128页。
③ 《耶稣会士书简集》，第35卷，第92页。
④ 圣西蒙：《回忆录》，第25卷，第184页。
⑤ A.杜密里：《耶稣会士对18世纪思想运动的影响》，《第戎科学院论文集》，第三辑，第2卷，1874年，第15页。
⑥ 亨利·柯蒂埃：《大百科全书》，"杜赫德"条。

二、《耶稣会士书简集》

17世纪末，文化生活的面貌可以概括在这样一句话里："如果你好奇的话，那就去旅行吧……"[1] 这种精神状态同样也感染了传教士们，致使他们的书信集也冠以一种莫名其妙的名字——《有益而有趣的书简》。

这些信件采自传教团所在的不同国度，自1702年起有规律地发表，1—8卷由郭弼恩主编，1711年6月18日至1743年4月25日的9—26卷由杜赫德主编，1746—1776的第27—34卷[2] 由帕杜耶神甫（P. Patouillet）和马赛尔神甫（P. Marchal）主编。这部书简集是该世纪一部扛鼎之作。"它们是一个宝库，为18世纪的政治与宗教的对立提供了最得力的武器，是当时哲学家和政治家们广泛开采的宝藏。"[3]

对这部多卷本的书简集有两种评价：一种评价声称这些信件是由耶稣会士们用"审视的剪刀"[4] 裁剪而成的，"以招揽虔诚的顾客"[5]。另一种评价保证说，"传教士们努力想讲真话，但他们却时而抹杀一部分，时而又表现得仿佛害怕自己的作品寄回中国或被翻译成中文"[6]。然而，我们赞同这样一点：《耶稣会士书简集》没有被如实按原来写的样子发表，它们的改动主要由杜赫德神甫负责。

杜赫德修饰、加工、整理过《耶稣会士书简集》的原文是确定无疑的。假如我们赞同毕诺先生关于"我们怀疑杜赫德"[7] 的结论，那我们也只有怀疑了。我们知道，耶稣会传教士们写过两类信件，一类是

---

[1] 保罗·阿扎尔（Paul Hazard）：《欧洲意识的危机》，第1卷，1935年，第6页。
[2] 亨利·柯蒂埃：《中国书目》，1878年，第415—417页。
[3] A. 杜密里，前引书，第5页。
[4] V. 毕诺，前引书，第165页。
[5] V. 毕诺，前引书，第165页。
[6] 约翰·巴洛（John Barrow）：《中国游记》。转引自耶稣会士A. 布鲁（A. Brou）的文章《北京的耶稣会士汉学家与其巴黎出版商》，《传教史杂志》，第11卷，1934年，第557页。
[7] V. 毕诺，前引书，第161页。

秘密的，始终掌握在会长手里；另一类像《书简集》中的信件一样，是公开发表的。只要第一类信件不全部公开发表，我们就很难了解耶稣会士们对中国问题的真实思想。同样，在第一类中，我们可以采取"同样完全可靠"①而赞同耶稣会士们的结论或反对他们的结论两种不同的态度。因此，对《耶稣会士书简集》的研究，往往成了作者表示对中国或对耶稣会士们同情与反感的一种方式。

这些信件所表现出的首要的品质是简朴。皮埃尔·马尔蒂诺（Pierre Martino）在他的论著《17、18世纪法国文学中的东方》中正确地指出："诸君打开的这部书，将会给人一种这样的印象：对近乎愚蠢的善良、幼稚的信仰表现出一种天真烂漫。"②在三十四卷《书简集》中所保持的朴素特征应归功于杜赫德的润色加工。至于这种润色加工是为了中国还是为了他的同事，我们尚难以做出结论。

不要忘记，这些信是给公众看的，是新闻报道式的实录，因此，需要有雅俗共赏的特点。

此外，"这些信件发表的宗旨在于吸引公众对传教团的注意"③。同时也要维护那些了解传教使团内情的人们的利益。汤尚贤神甫（P. de Tartre）在给他父亲的一封信中写道："可你要我怎么写呢？这又不是一本小说，可以自由地演绎一些冒险故事来取悦读者。我写的是那些上帝愿意给予我们的那些东西，我也只能写这些东西，因为我知道你希望从我笔下赏心悦目地了解到发生在远离你的儿子身上的最细微的事情。"④

在《耶稣会士书简集》的序言中，作者宣布："我们将向读者奉献的不再是野蛮人和处于被奴役悲惨境地的民族的景象。他们是久已组成社会的民族，享受着政府开明立法和维持治安秩序的优越性。"⑤

---

① A. 布鲁，前引文，第556页。
② P. 马尔蒂诺：《17、18世纪法国文学中的东方》，巴黎，阿歇特出版社，1906年，第114页。
③ A. 布鲁，前引文，第557页。
④ 《耶稣会士书简集》，第26卷，1831年，第180页。
⑤ 《耶稣会士书简集》，第25卷，1831年，前言，第1页。

因此,《书简集》仿佛是耶稣会士们为中国利益而炮制的夸张的辩护词。换言之,耶稣会士们想把中国人民的高尚思想介绍给人们。但这些宗教人士并没有掩饰中国人的缺陷。

不要忘记,中国人和法国人一样,"既不是神,也不是兽,而是人"①,就是说,他们有自己的优点和不足。至于耶稣会士们的肯定,他们所写的有关中国风俗方面的东西不是绝对的,但它与法国风俗迥然不同。至于杜赫德神甫,尽管他的剪刀无情,但无论如何,他还是"保留了来自我们神甫的资料"②。照我的看法,这些信应被看作是一家报纸的特殊通讯。真正的问题是:是否耶稣会士们对中国人有点过分的恭维?他们把中国塑造成了一个什么样的形象?

耶稣会士们没有以布瓦维（Poivre）的方式谈论中国。他说:"如果这个帝国的法律成为所有人民的法律,那么整个地球将出现像中国这样令人陶醉的局面。"③他们也没有以安松（Anson）和何努多（Renaudot）的方式谈论它,上面两位,一个认为,中国人的麻木不仁是"相当低下和可鄙的性格标记,这与众多作家对这个民族的天性的赞扬大相径庭,我有理由认为这些赞扬是太过分了"④。另一个认为,中国人是滑稽可笑的,"他们不注意卫生,他们不用水洗脸洗澡,在他们认为有必要时,仅仅用纸擦擦而已"⑤。从《耶稣会士书简集》来看,耶稣会士们谈论中国的态度是比较公正的,至少他们力图保持这种态度。例如,中国人几次问传教士们欧洲是否有很坏的基督教徒。罗班神甫（P. Loppin）写道:"怎么回答他们呢?应该不应该对他们说也许只有当一个教徒犯了教规而不知道是罪恶时,说他是坏的才是正确的,尽管

---

① 帕斯卡:《思想录》,阿歇特出版社,第二篇,第140节。
② 唐维尔:《中国回忆录》,巴黎,1776年,第15页。
③ 布瓦维（Poivre）:《一位哲学家的旅行》,1769年,第148页。
④ G. 安松（G. Anson）:《环球旅行记》,阿姆斯特丹,理查德·瓦戴尔出版,1749年,第276页。
⑤ 奥塞伯·何努多（Eusèbe Renaudot）:《两位穆斯林旅行者对印度和中国的古老记述》,巴黎,1718年,第17页,也请参阅第16页。

有大量而持续不断的灵魂拯救，但时刻想着自己的欧洲人常常比一位可怜的中国人更不相信宗教，他在一年中，只能有一次接近圣礼。"①

实际上，在中国和在其他地方一样，缺陷与道德永远并存。如果说18世纪哲人使中国理想化了，那么错误不仅仅来源于耶稣会士们对这个帝国的赞扬，更重要的是在于这些哲学家本身。对于他们来说，进步的理论不仅仅适用于物质领域也适用于精神领域。这种思想本身是如此错误，却在指导着他们的评论。在《耶稣会士书简集》中，耶稣会士们对中国人"周密"而"规范"的②法律与精神准则给予大力赞扬是确实的，但是他们同样以严厉甚至不公正的方式谈论中国人的缺陷。布尔热瓦（P. François Bourgeois）写道："这些人有着各种各样的大毛病而且相当夜郎自大……他们是伟大的模仿者，但不具备某种创造的天资。"③如果我们把这些话再放到他的时代（1767年）的话，人们很可能责怪中国人是傲慢的，但绝不是模仿者。

让我们多少详细一点地考察一下耶稣会士们是如何谈论中国人缺陷的吧。我们会看到他们所描绘的中国人的形象不仅仅是出于吹捧。

我们从有关皇帝的记载说起，在对苏努家族的迫害中，我们悲哀地感受到雍正皇帝的凶狠残忍。皇帝九弟允禟的岳父和女儿一起被流放，死于道途之上。两个月后，皇帝"下令掘墓焚尸扬灰"④。

在巴多明的所有信件中，雍正都被看作是尼禄（Nero）的同类。他残忍到不放过这个家族的一个孩子，连哺乳的婴儿也要戴锁。"将军们预订的锁链制成了，他们给这个家族的亲王们每个人上九道锁链，甚至连最小的孩子也照此办理，孩子有与他们的年龄相配的锁链。"⑤

谈到官员们，冯秉正神甫这样写道："中国人民对这些官员的辱

---

① 《耶稣会士书简集》，第35卷，第187页。
② 同上书，第32卷，第253页。
③ 同上书，第37卷，第128—129页。
④ 同上书，第31卷，第68页。
⑤ 同上书，第31卷，第71—72页，参阅第31卷全卷。

骂与谎言已经习以为常了。"① 他还写道："这些大老爷们用美妙的词语来解脱自己的罪责，对他们来说，谎言是不在话下的。"② 作为贪官污吏的牺牲品的中国人民受尽痛苦和折磨。我们并不认为耶稣会士们是用美丽的画图来掩盖真相。

对于异教的人民，耶稣会士们有时用一种相当苛刻的语言："当他们闭着眼睛不看那些显而易见的真理和一切能引导他们认识上帝的东西时，魔鬼就会这样嘲弄这个不相信上帝的不幸民族。"③ 不用谈杀婴和偶像崇拜，仅就这些例子，就可看出耶稣会士不是只奉承中国的道德了！

在1703年2月10日的一封信中，沙守信神甫（P. de Chavagnac）写道："要使那些重要人物，尤其是官员们改变高利盘剥的宗旨更是困难的，因为他们大部分人以勒索不义之财为生，加之，他们能养活多少个女人，身边就有多少个妻妾，这就像一条条难以挣脱的锁链缠锁在他们的身上。"④ 谈到改变宗旨的困难，他还写道："笼罩在中国人中间的颓败气氛是他们难以克服的障碍。"⑤ 在这封信的后面，他写道："在他们心灵的腐败和混乱之中仍然有一种对基督教的敌意，他们表面上道貌岸然，而暗中却津津乐道于最卑鄙无耻的罪恶。"⑥ 说这是传教士们对中国过分吹捧⑦，我看结论下得有点为时过早了。

中国文人的头等大事是阅读典籍，阅读典籍带来一种不容置疑的可喜的结果。然而，巴多明神甫在给当时学者麦郎（Mairan）的信中写道："因此，欧洲人应该阅读大量这些典籍以外的中国书籍，以免上

---

① 《耶稣会士书简集》，第34卷，第93—94页。
② 同上书，第34卷，第103页。
③ 同上书，第26卷，第232—233页。
④ 同上书，第27卷，第30页。
⑤ 同上书，第27卷，第31页。
⑥ 同上书，第27卷，第32—33页。
⑦ 乔治·安松：《1740—1744年环球旅行记》，阿姆斯特丹，理查德·瓦戴尔出版，1749年，第288页。

当受骗……"①

我想上述例子已回答了我们提出的问题。耶稣会士说了中国的好话，但也说了中国的坏话。归根结底，中国像其他国家一样，它既不应该被全盘赞扬，也不应该遭全盘谴责。尽管安松对中国反感，但他说得不无道理："这些老爷们和其他人一样也是些泥捏的东西，他们利用法律所赋予的权威，不是阻止犯罪，而是为了从那些犯罪的人身上榨取财富以自肥。"②

读一读《耶稣会士书简集》，置身于曾受到这些信件启发的精神状态之中，我们可能会更好地理解《中华帝国志》了，因为该书作者杜赫德神甫不仅是《耶稣会士书简集》的编辑，而且这些信件是他创作的直接源泉。

三、《中华帝国志》

"先生，几天以来，我在埋头阅读一本书，它不仅优秀、新鲜，而且广博重要。这本书叫《中华帝国志》。"③这是在这部名著发表不久出现于《现代作品概观》上的一段话。

《中华帝国志》是一部华美的辑录，一部百科全书，是耶稣会士们在中国所得知识的大全。虽然包罗万象，但它不可能使好奇的公众的广泛要求得到满足。确实，"在好多方面没能充分满足人们的好奇，然而什么都谈，对什么问题都未卜先知，这对一个历史学家来说是可能的吗？"④

在认识中国的发展史上，《中华帝国志》这部光辉著作标志着一

---

① 《耶稣会士书简集》，第35卷，第61页。
② 乔治·安松：《1740—1744年环球旅行记》，第288页。
③ 《现代作品概观》，第3卷，1735年，第3页。
④ 《现代作品概观》，第7卷，1736年，第24页。

个新的阶段。它的无所不包的标题《中华帝国及其鞑靼地区的地理、历史、编年、政治、物理之记述》使我们想象到这部作品内容的丰富性，并了解到作者的伟大抱负。

《中华帝国志》于1735年以对开四卷本出版，附有石版画、插图、地图和献给路易十五的题辞。杜赫德的这部书获得了非同凡响的成功。仅仅几年的工夫，法文本出版了三次，英文本出版了两次，并有一个德译本和一个俄译本，其声名显赫，非比寻常。

这部著作成功的原因之一是它的科学价值。直到今天杜赫德的这部著作仍值得参考。不求助于这部著作，人们就很难得体地谈论中国。因此，加尔加松（M. E. Carcasonne）断言："这部概括了许多传教士研究成果的宏伟巨著，既不是颂扬，也不是挖苦，而是一部至今仍值得权威鉴赏家高度评价的科学著作。"[1]

杜赫德通过他掌握的来自中国的地图和回忆录，占有了当时人一无所知的珍贵资料。他不但是《耶稣会士书简集》的编者，而且在24年中与在华的传教士们保持着联系。可以说他集他在中国的同事们作品的大成[2]，他不仅有第一手的文献资料，而且还有活的原始资料。例如，当龚当信神甫（P. Contancin）在中国生活了32年之后，来到巴黎，杜赫德趁机向他求教，并请求允许阅读他的手稿。如果没有歪曲事实的话，我们敢断言，至少杜赫德想写出一部科学性的作品，尽管宗教礼仪问题掀起了狂风骤雨般的斗争[3]，杜赫德却一劳永逸地把中国原原本本地介绍给了公众。在布鲁神甫（P. Brou）说《中华帝国志》是"在构写豪华、开明、大治的中华帝国的传奇方面写得最好的一部

---

[1] E. 加尔加松（E. Carcasonne）：《〈法意〉中的中国》，《法国文学史杂志》，1924年，第194页。
[2] 下边是杜赫德神甫在《中华帝国志》中所提到的作者的姓名：卫匡国、南怀仁、柏应理、安文思、白晋、张诚、卫方济、李明、刘应、雷孝思、马若瑟、殷弘绪（d'Entrecolles）、赫苍璧（J. P. Hervieu）、龚当信、夏德修（J. A. Nyel）、戈维里（P. de Goville）、杜德美、巴多明、汤尚贤、冯秉正、郭中传（J. A. Gollet）、彭加德（C. Jacquemin）、沙守信、宋君荣、杨嘉禄（J. B. Jacques）。
[3] 宗教礼仪问题不与我们直接相关。因为我们常常提及这种纷争，所以最好知道主要事实，以便了解它的严重性并很好说明我们在作品中所谈到的形势（详细情况见本节后的备注）。

书"时，① 我觉得他似乎有点背叛了杜赫德的思想。首先，像《耶稣会士书简集》一样，《中华帝国志》既从好的方面也从坏的方面对中国加以介绍；其次，更为重要的是，杜赫德在他的序言里清楚地讲道："尽管人们在其中没有找到我们神圣的格言、有益的思想和值得称颂的人道范例，但人们仍足以从中感受到自己行动中的罪恶和瑕疵，自己的思想和恪守的格言中的虚假和过分的东西。"②

我们从不吹嘘他对中国道德和国家事务的管理做出了总的评断。杜赫德的著作和其他耶稣会士们的著作一样，是以比较特殊的方式来描写中国的，但我们需要指出的是，杜赫德神甫并没有创造一部传奇。道理很简单，中国不是一个既无法律又无信仰的国度。她有着自己的文明。人们不能把中国与非洲或美洲相比。当时到过非洲、美洲的人的确有过一些异想天开的描写。然而，也不应得出结论说，尽管耶稣会士们赞赏中国，却否定自己的信念。杜赫德明确地说："我不是想把中国的学者引到欧洲来上道德课。"③

因此，为了理解《中华帝国志》，必须始终想到杜赫德所坚持的首先是基督教的观点。如果说他颂扬了中国，那是因为他认为中国如果不是一个基督教的国家，至少也带有基督教的倾向。

由于他的文笔优美，以及他的呕心沥血，杜赫德的著作吸引着好奇的读者而不是睡在书库里无人问津。据可靠的情报说，人们对这部著作爱不释手。下面就是一例："我可以向你担保，假如世界上存在一种值得有头脑的人去探索、关注，去尝试的事物的话，那么，就请读一读这部伟大的著作吧，它会把你愉快地带到一个新的世界。"④ 下面是另一例子："……全书充满一种高尚、淳朴的气氛，它随处都使人感

---

① A. 布鲁：《北京的耶稣会士汉学家与其巴黎出版商》，《传教史杂志》，第 11 卷，1934 年，第 561 页。
② 杜赫德：《中华帝国志》，第 1 卷，前言，第 31—32 页。
③ 同上书，第 1 卷，第 32 页。
④ 《现代作品概观》，1735 年，第 169 页。

受到作者真挚而善良的意见和评断……"①

《中华帝国志》成了一部了解中国头等重要的著作。对于传教士之间的争论,杜赫德宣称保持绝对中立的态度。他罕见而渊博的学识,使他在未到中国的情况下,就赢得了一个"真正的历史学家"的称号。② 1733年,《中华帝国志》的内容简介中写道:"迄今为止,人们发现的关于中国的知识是十分不完善的,而且这些东西,与其说是唤醒公众的探索精神,不如说是投其所好。正是由于这种原因,杜赫德神甫才通过多年不懈的工作致力于对这个大帝国进行描述……"③他所说的都是真实的,但他的意图是想指出中国是一个天然的基督教国家。

然而,《中华帝国志》是用第二手资料写成的一部著作,不仅涉及中国的东西是如此,即使序言也不例外。例如:

> 李明在《中国现状新志》中道:有许多人到达一个新的国度时,想象能够通过一时的所见而受到教益,他们下车伊始,像一个饥不择食的人,东奔西跑,贪婪地收集他们碰到的一切,而且不加区别地将一些道听途说的东西通通塞进自己的作品中去。④

杜赫德的《中华帝国志》是这样用上述资料的:当一只欧洲轮船在中国港口靠岸时,船上的人们便立即贪婪地收集材料,不仅把他们亲眼在这个如此辽阔的国家看到的一切奇事记录下来,而且把他们同毫无教养的人的谈话通通记下来。⑤

18世纪的公众不像今天的读者那样苛求。某些借来的材料是允许的。尽管这是一部汇编,但杜赫德还是成了他同时代人眼里"一位在

---

① 《学者报》,1735年,第622页。
② 《现代作品概观》,1735年,第170页。"我向你们描绘的这个人无疑是一位真正的史学家。"
③ 《〈中华帝国志〉内容简介》,刊于《特雷武报》,1733年,第497页。
④ 李明:《中华帝国新志》,巴黎,J. 阿尼松出版,1696年,《告读者书》。
⑤ 杜赫德:《中华帝国志》,前言。

250

忠实程度上可以和一切古今的世俗历史学家相媲美的作家"①。

1747年,一位不知名的作者写道:"伏尔泰追随杜赫德,这几乎是他唯一可以追随的人,而且是没有比之更好的向导了。以耶稣会传教士们的回忆录为基础写出的《中华帝国志》,是这类著作中最好的作品之一。"②他的影响是极其广泛的,对此,我们将在另一章中加以探讨。现在我们要就这部名著提出如下问题:一、它新在何处?二、它介绍的关于中国的知识是确切的吗?

杜赫德著作中表现的兴趣是双重的,有地理学方面的,也有哲学方面的。

《中华帝国志》地理学方面的兴趣是不可否认的,确实,一方面,由安维尔(D'Aville)刻版的地图精确地体现了这个未被认识的国家的新奇性;另一方面,一些未出版过的回忆录被插入书中,如《游记三篇》③和《鞑靼地理略览》④等。甚至那些不完全认同这部书的人们,也不否认其地理部分的价值。例如冯秉正,他说:"据说杜赫德的这部书被公众接受了,如果你们看过我寄去的著作,你将和我们一样确认,如果他把地图放在他的书里,那它会获得比分开出版更高的荣誉。"⑤

介绍中国的地理是杜赫德写作《中华帝国志》的一个原因,正如他在给路易十五的献辞中所写的那样:"陛下,您屈尊赐予这部著作中的地图的厚爱使我斗胆在您尊贵的名誉下将它公之于世,并愿陛下阅读它时能产生某种愉悦之感。"⑥事实上,北京的耶稣会士们知道葡萄牙国王正在准备中国地图的一种版本。他们不希望自己的功绩埋没在

---

① 《现代作品概观》,1735年,第170页。
② 转引自 V. 毕诺:《中国与法国哲学思想之形成》,1932年,第168页。
③ 这是这些游记的全名:《神甫白晋、洪若翰、张诚、李明、刘应从宁波港至北京对一路所经过的省份进行准确详细的描述》,载《中华帝国志》第1卷,第73—79页。《神甫洪若翰(Fontaney)从北京至绛州(在山西省),从杭州至江南省南京所经之路》,载《中华帝国志》第1卷,第97—113页。《1693年白晋神甫被康熙皇帝派往欧洲时从北京至广东所经之路》,载《中华帝国志》第1卷,第113—130页。
④ 《中华帝国志》,第4卷,第1—21页。
⑤ 冯秉正:《中国史》,第1卷,第191页。
⑥ 杜赫德:《中华帝国志》,第1卷,书简。

沉默之中。冯秉正说:"杜赫德如果知道《中国和鞑靼地图》实质仅是法国耶稣会士们的作品,可能会更好些。"①

哲学的功绩也并非不重要。自从中国经典作品被改编以来,西方知识分子懂得这些作品的价值。但由于宗教礼仪之争,这些人中很多人的才华被埋没了。杜赫德曾产生过一种非常光辉的思想:把中国的经书介绍给读者。这些经书按传统划分法可以分为两类:第一流的典籍,即《五经》;第二流的典籍,即《四书》。

从语言的用法上说,"经"字有三个意思:(1)"经"是指纺织,由此演变出"线"的含义;(2)"经"意味着"法"的意思,皇帝用它统治国家;(3)"经"还意味着"道路",借助于它,人们可以互相沟通。杜赫德的注释本中所说的"经"不是这个意思,而是基督教意义上的。例如:"经,意味着一种崇高而牢固的学说,而且它建立在一种不可动摇的原则之上,一点也不可改变。"②在《耶稣会士书简集》中,还有这样的话:"它们(经书)教人认识和敬仰至高无上者的存在。"③对《诗经》("颂"),杜赫德写过一个简短的引言,其中有这样的话:"这部作品(指《诗经》)被混在里面的几首坏诗搞糟了,因为这些诗有点荒唐和大逆不道,所以给人们伪造的印象。"④

然而,杜赫德还是敢于承认:"他们(中国的圣贤)追随着理性之光,因而,他们具有真理的某些萌芽和对真理的一种初始的参与。"⑤此外,杜赫德以"历史学家的胆略"⑥,发表了中国经典摘要,并宣称如实地介绍了中国思想。"天"这个字眼,向他提供了一个卓越的范例。杜赫德写道:"他们崇拜的首要对象是一个至上者的存在,万物的主宰和君王,他们崇拜拥有上帝名义的人,即至高无上的皇帝,或者叫天,

---

① 亨利·柯蒂埃:《补充远东教会史之未出版文献》,《远东杂志》,第3卷,第652—653页。
② 杜赫德:《中华帝国志》,第2卷,第343页。
③ 《耶稣会士书简集》,第33卷,第38页。
④ 杜赫德:《中华帝国志》,第2卷,第369页。
⑤ 同上书,第1卷,前言,第32页。往后:"中国的贤哲们确实曾认识了某些真理。"
⑥ 杜赫德:《中华帝国志》,第1卷,前言,第31页。

照中国人看来，这是一码事。翻译们说，天，就是主宰上苍的精神，因为天是一切之本原。"①

杜赫德深为这种纯正的学说所打动，他有理由和他很多的同事一样认为"中国不是一个有神论的国家"。但恰恰相反，"真正上帝的观念，在这个帝国里从未像希腊和拉丁人一样被诗人千奇百怪的想象所歪曲。"②贝尼埃（Bernier）在给德·拉·萨布利埃（de la Sabliere）夫人的信中写道："您会永远有兴致看到这个世界里没有人抛弃道德、智慧、谨慎、信仰、诚挚、怜悯、慈善、温存、忠诚、礼仪、严肃、谦虚和服从天命。对于这些只有自然之光而没有任何其他光辉的人们你还能要求些什么呢？"③

贝尼埃的这番话可能有值得商榷的地方。但"服从天命"这句话是讲对了。那就让我们来指出相信有天的中国人的真正思想吧。这样，一方面我们可以理解杜赫德作品的价值，另一方面，我们认为尽管耶稣会士们的观点是基督教的，但他们在谈及中国的经典作品时是很有道理的，所以给他们以肯定是完全正确的。

《书经》中有好多地方谈到天：

（尧）乃命羲和，钦若昊天。

天亦哀于四方民。

天叙有典，敕我五典五惇哉……

天秩有礼。

天有显道，厥类惟彰。

天讨有罪……④

---

① 杜赫德：《中华帝国志》，第3卷，第3页。1706年8月2日康熙皇帝就"天"字之义宣布了他的见解。他的看法可用一句话来概括："中国人的天，也就是中国所崇拜的天，就是基督教徒的上帝。"
② 《现代作品概观》，1736年，第6卷，第273页。
③ 《学者报》，1688年6月7日。
④ G. 普梯埃：《东方经书》，巴黎，1860年，第46、49、53、57页。

253

"天"字在旧的文字中有四种完全不同的意思。天，首先，它意味着是相对地的宇宙；其次，它意味着上帝，它不依赖其他而存在着，它是完全独立的；它同样意味着自然之神，对于它，人们只知其然而不知其所以然；最后，它意味着最高的本原，它和谐地主宰着万物生灵。①

　　1737年8月8日弗雷烈写给宋君荣的信里说："我确信古时中国人曾是有神论者和上帝的崇拜者，而远不是以后诸世纪中的无神论者。"②

　　综上所述，我们可以说《中华帝国志》的新颖之处在于它的地理与哲学两方面的内容。

　　在这些耶稣会士中，最大胆的无疑要数李明了。在他眼里，中国人的道德是很纯洁的，因为在古代，中国不仅保存了真正上帝的知识，而且崇拜它并为之献身。杜赫德则更为谨慎些，他总怕因此而受到连累。如果他在古典著作中遇到某种困难，他懂得如何摆脱困境。在对《易经》进行了一番赞扬之后，他补充说："这些中国古代的不朽之作，落入了盲人学者之手，这些人的思想已被流行的偶像崇拜和牵强附会的风气所败坏，他们把《易经》的含义曲解为徒然无益的卜卦。"③这种对古文化又赞成又反对的模棱两可的态度使杜赫德无论是在朋友中还是在敌人中都赢得了名声。他在日常事务中，也采取同样的态度。杜赫德说："善良的愿望并不是他们所推崇的道德，尤其是当他们（中国人）和外国人打交道时，如果可能的话，他们常常欺骗外国人……"④

　　当杜赫德谈到佛教时，他失去了自己四平八稳的谨慎。我们不想批判什么样的宗教才是真正的宗教，我们只是想说既然他言称要写一

---

① 参考《学者报》，1735年，第22页："杜赫德神甫仅仅从历史学的角度来谈中国人的信仰问题，并没有深入到关于'天'的真实含义的众说纷纭的争论之中去，他只是援引了一些典型作品中的说法，而由读者自己去加以判断，而当他谈及那些作品使他得到崇拜天的观念时，'天'这个词就意味最高存在，天主，或者就是简单的显而易见又具体的天。"
② V. 毕诺：《与法国对中国的认识有关之未出版文献（1685—1740）》，巴黎，1932年，第170页。
③ 《中华帝国志》，第2卷，第350页。其实，这种态度已经体现在《耶稣会士书简集》中了。神甫回答说，我们的信仰可以和古书的记载相一致，但不能要求翻译者们都写相一致的东西。第27卷，第132页。
④ 杜赫德：《中华帝国志》，第2卷，第91页。

部公正的历史著作，那他这种陈述方式已表明了一种成见。这里我们读到这样的话："这都是些骗人的鬼话，讲这些鬼话的伪君子们愚弄着人民的轻信。"①他还说："这是一堆迷信、玩弄魔术、偶像崇拜和无神论的不可思议的群氓。"②

这种思想不禁使我们对他作品的底细产生一种怀疑：杜赫德真的了解中国吗？

为了回答这个问题，必须留神一下由他的同事们供给的，他所使用的文献资料。其中有些学者如宋君荣、冯秉正等，学识是很渊博的，但有些人与其说是汉学家，倒不如说是传教士。杜赫德所使用的资料价值是参差不齐的。在杜赫德开始写他的《中华帝国志》时，宗教礼仪之争达到了顶点。我们不敢说他是要捍卫耶稣会士的事业，但我们可以认为他是不愿给对手留下把柄。在其他传教士们的眼里，中国是一个充满崇拜的国度，中国人没有半点耶稣会士们常教育的那种道德。这些足以解释《中华帝国志》作者研究的态度。当时汉学尚没有成为一门学科，但耶稣会士们的著作却促使它诞生了。归根结底，杜赫德是通过书和记录来了解中国的，而不是通过直接接触了解中国的。

由于《中华帝国志》是中国知识的大全，我们的研究不能不局限在为数不多的几个方面。我们仅以《诗经》和《书经》的片段为例，把它们和中文原文对照一下，便可很好地看出杜赫德对他的材料是如何处理的了。

杜赫德对《书经》内容按照自己的方式进行了一番整理，下面是一个例子。

宋君荣译，普梯埃校文③　禹答道："我的道德不足以治天下，人民会不服我。皋陶不同，他的才智在其他人之上，人们知道他，皇帝应该考虑到他。不管我多么想你能给我以重任，不管我是否拒绝，不

---

① 杜赫德：《中华帝国志》，第30页。
② 同上书，第2卷，第35页。
③ 由 G. 普梯埃过目和校对的、宋君荣神甫翻译的《书经》译文相当好。为了同杜赫德的文章进行比较，我们读读译文。

管我怎样坦率而真诚地讲出我自己的思想,我总是忘不了皋陶,而且我一直在说应该选择他。你身居皇位,应想着每个人的功绩。"①

杜赫德文 "唉!"禹答道:"德微使我难负此任,而人民很了解我,他们不同意一种这样的选择。但是你有皋陶:这是一种真正的智慧,他具有一切必备的条件,他向全体人民唤起明智之爱,而且人民感到他的作用,他们从内心拥戴他。注意这些吧!想着他的功绩,我对他望尘莫及,提升他吧,既然是他值得提升,让我像一个无用之人一样留在这里吧。在这样一件举足轻重的事情中,唯有德行才是第一重要的。"②

总之,杜赫德是想维护《中华帝国志》风格的优美。他避免陈旧的语法结构,从而使人喜欢读它。但是,因为他不懂中文,而悄悄地把自己的观念塞进了他的叙述之中:"这是一个真正的圣贤",或者"这是值得重视的一种道德"。此外,他给《书经》加了一个相当古怪的标题:《古代帝王之格言》。不用说他的遗漏之处,但从总体看,他已把两章混淆在一起了。他引述的是第四章《大禹谟》,却把同一章的《皋陶谟》加了进去。严格说,杜赫德在《中华帝国志》中所介绍的《书经》是经过一番加工的作品。

对《诗经》也一样,杜赫德写道:"为了介绍这部作品的若干思想,我将引证几首颂歌,它们已被马若瑟神甫(P. de Prémare)忠实地译了出来。"③然而引文完全被歪曲了。

杜赫德引文 是天造就了这座高山,而大王却把他变成荒芜,这个损失唯一的原因是他的错误。然而文王使其第一次放出光辉。前者所选的道路充满了危险,但文王的道路是笔直而容易走的。一位如此智慧的国王的后代珍贵地保留着他给你们所带来的幸福。④

---

① G. 普梯埃,前引书,第54页。
② 杜赫德:《中华帝国志》,第2卷,第358页。杜赫德说这些文本是由马若瑟(prémare)神甫翻译的。同上书,第356—357页。
③ 杜赫德:《中华帝国志》,第2卷,第370页。
④ 同上书,第2卷,第370—371页。

原文 维天之命，于穆不已。于乎不显，文王之德之纯！假以溢我，我其收之，骏惠我文王，曾孙笃之。①

这首颂歌是一首圣歌，它是在周代祭祀祖先时唱的。颂词中，显然杜赫德译文中的"荒芜"、"他的错误"、"危险"诸词不符合原意，而且，在原文中根本就没有这些词！

每当人们把一种文字或哲学翻译为另一种不同的语言时，很难使之保留原来的风格，特别对来自于在18世纪如此陌生的中国的作品更是如此。

在杜赫德发表他的《中华帝国志》时，汉学刚刚诞生。在1727年之后，马若瑟神甫和富尔蒙进行联系，尽管后者是一位骄傲而爱虚荣的人，神甫还是以大公无私的方式给予他支持。在1728年马若瑟神甫给他寄去了《中国语言志略》（*Nōtitia*）的手稿，这肯定对1742年出版的《中文语法》的编纂有所裨益。正是他第一次介绍了214个"中文词根"，至今它们仍是中文教学的基础。

我们对杜赫德神甫不能过分苛求。尽管这样一部作品存在着不可避免的讹误，我们仍不掩饰对这位如此可亲、如此机智的作者的敬佩之情。

我们在关于《中华帝国志》的阐述上提出了一个问题。究竟杜赫德神甫的这部著作给了我们一个怎样的中国形象？我们曾说过，这位汉学家不想为我们制造一个传奇式的中国，因为他声称自己是历史学家。宁可说，杜赫德给我们的中国形象是合适的。中国的历史、制度、风尚，特别是中国的精神，在他的著作中都得到了赞美性的描述。在他眼里，古代中国是基督教式的。②如果它今天还是原来的那种状况，

---

① 《诗经·周颂·维天之命》。
② 最使杜赫德神甫惊讶的是向天祈雨的"天坛"，下面是他在《中华帝国志》里的一段描述："老天爷，我曾向您献上这所有的贡品，以祈求您的恩典，但却没有结果。无疑是我给我的人民带来这不幸。请允许我大胆发问，是我的人品使您不高兴了吗？还是我的宫殿的豪华使您看着不快吗？是我的几案太讲究了？是法律所允许我的嫔妃太多了吗？我要用我的谦卑、勤俭和节制来改掉这些错误，而如果这还不够，那就请您审判，请您惩罚我吧，但宽赦我的人民。让霹雳落在我的头上，但要把甘霖普降田里，以免除这人世的苦难。"

那就没什么可向往的了。与杜赫德相反，对于哲人来说，中国之所以是一个人间乐园，恰恰是因为它不是基督教式的国度，因此，耶稣会士们所描写的中国的赞赏者们的精神境界，与它的描写者们的精神境界是迥然不同的。

在古代，中国文明所赞扬的与其说是物质价值不如说是精神价值。传教士们怀着巨大的惊奇，发现了这个极大地发展着人类理性的国度。"……在希伯来人中，有一位特殊的天使保管着信仰的宝库，同样，在中国人中也有一位特殊的天使保管着理性的宝库。"①

在政治上也同样如此。"在中国，政府的要职只委任给那些学问最好的人。"②因而中国没有什么高贵之说，没有什么遗传的高贵。德·希鲁埃（M. de Silhouette）先生写道："中国人不承认除了道德的以外还有什么高贵的阶层。他们通过开明的政治，而使由于贵族的游手好闲所毁灭的商业大加繁荣。"③这种政治为自己带来一种奇特的力量。它走向一种高度的完善。甚至在今天，每当人们谈起侵略中国的侵略者时，某些批评还在遵循着很久以来形成的那种观念："征服者没有找到除了采用被征服人民的法律以外的更好的事情要做。因此，尽管中国的主宰在更替，但其政体始终如一。"④

首先，"中国具有延续了四千年之久的优于世界其他各国的文明：它几乎始终由国家天生的帝王所统治，采用相同的服装、风俗、法律、习惯和方式，从不改变其帝国诞生时最初的立法者明智地建立起的规矩"⑤。其次，中国的政治"是一种朴实、通情达理和纯理性的政治"⑥。

---

① 《特雷武报》，1736年，第1300页。
② 亨利·德·费奈斯（Henri de Feynes）：《从巴黎到中国的路上旅行》，巴黎，P. 若克莱出版，1630年，第169页。
③ 德·希鲁埃（M. de Silhouette）：《中国人关于政府和道德的普遍观念》，1729年，第19—20页。
④ 钱德明：《关于中国人的历史、科学、艺术等的回忆录》，第5卷，第35页。
⑤ 杜赫德：《中华帝国志》，第2卷，第1页。
⑥ 《特雷武回忆录》，第1371页。"我毫不想做什么文字游戏，但我可以断言我们欧洲的政策是理性化和理性式的政策，它和中国人的政策是背道而驰的……"

这种理性文明的研究，使我们推导出三种结果：第一，中国人民的道德不是教条主义的，而是建立在经验基础之上的。杜赫德很好地定义了中国人的精神："一般说，中国人是性格温柔、可通融和人道的。他们的表情和举止显得十分和蔼可亲，而且没有任何严厉、尖刻和暴躁。"① 第二，如果说中国皇帝拥有绝对的权力，那只是一种慈父般的人所应有的权力。"人们用尊敬来服从，用慈善来统帅，当必须做一种果断决定时，那也只是一种慈父般的决断，而不是暴君式的专横。"② 正是由于这个原因，中国的制度为伏尔泰所赞赏。对此，我们将在下一章论及。第三，在社会范围内，中国总是高度重视农业。每年，皇帝去耕种一块地，以此为人民做榜样。因此，"居民们在自己家里享受着所有生活应有的方便和乐趣。他们有自给自足的信心……"③ 实际上，在18世纪时，中国是幸福的。工商业都很繁荣。杜赫德说："运河贯穿南北，难以数计的船只和画舫航行其上。"④ 一句话，中国，在西方人眼里是一个"魅力之国"⑤。

中国这幅喜气洋洋的图画，正好反映了18世纪的精神世界。霍尔巴赫（Holbach）说："做有道德的人，也就是做易于交往的人，就是致力于使那些和我们自己的命运紧密相联的人，生活得幸福，反过来又使他们对我们尽忠效力。"⑥ 然而，杜赫德神甫毫无单纯从这方面介

---

① 《中华帝国志》，第2卷，第88页。
② 《耶稣会士书简集》，第25卷，第10页。
③ 《中华帝国志》，第2卷，第1页。
④ 《中华帝国志》，第1卷，第18页。
⑤ 乔·吉拉尔迪尼（Gio Ghirardini）：《1698年乘昂弗特利特（Amphitrite）号船在中国旅行纪实》，巴黎，尼古拉·佩比（Nicolas Pepie），1700年。"这里一切都是那样多彩多姿，一切都是那样整齐有序，喜气洋洋和令人耳目一新。这是绿意盎然一望无际的草原，这是柔媚和绿柳成荫的原野，这是层次分明、妙手点缀的小山坡，这里生满绿苔的山岩，它们有着无穷的妙用，这是掩映在小树林里的村落，这里时而像几片小岛，时而又与大地融合露出自然生机之变的河岸的运河，还有那来自五湖四海的一只只小舟，更使这风景令人叹为观止，人们仿佛就在草上滑行着，怡然往返于这绿色的草原中央。但我却认为，我是浸沉在这仙境般的宁静之中，我相信这些船只、草地、山谷、树林，我们所看到的一切如此令人神往，我说这话一点不错：因为，中国到处都是这么美丽，人们可以叫它魅力之国。"
⑥ V. 毕诺：《重农主义者和18世纪的中国》，《现当代史杂志》第8卷，1907年，第212页。

绍中国的意图。在他看来，中华帝国是光明的，但也同样是烟雾缭绕的。可以说，关于中国的所有坏东西在《耶稣会士书简集》中都存在，同样，在《中华帝国志》中也并不鲜见。他赞扬文人们，但也对他们严厉批评。下面就是一例："他们的谦虚令人惊叹，文人们总是一副道貌岸然的神气。"[1] 实际上，这句话是说，这些文人有点虚伪。而下面这句话是："中国文人们像人们所见到的其他文人一样，附庸于现代评论，企图用自然原因来解释一切，而陷入无神论之中。"[2]

如果关于中国的形象总是介绍得不太忠实或有点过分地吹捧，其原因不在杜赫德而在书简撰写者们。只要中国自给自足，来宣传福音书的传教士们就形成另外一个等级。他们可以进入康熙的宫廷，但是不能深入知识分子中间。他们所认识的所有中国人都是些能力知识平常的人。真正有活泼而独立思想的学者不能够接受天主教的绝对的最高权力的思想。当教皇克莱芒十一于1704年10月20日发表他的关于宗教仪式的禁令时，耶稣会士们的朋友——康熙皇帝写道："览此告示，只可说得西洋人等小人，如何言得中国之大理。况西洋人等，无一人通汉书者，说言议论，令人可笑者多。……以后不必西洋人在中国传教。禁止可也，免得多事。"[3] 从一开始，具有灵敏的天才和很少偏见的耶稣会士们都被当作例外来看待，但是宗教礼仪之争强迫他们放弃了他们原来的举止，以便符合罗马教皇的决定。在他们的作品中，找不到康熙时代一个学者的名字；相反，在中国文人的作品中，基督教总是被称作"夷教"。这一精神状态被《耶稣会士书简集》所证实。下面是其中一例："你们的宗教（基督教）都不在我们的书中，因为它

---

[1] 《中华帝国志》，第2卷，第90页。
[2] 杜赫德：《中华帝国志》，第3卷，第59页。也可参阅第3卷，第38页。"他们以极为复杂和难以理喻的方式对'太极'和'礼'争论以后，必然坠入无神论，在他们对这种超自然的原因进行归纳的过程中，他们只遵从一种统一的与物质合而为一的道德，他们把这种道德称为'礼'或'太极'。"
[3] 《康熙与罗马使节关系文书》，文献第十四。

是夷教。"①

传教士们的生活远离知识界，他们仅认识宫廷官员。1795年吉尼（De Guignes）说："传教士们只依靠一位官员，他负责他们的事务。他们相当自由，在城里和乡村有房子……他们有骡子和车辆，他们很会做面包，但不会做酒。"②由于这个原因，如果我们用中国人的观点，可以得出下面的结论，耶稣会士们了解中国某种事物，但不了解整个中国。

尽管杜赫德的《中华帝国志》不够完善，我们还是应该感谢他，钱德明神甫对他的这些话是他当之无愧的："在所有写中国的作家中，杜赫德是这样一个无可辩驳的人，他对有些回忆录做了比较精心的加工，内容更丰富而且比较可靠。尽管他总是在自己的书房中看中国，但他的观点却相当正确，以致仿佛他不是从回忆录中得来的这些认识，他的思想不是出于像他这样一种处境的人的头脑，他给读者的精确认识，使他超出了一切偏见的虚伪时代。因此，他的著作历时愈久，声誉就愈隆。因为他将无愧于自己的身价，而且甚至使孟德斯鸠、伏尔泰和当代作家们对他惊讶不已，使他们不敢明显地小看中国，因为他们反对杜赫德关于中国的思想，就是企图使人相信谎言和梦想所要求的那样再现中国……"③

备注：

1610年：利玛窦神甫逝世，龙华民神甫接替他。

1633年：多明我会士到达福建。

1633年：西班牙多明我会的修士黎玉范（J. B. Moralez）和圣玛

---

① 《耶稣会士书简集》，第27卷，第28页。参阅这段话："雍正皇帝又说了许多不太重要的话，但他反复强调的是，我们不信教，我们不对我们的父辈加以崇信，我们还要把这种蔑视传示子孙。他的语调斩钉截铁，似乎他对我们的指责俨然是不容辩驳的真理；使我们无言以对。"
② 转引自亨利·柯蒂埃：《耶稣会被取缔与北京传教团》，莱顿（Leyde），1918年，第139页。
③ 《关于中国人的历史、科学和艺术等的回忆》，第2卷，巴黎，1777年，第564—565页。

利方济各会的修士到达中国。

1637年：多明我会士和方济各会士被赶出中国。

1639年：黎玉范神甫向耶稣会视察员阳玛诺神甫（P. Diaz）交了12个文件。未及时答复。黎玉范去罗马。

1643年：黎玉范到达罗马。

1645年：黎玉范得到英诺森十世9月12日的教谕。

1649年：黎玉范把教谕通知在华耶稣会副省会长等。

1651年：耶稣会士们派遣卫匡国神甫去罗马。

1656年：3月23日卫匡国神甫得到亚历山大（d'Alexandre）七世一道矛盾的旨意。

1661年：黎玉范将《圣教回忆录新编》寄给罗马。

1662年：康熙皇帝登基。

1664年：闵明我（Navarette）接替黎玉范为驻中国多明我教会的督察。

1669年：11月13日神甫让·德·普拉姆（Jean de Polamo）收到一道旨意确认同年11月20日由克莱芒（Clément）九世发出的旨意。

1673年：闵明我去罗马。

1676年：闵明我发表《鞑靼人》（Tratados）的第一卷。

1687年：作为对闵明我的回答，戴里埃神甫（P. le Tellier）发表了《保卫新基督徒》。

1690年：外方传教士路易斯·德·盖莫纳（Louis de Quemener）被派往罗马。

1693年：3月26日，主教阎当（Maigrot）训谕。神甫德·盖莫纳（Quemener）呈递训谕。

1694年：神甫戴里埃《保卫新基督徒》在罗马被查禁。

1697年：1月15日英诺森十二（Innocent XII）的敕书。3月19日，由阎当派驻罗马的尼古拉·沙尔莫（Nicolas Charmot）递呈他的第一份陈情书给教廷。7月3日教廷诏书。8月6日，呈递沙尔莫的《伪造的事实》（Vaitas facti）。

1699 年：耶稣会士向康熙皇帝申诉。4 月 18 日英诺森十二委任负责检查的红衣主教第一次会议。

1700 年：外方传教团的文件。5 月 8 日，巴黎神学院的声明。10 月 18 日李明神甫《中国现状新志》、郭弼恩神甫（S. Golien）的《诏书史》被禁。

1702 年：7 月 2 日，多罗（Tournon）被命为教皇特使。

1704 年：11 月 20 日，教廷发表一项诏书，教皇特使负责执行。

1705 年：多罗到达广东（4 月 8 日）。康熙四十四年（1705 年）阴历十月十六日受第一次召见。

1706 年：8 月 7 日，康熙阐明"天"的意义。8 月 22 日阎当离开北京。2 月 17 日康熙皇帝诏书。

1707 年：多罗主教在南京训谕。

1710 年：6 月 8 日红衣主教多罗逝世。9 月 25 日克莱芒十一诏书。

1711 年：10 月 14 日克莱芒十一颂扬红衣主教多罗。

1715 年：3 月 19 日教皇谕旨《自登极之日》。

1720 年：9 月 26 日，嘉乐（Mezzabarba）到达澳门。

1721 年：3 月 4 日嘉乐被召见。11 月 4 日，教皇特使在澳门公开行使职务。

1722 年：康熙逝世。他第四个儿子继位，年号为雍正。

1723 年：在中国正式禁止基督教。

1735 年：雍正皇帝去世。其四子继位，年号为乾隆。9 月 26 日克莱芒十二诏书。

1742 年：7 月 11 日，本笃十四世（Benoît XIV）谕旨：《自上主圣意》（Ex quo singulari）。

第五章
中国对18世纪法国的影响

耶稣会士们对中国的发现产生了若干重大后果。对于欧洲世界，中国是一线光明。18世纪的思想就像一团闪着熠熠之光的蕴藏的火①，它突然在1750年左右爆发成炽盛的烈焰。然而事实上，这个形象的比喻并不确切。朗松在一篇见解深刻的文章中说："在供我们研究1760—1770年间伟大的战役的著作中，不少1750年以后发表的最大胆最强烈的作品实际把上面所说的日子确定在18世纪初，至少是它的前半叶。"②

在这个世纪里，人们的道德行为越来越趋向于理性与无神论的方向。人们追求的首先是一种道德理论和道德经验之间的平衡；而后，在进步的思想观念影响下，人们满足于幸运的道德感。

在这场震撼西方的运动中，中国，至少是耶稣会士们看到的中国，有它的责任。希鲁埃（M. de Silhouette）写道："当人们听从其建议时，中国的哲学书籍使我们看到了那些自然本身能够做到的事，中国的这类作品使我们对自然法则的认识要比现代法学家们带给我们的

---

① G. 朗松：《1750年以前法国哲学思想史的各种问题》，《法国文学史杂志》，1912年，第2页。
② G. 朗松：《1750年以前法国哲学思想史的各种问题》，《法国文学史杂志》，1912年，第3页。

认识好得多。"①

然而，作为生命的哲学不仅不能被局限于人文科学，而且更不能被地理学所限制。人们自然而然地要建立成"一种适合于所有时代、所有国家和所有人的学说"②。其实，孟德斯鸠和伏尔泰一样，建议自己研究不同处境中的人类，但不是用帕斯卡的方式。对于帕氏来说，人只是一根芦苇，但是是一根会思想的芦苇；而孟德斯鸠和伏尔泰接受了芦苇的说法，却去掉了"会思想"这个条件。道德不再建立在抽象的原则之上，而是建立在经验基础之上。道德要有理论基础，可以说，这种理论基础是恰当的，是契合的。"这是一种实践的人的道德，而不是形而上学的道德。"③

在这关键的过渡时期，耶稣会士们分为两派："在旧的天主教君主政体中，出于它处境的必然，耶稣会和一种注定要灭亡的体制相联系。在这种体制里，把它的成员造化成英雄的同一种思想，同样也可以使这些成员为了成为当代的强者而采用卑鄙的诡计，最终成为放任的罪犯。他们的传教活动则又是另一番迥然不同的景色。如果说有时他们把一种机敏和世俗科学从一个极端推向另一个极端的话，那么他们的忠诚倒是使人谅解。"④但是对于一些涉及中国的事情，耶稣会士们声称采取中立的态度。巴多明神甫在1730年8月11日给麦兰（Mairan）的信中写道："必须承认，如果说沃修斯（Vossius）关于中国人的话讲得不错的话⑤，那么R神甫关于中国的话就讲得太糟了⑥，R神甫没有保持中庸之道，而中庸之道是如此强烈地为所有的人，尤其

---

① M. 德·希鲁埃（M. de Sihouette）：《中国人关于政府和道德的普遍观念》，1729年，第2页。
② G. 朗松：《法国文学史》，第19版，阿歇特出版社，第672页。
③ V. 毕诺：《中国与法国哲学思想之形成》，第375页。
④ A. 杜密里：《耶稣会士对18世纪思想运动的影响》，《第戎科学院论文集》，第2卷，1874年，第2—3页。
⑤ 参阅G. 朗松：《18世纪哲学思想的形成与发展》，《教学与讲座杂志》，1909年，第68页。"中国引起一时的好奇，其中一位自由主义者依扎克·沃修斯（Isaac Vossius）在其《博览群书》（1685年）中搜集了欣赏中国人的智慧与道德的各种理由。"
⑥ 这指的是何努多神甫。其著作的题目为：《两位9世纪到过印度和中国的穆斯林旅行者对它们的古老记述》，由阿拉伯语翻译而来，巴黎，1718年。

是中国人所接受。"① 但这种中庸是如此脆弱，以致常常有被损害的危险。对于公众来说，中国尚是一个好奇的人们向往继耶稣会士们之后而进行探索的神秘国度。但由于缺乏可靠的资料，这才导致了对它的夸张。在奥尔良（Orléans）公爵夫人的信里有"莱布尼兹"这个词："我同耶稣会士们一样，是中国人信仰的学说的信徒②，对此问题，我有机会和欧仁·维也纳亲王做过短时间的交谈，他对我这个新教徒，既赞同罗马观点，却又表现得不偏不倚而感到惊讶。"③ 狄德罗也说："假如我有空，我会和你好好地谈一谈。关键是中国人的问题，豪普神甫（P. Hoop）和男爵对此充满热情，而且有相当多的人都是如此，假如人们所谈的这个民族的智慧是真的话，那我也对'贤明之邦'的说法有点不信。"④ 因此，在18世纪的文化人精神之中，中国具有双重的面貌：中国沾染着专制主义和充满迷信，但它是开明的象征并为理性智慧所主宰。

如果说18世纪人们对中国有点偏爱的话，其功劳完全归于耶稣会士们。尽管他们持中立的态度，但这个世纪中叶与他们对立的理论却始终和他们相冲突。1746年，本笃十四在他《论虔诚》的训令中宣布：耶稣会"帮了教会最大的忙，而且始终保持着成绩越大越谨慎的态度"⑤。另一方面，人们谴责他们。1762年，国王的诏书用84点指出耶稣会士们教育人们像牲畜一样生活，教育基督徒像非基督教徒一样行事。⑥

耶稣会士们不自觉地对哲学思想的传播做出了贡献。千真万确，"通过耶稣会神甫们进行的教育，哲学家们学会在东方文明中找到适

---

① 《耶稣会士书简集》，第34卷，第57页。
② 中国人民"保存近两千年对真正上帝的认识，并以使基督教尊为楷模和受到教育的方式尊重它"。见李明：《中国现状新志》，第2卷，J. 阿尼松出版社，1696年，第141页。
③ 转引自V. 毕诺，前引书，第336—337页。
④ 狄德罗：《致沃朗小姐的信》，1760年9月。
⑤ G. S. 德莫朗（G. S. De Morant）：《法国耶稣会士在华业绩》，1928年，第224页。
⑥ 同上书，第224页。

当论据以摧毁专制主义观念，抨击启示宗教的原则，宣扬宽容的道德"[1]。然而做出下述补充是公正的，18世纪这种精神形式起源于一种缓慢的演变，而且有它比一般人认为的更远的根源。

我们继续谈论18世纪。这个世纪的作家们通过利用耶稣会士们的资料批评基督教而赢得了公众的同情。他们依靠实际的真理，去攻击启示性的真理，例如《圣经》的真理。毕诺先生说："1740年左右，普遍承认的依据已经过时了，中国的无神论给了它致命的一击。"[2]耶稣会士们感到了这种危险，并企图避开。在他们关于中国的作品中，这样的断言比比皆是："我对你坦率地说，先生，我还从未在实际中看到过无神论的中国人。"[3]但公众们对此充耳不闻，而且倾向于孟德斯鸠和伏尔泰的理论，并以此反对帕斯卡和波舒哀（Bossuet）的理论。

在这种思想的演变过程中，我们感到在谈论中国时，耶稣会士们总是停留在自然的范畴内，但这个世纪的作家们却认为这如果不是一种超自然的道德的低下，至少也是一种衰弱。哲人们从中引出一种大胆的结论：一方面是世界与进步的永久性；另一方面，来自原始无神论的独立道德可以给人类以幸福并使人操守德行。

朗松关于18世纪远东影响的话讲得很有道理：而这恪守自然道德做出如此更好的榜样的民族，不仅不是基督教的，甚至不是自然神论的，它是无神论的。真正有见识的意见实际是：中国文人们最经常的是无神论者。这是伏尔泰前半生在没有通过文献资料深入认识中国之前的意见，是培尔（Bayle）在他的《思想百家》和《答一位外省人问》[4]中一贯的意见。

但让我们说明一下，不管中国这种影响有多大，也不该被夸大。当一种全新的文化被引入一个对它完全陌生的国家时，总是会出现一

---

[1] 皮埃尔·马尔蒂诺：《17、18世纪法国文学中的东方》，阿歇特出版社，1906年，第310页。
[2] V. 毕诺，前引书，第365页。
[3] 《耶稣会士书简集》，第34卷，第35页。
[4] G. 朗松：《18世纪哲学思想的形成与发展》，《教学与讲座杂志》，1909年，第71页。

个对它充满狂热赞赏的时代，继之而来的，便是一种强烈的反对，这是一个普遍的文化现象。对这种文化的热爱与厌恶，往往不是建立在它的正确价值的基础上，而是建立在对一种意见或学说在自我辩护中所提供的实用价值的基础之上的。如果说中国受到如伏尔泰一样的自由主义者的热爱，那么它同样受到一些死抱着僵硬的原则不放的人的谴责。

不管怎样，必须注意的是中国对18世纪思想家们产生了真正的影响。下面我们研究三位利用中国来宣传自己思想的最有特点的作家：孟德斯鸠、伏尔泰和魁奈。

一、孟德斯鸠与中国

在18世纪的作家中，孟德斯鸠是最活跃、最具有探索精神的一位。在他的不同的研究中，特别在《法意》中，他不断提到中国，中国在他的精神上表现出一种深刻而神秘的魅力。

在1721年发表的与《外省人信札》一样成功的《波斯人信札》中，孟德斯鸠已谈到中国。为了证实他的一个民族的繁殖力的理论，他利用了先辈们的信仰；照这位波尔多的高等法院推事看来，中国人以为在天上的祖先亡灵可以回到人间同他们一起生活。他由此得出一个关于人类繁殖的论据。[①] 的确，这些异想天开的做法是没什么意义的，但它们可以使我们看到孟德斯鸠的精神倾向。

在杜赫德的《中华帝国志》发表13年之后，孟德斯鸠在他的名著《法意》中，给中国留有一个可观的地位。法盖说："这部伟大的著作，

---

① 孟德斯鸠：《波斯人信札》，第2卷，巴黎，A. 勒麦尔出版社，1873年，第65—66页，第120封信。"中国内部有着非常奇特的人民，其奇特之处在于他们的思维方式：他们自从一生下来就像尊敬上帝一样尊敬他们的父辈，而父辈死后，他们又以贡品来孝敬他们，他们认为父辈们在天上的亡灵又获得了新生，每个家庭成员不仅应该这样做，而且在死后的阴间这样做也是必要的。"

与其说是一本书，毋宁说是一种生活方式……那里不仅仅有20年工作之结晶，而且它是一部地道的文化生活全史……"① 因此，孟德斯鸠关于中国的研究给我们带来了双重裨益：一方面它给我们指出在18世纪中国影响的一个侧面，另一方面，它使我们理解了这位伟大作家的文化作用。

谈及法国文学中东方的影响，皮埃尔·马尔蒂诺先生写道："孟德斯鸠想对什么都解释；他寻根究底，判断，批评，并从中得出简单而概括的见解。"② 我们不能同意这种意见，因为从简单观念出发，孟德斯鸠首先提出了一些先验的原则。在《法意》的前言中写道："我提出了原则，我看到它适用于所有的特殊情况。"③

孟德斯鸠区分了三种不同政府的形式：共和制、君主制和独裁制。每一种形式都有它的原动力。共和制政府以道德为条件，君主制以荣誉为条件，独裁制建立在恐惧的基础之上。他把中国归入独裁制范畴。

然而，当他定义共和制的原则时认为，共和就是道德，由此，他得出共和就是"祖国之爱"的推论。④ 然而为了达到这种道德，人们应该知道"热爱平等、清廉和朴素"⑤，一个民族应该是智慧和道德的。但是，自从耶稣会士们关于中国的著作出版之后，大多数公众表现出有利于中国政府的倾向。很多出自无可争辩的权威之口的断言毫不含糊地证明这个政府不是独裁制而是君主制，下面就是例子：

中国政府完全是君主制的……⑥

---

① G. 朗松：《法国文学史》，阿歇特出版社，第714—715页。
② 皮埃尔·马尔蒂诺：《17、18世纪法国文学中的东方》，阿歇特出版社，1906年，第316页。
③ 孟德斯鸠：《法意》，新版，巴黎，卡尔尼埃出版社，前言。
④ 孟德斯鸠：《法意·告读者》："在共和国中，我们所称之为的道德，是对祖国的爱，也就是对平等的热爱。"
⑤ E. 法盖（E. Faguet）：《读古书精华心得》，第15版，1911年，第179页。
⑥ 《耶稣会士书简集》，第33卷，第50页。

> 确实，中国的政府是地道的君主制，一切决断全靠一人……①

> 但是如果说他们（中国人）疏远了共和政府，那是因为他们尚处在对暴政的更强烈的对抗中。②

被孟德斯鸠所描绘的所谓中华帝国政府是不符合实际的。在他看来，专制国家基于恐惧，"皇帝天生是懒惰、无知和好娱乐的"③。但是当你浏览一下他同时代的作品之后，便会看到中国没有被描绘成独裁制的样子。其制度在自然法律中找到了基础。它的卓越的形式确保了这两种权力：自由与廉洁。此外皇帝是绝对的，但更重要的是在权力方面，而不是在事实方面。"当他有某种缺点和错误时，大臣们毫不畏惧地指出并加以谴责。"④按照孟子的思想，杀死一位使人类蒙受耻辱的皇帝不是一种罪恶。因为，他说："民为贵，社稷次之，君为轻。"⑤

在"论中华帝国"一章里，孟德斯鸠竭力验证他的理论。作为一个机智的辩论家，他非常巧妙地摆脱了困境。如果中国人数过多的话，原因在于气候，"中国的气候是如此惊人地利于人类的繁殖……最残忍的暴政却一点也不妨碍人类的繁殖"⑥。况且，"中国是一个独裁制国家，其原则就是恐惧。可是在最初的朝代，因为帝国不像现在这样辽阔，政府对上述精神有点相悖"⑦。这使它避开了一切异议。最后，"错误本身中往往有某种正确的东西"⑧。以这种极为灵活的辩解能力，孟德斯鸠不仅仅巩固了他的理论，而且在某种程度上，甚至有点欣赏这个帝国。例如："在一些建立起政体的独裁国家里，人民更是无限地幸

---

① 白晋：《中国皇帝康熙传》，1698年，第62页。
② 李明：《中国现状新志》，第2卷，阿尼松出版，1696年，第4页。
③ 孟德斯鸠：《法意》，第三章，第五节。
④ 《现代作品概观》，第3卷，1735年，第176页。
⑤ 《孟子》，第二篇，第八章，第十四节。
⑥ 孟德斯鸠：《法意》，第八章，第二十一节。
⑦ 同上。
⑧ 同上。

福的，波斯和中国就是证明。"①

为了通过《法意》了解中国，应该考察一下它所采用的文献资料。但要知道，孟德斯鸠在如此之多的资料中所寻找的首先是自己原则的论据和信息。他的方法是纯粹实验性的，但他把自己的方法服务于自己的原则，而这些原则确是预先想出来的。孟德斯鸠"对他的材料不加批判：他利用一切文字材料，并把它们以同等价值来对待"②。

这些材料大部分是从杜赫德的《中华帝国志》中得来的。只有杜赫德才用如此赞赏的字眼谈论中国。这种正确的意思很刺激孟德斯鸠，因为《中华帝国志》使他不能把中国归入到独裁国家之列。因此，他拼命在杜赫德的著作中寻找不正确的词语。例如，当孟德斯鸠引述"这是统治中国的棍子"③这句话时，意在反对耶稣会士们关于中国的谎言。孟德斯鸠不是不知道杜赫德是高度评价这个国家的，他觉得只有自己的论据是来自世俗的原始资料时，似乎才靠得住。他读的书很多，并进行了旁征博引："人们可以在中国官员的敲诈勒索中去查询这些，我还请来安松这位大人物作证。"④让我们来看看这些人物吧。

洛朗·德·朗格（de Lange）是一位给俄国沙皇服务的瑞典大夫。1719年他被任命驻节北京，以陪同全权大使伊斯马伊洛夫先生（M. d'Ismailof）。后者的使命是获得中俄自由贸易权。1721年大使离任后，朗格又在中国待了一年半，没有取得任何成功。首先，俄国商人到中国不愿意服从中国的法律；其次，俄国人不交还逃到他们领土上的蒙古人；最后，耶稣会士们不喜欢这些俄国人待在北京。⑤朗格受到很不信任的对待。他像囚徒一样待在自己家里；所以他的叙述缺乏公正

---

① 孟德斯鸠：《法意》，第十三章，第十九节。
② G. 朗松：《法国文学史》，第722页。参阅 E. 加尔加松：《〈法意〉中的中国》，《法国文学史杂志》，1924年，第205页，"他（孟德斯鸠）特别注重在文献中寻找证实自己的思想的东西。"
③ 孟德斯鸠：《法意》，第八章，第二十一节。"杜赫德神甫说：'是棍子在统治中国。'"
④ 同上书，注2。"比如，参阅朗格（Lange）的记述。"
⑤ 萧一山：《清代通史》，第1卷，上海，第624—625页。

是无疑的。他旅行的目的之一就是要讨论经商问题，而对其余的则不感兴趣。他了解中国，但那是通过其房间的窗口了解的。他没有评价中国哲学学说的能力，更不能判断孟德斯鸠在《法意》中加给中国的"独裁制"的对错。

安松的《环球旅行记》是据一些关于中国的更奇妙的篇章写成的。他率领英国的"百员"（Centurion）号战船于 1740 年出发攻打西班牙在南美洲的海港。1742 年到达澳门时，他想修理自己的船但又拒绝付入港费。因此纠纷突然而至。首先中国不愿在西班牙与英国之间表态，而保持着中立；继而，安松不遵守中国的法律，因为他的舰船装备着"四百条枪和三四百桶火药"[①]。在危险的形势下，安松相信"单单'百员'号就足以摧毁广东河里的所有船只，即使是在中国的相似的另外的港口，对所有的武力他也不畏惧"[②]。因为他不懂中国话，他关于中国的知识极不全面而且包含着个人恩怨。此外，他不喜欢耶稣会士们。他的关于中国的作品的最后一章是对传教士们的断言的一种否定。安松对中国表现得很苛刻。照他的说法，"买过食品之后，回来一看，原来所谓的鱼，只不过是石子和沙砾而已"[③]。中国人都是贼，他们很贪婪。"因为中国人以对财富和富人的崇拜而著称。"[④]即使这些话是真的，难道可以由此得出结论说中国政府的腐败是由于来自独裁吗？显然，结论和根据是脱离的。

孟德斯鸠的基本见解概括为一句话：专制主义是令人憎恶的。孟德斯鸠不赞成人是服从于另一种造物者的说法。[⑤] "谈到这些可怕的政府使人不寒而栗。"[⑥] 因为他想要中国是一个专制的国家，它的政府理所当然就是极坏的，对此，他正需要朗格和安松的资料来加以证

---

① 乔治·安松：《环球旅行记》，1749 年，第 306 页。
② G. 安松，前引书，第 286 页。
③ G. 安松，前引书，第 315 页。
④ 同上书，第 308 页。
⑤ 参阅孟德斯鸠：《法意》，第三章，第十节。
⑥ 同上书，第三章，第九节。

明。"如果传教士的说明不符合这个命题,这是因为他们的说明是错误的。"① 相反,我们引用杜赫德的这些话使他很高兴:"这些人高举着皮鞭,那些人拖着长棍和铁锹,这些器械的撞击声,使一个生来怯懦的民族发抖,他知道如果他公开反抗官员们的命令,他就逃不脱对自己的惩罚。"②

然而,在为他的三个原则的理论进行了一番辩解之后,孟德斯鸠开始研究法律与道德风尚之间的关系。他放弃了他预先构想的意见,并广泛地利用《中华帝国志》。下面便是一例:"中国的立法者以帝国的安宁为政府主要目标。隶属对他们似乎是保持安宁的一种纯粹手段。"③ 然而这些思想确实来自于《中华帝国志》。杜赫德说:"先生,您将从中看到,世界最古老的君主政体把它的时期长短,它的光辉和它的安宁仅归功于完善的从属关系,这种关系经常在支配着一个如此辽阔的国家的全部不同成员。"④

在他研究中国的过程中,孟德斯鸠确定了一种法律与道德风尚之间的原则。他的一种批评精神,证明中国的立法者制定了法律并以此而形成道德⑤,人们称之为礼仪。这种见解是很深刻的。因为,"中国立法者以使他们的人民生活安宁为主要目的"⑥,正是由于对礼仪问题的正确看法,中国政府才赢得了胜利。由此,产生了两个重要的结果:一方面,中国两次被外族征服,但它既没有失去自己的法律,也没有失去道德风尚,然而是那些征服者改变了自己的法律和风尚。另一方面,"人们见到乡野村夫之间遵守着一种和有教养的人们一样的

---

① 慕里耶尔·多兹(Murier Dodds):《游记——孟德斯鸠〈法意〉的资料来源》,巴黎,1929年,第97页。
② 杜赫德:《中华帝国志》,第2卷,第35页。对于"是棍子在统治中国"这句话,加尔加松说:"我没有在杜赫德《中华帝国志》中找到这句话,它(指《中华帝国志》)远没有反映出这种思想。"第197页注2。但我们猜想孟德斯鸠对我们所引的这段话做了联想。
③ 孟德斯鸠:《法意》,第十九章,第十九节。
④ 杜赫德:《中华帝国志》,第1卷,信简。
⑤ 参阅孟德斯鸠:《法意》,第十九章,第十七节。
⑥ 同上书,第十九章,第十六节。

273

仪式"①。因为，通过礼仪，人们"克服着一切来自于严刻精神的缺陷"②。正如雍正皇帝所说："安宁和政府的完美建立在开明习俗的基础上，其最基本的有效的办法是教化人心。理性是它的准则。"③

其实，孟德斯鸠掩盖不住他对中国的赞赏。中国是"家族专制观念基础上形成的"④。皇帝对臣民应该像父亲对孩子那样，反过来，"对父亲的尊重，应该必须和所有代表父亲、老人、教师、行政官员和皇帝的人联系在一起"⑤。所以这一切都在倡导着礼仪，而"礼仪是这个民族的总精神"⑥。

孟德斯鸠对中国进行的研究在我们看来似乎是矛盾的和缺乏理智的。他悄悄地改变了自己的中国是专制主义的观点。他没有意识到他已导致了这样的结论：中国在父权上创立了它的体制，它即使不是最好的，也至少是可赞扬的。从那个时代起，专制的中国不再是抽象的，而是有法制的，如魁奈所宣称的那样。它并不像他在《法意》卷八中所描写的那样可憎。

二、伏尔泰与中国

伏尔泰有两个基本特点：精神与乐趣。道德、幸福、快乐，是对他自己的写照。"一个没有任何偏见，能自由思想和行动的人的品质，终归会使自己在生活的交往中无比快乐。"⑦由于他有广泛的兴趣，他的性格也必然是复杂的。在他浩瀚的书籍、诗词、信件和小册子的海洋中，伏尔泰的确表现出是一位雄心勃勃的人，但他更是一位不知疲

---

① 孟德斯鸠：《法意》，第十九章，第十六节。
② 孟德斯鸠：《法意》，第十九章，第十六节。
③ 《耶稣会士书简集》，第33卷，第173页。
④ 孟德斯鸠：《法意》，第十九章，第十九节。
⑤ 同上。
⑥ 同上。
⑦ 珀蒂·德·于利维尔（Petit de Julleville）：《法国文学史》，第6卷，第160页。

倦的探索者。法盖说："伏尔泰有一种探索的天资。他想做的，不管是已经为人所知的还是未知的，他都要全部了解。"①

因此，伏尔泰被中国所吸引是自然而然的。在18世纪上半叶，由于旅行者和传教士的文章，在文学、哲学和绘画方面，中国是一个激励人的重要源泉。②格里姆说："曾有一个时期，所有的壁炉上都摆满中国的瓷人，而且我们家具也大部分是中国韵味的。"③

费尔奈族长（伏尔泰的别号，Patriarche de Ferney）的作品证明了他对中国的嗜好："我们可以说这个国家对他的精神产生了一种神秘的影响。是他普及了18世纪的法国人所塑造的关于中国的道德和智慧的观念。是他把中国放进了世界的框架里，也还是他以令人赞叹的明智在哲学论争中保卫了中国。""我们诋毁过中国，完全是因为他们的玄学和我们的不一样。"④

他关于中国的知识是广博而且丰富的。和当时的作家一样，他的大部分知识来自于耶稣会士们的作品。他读过《耶稣会士书简集》和一些回忆录，尤其是杜赫德的《中华帝国志》。

伏尔泰对中国的好奇从青年时期就表现了出来。"这孩子渴望获得名声。"⑤他的精神倾向于世界的奇迹。在路易大帝中学时，最有威望的教师中，修辞学教授图尔诺米纳神甫（P. Tournemine）对他有很大影响。这位具有卓越精神的宗教人士曾倾心于中国科学。他和耶稣会

---

① 艾米尔·法盖：《18世纪》，第207页。
② 参阅亨利·柯蒂埃：《18世纪法国视野里的中国》，《法兰西文学院例会报告》，1908年。"1742年画展沙龙上，布歇展示了八幅以中国为题材的绘画……"（第764页）爱德蒙·德·龚古尔（E. de Goncourt）写道：关于这方面的问题，维也纳的阿尔贝蒂娜（Albertina）在《华托（Watteau）作品里论及的书目》中给我们提供了一个有趣的材料。华托有一幅刻在黑色石头上的中国人的画像，这是他的一幅研究性巨作，画中的这位中国人是他研究的一个典型，他的衣服、鞋都被画得惟妙惟肖，其特征俨然是天朝风范，甚至连这个人的姓名也被华托用铅笔写在了石头的左边：F.赵（转引自亨利·柯蒂埃书，第763页）。
③ 格里姆（Grimm）：《文学通信》，1785年11月。
④ 伏尔泰：《全集》，第11卷，《风俗论》，伽尔尼埃出版社，1878年，第178页。
⑤ 弗朗德兰（Flandriu）：《伏尔泰选集》，阿梯埃出版社，第3页。

士学者白晋神甫有信件交流。白晋得到康熙皇帝的厚遇之后，成了一位著名的汉学家。后来，伏尔泰个人认识了傅圣泽神甫（P. Fouguet），后者是一个很有趣的人，他曾力图改编中国编年史。他的理论是：中国古代历史停留在语言上，这种语言由可以用两种方式来体现的象形文字组成：一方面，具有中国人约定俗成的含义；另一方面，它具有一种基督徒为了寻求宗教真理所孕育出来的象征意义。傅圣泽神甫的思想实质是要证明希伯来的原始宗教和中国的宗教同出一源。这种理论使伏尔泰颇为欣赏。在《风俗论》中我们读到这样的话："很多人真的陷入了物质主义，但他们的道德没有变质。他们认为道德对人是那么必需而且可爱，以致不需要去认识一个上帝便可以遵循它。"[①] 伏尔泰鲜明地提出了宗教与道德的离异。为了验证他的推理，他干脆拿傅圣泽来作为证明："在中国生活过25年最后成了耶稣会士的敌人的傅圣泽曾多次对我说：在中国很少有无神论哲学，即使是在我们中间也是如此。"[②]

在写于1729年的《哲学通信》中，伏尔泰第一次明确地谈到中国，谈到中国的牛痘。他说："我知道，一百年来中国人已经种牛痘了。这应被看作宇宙间最智慧、最有修养的民族具有先见的例子。"[③] 这是一种疫苗种植的应用。

伏尔泰赞扬中国的宗教和政府。这两者不仅向他提供了抨击基督教的论据，而且尤其向他提供了为自己的哲学进行辩护的论据。伏尔泰哲学首先是实践的哲学，他说："人生的头等大事是生活得幸福。"[④] 这是伏尔泰奠定自己道德和行为理论的基础。

伏尔泰把中国宗教当成一种没有教条、没有神秘性的自然宗教。"文人之宗教，是值得再次赞赏的。它没有迷信，没有荒诞传说，没有

---

① 伏尔泰：《全集》，第11卷，《风俗论》，第179页。
② 同上书，第180页。
③ 同上书，第22卷，《哲学通信》，第十一封信。
④ 同上书，第23卷，第62页。

亵渎理性和自然的教条。"① 伏尔泰是一个自然神论者，但是一个实践的自然神论者。教条主义的宗教与他的怀疑论精神是格格不入的。在费尔奈族长的眼中，理性与自然是至高无上的财富，是人类可以接受并最益于他们的幸福的最高财富。实际上，18世纪创造了一个理想化的中国，伏尔泰就是创造这个杰作的最积极、最富特色的一位艺术家。

在《中华帝国志》中，杜赫德写道："自然情感被中国人推到了一个高度完美的程度。"② 谈及宗教，另一位作家也同样说："因为他们没有从基督教世界里获得过那样纯粹、那样卓越的关于神祇的知识，而指责这些遵守着从父辈传下来的对自然规律有着深厚感情的中国先民不信宗教是不公正的。"③

在礼仪之争中，伏尔泰以自然的名义捍卫中国的无神论。"人们多次考察这种旨在用西方神学意识来反对世界另一端的中国政府的对无神论的指控，这无疑是我们疯狂的、充满学究气的矛盾行为。"④

这些话是诚恳的。因为，伏尔泰的宗教所要求的，不是像帕斯卡所要求的那样，去治愈人类的苦难，也不是像波舒哀所要求的那样，向我们指出永远统治着世界的上帝，伏尔泰是想宣传一种理性主义的宗教。应该说，伏尔泰的哲学著作里很少有实证哲学。他的著作，与其说产生于理性不如说产生于感情，是一种具有毁灭力的武器。他确认上帝存在，但并没有那么强大，他指责充满了理性不能容忍的事实的《圣经》。终于，他厌憎了教派之争，即使是在中国进行的这种争论。

对于伏尔泰，孔夫子代表着绝对权威。他不是一位受神启示的预言者，而是一位贤哲和官员。他很欣赏这些品质。我们知道伏尔泰的政治抱负是很大的。他对东方哲学的赞扬是他自己灵魂的回声。"我

---

① 伏尔泰：《全集》，第18卷，《哲学辞典》，第158页。
② 杜赫德：《中华帝国志》，第3卷，第155页。
③ 《学者报》，1736年1月，第22页。
④ 伏尔泰：《全集》，第18卷，《哲学辞典》，第154—155页。

们称作孔夫子的孔子既不构想新的意见,也不构想新的礼仪;他既不是受神启的人,也不是预言者,他是一位从事古法教育的睿智的官员"①。另一种理由使他这样地明确肯定孔夫子:在他看来,孔子理论可以与基督教分庭抗礼。我们应该从这个意义上去理解他下面的四句诗:

只用有益的理智做解释,
光耀精神而不炫耀世界。
孔子不是先知却是圣人,
谁知到处为人们所相信。②

当伏尔泰同样把中国理想化时,人们不禁会思考他是否知道耶稣会士们的著作。正如我们在前一章所指出的那样,耶稣会士们没有掩盖中国的缺陷,特别是关于中国的宗教信仰问题,例如关于死者在世俗生活中的影响问题。伏尔泰认识到这实际是迷信,但他却把这种迷信归咎于和尚而不是文人。他巧妙地区分中国的两种宗教:一种为学者的宗教,另一种是为平民的宗教。在谈及道士和佛教徒时,他说:"这些教派在中国受到宽容的对待,以便把它们应用于平民,就像用粗制食品来养活他们一样,而至于那些脱离人民的官员和文人们则食用的是最精纯的补品。似乎,平民百姓实际上不配有一种理性的宗教。"③

伏尔泰所感兴趣的是学者的宗教。"这种帝王、将相和所有文人的宗教没有沾染任何迷信。"④伏尔泰是资产者,他瞧不起地位低下的人。关于孔子,他写道:"他死后,他的弟子是皇帝、官员,也就是说是些贵人和文人,而不是老百姓。"⑤

---

① 伏尔泰:《全集》,第11卷,《风俗论》,第57页。
② 同上书,第18卷,《哲学辞典》,第151页。
③ 同上书,第11卷,《风俗论》,第179页。
④ 同上书,第27卷,《杂集》,第2页。
⑤ 同上书,第11卷,《风俗论》,第176页。

为了巩固他的理论，伏尔泰求助于耶稣会士们的作品，这些作品指出，中国宗教和基督教同出一源。正是基于此，李明神甫和其他传教士们写下：当其他民族还在崇拜偶像时，中国人已经熟悉真正的上帝，并将它供奉在宇宙间最古老的庙堂里。①

伏尔泰欣赏中国的第三个原因是它的政府。他要在这里发展他自己的思想。与孟德斯鸠看问题的方式相反，他认为中国实质上不是专制主义的国家，而是建立在父权制基础之上绝对君权制的国家。"这个大帝国的法律与安宁是以最自然、最神圣的权利为基础的：孩子尊敬老人。"②

在那里我们碰到一种伏尔泰特别喜欢的意见：理想的政府应该是绝对的和立宪的政府。中国政府，至少是耶稣会士们作品中的中国政府恰好符合了伏尔泰的要求。一方面，中国的皇帝，像康熙和他的继承者们，是绝对无上的君主；另一方面，由学者、哲学家和文人领导的执法机构，可说是代表人民的精英。"人们都得像膜拜上帝一样膜拜皇帝，对他个人稍有不敬，就要受到法律的制裁，像犯亵渎神圣罪的人受到制裁一样，这并不一定说明这就是专制和横暴的政府。专制政府是这样一种政府：君主可以不受法律的约束，并按照他个人的意志剥夺公民的财产与生命。然而，假如有这样一种见所未见，闻所未闻的情况，即人们的生命、幸福和财产受着法律的保护，这就是中华帝国。"③

当伏尔泰写下面这两句诗时：

我常给中国皇帝去信，

直到而今，他没有给我一点回声。④

---

① 伏尔泰：《全集》，第8卷，《风俗论》，第177页。
② 同上书，第15卷，《路易十四时代》，第76页。
③ 同上书，第8卷，《风俗论》，第162—163页。
④ 同上书，第10卷，第421页。书简第109，《致丹麦国王克里斯蒂安七世》。

这并不是为了开玩笑，而是为了表达他由衷的赞赏。伏尔泰赞扬康熙的孙子乾隆皇帝说，他不仅是一个绝对君权制的代表，而且尤其是一个诗人皇帝。谈到《盛京赋》①时，伏尔泰写道："我承认我被这位皇帝的诗迷住了，那诗中处处充溢了温柔的道德和乐善好施的德行。我禁不住追问，像皇帝那样忙的人，统治着那么大的帝国，如何还有时间来写诗呢？"②在同一封信的稍后的地方，他写道："乾隆尝试了这种伟大的事业，他成功了，然而，他说及此事时却非常谦虚，使我们的小诗人们显得都高傲而无礼了……"③

使伏尔泰感到喜欢的中国政府的另一面是：它的执行机构，是值得赞扬的，特别是主持它们的官员都是一些一丝不苟地遵循着儒学思想的文人。从那时起，一方面，司法在人民中得到很好的贯彻，人民从来不是牺牲品；另一方面，这些文人官员们的脑袋里没有半点迷信。因此，伏尔泰说："人们的头脑肯定想象不出比这更好的一个政府，在这个政府里，所有决定都是由上下执法机构做出来的，这些机构中的成员都是经过好几次严格考试才接收进来的，中国的一切都由这些机构安排。"④

这个政府还有使帝国得以休养与安宁的另外两个好处：第一，中国贵族完全不是世袭的，人们只承认功勋，名门子弟也得自己有超凡才能才行。⑤第二，一位官员有权力处罪犯死刑，但如果这个宣判不是皇帝亲手批准的话，他也无权执行。由此可见，庶民的生命和财产是受保护的，但是，令人吃惊的是，正是法律使人民走上道德之路。"在别的国家，"伏尔泰说，"法律惩罚罪恶；在中国，不只如此，法律还要褒奖德行。"⑥

伏尔泰对中国的热爱是无限的。他热爱这个由哲人制定法律、由

---

① 《盛京赋》，乾隆皇帝所作中国诗，耶稣会士钱德明译为法文，1770年，八开本。
② 伏尔泰：《全集》，第29卷，《杂集》，第452—453页。
③ 同上书，第454页。
④ 同上书，第8卷，《风俗论》，第162页。
⑤ 同上。
⑥ 同上书，第11卷，《风俗论》，第175页。

文人执行法律的国家。照伏尔泰看来，中国是最幸福的国家之一，因为儒学和政府合为一体，哲学家和诗人们有施展自己本领的场所。

但是如果人们向伏尔泰提出这样的意见："自从克洛维（Clovis）以来，基督教和君主政体在法国政府中是一码事，故而，人们不必嘲笑这个国家而赞颂另一个除了在书本上读到过而从未见过的国家。"作为对这种反对意见的回答，伏尔泰将肯定把法国和中国来加以区分，中国具有古老和宽容的双重优点。

为了抨击天主教，伏尔泰巧妙地利用了中国的编年史。中国的古老发现最终改变了世界起源的观念。一方面，它有助于对作为历史文献的《圣经》价值信仰的削弱；另一方面，它加强了批评精神，也就是说加强了唯一理性的裁决。对于伏尔泰来说，这是他热爱古老中国的另一个理由："为何我们的敌人无情地反对中国呢？为何要反对中国与欧洲主张正义的人们呢？无知之徒始敢说对中国历史估计过久，将《圣经》的真实性摧毁了。"①

由于中国的古老，伏尔泰把中国放在了他的《风俗论》的第一章，以便指出人类的发展。这构成他这部毫无历史价值的著作的独特性，毕诺先生理智地注意到："他（伏尔泰）向耶稣会士求教能证明中国的古老的事实和日期，并求助于不信教的人的论述，以将这种古老性提升到比耶稣会士们所做的评价更高的程度。"②

关于中国政府形式的问题，伏尔泰不能不嘲笑孟德斯鸠的观点。在他阐述汉文帝执政时（前179—前156年）的法律时，写道："这个重要的意见推翻了《法意》中反对这个世界上最古老的政府的含糊其辞的非难。"③尽管这两位作家之间存在着分歧，但却都对中国的宽容精神表示赞赏。

对于这两人来说，宽容具有无限价值，因为特别是它具有"舆

---

① 伏尔泰：《全集》，第26卷，《杂集》，第389页。
② V. 毕诺：《中国与法国哲学思想之形成》，1932年，第279页。
③ 伏尔泰：《全集》，第11卷，《风俗论》，第174页。

论、觉悟、信仰的自由"[1]。人们不应该仅仅模仿中国的宽容,而应该首先摧毁欧洲的不宽容。中国没有宗教战争,"不是因为它(中国)想宽容,而是因为它的宗教不是像基督教一样的不宽容"[2]。

这两位作家的思想也是当时那个世纪的思想。中国被援引只是为了提供不同的论据。孟德斯鸠说:"我不掩盖,在中国有不同教派的争论。在基督教中有很多这样的争论,因我们有这样的口头禅,除了我们的宗教以外,所有宗教都是坏的。"[3]伏尔泰在他的《论宽容》中,勾画出这样一幅漫画:"最后,他们(耶稣会士们、荷兰人和丹麦人)三者一齐讲话了,他们互相用粗俗的语言进行辱骂。老实的中国官员很难制止,就对他们说:假如你们想在这里(中国)叫人家宽容你们的宗教,那就从自己既不被宽容,也不宽容自己做起吧。"[4]

对伏尔泰来说,雍正皇帝是一位宽容的倡导者。皇帝说:"宽容,始终是我和人民之间的第一纽带,是君主们的第一义务。"[5]他还对巴多明神甫说:"你们和其他欧洲人进行的关于中国礼仪无休止的争论,使你们感到了不尽的烦恼。假如我们在欧洲,采取和你们在这里一样的行为,那你们会说些什么呢?凭良心说,你们不会感到难受吗?"[6]如果我们多深入一点去探究伏尔泰的思想,我们就不再为《路易十四时代》里这古怪的一章"关于中国仪式的争论"而感到惊讶了。在歌颂了这黄金时代之后,他甚至表露出一种深深的遗憾:就是这个世纪不知道宽容。这一章仿佛是全书的总结。

因此,伏尔泰致力于创造一部关于中国的传奇。这位道德的倡导者,要求恢复人类的权利,然而他却支持一夫多妻制。他说:"尤其请

---

[1] 伏尔泰:《全集》,第25卷,《杂集》,第15页。
[2] V. 毕诺:《中国与法国哲学思想之形成》,1932年,第411页。
[3] 孟德斯鸠:《未出版的思想与片断》,第2卷,第511页。
[4] 伏尔泰:《全集》,第25卷,《杂集》,第99页。
[5] 同上书,第27卷,《杂集》,第15页。在中国历史上,雍正皇帝更加专制。在其统治时期,好多文人被认为有罪,即亵渎君主罪。
[6] 同上书,第15卷,《路易十四时代》,第83页。

你注意，通奸在东方很少见，在被太监看守的宫娥中更是不可能的。相反，读者，通奸在我们欧洲几乎成了家常便饭……由此看出，是承认一夫多妻制好还是任其伤风败俗好。"①

在他对中国的研究中，伏尔泰显得很有头脑，但太片面。他没有谈任何新的东西，他重复的是耶稣会士们的著作，但他用自己的哲学观和政治观来阐明它们，然而人们应该承认他使中国进入世界历史的功绩。在国际政治方面，他的观念比旧欧洲的观念更先进了一个多世纪。

中国人的缺点是很多的，为了维持他关于中国观念的一致性，伏尔泰没有提到这一点。当他不能找到借口时，他便提出这是人的本性：为使社会达到完善，需要好多个世纪才行，如果它把中国当作榜样的话，理性将获得胜利。他不是实事求是地描绘中国，而是按照他对自己所处时代进行评判的需要来谈论中国。伏尔泰是一位卓越的历史学家，但他在自己这些关于中国的著作里却缺乏批评精神。他怀着幼稚的轻信全部接受了耶稣会士们的对他的论点似乎有用的材料。

"必须以怀疑的精神来阅读几乎所有这些来自遥远国度的报道。一种特殊的情况，往往被它们当作普遍现象加以报道。"②《风俗论》中的这些话也完全适用于作者本人对中国的判断。

三、魁奈与中国

和孟德斯鸠、伏尔泰一样，魁奈这位重农学派的创始人也从杜赫德的《中华帝国志》里吸取了关于中国的情况。这位蓬巴杜夫人（Mme de Pompadour）的医生，其思想之高甚至使路易十五肃然起敬，

---

① 伏尔泰：《全集》，第24卷，《杂集》，第231页。伏尔泰还说："一夫多妻，不能被视为不利于人口增长，因为事实上，在印度、中国、日本多配偶制被接受，而这些国家是世界上人口最密的。如果允许我在这里引述《圣经》的话，我们将说上帝自己允许犹太人多妻，向他们许诺'他们的子孙如同海沙一样众多'。"《创世记》二十二，17，伏尔泰注）

② 伏尔泰：《全集》，《风俗论》，第113章。

他对《中华帝国志》这部书给予了很高的评价。"杜赫德神甫精心收集了不同的回忆录,并刻意把它们改写成历史讲义。这部著作的功绩是相当卓著的,我正是依靠这位作家的材料来论中国的……"①

让魁奈对中国感兴趣的不是中国本身,而是为他自己的经济理论找依据。大国天朝的历史、风俗、体制给了魁奈意想不到的启迪。从此,他的理论原则建立在无可争论的事实基础之上。下面让我们研究一下魁奈赞赏中国的一些什么东西。

还在他生活在自己故乡的时候,他便"很早就开始了对农业问题的思考"②。魁奈构筑自己重农主义的体系是在私人财产没有以绝对形式给予保证的时代进行的。圣西门(Saint Simon)说:"路易十四不再怀疑他的臣僚们的财产是他自己的财产了,他给他们留下的那点财产也纯粹是对他们的恩典。"③

魁奈的理论简单而明确,因为它不是建立在形而上学的思辨基础之上,而是建立在明确观点的基础之上。这就是:一个民族的繁荣完全依靠财富。然而魁奈声称:"土地是财富的唯一源泉,而且正是农业才使财富倍增。"④只有耕种者在生产着,正是这个阶级构成了民族的实体。人们必须生活,农业成了生活的必不可少的条件。此外,人不是一个奴隶。而是一个自由的人。为了能生产,首先,他应自由地占有劳动手段,也就是说他的人身和土地。因而自由和所有制是政府必须保证的基本权利。

对于18世纪的重农主义者来说,人类的幸福不在将来的生活中,而是在人间,即在自然之中。为了使这种人类幸福成为可能,社会体制应建立在自然法之上。在1767年发表的《中国专制主义》中,魁奈明确地肯定:构成最有益于人类的自然秩序,明确确认人类的自然权利的

---

① F. 魁奈:《经济与哲学著作》,奥古斯特·翁康(Auguste Oncken)出版,巴黎,于利·普勒芒出版社,1888年,第592页。
② 《杜胡塞夫人回忆录》,附魁奈前引书中,第115—116页,注2。
③ 伊夫·居约(Yves Guyot):《魁奈与重农学说》,巴黎,吉约曼出版社,前言,第14页。
④ 魁奈:《经济与哲学著作》,《箴言集》,三,第331页。

物理学的法则，是永恒不变的法则，也是带决定性的最佳可能的法则。①

魁奈学说的新颖之处大体可归纳为以下三点：

一、国家应该真正重视农业；
二、应该保障个人财产和财产的自由；
三、必须在自然法则的基础上建立一种行之有效的立法机构。

这些新颖之处带来的重要结果是它们有益于人类的进步，有益于产生革命。在为魁奈的著作所写的导论中，翁康（Oncken）写道："托克维尔（Tocqueville）使人们认识到：这场历史性的伟大事变（法国大革命）的真正特点，可从经济学家，也就是重农主义者们的著作中很容易找到。"②

对魁奈来说，中国是一个模范国家，因为它符合他的理论。尽管许多历史学家断言它是专制主义的，但魁奈依然奋力地捍卫它。他的捍卫体现在对两种专制主义的区分上：一种是合法的，另一种是随心所欲的。中国可能是专制主义的，假如人们想这样说的话，但它是合乎法律的而不是任意的。因为"中国政府的体制是以一种不可置疑和占绝对优势的方式建立在自然法则之上的"③。他抱怨他的对手们的偏见太深："我觉得在欧洲人们相当普遍地具有一种对这个帝国的政府不大有好感的思想。"④

自古以来，中国高度重视农业。在亚伯拉罕时代（Abraham），农人出身的舜被选中为尧帝的继承人，他是一位贤明的君主。"这位帝王所专注的重要内容之一就是繁荣农业。"⑤

---

① 魁奈：《中国专制主义》，第645页。
② A. 翁康编：《魁奈集》，引言。
③ 魁奈：《中国专制主义》，第613页。
④ 同上书，第564页。
⑤ 同上书，第574页。

更令人吃惊的是，从远古到雍正时期的中国政府始终高度重视农业的发展。可以说中国的皇帝，首先是农耕者的领袖。"康熙皇帝的继承者，"魁奈说，"制订了一些很有利的规章以激发农耕者的竞争。除了他亲自参加播种做出榜样而外，他还命令所有城市的长官每年都去寻访一次在耕种艺术中最卓越的人……"①

这一点是极其重要的。一方面，中国政府建立在能促进人类不断进步的自然法则上；另一方面，财富成倍地增长，自然导致了人口的增加。魁奈也正是在这种意义上写下这句格言："但愿人们重视收入的增加，多于重视人口的增长。"②

如果说中国政府是建立在理性基础之上的话，这是因为它的内政是最好的。在荣誉上，首先是文人阶层，其次就是农耕者了。"中国的农人的地位在商人和手工业者之上。"③但这种政策的最重要的一点是对私有制财产的保障，这是魁奈的一个主要论点。关于财产的所有制问题，在《中国专制主义》中，魁奈在谈到中国的体制时赞赏地说："在中国，所有权是非常安全的，就是那些雇员与佃工，都受到法律的保障。"④中国政府的这个例子符合他那句宝贵的格言："但愿资产与动产的所有制保障拥有者的权利，因为所有制的保证是社会经济秩序的根本基础。"⑤

不仅如此，在必要的促进下，中国政府还对商业采取优惠政策。交通事业的发展，使运输速度更快，并建立起了更为便利的公共事业。魁奈说："中国的所有运河，被管理得非常好，人们对河流的航运给予极大的关注。"⑥照他看来，这是好政府的一种优点。

---

① 魁奈：《中国专制主义》，第 601 页。
② 魁奈：《箴言集》，二十六，第 336 页。
③ 魁奈：《中国专制主义》，第 601 页。
④ 同上书，第 599—600 页。
⑤ 魁奈：《箴言集》，四，第 331 页。
⑥ 魁奈：《中国专制主义》，第 579 页。参考这段话："这里，人们旅行走水路远多于陆路。因为江、河、运河众多，它们极大地便于商业。这些河流上有无数在外观上各有特异的各种船只……"《耶稣会士书简集》，第 25 卷，第 176 页。

按照重农主义者的观点,评判一个国家依靠这样一个简单标准:到农村去。如果土地耕耘得好,如果道路管理得好,人民幸福,这样的政府就是合乎理性的。①魁奈的另一句与交通道路有关的格言是:"要通过道路的分离和河运与海运,使积压农产品和手工业产品的,能得到方便的运输与疏散。"②

《中国专制主义》是18世纪关于中国的一个有趣的研究。它的确像毕诺先生所论:"是一个农业君主国的历史。"③但魁奈并不是它的发明者。我们在耶稣会士们的作品中,找到了许多对中国这个农业国的描写。那些美丽、动人、有时近乎仙境的画面吸引着重农主义者们的想象。例如,人们在杜赫德的作品里可以读到:"这些农村的土地被一种只有中国人才能做到的精心和劳动所经营,它们是那样的肥沃,以致在不少地方每年可以产两季水稻……"④

耶稣会士们大约于17世纪末到达中国,他们是这个国家农业状况的目击者和证明人,马若瑟神甫(P. de Prémare)下面的话确实对魁奈的头脑产生了巨大的影响:"沿珠江而上,始看出中国真正的面目。两岸都是稻田,有如草地。在这无边的田间,交织着无数的河渠,帆船往来如梭,正像在草地上泛游。更远处,山峦林立,树木丛生,山腰间有人工开垦的田地,正像是伊勒里宫的花园。这中间有许多村庄,充满了田园风味,悦目怡情,只恨所乘的船太快地驶过去了。"⑤

此外,中国有四千多年的历史,在各个时代,它都把农业置于首

---

① 这里我们遵循V. 毕诺这样的思想:《18世纪的重农主义者和中国》,《现当代史杂志》第八卷(1906—1907),第200—214页。在这里我们仅提及毕诺的原话中的一句:"哲学家(Poivre)说:如要形成对他所去的国家有一个整体观念,最简捷的方法莫过于去看看它的市场和农村,如果它的市场上食品丰富,地里庄稼种得好,到处是丰收的景象,人们便可以确认他所去的国家是一个人丁兴旺、人民安居乐业的风俗淳厚的国家,而它的政府是顺应理性原则的。这时他可以从心里说,他是在人类之中。"
② 魁奈:《箴言集》,十七,第335页。
③ V. 毕诺:《18世纪的重农主义者与中国》,《现当代史杂志》,第8卷,第207页。
④ 杜赫德:《中华帝国志》,第1卷,第15页。
⑤ 《耶稣会士书简集》,第26卷,第84页。

位。它知道："没有农业的社会只能造就不优秀的民族。"① 从一开始，中华民族就有一个重农主义的政府。它善于延长自己的生命，直至目前。政府的这种持续性是其优越性的证据之一。比埃费尔（Biefield）说："一个国家体制的最大完美表现在于它的延续性。"② 因此，中国政府的古老性和恒定性是重农主义者理论的卓越之处的明显证据。

魁奈研究了中国政府这种恒定性的原因，他发现，中国受益于对自然法则的遵从。他写道："中华帝国的绵延和伸展，以及它的持续的繁荣，难道不是由于它遵从自然法则的缘故吗？"③

确实，在所有的城市里都有些官方机构在从事道德科学的研究。一个繁荣与持久的政府的最重要的目标应该是，像中华帝国一样，对构成出色的社会秩序的自然法则进行深入研究和持续而普遍的教育。④

我觉得魁奈对中国的研究不仅仅是由于对中国的倾心，而完全是把中国作为他重农主义原则的依据。他关于中国的知识，是表面的、第二手和第三手的。18世纪，人们对中国形成了种种约定俗成的观念。忽而它是开明、道德和繁荣之邦，忽而它又是一个专制、怪诞和悲惨的世界。魁奈怀着善意对它采取各取所需的态度。像孟德斯鸠一样，他使事实服从于自己的原则。

此外，像伏尔泰所认为的那样，如果说他把中国放在心上，那是因为中国给他提供了一个批判法国体制的更好良机。1692年的法令庄严地宣布："国王的至高而全面的财产是天下的所有土地。"⑤ 在魁奈看来，那正是专横的专制主义，他用中国合法的专制主义来反对上述的专制主义。

---

① 魁奈：《中国专制主义》，第647页。
② 转引自V. 毕诺：《18世纪的重农主义者与中国》，《现当代史杂志》，第8卷，第207页。
③ 魁奈：《中国专制主义》，第660页。
④ 同上书，第646页。
⑤ 伊夫·居约：《魁奈与重农学说》，巴黎，吉约曼出版社，前言，第14页。

… 第六章
结　论

　　因此，耶稣会士们作品的出版引起了无神论者和自然神论者们对中国的广泛兴趣。他们对中国的兴趣，与其说像他们声称的那样是为了功利和人类的进步，不如说是出于好奇。18世纪是哲学的世纪，在这个意义上说，哲学是当时的作家们最为关注的科学，人们给予它一种巨大的关注。一个国家的人民，如果不精心发展这些科学，难道不是野蛮粗俗的民族吗？

　　一部出于耶稣会士们之手关于中国的最光辉的著作证明：在那里找到了一种道德和完满无缺的法律。感谢那样合乎理性和自然的儒家哲学，由于它，中国人，即使是无知的中国人，"都是公正无私和互相帮助的"①。这种毫不含糊的断言引起了反响：哈雷大学的教授、数学家沃尔夫（Wolf）在科学论的一次仪式上发表了赞扬孔子的演说后，受到他同事朗若的批判，而后被判罪。②

　　这种对中国强烈的兴趣不是唯一地归因于中国自身的品质。它同样是17世纪思想演变的一种结果，这个世纪首先是一个智慧、理性和

---

① 《耶稣会士书简集》，第29卷，第94页。
② 伏尔泰：《全集》，第18卷，《哲学辞典》，第156—157页。

心理分析的世纪。这个世纪尤其对人感兴趣而对自然有所忽视。如果说作家们提到了后者，那也还是根据人和人类灵魂的需要。相反，18世纪的作家们拒绝把自己限制在抽象的研究之中，他们想从中挣脱出来，以便突出人与自然的差别。在他们所做的多少有点正确的描述中，企图把中国作为立论的范例。于是人们才唱出这样的诗句：

中国是一个迷人的国家，
它一定会使你喜欢。①

对中国的理想化，是这个时代普遍精神状态的一种结果。在法国，有名望的人们不断宣称：那里不是一切皆好，就连太太们的发式也是如此。李明神甫说："但是，我相信，如果人们在法国看到这样的模特，他马上会被吸引，并甘愿放弃这种惯用的充满杂七杂八的饰品的发式，而去梳中国妇女的发式。"②

在格里姆（Grimm）的《文学通讯集》中，他讲了一件很有教育意义的佚事：一天，路易十五和他的大臣贝尔坦（Bertin）一起策划革除国家的流弊，并请他寻找行之有效的良策。几天之后，贝尔坦向国王阐述他对普遍精神改造的方案。路易十五问："你有何打算？"贝尔坦答道："陛下，就是为法国人灌输中国精神。"

对于18世纪的启蒙哲人们来说，中国精神的特点重于一切宗教。中国文人承认一个至高无上的天，但并不崇拜它。他们既没有牧师，也没有宗教大臣；在孔子身上，他们颂扬的不是奇迹，而是他的哲学；知识分子不向他做任何祈祷，也不向他要求什么。然而，中国实践着道德，特别是18世纪法国哲人所称的宽容。谈及儒家哲学，雷孝思神甫说："除了动机以外，我看不出中国人的慈悲与基督徒的慈悲有什么不同，尽管上帝是千真万确的，他甚至存在于那些被智慧之光引

---

① 皮埃尔·马尔蒂诺，前引书，第121页。
② 李明：《中国现状新志》，巴黎，阿尼松出版，1696年，第269页。

向道德之路的不信教的人们的精神之中，他们的这些道德在行动上与基督徒的道德毫无差别。"① 依照同样的理由：哲人们得出如下结论：要建立一种道德，不需要任何宗教。他们嘲笑"信仰的物质"，宣扬宽容与人道。他们断言，为了过一种有规律的生活，只要顺乎自然就够了。基督主义作为反自然性而应该被抛弃，基督徒的教条与道德是人类进步与发展的羁绊，因此必须把它们摧毁。必须培养一种不是对上帝之法律的服从所体现的精神，而是满足社会需要所要求的道德。哲学家们倾向于用一种简单的社会规律来改造基督教的道德，在这方面，中国提供了一个卓越的范例。

政治独立于宗教之外的要求所引起的后果，比道德独立的要求所引起的后果更要严重。

在中国，管理的艺术被他们描绘得仿佛有点令人赞赏，当作家们讲到《耶稣会士书简集》中的这些话时，他们不需要批判自己的政府的弊端。这些话是这样写的："尽管中国皇帝的权力和财富几乎是无限的，但他的膳食相当简朴，他本人毫不奢侈，然而当用之于民和国家需要时，他在为国家开销上却变得很慷慨，并且大方到有些过分的地步。"② 神权至上、政教合一是中世纪的旧传统。但愿国王降低到与庶民平等的水平，变成人民的奴仆，人民独立自主起来！

以中国为榜样，18世纪哲人们相信：一种完全合乎理性的政治能使个人、家庭和社会获得幸福。中国的贤者、智者们成功地使普通的人也具有很高的道德，但是，"人们愉快地发现，他们在尽力适应人民的需要"③。因此，实质上，中国的政治方向不是出于人对上帝义务的考虑，而是由于人民的需要。换言之，中国的政治吸取了集体所需的思想。这个结论启发哲人们要求自己的国家在体制上做根本的改革。

---

① 转引自G. 朗松：《18世纪哲学思想的形成与发展》，《教学与讲座杂志》，1909年，第71—72页。
② 《耶稣会士书简集》，第25卷，第19—20页。
③ 杜赫德：《中华帝国志》，第3卷，第158页。

君主制的三大支柱——专制主义、贵族制和世袭制应该取消。众所周知革命就是这样来的。

能否由此得出结论说耶稣会士们有助于法国革命的来临呢？肯定不能这样说。他们揭开了中国的帷幕，这对他们来说，是一种光荣。一位1685年以前的作家曾为搜集这个国家的资料而感到为难。《耶稣会士书简集》、《中华帝国志》以及耶稣会士们的其他作品的发表，给予许多人了解这个国家的希望和可能性，而且这种愿望是很容易实现的。这类作品满足了充满求知欲和好奇心的人们。哲人们以此作为自己的原则和学说的依据和注解。如果人们想要暗示耶稣会士们为翻天覆地的革命做出了贡献的话，那么应该说这是他们很不情愿的。

所有的权威人士都承认导致法国革命的原因是很复杂的。人们曾多次认为可以在诸多的因素中，列举出耶稣会士们向法国人提出的关于中国的见解。目前的研究指出：耶稣会士们首先想在辽阔的亚洲帝国推广基督教，为达此目的，他们利用了中国人表现出的对科学，特别是对数学、天文学的渴求。同时，他们尽力使欧洲对他们的作品产生兴趣，在使人们了解中国的文明的同时，创立了汉学。杜赫德神甫的著作，在这方面是典型的，由于它成了可以说是第一部关于中国的百科全书，借此，欧洲人可以查阅中国的情况，查阅它的过去和当代的政府，查阅它的文化，所以这部著作具有独创和特殊的重要性。

耶稣会士们首先是作为学者而出现的。因此，耶稣会在北京被取消时，德经写道："抛弃传教团体是一种不幸：可能目前情况使它们的重要性尚未得到足够而明显的表现，然而一旦它们被毁灭或抛弃，人们会感到造成巨大损失的时刻即将到来。"[1] 腓特烈二世（Frédéric Ⅱ）也写信给濒于死亡的伏尔泰说："请相信我，请你与修会（耶稣会）言归于好，在上个世纪，它造就了法国最伟大的人物。"[2] 在这些伟大人

---

[1] 亨利·柯蒂埃：《耶稣会被取缔与北京传教团》，1918年，第140—141页。
[2] G. S. 德莫朗：《法国耶稣会士在华业绩》，1928年，第226页。

物中，国王确实把汉学家杜赫德计算在内了。

在这些章节中，我们曾想概述中国文人对耶稣会士们的印象，并指出耶稣会士们与康熙皇帝之间是什么关系，我们阐述了耶稣会士们为什么和怎样专心致力于科学，我们曾特别介绍了杜赫德的著作，而且强调指出了它的价值和对18世纪作家的影响，并把孟德斯鸠、伏尔泰和魁奈作为典型加以阐述。我们试图以此为17世纪末和18世纪初中法知识分子的合作史的研究做些绵薄的贡献。尽管我们的能力有限，资料不足，但我们的读者会肯定这样一点：我们没有离题太远。

参考文献

Anson（George）: Voyage autour du monde, fait dans les années MDCCXL, Ⅰ Ⅱ Ⅲ Ⅳ Amsterdam et Leipzig, 1749 Publié par Richard Waltter.

d'Anville: Mémoire de M d'Anville sur la Chine. Paris, 1776.

Atkinson（Geoffroy）: Les relations de voyages du XVIIe siècle et l'évolution des idées, contribution à l'étude de la formation de l'esprit du XVIIIe siècle Libiairie Aneienne, E Champion, Paris.

Backer（Les Pères Augustin et Aloys de）: Bibliothèque de la Compagnie de Jésus, 1895 Paris, A Piccard.

Baudier（Miehel）: Histoire de la cour du Roy de la Chine. Paris, Etienne Limoysin, 1668.

Biographie universelle, ancienne et moderne. Paris, Chez Michaud Frères, 1813.

Brou（A）: De cerlains conflits entre missionnaires au XVIIe siècle. Revue d'histoire des missions. T. XI 1934, pp. 187-202.

——Les jésuites sinologues de Pékin et leurs éditeurs de Paris. Revue d'histoire des missions T. XI 1934, pp. 551-566.

Bouvet（Joachim）: Portrait historique de l'Empereur de la Chine, présenté au Roy Paris, 1698.

Bruker（Joseph）: La Chine et l'Extrême-Orient d'après les travaux historiques du P. An. Gaubil, Missionnaire à Pékin（1723-1759）. Revue des questions historiques. T. XXXVII, 1885, pp.489-539.

Burker（Abbé）: Communication sur l'exécution des cartes de la Chine parles missionnaires du XVIIIe siècle d'après documents inédits. IVe Congrès international des sciences géographiques tenu à Paris en 1889. T. I, pp. 378-396, Paris.

Carcassonne（E.）: La Chine dans «L'esprit des Lois», Revue d'histoire littéraire de la France, 1924.

Chen Yun: le christianisme vu par les non catholiques à la fin de la dynastie des Ming et au début de celle des Tsing. Revue de Pan Che. T. III, n° 1,2,3, Pékin.

Gordier（Henri）: La Chine en France au XVIIIe siècle.（Bibliothèque des curieux et des amateurs）, 1910. Paris, Henri Lansen.

——La suppression de la Compagnie de Jésus et la mission de Pékin. Leyde, 1918.

——Fragments d'une histoire des études chinoises au XVIIIe siècle. Paris, Imprimerie nationale, 1895.

——Bibliotheca Sinica. Paris E. Leroux, 1878.

——Essai d'une Bibliographie des ouvrages publiés en Chine par les Européens au XVIIe siècle et au XVIIIe siècle. Paris, E. Leroux, 1883.

——La Chine en France au XVIIIe siècle. Comptes rendus des séances de l'Académie des Inscriptions, 1908.

Dictionnaire apologétique de la foi catholique. Paris, 1911. Art: Chine.

Descamps（Le baron）: Histoire générale comparée des Missions. Plon, Paris, 1932.

Dodds（Muriel）: Les Récits de voyages, sources de l'Esprit des

Lois de Montesquieu. Champion, Paris, 1929.

Documents inédits relatifs aux délégués apostoliques du Vatican en Chine, sous le règne de l'empereur Kang-si. Ed. photographique, 1932, Pékin.

Du Halde: Description géographique, historique, chronologique, politique, et physique de l'Empire de la Chine et de la Tartarie chinoise enrichie des cartes générales et particulières de ces pays,de la carte générale et des cartes particulières du Thibet, et de Corée; et ornée d'un grand nombre de figures et de vignettes gravées en tailledouce. Chez Henri Scheurleer, à La Haye, 1736.

Dumeril: L'influence des Jésuites considérés comme missionnaires sur le mouvement des idées au XVIIIe siècle, Mémoires do l'Académie de Dijon, 1874, 3e série, t. II.

Faguet (Emile) : Dix-huitième siècle. Boivin, Paris.

Farjenel (Fernand) : Voltaire et les Chinois. Revue hebdomadaire, 1910.

Feynes (Henri de) : Voyages faicts par terre depuis Paris jusques à la Chine. P. Rocolet, Pairs, 1630.

Ghirardini (Gio) : Relation du voyage fait à la Chine sur le vaisseau l'Amphitrite, en L'année 1698. Paris, chez Nicolas Pepie, 1700.

Gotô (Soueo) : Les premiers échanges de civilisation entre l'Extrême-Orient et l'Occident dans les temps modernes. Revue de littérature comparée, 1928.

Guyot (Yves) : Quesnay et la physiocratie. Guillaumin, Paris.

Hazard (Paul) : La crise de la conscience européenne (1680-1715). Boivin, Paris, 1935.

Journal des Sçavans, 1735, 1736.

Lange: Journal de la résidence du Sieur Lange agent de Sa Majesté impériale de la Grande Russie à la cour de la Chine, dans les années 1721 et 1722. A Leyde, 1726.

Lanson（Gustave）: Formation at développement de l'esprit philosophique au XVIIIe siècle. Revue des cours et conférences, 1909.

——Questions diverses sur L'historie de l'esprit philosophique en France avant 1750. Revue d'histoire littéraire de France, 1912.

——Histoire de la littérature française. Hachette, Paris.

——Voltaire (Les grands écrivains français). Hachette, Paris.

Leibniz: Recueil de diverses pièces sur la philosophie, les mathématiques, l'histoire, etc... Publiées par Chretien Kortholt. Hambourg, 1734.

Le Comte（Le P. Louis）: Nouveaux mémoires sur l'état présent de la Chine. Paris, J. Anisson, 1696.

Le Gobien（Charles）: Histoire de L'édit de l'empereur de la Chine, en faveur de la religion chrétienne: avec un éclaircissement sur les honneurs que les Chinois rendent à Confucius et aux morts. Paris, Jean Anisson, 1698.

La Servière（J. de）: Le père Adam Schall d'après un ouvrage nouveau. Revue d'histoire des missions, 1934.

Lettres Edifiantes et Curieuses écrites par des missionnaires de la Compagnie de Jésus. Mémoire de la Chine, de t. XXV à XL. Chez Gaume Frères, 1831-1832.

Martino（Pierre）: L'Orient dans la littérature française au XVIIe et au XVIIIe siècle. Hachette, 1906.

Mémoires de Trevoux, 1733 et 1736.

Montesquieu: De l'Esprit des Lois. Paris, Garnier.

——Lettres Persanes. Lemerre, Paris, 1873.

Morant（Georges Soulié de）: L'Epopée des Jésuites français en Chine. Grasset, 1928.

Observation sur les écrits modernes, t. III, V, VI, VII, XI, 1735-1737.

Pauthier: Les Livres Sacrés de l'Orient. Paris, 1840.

Pinot (Virgile) : La Chine et la formation de l'esprit philosophique en France (1640-1740). Librairie orientale Paul Geuthner, Paris, 1932.

——Documents inédits relatifs à la connaissance de la Chine en France de 1685 à 1740, 1932.

Pinot (Virgile) : Les physiocrates et la Chine au XVIIIe siècle. Revue d'histoire moderne et contemporaine, t. VIII, 1907.

——Les Sources de «L'orphelin de la Chine», Revue d'histoire littéraire de la France, 1907.

Prospectus d'un ouvrage qui a pour titre: Yu le Grand et Confucius, histoire chinoise. A Soissons, 1769.

Quesnay (François) : Œuvres économiques et philosophiques. Publiées par Auguste Oncken. Paris, Jules Peelman, 1888.

Relations des mœurs, inclinations et coutumes des Idolâtres de la Chine et de Tunquin. (S.L.N.D.)

Renaudot (Eusèbe) : Anciennes relations des Indes et de la Chine de deux voyageurs mahométans, qui y allèrent dans le neuvième siècle. Traduites de l'Arabe, 1718.

Silhouette (M. de) : Idée générale du gouvernement et de la morale des Chinois. 1729.

Ting Tchao Tsing: Les descriptions de la Chine par les Français (1650-1750).

Librairie orientale Paul Geuthner, 1928.

Tœpffer: Badinage sur le P. Du Halde. Réflexions et menus propos, 1788.

Van Heé (L.): Les Jésuites mandarins. Revue d'histoire des missions, 1931.

Voltaire: Œuvres Complètes. Nouvelle édition, 52 vol. Garnier.

Bernard（Henri）: Le Frère Bento de Gœs chez les musulmans de la haute Asie（1603-1607）. Tientsion, 1934.

Grimm: Correspondance, 1785.

N.-B.- Nous omettons tous les ouvrages écrits en langue chinoise sur lesquels nous avons pu mettre la main, à Genève et à Paris.

《杜赫德的著作及其研究》系阎宗临先生1937年在瑞士弗莱堡完成的法文版博士论文。法文版信息如下：Yian Tsouan-Lin, *Essai sur le P. Du Halde et sa Description de la Chine*, Fraguière frères, 1937. 本书由葛雷（北京大学）译为中文。译文经阎守和、计翔翔校订。

附录

古代中西文化交流略述

一

任何国家的文化都不是完美的,如果没有别的国家文化来补充!文化起于需要,适应各个民族的生存,正如太纳(H. Taine)所论,受气候、种族与时间所限制。因之,在文化起源上,虽有播化论与创化论的争辩,但我们同意发明与传播各半的主张。法国汉学家,有主张中国文化发源于埃及或巴比伦,他们的推论,有时颇近乎形而上学。我们知道中国以破布制纸,埃及用纸草制纸,墨西哥又用别种原料制纸,难道中国与墨西哥同受埃及的影响吗?

概括地说,在秦汉以前,中国文化是独立的;在晋隋以后,佛教传入,形成李唐的文物及宋元明的理学。蒙古崛起,驰骋欧亚,虽开东西交通坦路,但在文化上无特殊成就,只留下马哥孛罗富有刺激性的见闻记而已。土耳其兴起,阻塞中亚路线,为夺取东方香料,与若望神长缔结同盟,收拾十字军残局,发现新航路,这是世界史上最重要的史实。中西文化在印度洋也便正式接触了。

万历九年(1581年),利玛窦来华,西方文化随公教传入,所不幸者,西方谋利者,挟其优越武器,未给中国留下良好印象,而中国卫道心切，只认西方文化是术而不是学，西人只知利而不知义，于是中西文化起了剧烈的冲突。这种矛盾，鸦片战争时始被击破。自此而后，中国备尝各种苦痛与侮辱，拱手接受西方文化，却也养成了民族意识。

多少人讥笑"中学为体，西学为用"的说法！如果我们承认自己是独立的民族，这是必走之路。我们并非说要复古，亦非说轻视科学，更非说西方文化统于六艺，我们只说：每个民族有它自己生理与心理的要求，中国的社会基调与欧洲不同，体用的说法虽旧，却应有新的解释。

二

有些中西交通史的学者们，主张中国文化是来自西方的，他们的证据是以星纪日与以事纪年，而在我国古代典籍内，也有些类似的记述，并且提到西方。如《穆天子传》周穆王西至昆仑，见西王母；在古本《竹书纪年》，也提到西王母来朝。《穆天子传》系根据《竹书纪年》，《竹书纪年》并不十分可靠，加以想象作用，遂说穆王至波斯，西王母即波斯女王。顾实《读穆传十论》中，指出古代中西交通的孔道："大抵穆王自宗周瀍水以西首途，逾今河南、直隶、山西，出雁门关，由归化城西，绕道河套北岸，而西南至甘肃之西宁，入青海，登昆仑，复下昆仑而走于阗，升帕米尔大山，至兴都库士山，再折而北，东还至喀什噶尔河，循叶尔羌河，至群玉之山，再西逾帕米尔，经达尔瓦兹（Darvarz）、撒马尔干（Samarkand）、布哈尔（Boukhara），然后入西王母之邦，即今波斯之第希兰（Teheran）也。又自今阿拉拉特（Ararat）山，逾第弗利斯（Tifris）之库拉（Kura）河，走高加索山之达利厄耳（Dariel）峡道，北入欧洲大平原，盖在波兰华沙（Warsaw）附近，休居三月，大猎而还，经今俄国莫斯科北之拉独加（Ladoga）湖，再东南傍窝尔加（Volga）河，逾乌拉尔（Ural）山之南端，通过里海北之干燥地，及今阿拉尔海（Aral sea）中，循吹（Chu）南岸，至伊锡克库尔（Issikkul）湖南，升廓克沙勒山，而走乌什、阿克苏、焉耆，再由哈密，长驱千里，还归河套北，逾阴山山脉而南，经乌拉特旗、归化城，走朔平府右玉县，而南逾洪涛山，入雁门关之旁道，南升井陉山之东部，通过翟道太行山而还归宗周。"假使穆王西行为真，用何种交通工具，为何西去，既去之后，何以后继无人？最使人费解的，穆王十三年闰二月初十日天子北征，绝漳水；十四年十一月初六日天子入于南郑，为时仅十九月，尚有三月行猎、王母的应酬，如何能行如此长的距离，这实使人费解！

《逸周书·王会解》中提及来朝各国间，有渠搜、月氏、大夏等西方古国，这些地方，除大夏见诸《管子》外，余皆汉以后西域国名。即《管子》中之大夏，据向达言亦为汉人所加。如无精确证据，只靠这些恍惚的记载，我们无法确定这种"惊人的奇迹"。

言中国文化西来者，取以星纪日，即日月水火木金土，巴比伦称之为七星，亦即《尧典》中："在璇玑玉衡，以齐七政。"《玉海·天文书》中："七政布位，日月星之主，五星时之纪。日月有薄食，五星有错聚，七者得失，在人君之政，故谓之政。"以七日为时间单位，最早见于《创世纪》："上帝造物，七日齐毕。"七日为周，不见于殷商，因殷商以旬纪时故，如《周易》中丰卦之初九："遇其配主，虽旬，无咎，往有尚。"但是，继在震六二爻辞："震来厉，亿丧贝，跻于九陵，勿逐七日得。"又在复卦辞："复，亨，出入无疾，朋来无咎，返复其道，七日来复，利有攸往。"于是，遂认周文化来自西方。沙畹（E. Chavannes）著、冯承钧译的《摩尼教流行中国考》中说："……考新旧唐书经籍志艺文志，北齐陈隋之间，已有七曜历（至易卦'七日来复'，别为一事，不可混解）。似今日星期输入之时，应在隋唐以前。"

取以事纪年，佐证中国文化之西来，丁山考宗周鼎彝刻辞，认为这是以事纪年的证例，如䚡卣铭："隹明保殷成周年"；中鬲铭："隹王令南宫伐反虎方年"。这种记事方式，即认为受巴比伦的影响，在纪元前2474至前2358年间，有名王比生（Bur-Sim），在位九年，第一年平乌比洛姆（Urbil-lum）城，因称元年为"平乌比洛姆"年；第五年平沙姆（Sham），遂名为"平沙姆"年。但只据这种近似事实，便断言中国文化来自西方，未免过分轻率，标特立异。马利诺外斯基（Malinowiski）说："考古学和历史，供给我们许多凭据，表明器具、艺术或社会制度，可以在不同的文化区域内单独发展的。"

三

西方古代典籍中，也有简略的东西交通事迹，据克岱西亚（Ctesias）的波斯（Persia）书记载，在纪元前545至前539年之间，波斯大帝西流士（Cyrus）向东方进兵，大夏（Bactriane）便是第一个牺牲者，大夏失陷后，康居粟特（Sogdiane）随即臣属，妫水（Amou Daria）一带，包括马尔吉亚纳（Margiane）与Ouvarazmiya，悉为波斯所有，建工事，筑西洛波利（Cyropolis）城。向北进，为俄国荒原所阻，转向东走，至新疆附近。当时波斯军遇沙加（Caka）抵抗，骁勇好战，屡胜西流士。不幸沙加王阿莫若（Amorges）被俘虏，一时失掉重心；其妻斯巴拉脱拉（Sparethra）出，善战，败西流士，波斯释放阿莫若。据希罗多德（Herodote）记载，沙加为波斯属地。

在纪元前330至前328年间，亚历山大步西流士后尘，向东进发，由俾路支、阿富汗一直至土耳其斯坦，即至古时大夏。沿途建立许多城市，其间最著名者为：麦西德（Mesched）、犍陀罗（Gandhara）、加布（Kabaul）、撒马尔干（Samarkand）、高任德（Khojend），留一支军队，驻守于此，至纪元后7世纪，犹保存着希腊文明。《汉书·西域传》中说"大月氏西君大夏，而塞王南君罽宾"，"罽宾"即Gasmir，"塞"即希腊人，其时匈奴冒顿迫月氏，月氏臣大夏，复迫塞王至北印。

西方史籍中之记载，只可视为中西交通之接近，而真正为中西交通辟一新纪元者，为张骞出使西域，见诸《史记·大宛列传》。纪元前165年（汉文帝十五年），大月氏居甘肃西北，为匈奴所败，避居伊犁河流域；继又为乌孙所逐，迁居妫水。纪元前138年时，武帝欲利用他反匈奴的心绪，与之联络，夹击匈奴，张骞应募，出使月氏。当张骞过匈奴时，被拘十年，"与妻，有子"，继始脱亡，经大宛（Ferghana）、康居，最后到妫水北之大月氏。时大月氏王为胡所杀，其子立，无心报仇，张骞无果而返。在归途中复为匈奴所执，居年余，匈奴有内乱，乘机逃归。

张骞在外交上虽说失败，但是这种冒险的精神，足以表彰中华民族的伟大。"初骞行时，百余人，去十三岁，唯二人得还。"后人虽以"空见葡萄入汉家"讥之，但他带回许多经济与地理知识，给中国带来巨大的影响。

自张骞此行后，中国对西域有了较正确的认识，始知游牧民族之后，尚有许多富丽城郭，文物昌隆，宜于通商，即亚历山大当年所遗者，经年累月，形成伊兰希腊文化。为此，张骞主张有二道可通西域：其一即张骞往返所经者，可是北有突厥，南有藏种，时时加以断绝。汉武帝为控制通道计，占领今之凉州、甘州、肃州、敦煌等地。其二为假想之路，因骞在月氏时，见有邛竹杖与蜀布，询问来历，始知来自身毒（Sindhu），身毒位于南，张骞遂判定由西南亦可至西域。此后，中国政府向西南发展，即受此种力量推动，不知中印之间，隔有崇山峻岭，用那时的交通工具，很难到达身毒，开发江南的功绩，实一重要史实。但是，对黄河发源的观念，张骞以为来自塔里木河，系和阗与疏勒之混合，流入蒲昌海（Lop Nor），复潜入地下，至积石山而出，这是完全错误的，可是这种说法却非常流行，一直至纪元后822年（长庆二年），唐使刘元鼎至吐蕃后，始略知黄河发源真相，校正前说。

四

张骞死后，汉使数至西域各地：安息（波斯）、奄蔡（介乎里海与咸海间）、黎轩（亦作黎靬，即 Alexandria）、条枝（叙利亚），当时中西交通之繁，以大宛为最，《汉书·西域传》说"大宛国……北与康居，南与大月氏接"，徐松补注说："三国境相接。"《汉西域图考》载之更详："由疏勒而西，出葱岭为大宛月氏，大宛在北，今霍罕国八城皆其地。"

纪元前102年（太初三年），汉与大宛国交战，取大宛都城贵山王城，在今之Uratepe。大宛献马求和，因饲马故，输入苜蓿，并移植蒲桃（《史记》作蒲陶），蒲桃系希腊文Botrus之译音，汉镜以蒲桃为图案，亦足看出受希腊文化的影响。大抵在武帝时，俄属土耳其斯坦、里海、黑海、古波斯、叙利亚等地，中国对之有明确认识，敦煌便成了中西交通的孔道。

王莽之乱后，中国无力西顾，匈奴复起而作乱，暴敛横征，西域诸国不堪其扰，山车王贤出，戡定西域，贤死，西域又乱。明帝时，中原少定，移力绥靖西域，在纪元后73年（永平十六年），班超出使西域，兼用武力与外交，创一新局面。"五十余国悉纳质内属，其条支、安息诸国，至于海滨四万里外，皆重译贡献。"班超为西域都护。

当班超在西域时，闻黎轩即大秦国，仰慕大秦的富庶与文物，纪元后97年（永元九年），遣甘英至条支，渡海访大秦。条支为安息属国，安息垄断中国丝织贸易，不愿中国与大秦发生直接关系，因而安息船家向甘英说："海水广大，往来者逢善风，三月乃得渡；若遇迟风，亦有二岁者。故入海人皆赍三岁粮，海中善使人思土恋慕，数有死亡者。"甘英惧，不敢前进。所至之海，即波斯海湾，由此沿阿拉伯半岛入红海。班超居西域31年，返至洛阳时已71岁了。

费诺莎（Fenollsa）论秦汉美术与西方关系时，亦提到安息阻碍中西交通，他说："中国与罗马之直接通商，大为安息人所忌，不愿为介，故美索不达米亚所有之亚述、巴比伦及波斯之美术，以及流行于罗马帝国内之希腊美术，对中国影响并不深刻。"

远在秦汉以前，中国的丝织品已传到西方，亚历山大部将着丝绸衣，大家不明白何以这种衣料没有褶纹。希腊、罗马的作家，如索利纳（Solinus）、沙耐克（Seneca）、奥赫斯（Horatio）等都以诗歌咏，而当时的贵妇们，争相竞取，以着丝为光荣。罗郎（Lauranb）研究罗马服装时说："是在奥古斯都时代，由中国输入丝绸。"

因为丝绸大宗输入希腊，将原有对中国的称呼 Sinae 抛弃，而代以 Seres。Seres 有二意：一指蚕吐之丝；一指产丝之地。继后拉丁人也是这样习用的。拉丁的文人，如味吉尔（Virgilius）、薄利纳（Pline）以为丝是一种植物，由森林中树叶所制造成的。因之，西方对中国名称，亦无确定，到中世纪，弃 Seres，Thina（由秦得声）而用 Cathay，习而久之，西方人视中国（China）与契丹（Cathay）为截然不同之两地，引起许多误会。迨至1595年（万历二十三年），利玛窦游南京后，始确定契丹即中国，他写道："我的假设证实了，波罗说到南京后，须经一道江，此江即中国人所称之扬子江也；波罗又说江南有八国，江北有七国，非他，此即中国之十五省也。自我的观察言，契丹即中国，大可汗即中国之皇帝。"

因为交通不便，关山万里，辗转相传之知识，自然引起许多误会，中国史籍中之大秦亦是其一。当张骞与班超使西域后，始知乌弋山离即大秦。所以称为大秦之故，有种种不同的解释，据藤田丰八："汉时称美索不达米亚、底格里斯河与幼发拉底河间之沃地为 Daksina，传入中土，以地代名，遂称大秦。"据德礼贤（d'Elia）解释："……在公元2世纪时，中国称作秦，西利亚和东罗马称作大秦，因为西利亚和东罗马人比中国人高大，《后汉书》上也提及大秦或西利亚人说：'其人民皆长大平正，有类中国，故谓大秦。'"两说都能言之成理。

大秦一名，见诸中国典籍最早者为《后汉书·南蛮西南夷传》："永宁元年（120年），掸国王雍由调，复遣使者，诣阙朝贺，献乐及幻人，能变化，吐火，自支解，易牛马头，又善跳丸，数乃至千，自言我海西人，海西即大秦也，掸国西南通大秦。"

《后汉书·西域传》："至桓帝延熹九年，大秦王安敦遣使，自日南徼外，献象牙、犀角、玳瑁，始乃一通焉，其所表贡，并无珍异，疑传者过焉。"延熹九年为公元 166 年，当时哲人 Marcus Aurellus Antonius（121—180 年）为罗马皇帝。继遣部将 Avidius Cassius 征安息，破其都城（165 年）。《梁书·诸夷列传》中《天竺传》说："黄武五年，有大秦贾人字秦论，来到交趾，交趾太守吴邈，遣送诣权。权问方土谣俗，论具以事对，时诸葛恪讨丹阳，获黝歙短人，论见之曰：大秦希见此人。权以男女各十人，差吏会稽刘咸送论，咸于道物故，论乃径还本国。"黄武五年为公元 226 年。至晋太康五年，罗马皇帝 Carus 遣使来中国，取安息都城，旋即死。西人研此罗马使者，臆断为商人，冯承钧在《大秦考》内说："顾桓帝之时与汉武隋炀之时不同，无所用其招徕外国粉饰升平之举也，予以为其使确为安敦及 Cassus（此为 Carus 之误）之使。"可见中西交通，正式确立起来了。

五

元鼎六年（公元前 111 年），中国势力渐及南方，征服南越国，即今之广东、广西与北圻，置南海、苍梧与合浦等郡，受张骞假想途路的推动，中国与南方逐渐发生联系，这在中西交通史上是很可注意的。

《汉书·地理志》说："自合浦徐闻（海康），南入海得大州，东西南北方千里，武帝元封元年，略以为儋耳珠厓郡……自日南、障塞、徐闻、合浦船行可五月，有都元国；又船行可四月，有邑卢没国；又船行可二十余日，有谌离国；步行可十余日，有夫甘都卢国；自夫甘都卢国船行可二月余，有黄支国……平帝元始中，王莽辅政，欲耀威德，厚遗黄支王，令遣使献生犀牛。自黄支船行可八月至皮宗，船行可二月，至日南象林界云。"这些地方，只确知黄支是印度东岸之 Kanchipura，即玄奘所记的建志补罗国。

三国时（245 年），吴大帝遣康泰、朱应使扶南国，沿澜沧江而下，康朱著有游记，惜皆佚，可是在《隋书·经籍志》中，录有朱应所撰《扶南异物志》。其间最可注意者，在汉使未至扶南之前，扶南王遣使去天竺，谒茂轮王（Mouroundas），都于曲女城（Kanyakoubdja），中印交通，又多一路。

这种简略的记载，在沟通文化方面看，自亦简略。在公元初，大月氏越妫水至印度河流域，建贵霜帝国，笃信佛教。在公元前 2 年，贵霜王遣使至中国，口授佛经。《三国志·西戎传》中说："汉哀帝元寿元年，博士弟子秦景宪受大月氏王使伊存口授浮屠经。"继后明帝做金人梦，佛教更为盛行。当时除宗教外，普通生活亦受影响，如汉时女子耳环，有玻璃质者，系罗马产物；汉魏间之海马葡萄镜，亦系受希腊图案之影响。中国丝物之西传，固不待言；斯坦因（Stein）在和阗发掘之木简，亦足证明中国文化之西传。

假使我们相信费诺莎的话，中国雕刻最受西方的影响。他论孝堂山祠及武氏祠说："论年代与质朴，当推孝堂山祠，系公元后百年内之遗物，此种人马及驾车之模型，皆以线刻之，实中国人类生活最古遗于今日者。观多数马之驰骋，由横面视之，恰如原始埃及画之图案，数马相重。且其马非缩首短足之鞑靼马，实血气充满之骏马，分外生动，头足高扬，矫然长跃，呈优美曲线之和谐，或鞍上有人，动作亦极良佳，盖取西方亚细亚壁画之方法与题材也。"这种说法，我们不敢视为定论，但中西艺术的接触，则是不能否认的。中村不折在《中国绘画史》中说："始皇二年，骞霄国的画人烈裔入朝，口含丹墨，喷壁成龙……又善画鸾凤，有轩轩然唯恐飞去的样子。盖骞霄国是西域的一国，其技术非常进步，由是中国的绘画便开始接触外来的形式，传其技工……"

六

秦汉以后，中西交通频繁，其与中国文化关系，影响至巨，特别是西方宗教之传入。

建元八年（372 年），秦王苻坚遣使送浮屠及佛像顺道经于高丽，其时佛教自犍陀罗传于东土耳其斯坦，经唐古时人之介绍，传至中国西北部，继后又东至高丽。中国僧人以不屈不挠的精神，西行取经，经六百年的时间，构成中西交通史上最重要之史实。

隆安三年（399年），中国僧人首先赴天竺求戒律者为法显。自长安出发，经兰州、凉州、甘州、肃州、敦煌等地，至鄯善国；继西行，至焉彝（焉耆），入于阗。于阗信佛，法显感其壮丽。法显由此出发，经子合国（Karghalik）、于麾国（Tach Kourghan），至竭义国（疏勒）。由此越葱岭，过新头河（印度河），至迦湿弥罗（Kaśmira）与乌苌国（Oudyana）。从此经犍陀罗国，观礼四大塔，又南行至弗楼沙国（即今之Peshabar），见迦腻色迦王所建之窣堵波。继至那竭国（Nagarahara），拜佛之遗物，法显便在巴连弗邑（Patalipoutra）居三年，学戒律，东还时，顺恒河而下，至多摩梨帝国（Tamralipti），为当时Bengale大海港，继至狮子国（Ceylan）礼佛齿，住二年，乘舟至耶婆提国（Java Dvipa），又至广州。时风波大作，至长广郡界牢山（山东即墨附近），计十五年，著有《佛国记》，为世界重要之典籍。

天监十七年（518年），东胡建魏国于北部，胡太后命宋云与沙门惠生出使西域礼佛，各著有游记，今佚不传，其梗概见杨衒之所著《洛阳伽蓝记》。是书所记，多不详明，独于乌苌国及乾陀罗国多纪实，可看出此时为贵霜王朝时代。

隋炀帝受裴矩《西域图记》影响，亦欲开发西域，遣使至罽宾、王舍城与史国（Kesch）。《隋书》说："炀帝时遣侍御史韦节，司隶从事杜行满，使于西蕃诸国，至罽宾得玛瑙杯，王舍城得佛经，史国得十舞女、狮子皮、火鼠毛而还。"

递及唐朝，佛教更为发达，其原因颇为复杂。在政治上，此前君主们极力提倡，梁武帝"日只一食，膳无鲜腴，惟豆羹粝而已"，后赵石勒崇信佛图澄，后秦姚兴崇信鸠摩罗什，都予以有力的推动；在社会方面，十六国南北朝演变之后，不久便是天宝安史之乱，正如王昶司寇所说："……民生其间，荡析离居，迄无宁宇，几有尚寐无讹，不如无生之叹。而释氏以往生西方极乐净土，上升兜天宫之说诱之，故愚夫愚妇，相率舣象，百余年来，浸成风俗。"不只人民的生活需要这种新的寄托，便是那些知识阶级，亦需要一种新的解放，张融死时，左手持《孝经》，右手执《莲华经》。智顗创天台宗，杜顺创华严宗，玄奘创法相宗，并非标奇立异，实是当时精神生活的需要。所以中外僧侣，络绎不绝于途。自西方来的高僧中，有佛图澄、鸠摩罗什、达摩、善无畏三藏、金刚智三藏、不空三藏；中国西去受戒求经者，有法显、宝云、昙摩竭、惠生、义争智三藏，其间最著名而关系中国文化最要者为玄奘。

玄奘于贞观三年（629年）首途，经凉州、瓜州至伊吾，承高昌国王之召，入其国，并至西突厥统叶护可汗。继循天山南路，过阿耆尼（Kara-cher）、屈支（库车Koutcha）、跋禄迦（Yaka Aryk），越天山，过清池（Issyk kohl），至素叶城（Tokmak），晋谒叶护可汗，礼遇甚优，旋至康居，逾铁门，渡缚刍河（Oxus），经犍陀罗而至印度。

玄奘游南印度还，居那烂陀寺（Nalanda）者二年，继应迦摩缕波国（Kamaroupa）国王鸠摩罗（Koumara）之请，至其国；而摩揭陀国（Magadhn）戒日王（Harsha Ciladitya）欲见脂那僧，坚请前来，召开大会于曲女城。继后玄奘归时，渡信渡河，遇风波，微损所载经典与花种，越大云山（兴都库什山），至于阗，修表入朝，请恕十五年前私往天竺之罪，使还报，贞观十九年，玄奘凯旋入长安，佛教从此有坚固的基础，而中国文化，虽有韩愈的拒佛，却不能阻止激起一种质的变化。《法苑珠林》载有王玄策出使事，正史中未曾提及，在天宝间（751年）悟空西去，初未出家，中途因病设愿，病愈落发为僧，但从未出玄奘右者。

七

西方宗教中祆教传入中国，为期亦早。《魏书·波斯国传》："波斯国……俗事火神天神……神龟（魏孝明帝）中，其国遣使上书贡物云。"唯在当时，以缺乏西方历史与语言知识之故，中国学者将祆教（Mazdeisme）与摩尼教（Manicheisme）混而为一，不相分辨。宋释志磐《佛祖统纪》："初波斯国之稣鲁支，立来尼火祆教。"

火祆教的创立者为曹赫斯特（Zorcastre）。这位波斯的哲人，相传出自皇家，约公元前660年生于墨地（Medie），为人谨思慎守，喜思维，一日出化，得天书名"成德瓦斯达"（Zeud-Vesta）。由是建立宇宙二元论，善恶永远在斗争中，善神为阿莫池（Ormuzol），按照石刻说："他是万物的生命，天地人的创造者。"恶神名阿利曼（Ahriman），象征残缺，黑暗便是他的说明。善神的代表是火焰，因为火焰含有一种神秘，特别是光明的象征。人死后三日，须受阿莫池的裁判，行为性灵纯洁者与之为友，恶浊者落秦瓦（Chinval）桥下，永无光明的一日。

萨珊王朝（Sassanides）时，定火祆教为国教，因政治与交通关系，祆教遍传西域，如康居、高昌、焉耆、疏勒、于阗等地，相继建立祆祠。南北朝时，东西交通频繁，祆教亦随入中土。《魏书·宣武灵太后传》中："后幸嵩高山……从者数百人，升于顶中，废诸淫祀，而胡天神不在其列。"陈垣先生对天神解之曰："天神以其拜天也，其实非拜天，不过拜日月星辰耳。日月星辰丽于天，拜日月星辰无异拜天，故从中国名谓之拜天，又因其拜火，又谓之天神火神。"

继北齐北周之后，中土仍祀天神，《隋书·礼仪志》内载："……后主末年，祭非其鬼，至于躬自鼓舞，以事胡天，邺中遂多淫祀，兹风至今不绝。"唐承周隋，祆教传播愈广，敕建祆寺，置萨宝府（萨宝译自回鹘文Sartpau，义为商旅队首领，见向达先生所著《唐代长安与西域文明》），设祆正、祆祝，胡人充之，掌其祭。其时祆教非常发达，贞观五年（631年），波斯人何禄来长安从事传教，按宋敏求《长安志》，火祆祠在长安一城者，有四处：布政坊西南隅、醴泉坊西北隅、普宁坊西北隅、靖恭坊街西。按《两京新记》，祆祠在洛阳者，至少亦有四处：会节坊、立德坊、南市、西坊。从祆寺在两京设立数目上，亦可见唐时祆教的隆盛。

继后，武宗时，西域平定，逐渐压迫外来的宗教，《新唐书·食货志》中说："武宗即位，废浮屠法，籍僧尼为民二十六万五千人，大秦，穆护，祆二千余人。"《唐书·百官志》中也说："祠部……两京及碛西诸州火祆，岁再祀，而禁民祈祭。"

八

景教为聂斯多（Nestorius）所创，聂氏生于叙利亚之日尔曼尼西（Germanicie），元嘉五年（428年），聂氏为君士坦丁主教，时东罗马受希腊影响，多作抽象神学的讨论。聂氏主张耶稣有两身，圣母为纯人性的，因而否定耶稣的超人性。在431年，爱弗斯（Ephese）宗教会议，定聂氏理论为异端。聂氏道不行，出走利比亚，在440年间，死于荒原内，而他所创的理论，风行中亚细亚一带。

天启五年（1625年）乙丑，西安西郊土中，发现建中二年（781年）建立的石碑，上刻中文与叙利亚文，词句富丽雄壮，字体端庄健老，碑顶刻"大秦景教流行中国碑"。这一文献，引起许多中西学者的讨论。

贞观九年（635年），叙利亚人阿罗本（Alopen）来华传教，太宗命房玄龄出郊迎宾，度僧二十一人，建寺庙。寺在义宁坊，原名波斯寺。《长安志》说："义宁坊（原注：本名熙光坊，义宁元年改），街东之北波斯胡寺（原注：贞观十二年太宗为大秦胡僧阿罗斯立）。""斯"显为"本"之误。

阿罗本受封为护国大法主，景教日见昌隆，"法流十道，国富元休，寺满百城，家殷景福。"当时名相郭汾阳亦与景教僧伊斯友善。李白的《上云乐》被认为是描写景教的作品。"碧玉炅炅双目瞳，黄金拳拳两鬓红。华盖垂下睫，嵩岳临上唇。"这完全形容西方人的面貌，鼻高有如嵩岳。"能胡歌，献汉酒，跪双膝，立两肘，散花指天举素手。"这是形容景教的祷祝。景教碑为大秦寺僧景净（Adam）所述，系主教，文字必出华人之手。至于景教名称之由来，正如钱念劬在《归潜记》中所述："入中国后，不能不定一名称，而西文原音弗谐于口，乃取《新约》光照之义，命名曰景，景又训大，与喀朵利克原义亦合，可谓善于定名。"

自《大秦景教流行中国碑》出，清儒给予许多考证，冯承钧先生有专篇记载，王昶的《金石萃编》，毕沅的《关中金石记》，钱大昕的《潜研堂金石文跋尾》，杭世骏的《道古堂集》，魏源的《海国图志》，徐继畲的《瀛环志略》等，均对此碑有著述。西儒介绍景教碑者，亦复不少，最早的著述，有葡人阳玛诺（Emmanuel Diaz）的《唐景教碑颂正诠》；最完备者，当推夏鸣雷（Havret）的《西安府景教碑考》。总前贤所著，最精而最博者，当以钱念劬的《归潜记》。

当景教碑传至欧洲时，欧洲学者如伏尔泰等怀疑它的真实性，现因敦煌发现的经典中，有许多中文译本，景教及景教碑的真实性完全不可撼摇了。

德礼贤在《中国天主教传教史》中，言及西方景教传教士来华，所带经典有530部，而译为汉文者，有35部。最早的译经，要算《移鼠迷诗诃经》，讲耶稣一生事迹，颇为详尽。此经大约是贞观九年至十二年间之译品。其次是贞观十六年所译《一神论》，是一本神学书，述及娑殚、复活、永生等理论。此外尚有《三威蒙度赞》、《宣天至本经》、《志玄安乐经》。最后两部经典，为大秦寺僧景净约在8世纪末叶所译。当时景教势力颇大，成都也有景教寺院。

会昌五年（845年），武宗受赵归真推动，大兴教难，景教与祆教等遭受同样命运，势力日渐衰下去了。宣宗即位后（847年），闰三月下诏："敕会昌季年并省寺宇，虽云异方之教，无损致理之源。中国之人，久行其道，厘革过当，事体未弘，其灵山胜境，天下州府，应会昌五年所废寺宇，有宿旧名僧，复能修创，一任住持，所司不能禁止。"这虽是弛禁，可是不久便有黄巢之乱（878年），景教亦受到摧残，因为过百年后（980年），景教主教遣人向欧洲报告说："中国景教，如今始毁灭了，本国奉教者，先后消灭，教堂已拆毁，中国境内只剩了一个景教信友。"所以德礼贤说："这样看来，中国景教，第一次完全毁灭，谅必是在将近纪元后1 000年的时候。"

九

摩尼教为摩尼（Mani）所建立。摩尼生于埃克巴坦（Ecbatane）一个贵族家庭，其父便是一位宗教家。摩尼受此环境的影响，潜思与推进他的理论。在沙朴一世（Sapor Ⅰ），公元242年（正始三年）时，摩尼开始传教，自言所宣扬的理论，并无特殊创见，仅综合前圣所言，如摩西、曹赫斯特、释迦、耶稣，加以一种补充，使宇宙间有真正的光明。他又主张人生是一种斗争，是善与恶的斗争，正如光明与黑暗。他这种理论，不只风行中亚，而且传到印度与中国。

关于摩尼教在中国最初的记载，是玄奘的《西域记》。在叙述没剌斯国时，他说："天祠甚多，提那跋外道之徒为所宗也。"提那跋，据沙畹解释，便是摩尼教的Denavari。

宋僧人释志磐所著之《佛祖统纪》，曾提及摩尼教入华史实："延载元年（694年），波斯国人拂多诞持二宗经伪教来朝。"沙畹考定志磐记述，录自宗鉴重修的《释门正统》。根据敦煌的文献，拂多诞非人名，乃一种称号，系古波斯语"Fur-sta-dan"的译音，意即"知教义者"。

《册府元龟》卷九七一记："开元七年（719年）六月，大食国、吐火罗国（Tokharistan）、康国、南天竺国，遣使朝贡，其吐火罗国支汗那（Jaghāniyān）王帝赊，上表献解天文人大慕阇，其人智慧幽深，问无不知，伏乞天恩唤取慕阇，亲问臣等事意，及诸教法，知其人有如此多艺能，望请令其供奉，并置一法堂，依本教供养。""慕阇"古波斯语为Muze，作师解。

摩尼教入华后，未能即刻盛行。慕阇居华十三年，便有敕令禁教。杜佑《通典》说："开元二十年（731年）七月敕，末摩尼法，本是邪见，妄称佛教，诳惑黎元，宜严加禁断，以其西胡等既是乡法，当身自行，不须科罪者。"这时只禁中国人，胡人仍可信教自由。

摩尼教来华，输入七曜，北天竺沙门不空弟子杨景风，著有《吉凶时日善恶宿曜经》说："夫七曜者，所为日月五星下直人间，一日一易，七日周而复始，其所用各各于事有宜者，有不宜者，请细详用之。忽不记得，但当问胡及波斯并五天竺人总知，尼乾子，末摩尼以蜜日持斋，亦事此日为大日，此等事持不妄，故今列诸国人呼七曜如后。"据沙畹解：胡即康居；尼乾子梵文为 Nirgranthaputra，汉言外道。蜜日持斋，即日曜日，蜜有时作密，康居语为 Mir。

代宗时，回纥强，摩尼教利用政治力量，向中土发展。《唐会要》说："大历三年（768年）六月二十九日敕赐回鹘摩尼为之置寺，赐额为大云光明。六年正月，敕赐荆、洪、越等州，各置大云光明寺一所。"迨至武宗初，回鹘势衰，波及宗教，刘沔偕沙陀吐浑之兵，破回鹘。《唐会要》说："会昌三年敕，摩尼寺庄宅钱物，并委功德使及御史台，京兆府差官检点，在京外宅修功德回纥，并勒冠带，摩尼寺，委中书门下条疏奏闻。"

《新唐书》中所提更为具体："诏回鹘营功德使，在二京者悉冠带之。有司收摩尼书若象，烧于道，产赀入之官。"此后摩尼教存于中国者乃变质华化之摩尼教。

原载《建设研究》第6卷第2期，1941年。

近代中西交通之研究

一

宝应元年（762年），报达（Bagdad）回教教主选出，中西交通的陆路，便被封锁了。自此以后，西方学者们视地中海为世界的缩影，纵有对于东方的记述，不是抄袭亚拉伯人的传述，便是非常幼稚！只有9世纪稣来曼（Suleiman）的游记，叙述亚拉伯人在中国的商情，中国政教的状况，可是在欧洲方面，并未产生反响。在中国亦无西方人士的踪迹。

13世纪蒙古帝国的崛起，不仅使亚洲政治与社会起了很大的变更，而且使中国与欧洲发生直接关系。淳熙十五年（1188年）"百折不挠的帝王"成吉思汗，着手组织蒙古帝国，开始树立他伟大的胜利。他的事业，空前未有，由中国北部一直至得尼（Dnieper）河畔。

宝庆三年（1227年），成吉思汗死后，可怕的蒙古侵略者又卷土重来，自乌拉山、基辅（Kiew）直至乌地纳（Udine）。在1241年（淳祐元年），列尼池一战，击溃伏来得利克二世（Frederic Ⅱ）的军队，全欧震动，那些以思维为主体的历史家与地理家，无法明白蒙古人的实况，以为是荒山中的蛮族，只见自和林至奥德（Oder）河，来去如狂飙，人马所至，灰尘随起，在无垠的荒原中，永远飘荡着九条白带胜利的旌旗。

三年后（1244年），使臣柏郎嘉宾（Jean de Planc-Carpini）东来，道经战场，"匈牙利几省地方，不见人烟，这才真是叫作灾年"。

蒙古人到欧洲激起一种恐惧，使荷兰渔人不敢去英国海滨捕鱼，同时也给执政者一种刺激，改变过去禁锢的作风，教皇因诺增爵四世（Innocent Ⅳ）便是好的例证。在1243年，因诺增爵被举为教皇后，他作出两个重要决策：一方面要到蒙古本部传教；另一方面联合蒙古，共同夹击回教。当时正在十字军热烈的时候，他这种主张非常新颖，且适合当前的需要，因之，他停止里昂宗教会议，首先要派遣出使东方的使臣。

教皇遣使东来，是中世纪国际政治上重要史实。史学家李可多（Riccoldo de Monte-croce，1242—1320年）说："便在蒙古人侵来与残杀时，上帝复活了多明我会与方济各会，以广播耶稣的信仰。"英国史学家巴黎（Mothieu Pario）推定："蒙古人也是基督教徒，系犹太人十支中之一，许久散亡而仅存者。"这些学者们都想予蒙古人一种同情。

二

柏郎嘉宾是罗马教皇派出的第一位使臣和林者，著有《鞑靼蒙古史》，自里昂出发，取道陆路，经卜拉克（Praque）、波希米、克拉哥维（Cracovie），购四十张狸皮、八十张獾皮以准备送人。继经乌克兰，过顿河（Don），至亚斯脱拉干（Astrakoan），晋谒拔都。至此旅程颇为顺利，心中怀着热烈的希望，可是转入中亚西北部时，但见草木凋零，枯骨暴露，"漠北群山静立，在夜间可听见鬼哭"。

欧人不善乘马，远程更为艰难，他说："眼泪盈盈，前途不知生死。"叙利亚人向他说："要走这条路，只有乘蒙古马始能胜任，因为蒙古马可以雪底寻草。"柏郎嘉宾"将腿扎住，以支持这每日可怕的行程"。过咸海,入云山重重的山地,景色特殊,逾阿尔泰山,时在6月,仍然是冰天雪地。终于达到蒙古境内,经三个半月的工夫,在1246年7月22日,他到了贵由可汗所居地,距和林仅只半日的行程。

贵由即位后数日,丞相镇海导领柏郎嘉宾觐见,定宗问清来意,即赐回诏,译为拉丁文,并附有波斯原文。在这复文内,既没有缔结同盟的心意,也没有皈依基督教的决心,而是自居上国,视罗马教皇为臣属,要他速来纳贡。

1246年11月13日,柏郎嘉宾无功而返。次年5月9日至拔都军营,6月9日至基发,由波兰、科隆至里昂。时史学家沙郎伯纳(Salim bene)方由意大利来,叩问柏郎嘉宾出使的经过,录在他的札记内。柏氏之后荣升为主教,但疲劳过度,在1252年便死了。

柏郎嘉宾虽未成功,但是他带回许多蒙古的消息,引起西方人士的好奇。法王路易九世,领导第七次十字军,继教皇英诺森四世之后,也想与蒙古缔结同盟,夹攻埃及。1248年12月20日,路易九世至西扑尔(Chypres)岛,遇蒙古使臣大卫(David)与马可(Marcus),自称奉波斯蒙古戍将宴只吉带之命,敬谒法王,缔结同盟。

不只如此,西方起了一种传说,言贵由可汗已皈依基督教,患关节炎,一切政务委托大臣合答与镇海,二人皆基督教徒。据柏郎嘉宾记载,贵由可汗帐侧有一教堂,其玉玺文为:"天上之皇帝,地上之贵由,奉天命而为一切人类之皇帝。"这些乐观的消息,促成路易九世遣使东来。而这个艰巨的任务,交由郎友漠(Andre de Longpumeau)执行。

郎友漠系法国高白伊(Gorbeil)人,精通亚拉伯、叙利亚、波斯的文字与语言,他在小亚细亚工作,很受路易九世的敬重,他带着许多礼物,在1249年1月27日由西扑尔岛起身,经安都(Antioche)、波斯,沿里海向东进发,他的行记在地理史上具有很大的价值。因为根据他的记载,我们始对里海东南有更为准确的认识。

当郎友漠至蒙古时,贵由已去世(1248年),只能觐见定宗皇后

Oqulquimis。她接受了法王的礼物，复了一封傲慢的回信，郎友漠无果而还。1251年至巴勒斯坦，遇法王冉末尔（Joinvlle）说："路易九世听郎友漠叙述后，深悔不该遣使东去。"这又是一次失败。

法王路易九世，信仰很深，他所派使节出使失败，依然平息不了当时的流言，如拔都儿子沙儿打克（Sartack）已皈依基督教，若望神长与蒙古领袖会面，于是决定第二次派使臣，遣吕柏克（Guillaume de Rubrouk）东去。

吕柏克是佛郎德（Flandre）人，善观察，能言辞，身材很胖，他说，每次换马时，他的胖体迫使他抢那健壮的马匹。1252年春，吕柏克离开西扑尔岛，至君士坦丁堡，准备远行。次年5月7日，乘船至克里米，遇蒙古人，他说："好像进到一个新世界，或历史上别一个时代。"向东行，"二月以来，未曾睡过帐幕，或寝车上，露天而卧，途中不见村庄，只见荒冢累累……"8月8日至沙都（Saratow），乘船，抵拔都行营，吕柏克盛装晋谒，呈法王书，拔都问："传闻法王率军出国远征，果是真的吗？"吕柏克回答："是的，因回教徒污渎上帝居宅，以故出击。"吕柏克退后，有人来通知："如欲居留蒙古国内，须请命蒙哥皇帝。"即是说需到和林。

因为气候关系，吕柏克换上皮衣，由乌拉尔向东行，路上时受饥饿，深幸还带有送人饼干，可以救急。过咸海北，逾妫水，向东南行，入山地，"因为柴火缺乏，尝吃半生的羊肉"。不只如此，驿站还和他开玩笑，每次给他留下"最柔弱的与最不驯的马匹"。1253年12月27日抵蒙哥行营，距和林已不远矣。

次年1月3日，吕柏克第一次觐见蒙哥，遇之以礼。但是，关于皈依基督教及联盟事，蒙哥非常冷淡。因为蒙哥守太祖遗训，对任何宗教取宽容与中立态度，一律平等，无所偏袒。吕柏克在5月30日最后一次觐见蒙哥时，深感自己德薄鲜能，嗟叹着说："如果能如摩西在法宏庭中做出许多奇迹，蒙古人也许会改变他们的信仰。"

蒙哥欲派遣使臣回聘，吕柏克惧为奸细，托言"途路不靖，难保旅人安全",拒绝了。蒙哥付以手谕,赐卮酒,吕柏克问:"向法王报告后,是否可以重来?"蒙哥不答。

蒙哥致路易九世信中,首引太祖谕语:"长生天命,天有一帝,地有一主……"书颇长,且多傲语:"汝奉谕后,须遣使来报,欲战抑和,设汝自以国远,山高水深,蔑视天命,则彼能转难为易,化远为近,知悉吾人之所能为也!"

1254年7月6日,吕柏克由蒙古起程,至高加索得威尼斯商人助,次年5月5日抵地中海滨,给路易九世以长而生动的报告,返法国,著有旅程回忆录,培根(Rogeu Bacon)曾充分利用他的资料。在中西交通史上,吕柏克纵使有很大的功绩,却有四世纪之久,无人提及他,这也可谓不幸了!从此路易九世抛弃了他联络蒙古的思想。

三

在中世纪末,威尼斯为西方商业中心,而威尼斯诸商家中,波罗(Polo)一族最享盛名,因为他们对地理的贡献非常重大。在1280年,于克里米老马可·波罗(Marco Polo de son Severo)留一商店,由他两个弟弟继承经营,将业务扩充到布加拉(Boukhara),即于此遇忽必烈使臣,因为要晋谒乌拉古。继忽必烈即位,蒙古使臣须由报达返北京,临行前,坚请波罗兄弟随往汗巴里(Khan-Balig)。

波罗兄弟东来,目的在探奇与谋利,但间接却发生了宗教关系,忽必烈优待他们,因为他们"像别人一样,能说蒙古话"。蒙古帝王喜欢听欧洲各种情形,便请波罗兄弟作为他派往教廷的使臣,要求教皇"遣送百位基督教的学者,并须通晓七艺"。

忽必烈予波罗兄弟以护照与费用,至元六年(1269年)四月返至东地中海滨圣日达克(St. Jean d'Acre),其时教皇克莱芒四世驾崩,新教皇尚未选出,虽遇教皇东方代表维斯贡地(Visconcli),亦无以复命,不得已返至威尼斯。尼可拉(Nicolo)之妻已死,其子马可·波罗已十五岁矣。

维斯贡地被举为教皇后，取号格利高利十世（Gregoire X），随即召回波罗兄弟，付以复信，在1271年，波罗兄弟带着马可·波罗向东方出发了。经报达、塔里干（Talikan）、妫水、喀什噶尔、敦煌、凉州、大同，于1275年5月抵上都，忽必烈非常开心，而马可·波罗尤得其欢心。

波罗有才能，善揣人意，出使哈喇章（乌蛮）、云南、缅国，必留心地方风俗，归而详为世祖呈述。波罗居何官，史无明言，张星烺先生认为官至枢密副使，伯希和认为张星烺的主张"没有使人信任的价值"。

至元二十九年（1292年），马可·波罗伴送科克清公主往嫁波斯阿鲁汗，取道海路，由泉州起程，经麻六甲、锡兰、阿姆池，海上漂泊三年，抵波斯。时阿鲁汗薨，公主改嫁合赞汗。合赞汗为波斯贤君，优遇波罗等，阅九月，含泪别公主，于1295年抵威尼斯，马可·波罗已四十二岁矣。

抵家，沧桑已变，亲友见他们衣服破烂，口音不正，拒绝入内，继更衣出黄金与宝石，亲友加以敬礼，咸呼"百万君马可"（messer Marco Millioni）。

在1299年，日纳（Genes）与威尼斯战，马可·波罗被俘，在幽禁期内，用法文向他的同伴吕斯底恩（Rusticien de Pise）口述在华经过，遂成这部不朽的作品：《马可·波罗行纪》。牛津公学创办者维克罕（Wykeham）取之为冬夜的读品；圣伯丹（St. Bertin）将它收至《异闻录》内。《马可·波罗行纪》直接影响了哥伦布航行的决心，间接介绍至西方许多新知识，特别是在地理方面。

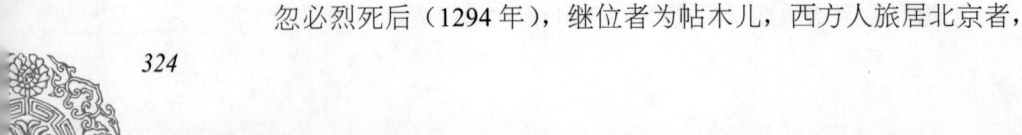

四

忽必烈死后（1294年），继位者为帖木儿，西方人旅居北京者，只孟高维纳（Montecorvino）一人。孟氏于1247年出生于意大利沙来纳（Salerno）附近，幼时便加入近东传教会，在小亚细亚一带有很好的成绩。

在1289年，孟氏以哈东二世（Hethun Ⅱ）使臣的资格，回至罗马，适北京使臣哈班古马（Habban-cauma）亦至，备受欧洲欢迎，罗马政务会议招待他，巴黎大学欢迎他，英皇在包尔道（Bordeaux）接见他。当时，孟氏受教皇尼古拉四世（Nicolas Ⅳ）之托，出使东方，取道波斯，取向印度，于1294年抵上都（北京）。

元成宗很敬重孟氏，予以传教的便利。孟氏所写的两信——第一封写于1305年1月8日；第二封写于1306年2月13日——很可看出当时经过的情形。在他的第一信中说："在1291年，我由波斯湾起程至印度，停居13月……路上同行者，有多明我会修士尼古拉，不幸死于中途，将之安厝。继后向前进行，至中国，即鞑靼帝国，其帝王称大可汗。将教皇信件转呈后，便向他宣教，虽然他崇信偶像，却十分和蔼地待我，你们瞧，我住在北京已有12年了。"他在北京建教堂两所，任北京第一任总主教。

孟氏享年82岁，死后为人惋惜。继承者柏卢斯（Andre de Perouse），深感人力的缺乏。在1326年时，柏卢斯已感到孤独，追怀同来者，多已物故，他慨叹着说："都回到天主的怀中去了，我独留在人世。"

孟氏之后，间有西方旅行家东来，或因途路不靖，或因准备不充足，因之很少有成功者。当时最可记述的，只有和德理（Odoric de Pordenone），著有《东方诸国见闻记》。

和德里决意来华，取道南路，由波斯、印度、锡兰、苏门答腊、爪哇、婆罗洲，由广州登岸。继由泉州、福州、杭州、南京、扬州、临津、济宁至北京（1325年）。在北京遇孟高维纳，晋谒泰定帝，居三年，由内地西返，取道陕西、四川、拉萨、波斯、亚美尼亚而返意大利，约在1329年与1330年之间。这是第一位西人至西藏者，他的游记竭力赞美中国城市的伟大，广东人对饮食考究，他说："好吃鹅，味美，装置很精，比我们的鹅大两倍，价钱非常便宜。"

在1338年，教皇本笃十二世（Benoit XII）接见蒙古使臣阿兰公卿（Alans），典礼隆重，特任马黎诺里（Marignolli）回聘，抵华后，献骏马，深受顺帝优遇。

马氏所献之马，"高六尺八寸，长一丈一尺六寸，除后蹄为白色外，遍身全是黑毛"。多少文人咏歌，艺人绘画，在1815年，《顺帝乘马图》尚未失去。权衡所著《庚申外史》亦提及此事："……祁后因起曰，脱脱好人，不宜久在外，上遂额之。会佛郎国进天马黑色五明，其项高而下钩，置之群马中，若橐驼之在羊队也。上因而叹曰：人中有脱脱，马中有佛郎国马，皆世间杰出者也。"马氏在1345年12月26日由泉州登舟，1353年返欧洲。

元时中国西去者，强述之，一为邱处机至中亚，其弟子李志常，记其经略，名为《长春真人西游记》；二为蒙哥可汗在1259年遣常德为专使，至麦尔夫（Merv），见于刘郁之《西使记》。

元亡后，西欧有两世纪之久，无人提及中国，这种沉默化为一种神秘，15世纪末，欧人将中国放在里海附近，或印度河与恒河之间，前人所提的中西交通的途路，所过的城市，完全成了神话的名词。所以意大利人形容一件最不可信的事时常说："唉，还不像马可·波罗！"

五

元朝末年，中亚诸汗国失掉联络，构成一种混乱局面；适塞尔柱突厥（Turcs seldjaukides）兴，灭报达帝国，取尼塞（Nicee），以至东罗马帝国灭亡（1453年）。这样，东西交通要道：由埃及出红海，由地中海至幼发拉底河，由黑海经俄罗斯南部至天山，从此完全梗塞。

当十字军东征后，西方人渐明白东方的富庶，他们想从突厥与威尼斯商人手中，夺回香料与珠宝商业，同时与若望神长缔结同盟，夹击非洲的回教。于是西方颖出之士，想另觅一新路，达到他们的企图。

可是，西方中世纪的地理知识是非常浅薄的。当亚拉伯科学知识，局部地输入欧洲之后，受马可·波罗书籍的刺激，配备古代希腊罗马地理知识。他们主张：西班牙之西与亚洲之东相隔不远。1410年岱理（Pierre D'Ailly）刊行《世界》一书，他引了许多古人的议论来佐证他的主张。如亚里士多德说："西班牙之西与印度之东，相距不远……"塞奈加（Seneca）说："如果有顺风，在几日内，便可达到印度……"薄利纳（Pline）说："由印度海至加地斯（Cadix）需时并不很久。"这种真伪相半的理论，加上航海技术的改良，意大利在14世纪第一次用指北极的磁针；葡萄牙改用加拉瓦尔（Coravelle），每点钟可行十公里，这些事实，便构成新航路发现的原动力。

自1415年后，葡萄牙亲王亨利组织探险工作，在沙克来斯（Sagres）搜集许多书籍、地图与仪器，每年探险队出发，必须超过前次所至之地，自1416年至1488年，共72年努力，最后迪亚士（Bartholmeu Dias）发现"风波角"，后更名为好望角。

伽马（Vasco da Gama）于1497年7月，率船三艘，渡好望角，沿非洲东岸，得亚拉伯领港者指导，至加里库特（Calicut）。在1499年抵葡京，葡王授予"印度洋上将衔"，虽然失船一艘，人员牺牲三分之二，但是获利六十倍。当伽马第二次去印度（1502年），以二百四十万佛郎之货，换回一千二百万，这种厚利激起亚拉伯人的嫉妒，战争遂起，葡人败亚拉伯人于地雨（Diu）。

至阿布该克（Alphonse d'Albuquerque）出，逐渐形成长五千海里的航线。在1510年取卧亚（Goa，即小西洋），为今后开拓殖民地的中心。1511年，进袭麻剌甲（《明史》作满剌加），意在夺取香料，《明史》说："地有香山，雨后香堕，沿流满地，居民拾取不竭。"1513年取亚丁，1515年取奥姆池，自此后凡由红海与波斯出海东航者，完全为葡人所控制。在1514年（正德九年），葡人至广州贸易，大获厚利。

当葡萄牙领海权日渐扩大时，西班牙起而直追，哥伦布于1492年发现美洲；巴尔包（Balboa）于1513年穿过巴拿马地峡，"登德利英（Darien）高峰之上"，始见汪洋大海，断定哥伦布所发现者不是中国而是另一个世界。继后麦哲伦于1519年至南美洲，出海峡，入风平浪静之大洋，以其平静遂取名为太平洋，至菲律宾。1521年4月与土人战，麦哲伦死，遗业为埃尔卡诺（Delcano）领导，取道好望角西还，二百三十九人而生还者只二十一人，可是周行世界的伟绩，便由他们建立起来了。

新航路的发现，使中西交通开创一新局面，在经济、政治与文化上激起很大的变化。以经济为中心的地中海开始移至大西洋。过去繁荣的威尼斯与马赛，现在变为凋零的城市。16世纪前半的现金，忽然增加了十二倍，由此影响到物价，波丹（Bodin）在1568年写道："自从六十年来，物价提高十倍以上。"西班牙从墨西哥与秘鲁得到许多金子，转输至各地，促成工商业迅速的发展，形成许多新兴的资产阶级，逐渐推翻那些贵族，激起一场社会革命。在知识方面，新人、新地、新动植物的出现，扩大知识领域，发生好奇、怀疑、分析、比较等精神与方式，促成科学的进步，而旧日的认识、伦理、偏见，渐次予以淘汰，要人重新来考虑一切。

六

新航路发现后，中西交通进入一个新阶段，可说完全是悲剧的。第一，当时西人东来者，完全是一种侵略的行为，他们取一种殖民的高压政策，平时课以重税，变时予以屠杀。如西班牙对吕宋华侨，万历三十一年（1603年），屠杀华侨两万二千人；崇祯十二年（1639年），又屠杀两万余人。中国政府却无可奈何。第二，西人东来者，完全唯利是图，凶横强悍，不足代表西方文化。《明史·佛郎机》中说："……其人久留不去，剽劫行旅，至掠小儿为食。"御史庞尚鹏说："喜则人而怒则兽，其素性然也。"他们初次与中国接触，便留下这样坏的印象，当然中国看他们是夷狄，既是夷狄便不能与诸夏并立了。这样，中西的正常关系便很难建立，事实上又不能阻止这种潮流，结果便留下邪道了。

在 16 世纪无所谓民族意识，即有亦与现在不同。葡人重来，获厚利，年达三百余万金，他们明白中国是上国，是天朝，所以他们的方法，便是贿赂地方官，装作进贡，这样便没有做不通的道理。

正德十一年（1516 年），葡人白来（Gernao Perezdlmdade）至广州，同时行者有药剂师比略（Thomas Pirez），善言辞，充葡国大使，武宗召见。《明史》说："……已而夤缘镇守中贵，许入京。"乘船至梅岭山，登陆，至南京，复转而北上，至北京"从驾入都，居会同馆，见提督主事梁焯不屈膝，焯怒，挞之"。同时葡人居广州者，多不法行为，武宗拒见，送之回广州，嘉靖二年死于狱中。

初葡人来华通商的地方，在上川岛附近之浪白滘，西名为圣日望，在嘉靖十四年（1535 年）时，葡国侨民已有五百多人，商业颇发达。香山县南端阿妈澳为海盗所据，葡人器精兵勇，逐海盗占据，贿赂地方官吏承认这种事实。《明史》说："濠镜在香山县虎跳门外……嘉靖十四年，指挥黄庆纳贿，请于上官，移之濠镜，岁输课二万金，佛郎机遂得混入，高栋飞甍，栉比相望，闽粤商人趋之若鹜，久之，其来益众，诸国人畏而避之，遂转为所据。"

葡人占据澳门，是地方官受贿拱手奉予的。他们怕葡人的武器，他们又爱葡人的金钱，于是造出许多理由。如果葡人住在岛上，"巨海茫茫，奸宄安诘，制御安施？"设如住在澳门，则"彼日食所需，咸仰给于我，一怀异志，我即制其死命！"这是我们的封锁政策，便用这种策略来驾驭夷人。万历二年（1574 年），筑墙于澳门半岛的土腰，留一门，派兵守之。正如蒋廷黻先生所说，这是一个葫芦，我守其口，安分听话，口即开，否则便塞住，把这些不知礼义的夷人，便窒死了。葡人年纳一千两租金，交香山县政府。自康熙三十年至乾隆十九年，改为六百两，葡人请求免去租金，耆英拒绝，道光二十九年（1849年），澳门总督阿马尔（Amaral）断然停止付租金，中国无可奈何，光绪十三年，中国承认其永久占领权。

葡人东来，虽知中国弱点，即利用贪官奸民，但是他对中国无可奈何，只得以进贡资格，与琉球、暹罗立于同等地位，始能与中国往来。

葡人独霸东西贸易，有六十年之久。西班牙亦欲染指，隆庆五年（1571年）便来经营菲律宾。万历二年冬，海盗林凤攻马尼拉市，为西班牙军队击退，林凤转据林加烟湾，王望高奉福建巡抚命，率舰二艘追击，在彭加锡南（Pangasinan），得西班牙人助，将林凤捕获。西班牙总督亚利斯（Lavez Aris）遣使至福建，受中国官府优遇。万历四年二月，中国使臣至马尼拉，宣告帝旨，允许西班牙人至厦门通商。

1581年（万历九年），葡西二国并而为一，五年后，菲律宾总督上书菲力普二世（Philippe Ⅱ）言中国兵力空虚，士兵类诸乞丐，只要有一万多西兵，即便不能征服中国，至少亦可得沿海诸省。因为西班牙与英女皇伊丽莎白斗争，在1588年，西海军无敌舰队，全军覆没，以故西王没有采纳总督的进言。东方虽暂时无事，西葡在东方的利益，不久便被荷兰与英国夺去了。

荷兰与西班牙对抗，在1602年组织荷兰东印度公司，资本六千六百万盾。荷人袭澳门不遑，转据澎湖岛。天启四年（1624年）又占台湾。当郑成功失败后，退台湾，荷人拒，与之战，荷军大败。清兵攻厦门，荷人出兵襄助，有功，得赏金与赐缎，先后遣使三次（顺治十二年；十八年；康熙三年），行叩礼，中国以贡使遇之。世祖谕："若朝贡频数，猥烦多人，朕皆不忍。著八年一次来朝，员役不过百人，令二十人到京……"

英国远东的经营，最初并不顺利，查理一世（Charles Ⅰ）派卫德尔（John Weddell）来华，于1637年（崇祯十年）抵澳门。葡人惧，联络华人对抗，英人乃转驶近虎门，欲登岸，中国不许，武山炮台被英攻陷，守兵溃逃，英人到处焚烧，"掠走猪三十头"，但是英人东来目的未达。

当时英国革命起,来华气象不景,遂与郑成功联络,缔结条约(1670年):取台湾货物,同时供给郑成功军火与教官。康熙二十二年(1683年),郑克塽降清,英人失望,设法转向清廷,经过多时的争取,康熙三十八年,英人可在广州设立堆栈。

英人善经营海外贸易,乾隆元年,广州十二艘番船,英国已有五艘;乾隆十八年广州二十七艘番船中,英国已有十艘,位居第一。从此后,因为经营印度,英国在远东渐次取得领导地位。

西方人挟着锐利的武器,精密的组织,他们在远东树立下稳固的基础,东南的山河,时时受西人的威胁。中国受历史的支配,不能破除华夏与夷狄的畛域,受属臣的蒙蔽,结果形成一种名不副实的"大国主义"。西人"放弃和平交涉,改用武力"。

在这种危境下,万历八年(1580年),哥萨克的远征队,逾乌拉尔山入西伯利亚,中国北部的局势,日日严重起来。崇祯十年(1637年),俄人达雅古斯克(Yakutsk)炮台,位雷纳河畔,又二年俄人至鄂霍次克(Okhotsk)海岸,占据有四百万方海里新地。俄人野心愈炽,南下至黑龙江与清室起冲突。当时我们有强硬的外交,应付得法,康熙二十八年订《尼布楚条约》。

《尼布楚条约》中规定的东北是大东北,除我们的黑吉辽三省外,俄之阿穆省、滨海省也是我们的,即是说它在经济上、国防上享有独立的地位。这个条约是有清一代最互惠平等的条约,共六条。如:"两国民持有旅行免状时,无论于何地之领土内,得交通以营其贸易。"这条约维持到咸丰五年。但是,俄人东来,中国南北受欧洲势力威胁,形成一种"剪刀式"的侵略,中国便陷于很严重的地位。

七

在15世纪初,中国经营南洋,惜后继无人,始终未建成强大的海军。太祖在钟山设桐园与漆园，做造舰的原料；太学内收容外国学生，设立四夷馆，养通译人才，先后遣赵述、张敬之、沈铁等出使三佛齐、浡泥、西洋锁里等国，宣扬国威。

成祖为明朝雄才大略的帝王，承继太祖遗志，永乐元年，遣尹庆出使南洋，自永乐三年（1405年）至宣德七年（1432年），郑和前后七次下西洋，将士多至两万七千余人，南洋一带，遍有足迹，西至亚丁及意属索马利兰，这种航海伟绩，因为政府没有固定方策，士大夫又看不起这些事业，社会也不奖励航海人士，结果只是昙花一现而已。

八

公教是超国家的，它以全人类为对象，要在大地各角遍布拯救人类的福音。当新航路发现后，西方传教士踵葡西两国航海家之后，亦相继东来，构成东西交通史上另一种局面，即是说在那"明心见性"，天理人欲的争辩中，增加了新的因素。

可是，16世纪公教的传入，是非常不幸的，因为当时的旧欧洲，已到崩溃的地步。罗马教皇的神权与世权，需重新估价，皈依公教教会的国家，因为自己的利害，不只是分裂与对峙，还有冲突与战争。人文主义的发展，使每个人都开始产生怀疑与觉醒的意识，他们怀疑过去，他们觉醒个人、国家与民族的意识。因之，每个人要用他自己的语言，直接同上帝"说话"。最初西方的商人，只留下凶残野蛮的印象，传教士也便受华人轻视，很难打消中国人的戒惧。这并不是说传教士与商人同流，乃是因为那些商人也是公教信徒，中国人便将他们同等相待了。

这样，在欧洲，信仰与理智产生了冲突，形成宗教改革；在中国是华夏与夷狄的冲突，拒绝这种唯我独真的精神。虽然少数的士大夫了解公教，但它始终未造成普遍的新精神，有如佛教传入时的情形。

1519年，路得将教会腐败情形，揭于威丁堡（Wittenberg）教堂门口，欧洲各层阶级，如火如荼地投入这个旋涡，每个人狂烈地考虑这个问题：信仰自由。路得原只是想要进行改革，即回到初期基督那种简朴的生活，结果却是一种革命，破坏了中古世纪造成的精神统一。

便是在这种情形下，于1534年，罗伊拉（Ignace de Hoyola）创立耶稣会。他们代表一种新精神，针对当时的流病，除贞坚、贫穷与服从外，特别要服从教皇命令。他们坚忍刻苦，一扫过去恶习，以利物济人的态度，树立新的公教。远东便成了他们宣教的重要园地。

九

耶稣会修士来华，就其影响而论，当推沙勿略为第一。这是一位热情的法国人，巴黎大学结业后，入耶稣会。1541年4月，由西班牙起程，经好望角，次年5月至卧亚。继至满剌加，遇日人安次郎，得知日本国情，遂有去日传教之念，在卧亚准备好后，于1549年和安次郎进发，8月抵鹿儿岛。

从此后，沙勿略往返于平户、山口、丰后诸地，由是得知日本文化悉来自中土，当他宣扬公教时，辩难者累次说："汝教如独为真教，缘何中国不知有之？"因此，他转念来华，不特日本将来自可皈依，而且可以事半功倍，他说："在日本及他处所遇之华人，皆甚聪明而多智，远为日本人所不及。"

1551年（嘉靖三十年）沙勿略离日本，途经上川岛，遇友人培来剌（Diego de Pereira）船，计议以使臣资格，入朝中国皇帝。他们虽得到卧亚总督的同意，却为满剌加长官阿达伊（Alvaro de Ataide）拒绝，因为其嫉妒培来剌专使的荣誉。

沙勿略东来志坚，华人安顿（Antonio）任翻译，葡人到处为难，至上川岛，不得前进，与中国商船约，先期启碇，沙勿略另设别法，不意得热病，1552年12月3日，客死上川岛，安顿在其侧。继沙勿略而东来者，有罗明坚（Michele Ruggieri）、范礼安（Alessandro

333

Valignano）等，但成就最大者，当推利玛窦（Matteo Ricci）。

1552年10月6日，利玛窦生于意大利的马池达（Macerata），入耶稣会后，遇贤师范礼安，立来华壮志，并从克拉维（Clavius）学数学、宇宙学，特别是天文学。万历十年，应范礼安之召，抵澳门，学中国语言与文字。1583年9月10日抵肇庆，言行非常谨慎，待人接物非常和蔼，有渊博精深的学术。他开始结交士大夫，有问他东来的原因，他说："夙闻贵国政治昌明，私心仰慕，所以不辞跋涉，远道西来，欲求皇上隆恩，挂赐终身寄居贵国，以便奉侍天主。"是时利玛窦通晓汉文语言，略知经史，粤人钟铭仁、黄明沙慕利氏天文学，与之过从甚密。

六年后，利玛窦至韶州，识姑苏瞿太素，相谈甚得，劝利氏脱释家衣，易儒冠儒服，名大噪。1595年夏，利玛窦初次至南京，因不适应其气候环境遂转南昌，谒建安王多㸅，蒙优遇，王问交友之道，利氏著《交友论》。

万历二十六年，利玛窦第一次至北京，时满洲乱起，朝鲜不靖，不得觐见中国皇帝，返南京，受瞿太素之约，居南京洪武岗。当其与人谈论时，他用委婉方式，使人知道他有许多新奇的知识，而这种知识在中土前此未有的。他对那些已经认识他的人，做进一步的暗示，使人明白这些科学知识，仅只是人类智慧部分的结晶，不是最后的目的，最后的目的是爱，即永远不变、公正、至圣的天主。他想把这两种高贵的知识，恭呈在中国皇帝的面前。

1601年1月，利玛窦得礼部文，入京呈贡，偕八人，呈天主圣像、天主经、圣母像、自鸣钟、铁弦琴、万国全图。神宗念其不远万里而来，召见，命内臣观学西琴。利氏留居北京，与之往来者多达官名士，1610年5月卒于北京，赐葬阜成门外二里沟滕公栅栏，王应麟为其撰写墓志。他的重要著述与译著，有《天主实义》二卷，《畸人》十篇二卷，《辩学遗牍》一卷，《几何原本》六卷，《交友论》一卷，《同文算指》十一卷，《西国记法》一卷，《测量法意》一卷，《万国舆图》，《西字奇迹》一卷,《乾坤体义》三卷,《勾股义》一卷,《二十五言》一卷,《圜容较义》一卷,《浑盖通宪图说》二卷……

利玛窦为介绍西方文化之第一人,李日华《紫桃轩杂缀》中说:"玛窦紫髯碧眼,面色如桃花,见人膜拜如礼,人亦爱之,信其为善人也。……余赠之诗云:浮世常如寄,幽栖即是家。彼真以天地为阶闼,死生为幻梦者。较之达摩流沙之来,抑又奇矣。"他奇是因为有奇突的学术,同时也能尊重儒家的学问,王廷纳赠利氏诗说:"西极有道者,文玄谈更雄,非佛亦非老,飘然自儒风。"

利玛窦东来,正是明朝衰弱时期,正如李逊之序《三朝野纪》中说:"内有朋党之祸,外有边隅之忧,加以奄户播虐,赤眉煽乱……"忧国之士,多喜欢这种实践的学术。谢肇淛在《五杂俎》中说:"……其书有天主实义,往往与儒教互相发,而于佛老一切虚无苦空之说,皆深诋之。余甚喜其说为近于儒,而劝世较为亲切,不似释氏动以恍惚支离之语愚骇庸俗也。"

利玛窦平易近人,以近性的伦理,实用的技术,深得中国士大夫的信任,其所结交者,有礼部尚书瞿景淳之长子瞿太素、京兆尹王应麟、礼部尚书王忠铭、太仆卿李之藻、大学士徐光启、名士杨廷筠等。他的功业,"不在其他自宗徒时代,直到如今,任何国都的成就之下"。

利玛窦逝世后,遗业由龙华民继任巨艰,肇庆、韶州、南雄、南昌、南京、杭州、上海、北京已有天主教堂,在万历三十六年(1608年),中国已有两千多信奉公教者。当时西士来华知著者,有郭居静(Catanlo)、罗如望(J. de Rocha)、庞迪我(Diego de Pantoja)、熊三拔(Sabbathin de Urris)、阳玛诺(E. Diaz)等,都有惊人的成绩。应㧑谦写道:"自窦来后,其国人往往有至者,大抵聪明才辩,多有俊士,窦初入中国,一字不识,数年之后,能尽通经史之说。"这是仁和潜斋先生的评语。叶向高赠西国诸子诗:"天地信无垠,小智安足拟。爰有西方人,来自八万里。言慕中华风,深契吾儒理。著书多格言,

335

结交皆贤士。淑诡良不矜，熙攘乃所鄙。圣化被九垓，殊方表同轨。拘儒徒管窥，达观自一视。我亦与之游，泠然得深旨。"

十

论到意大利时，《明史》说："其国人东来者，大都聪明特达之士，意专行教，不求利禄，其所著书，多华人所未道，故一时好异者咸向之，而士大夫如徐光启辈首好其说，且为润色其文词，故其教骤兴。"

在1596年，利玛窦明了中国概况后，他提出两点："假如不能向皇帝取得许可，在宫廷宣教，至少在中国境内自由传教，即将来传教事业无保障，成就很少。其次假如得到许可，在短期内，便可有几百万人的皈依。"明清之际，这可说是西方传教政策。

就概括而论，西士来华，不约而同采取三种步骤：第一，他们要让中国士大夫明白：世界旷阔，文化错综，中国固为文化昌隆之邦，但非绝对的、唯一的，正如传信集中所说："我们要中国人明白西方也有颖出的人材。"第二，他们要中国士大夫明白：中国文物虽高，但是科学不发达，没有奇技利器。嘉靖二十一年，汪铉送至北京的佛郎机炮数尊，可打五六里远。梅文鼎《怀薛凤祚诗》："……讵忍弃儒先，翻然西说攻。或欲暂学历，论交患不忠……"他赞叹徐文定公："乃若兵家谋，亦复资巧思。我读守圉书，重下徐公泪。神威及旷远，良哉攻守器。当时卒用公，封疆岂轻弃……"第三，在立身行道，儒家固为典范，但在超性方面，尚有缺点。河东韩霖在《圣教信证》中说："……从古以来，中邦只有身世五常，尧舜孔孟之道，并无他教可以比论，历代相传，后来者，故不以为前儒之学所不足。至于佛老空无之虚谈，又何足拟，正儒无不辟之。今天主教有生前死后之明论，补儒绝佛之大道，后来者岂犹可以为前儒之学全备无缺，无不足哉。"

利玛窦树立这种基础，以中国士大夫为对象，以学术为由，接近达官贵宦，传播公教，有十足的进展。

十一

万历三十八年十一月日食，钦天监推算错误，周子愚举荐庞迪我与熊三拔，译西法历书。熊三拔著《表度说》、《简平仪说》。至崇祯时，受徐光启推动，重用西士，有瑞士人邓玉函（Jean Terenz Schreck）、德国人汤若望（Adam Schall）、比利时人南怀仁（Ferdinand Verbiest），成《崇祯新法算书》一百卷。在罗马国家图书馆中，耶稣会文献（*Fondo jesuitico*，1305年）说："……自前朝奉旨修历，只因该监所推交食不合，皆由旧法七政差讹，乃始决议改修。所谓改修者，皆推算非铺注也。二十年来著成新法历书百十余卷，皆天行理数之学，创法者之所指授，受法者之所讲求，皆推算非铺注也。……"自是以后，钦天监监正一职，例为西士充任，汤若望着重仪器，著《新法表异》、《历法西传》等；南怀仁著有《灵台仪象志》，增加许多仪器。康熙十三年管工员外郎翁英奏，铸造黄道仪等器六件并周围栅栏，共用银一万二千零二十七两三钱。因为受西士推动，官家编制《御定四余七政万年书》、《历象考成》、《历象考成后篇》等，乾隆时，戴进贤加以修订，而西方重要学理，如哥白尼、梯告、加利来、开普勒、奈端等，亦渐输入。

由于西士的学识与道德，他们逐渐与政府发生关系。永历守肇庆，庞天寿掌军国大权，由彼介绍，得识耶稣会士瞿纱微（A. X. Kaffler）与卜弥格（Micher Baym）。瞿纱微系德国人，顺治六年（1649年）来华，助永历帝守两广。戴笠《行在阳秋》内说："己丑，清兵攻桂林，焦琏击走之，翌日又追，败之。清侦兵变，积两城坏，猝薄城，环攻文昌门，式耜与琏分门婴守，用西洋铳击中胡骑，琏出城战，击杀数千人。"这样依重西人，皇室与公教发生关系。永历嫡母王太后、生母马氏、妃王氏、太子慈烜，皆入教受洗。卜弥格受皇室重托，致书罗马教皇。卜氏于1652年至威尼斯，后三年得教皇亚历山大八世（Alexandre Ⅷ）复信，由葡京起程东来，同行者八人，五人死于途中。卜弥格至安南后，转广西，但大势已去，瞿纱微、卜弥格都于此牺牲了。

337

自明末以降，中国向外要求的是军火与专家，当吴三桂反，南怀仁铸大炮百余尊，分发各省，又仿欧式铸神武炮三百余门，著《神武图说》。康熙二十七年，索额图等订《尼布楚条约》时，西士张诚与徐日昇随行。交涉至决裂时，得张徐两客卿斡旋，得完成和约。他们固然以期接近中国皇帝来提高社会地位，但是亦招疑忌。全祖望有诗咏欧罗巴："五洲海外无稽语，奇技今为上国收。别抱心情图狡逞，妄将教术酿横流。天官浪讶庞熊历，地险深贻闽粤忧。夙有哲人陈曲突，诸公幸早杜阴谋。"

在西方文化输入中，测绘中国地图最为重要。我国古代虽有地图学，如贾耽禹迹图、宋淳祐地理图、《永乐大典》之元代西北三藩图，但尺寸比例缺乏精确性。自张诚由东北返京后，进亚洲地图，向圣祖建议东北重要性。继随圣祖幸各地，随时测定纬度。康熙四十七年四月十六日，白晋、杜德美、雷孝思着手测绘长城，未及一年图成，圣祖意外喜悦，决定测绘帝国全图。除前三位神父外，尚有费隐、潘如、汤尚贤、冯秉正、德玛诺、麦大成。始于康熙四十七年，终于康熙五十五年，共费九年时光，完成了这件伟大工作，康熙赐名为《皇朝全览图》。康熙感到骄傲，向内阁学士蒋廷锡说："此朕费三十余年之心力，始克告成……使九卿细阅，倘有不合，九卿有所知者，可即面奏。"《皇朝全览图》最著名处是在它的方法，宋君荣解释："带首很大的指南针、时表、许多别种测绘仪器。用分好尺寸的绳子，从北京出发，沿途测量……他们观察子午线，时时看罗盘上角度与针的移动。"他们所用的方法是三角法。许多人指摘《皇朝全览图》的缺点，在地形地理的缺乏，但是，他们也遇到种种困难。如宋君荣写道："满汉官员，严厉地监视他们，不准西士任意移动……"

纵使如此，测绘中国地图是中国18世纪科学上重要事实。正如当时人们批评说："欧人了解中国较之欧洲许多省份更为明晰。"

在伦理与哲学方面，其成就虽不及科学，却也有几部译著应该提及。李之藻与傅泛际（Fvan Cesco Fuvtado）合译《名理探》十卷。李之藻又译《寰有诠》六卷，系中古对亚里士多德物理学的解释。毕方济之《灵言蠡勺》，探讨灵魂。高一志（A. Vagoroni）著《空际格致》，阐明宇宙原质的构成。至神学方面，利玛窦著《天主实义》；汤若望之《主制群徵》。与宗教最接近者为艺术，在绘画方面，利玛窦呈献方物中，有圣母像，程大约将之刻在墨苑内。郎士宁、马国贤、艾启蒙、王致诚等在技巧与色彩上增加了许多新方式，焦秉贞的《耕织图》，便是利用西洋技术做成的。徐日昇与德礼格介绍西方音乐。《律吕正义》续编中论及徐日昇时道："后相继又有意大理亚国人德礼格者，亦精律学，与徐日昇所传源流无二。"

畅春园之水木明瑟，即西方之喷水泉，乾隆时雕纹刻镂，有十二处专门模拟西式，由蒋友仁（Benait）设计，毁于咸丰十年（1860年）英法联军之役。当乾隆十八年（1753年）葡使来华，游畅春园，"富公爷带钦差去看西洋房子，很美好的，照罗马样子盖的，内里的陈设，都是西洋来的，或照西洋做的。富公爷问钦差西洋见过没有，他说有好些没有见过"。

最后，我们提及医学的输入。樊国樑《燕京开教略》中说："清康熙三十二年，圣祖偶染疟疾，西士洪若翰刘应等，进西药金鸡纳治之，结果痊愈，大受赏赐。"在《澳门纪略》中也说："在澳番医有安哆呢，以外科擅名久。"瑞士邓玉函来华后，著《人体概说》，为我国最早的解剖学。忠弥格专论脉搏与舌苔；罗德先与罗怀忠（Casta）皆为御医。当时的药品，以油类最多，如苏合油、丁香油、檀香油、桂花油及冰片油等。

十二

中西文化的冲突，随着西士在政府与社会的活动，日见剧烈起来。杨光先反对汤若望的历学，便是很好的证明。这种冲突是必然的，因为中国正统思想，不能接受西方抽象的纯理，将人生与宇宙各种现象，归纳到几种单纯的原则内。

其次，明亡之后，创伤在心，时时有种戒惧的心理，杨光先在

《不得已书》中说:"世或以其制器之精奇而喜之,或以其不婚不宦而重之,不知其仪器精者,兵械亦精,适足为我隐患也。"因之,杨光先得到一个结论:"宁可使中国无好历法,不可使中国有西洋人。"这种论调,很投合稳健派的口味,吴明烜起用,掌钦天监,可是测验天象不准确,汤若望、南怀仁又被重用了。

公教未能造成精神生活的巨流,其原因不在中国的拒外,乃是来自教士内部的斗争。第一,欧洲发生宗教的纠纷,每因种族、语言、国家等因素不同,加增他们的摩擦,东来者日众,他们"把欧洲的斗争,移到中国了"。第二,罗马教会是超国家的,但自1631年后,多明我会、方济各会、巴黎外方传教会相继来华,但他们没有耶稣会在中国的地位,结果发生了礼节问题。

耶稣会主张天即天主,孔子是圣人,敬祖不是偶像,便是说公教要中国化。反对耶稣会者,他们拒绝利玛窦所立的规矩,要西方公教的仪式一丝不改地移植过来。康熙同情耶稣会,北平故宫文献中说:"奉旨谕众西洋人,自今以后,若不遵利玛窦的规矩,断不准在中国住,必逐回去……"惜罗马教皇,没有具体主张,时以人事影响到决定。克莱芒十一世(Clement XI),反对耶稣会主张,遣多罗来华,康熙读他的禁令后,拘押在澳门。继又派嘉乐来华,虽委婉曲折,焦唇敝舌,亦无结果。康熙亲手下谕:"览此告示,只说得西洋人等小人,如何言得中国的大理……今见来臣告示,竟与和尚道士异端小教相同,彼此乱言者莫过如此,以后不必西洋在中国行教,禁止可也,免得多事。"

雍正即位,实行禁教理,西士虽受重用,但也不在于他所信奉的宗教,而在于他的技能。

十三

雍正二年(1724年)正月十日,世宗正式禁教。究其原因,说者纷纭,约有四种:一、基督教的独尊性与中国中庸的精神不调协;二、西士来华后，有些利用宫廷的地位，干预党争；三、礼节问题，使传教士内部分裂，教宗又无定见，加之国籍不同，修会不同，更增其复杂性；四、传教者以科学为方法，器精械奇，使中国人畏惧。当时广东碣石镇总兵陈昂，两广总督杨琳，特别是闽浙总督满保，陈请禁教。西士仍在内廷供职，钦天监仍置西士为监正，畅春园仍有传教士，但是公教很难向外发展，深入知识阶级内了。大势所趋，中西关系，树起另一种倾向，由文化转为经济的关系。

代表经济关系的机构，当推广东的十三行，梁嘉彬在他精深的研究中说："粤设海关之年（康熙二十四年）可确定已有十三行，第当时行数实不过数家，而名曰十三行者，则或诚如《粤海关志》所云'沿明之习'耳。"番禺屈大均死于康熙三十五年，他在《广州竹枝词》内说："洋船争出是官商，十字门开向二洋。五丝八丝广缎好，银钱堆满十三行。"乾隆时，李调元仿屈作，也说："希珍大半出西洋，番舶归时亦置装。新到牛郎云光缎，边钱堆满十三行。"

远在开元二年（714年），市舶司已设立，周庆立任市舶使。宋对外贸易制度较为完备，广州、泉州、宁波、杭州，征收关税及管理一切事务。阮元《广东通志》载，广州城西南一里，建市舶亭海山楼。城西有蕃坊及数千蕃人冢。元海禁大开，前后设立市舶司七：泉州、庆元、上海、澉浦、广东、杭州、温州。至元三十年（1293年），制定市舶例则，外来金银珠玉，有舶牙专理。舶牙即夷商与洋行。明对外贸易，分公私两种：公者为贡舶与市舶；私者有商舶寇舶，因而有"贡舶为王法所许，司于市舶，贸易之公也；商舶为王法所不许，不司于市舶，贸易之私也"。《粤海关通志》说："国朝设关之初……今牙行主之，沿明之习，命曰十三行。"其范围，初着重"以夷货与民贸易"，继后较重于"与夷互市"。

中国并非闭关自守，康熙二十三年上谕大学士等曰："向令开海贸易，谓于闽粤边海生民有益，且此二省民用充阜，财货流通，则各省亦俱有益。……故令开海贸易。"又康熙二十四年，福建总督王国安奏，进贡货物亦须征税，上谕："外国私自贸易或可税其货物，若进贡者亦概税之，殊乖大体，且非朕柔远之意。"雍正即位后，亦谕说："国家之设关税，所以通商而非累商，所以便民而非病民也。"其时西欧来华经商者，有双鹰国（奥）、单鹰国（德）、黄旗国（丹麦）、花旗国（美）、红毛国（英）、法兰西、葡萄牙等国，都很顺利。

中国不明国际的动向，不能树立对外贸易制度，《广东通志》的记述，很可看出当时中国无贸易政策。"康熙二十四年，开禁南洋，始设粤闽监督，雍正二年，改归巡抚，七年复设监督，八年八月，归总督，九月归广州城守，并设副监督，十三年专归副监督，乾隆七年，归督军粮道，八年又放监督，是年四月归将军，十年归巡抚，十二年归总督，嗣后专设监督，仍归督抚稽查。"这种演变，证明我们不着重国际贸易。可是，这是获利的机关，争相竞取，借政治力量，垄断对外贸易。当时官吏经营者亦不少，有皇商、总督商、将军商、巡抚商等。

这些商行，并不能摧毁十三行的势力，原因有二。第一，凡与外人贸易者，须有较雄厚的资本；第二，外国人怕中国官吏麻烦，要中国商人代办一切手续，十三行又能守商业信用，如价格统一，不掺杂劣货，不争夺，不欺诈等。

外国人看这种商行组织是一种便利，因为官办者，舞弊很多。《钦定世宗宪皇帝圣训》内："近闻榷关者往往耳目于胥役，不实验客货之多寡，而只凭胥役之报单，胥役于中，未免高下其手，任意勒索，饱其欲者。虽货多税重而蒙蔽不报者有之，或以重报轻者亦有之。不遂其欲，虽货少税轻而停滞关口，候至数日者尚不得过……"除这些税吏贪污外，守口岸员役众人，额外索求，旗员亦额外加派，设私簿征收。蒋廷黻先生举以茶叶一担为例，出口税三两八钱银子，而国库中所收入者，只二钱，其余三两六钱便由下而上折扣与抽分了。外人要发财，每担茶叶运至伦敦共费二十两，市价四十两，仍有利可图。十三行便在这种畸形状态下发展，它不只是一个出口贸易的公司，还带有外交部与警察局的作用。

外国船来时，须有中商作保，守许多禁令。禁令愈多，敲诈的机会愈大。乾隆二十五年两广总督李侍尧奏准五事，约束外商：

一、外商在省住冬，永远禁止。

二、外人到粤，令寓居行商馆内，并由行商负责管束稽查。

三、内地商人借外商资本及外商雇汉人役使，并行查禁。

四、外商雇人传递信息之积弊，永行禁止。

五、外船收泊处所，着拨管员弹压稽查。

这些禁令并不苛刻，继后却愈出愈奇了。番妇不得来广州；夷船开走，夷人不得住在广州；夷商只能去河南岸花棣散步，每月三次，每次不得超过十人；外夷不得坐轿；外夷不得学汉文；外夷与中国官廷交涉，须由十三行转，外写禀而自称夷。因为他们是夷狄，所以不知礼义廉耻，若不服从这些禁令，便撤退华人罢市。

道光十三年，行商共有十三家，如下表：

	商　名	行　名	人　名
1	Howqua 浩官	Evo 怡和	Woo shaou yung 伍绍荣
2	Mowqua 茂官	Kwonglei 广利	Loo ke kwang 卢继光
3	Puankhequa 正炜	Tungfoo 同孚	Pwau shaou kwang 潘绍光
4	Goqua 鳌官	Tung hing 东兴	Seag yewiu 谢有仁
5	King qua 经官	rienpow 天宝	Leang ching che 梁丞禧
6	Sunching	Hingtae 兴泰	Yeu khe cbang 严启昌
7	Mingqua 明官	Chung wo 中和	Pwau wan taou 潘文涛
8	Saoqua 秀官	Shun tai 顺泰	Ma Tso Leang 马佐良
9	Pwan Hog qua 海官	Yan wo 仁和	Pwan wau hae 潘文海
10	Sam qua 爽官	Tung shun 同顺	Wu Tien yuen 吴天垣
11	Kwan shing 昆官?	Fu tai 孚泰	Yih yuen chang 易元昌
12	Lamqua	Tung chang 东昌	Lo Futae 罗福泰
13	Taqua	An chang 安昌	Yung yew kwang 容有光

十三行成了一种特殊组织，彭玉麐说："咸丰以前，各口均未通，外洋商贩，悉聚于广州一口，当时操奇计赢，坐拥厚赀者比屋相望，如十三家洋行，独操利权……"他们与外商往来，习染西洋风气，广州幽兰门西，许多西洋建筑，宛如西方城市。自五口通商之后，十三行便独揽对外贸易，对外贸易废止后，仍握茶丝贸易。至咸丰六年后，十三行便退出了历史舞台。

十四

18世纪，英国逐渐取得海上霸权，遂想改善其在华的地位。乾隆五十七年（1792年）派马戛尔尼（Lord Macartneg）来华，清廷仍以贡使待之。"……但该贡使航海往来，初次观光上国，非缅甸安南等处，频年入贡者可比。"

因为中西国家观念不同，马氏失败，瑞征、福康安等反对，阻止进一步的补救。但马氏为人温和，亦得到许多同情，如直隶总督梁肯堂、军机大臣松筠、浙江巡抚长龄等。马氏去后，法国革命随起，英国怕革命潮流波及自身，与拿破仑战，最后取得滑铁卢的胜利。嘉庆二十一年（1816年），安白脱（Lord Ambert）来，仁宗下逐客令。

这种局面是不能持久的。英国向海外发展，争市场，建立殖民地，不得不打破这种局面。同时英国内部起了两种运动：一是自由贸易思想的发展，二是工业革命。从前一种出发，中国的贸易政策是顽固的；从后一种出发，中国是工业发展的障碍。加之英国想借在中国的利润，经营印度；传教士不堪禁令，亦要求开放。但是中国自认为其是"天朝上国"，不可能对夷狄退让，这种矛盾的结果，便是鸦片战争。

贞元时，阿拉伯商人输入罂粟，清初以药材税之。雍正七年颁布禁吸令。乾隆三十年前，每年输入额至多为二百箱，以葡人经营者为多。及至乾隆四十六年，英东印度公司垄断对华贸易，孟加拉又为产鸦片之地，于是输入日众。因为英国取得印度后，行政与军费自需仰给鸦片烟的收入。道光元年，鸦片烟的输入，年约六千箱，每箱百斤；道光十五年，已增至三万箱；至道光十九年，已超过四万箱。道光十六年四月太常寺少卿许乃济奏："……近年来，夷商不敢公然以货易货，皆用银私售，竟至二万余箱，每箱百斤，乌土为上，每箱约价洋银八百元。白皮次之，约价六百元。红皮又次之，约价四百元。岁售银一千数百万元，每元以库秤七钱计算，岁耗银一千万两以上……"

当时，因为这种漏卮，发生白银日渐减少的问题。传闻白银向外流出，鸦片烟便是套取白银的钓饵。证之白银价格，亦是日见缺少。嘉庆时，每两纹银换制钱一千文；道光时已增至一千六百文。白银价高，是因为缺少。道光二年二月，御史黄中模奏："近年各省市肆，银价愈昂，钱价愈贱，小民咸以为苦。"事实未必如此，铸钱太多，钱价贬值，但是更进一步促使战争的发生。

道光十九年（1839年）春，林则徐奉命禁烟。他是中国理学正统人物，不怕威胁，不怕利诱，但他的抱负，始终没有展开。虽然禁烟成功，但是随后的鸦片战争签订《南京条约》，开五口通商。继此之后，又订《天津条约》与《北京条约》，正如蒋廷黻先生所说："这是剿夷的代价。"

在这种大动荡中，中西交通进入另一阶段，赖曾左胡李诸人维持，必须自立图强，寻求治本治标的办法。治本是训练洋枪队，开造船厂，废科举，创学校，派留学生；到光绪时，开矿，设海军，修铁路，办电政，立招商局。治标是守约避战，建立外交。甲午之役是我们自强的失败，但是却换来一件特殊名贵的宝物：民族意识。

民族意识是近代中西交通中最大的收获，我们以此应对幻变的世界，同时支持危难的抗战。

原载《建设研究》第6卷第3期，1941年。

元代西欧宗教与政治之使节

上 卷

一

元时方济各会修士来华史实,系东西交通史、公教流行中国史最动人与最有趣的一页。他们的努力、冒险、大胆,无处不表现伟大与有趣,他们迅速的成功,无穷的希望,以及最后的失望,又含有滑稽与悲哀的成分。但这个史实,常为人覆上一块厚布,不愿揭开,带有几分神秘的色彩。不过,就他们所处的时期,所行的事迹看来,实为欧洲中世纪的交通史上,最辽远与最冒险的尝试,和新大陆的开发、东西航路的发现,具有同样的价值。

二

西方人在未来中国之前,首当明白:中国是否存在?从何处始可到达。便是在希腊与罗马时代的末期,他们只知有中国这么块地方,却不清楚由何路始可到达。

希腊与罗马的势力扩展到埃及与幼发拉底河后，他们的商人与水手，很有规则地与远东贸易，因为远东货物的昂贵，竟致西方市场蒙受重大的影响。这时商旅们所行的陆路，至少有一条，可以安然行走；水路方面，按照季候风的来去，在印度洋内也可遇到中国商船。交易地点，则在锡兰岛附近，有时亦在波斯湾。

但古代东西交通史上，除如东汉孝桓帝延熹九年，即纪元后166年，大秦王安敦"遣使自日南徼外"来朝等含混的记载外，并没有可靠的叙述。而当时的旅客，亦不能使中国与罗马直接发生关系。货物交易，须经许多居间人物，至于当时有限的地理知识，因途路遥远，辗转相传，其损失较诸货物更为利害。像古代地理学家斯脱拉朋与朴岛莱买，对于里海与印度洋之轮廓，其错误与矛盾的言论，较之古地理学家爱好多德更多。至现在，若想从他们的著述中，划出亚洲东北部精确的路线，仍是一件非常困难的事情。

三

古代西方人对中国不正确与错误的认知，没有比对中国产物不了解表现得更淋漓尽致了。希腊与罗马有知识的商人也是一样糊涂。当远东丝绸侵入欧洲皇家市场后，妇人服装，渐趋奢侈淫靡之风。塞奈克与少利纳士诸文人，既已言之矣。"产丝地"一语，逐渐成为神秘地方的别名，经过长时期后，始命此为中国。为着要将地方与产物两意念联合起来，希腊语中，将已用之 Sinae（即中国）一字抛开，而用 Seres，这个 Seres 字含有二意：指吐丝之蚕，亦指产丝之地。拉丁人也是如此用的。

纵使如此，他们对于蚕丝与产丝之地，仍无精确的概念，不晓得这些漂亮丝物，其原料究竟是什么。继危尔锐洛与薄利纳之后，许多人认蚕丝为植物，由森林中的树叶织成的。纵使别人较有合理的解释，如包作尼亚士，在第2世纪末，著有《希腊宗教指南》，可是关于丝的

347

神话与妄语，仍是到处流传，而欧亚交通的途路，亦缘此而埋没。到雨士地尼（527—565年）王朝时，始将帐幕揭开，西方市场始明白与东方交易情形。

蚕丝神秘的揭破者，系聂斯多派的传教士，自艾发斯宗教会议（431年）后，聂派不能在希腊境内存在，传至波斯，成为独立的教会。继后爱得斯学派停止活动（489年），尼西泊派起而代之，开始扩大宣传，超越中亚细亚，最后到达中国。

历史学家扑落告扑给我们保持着这个有趣的传说：据言两位聂派教士，从中国回来，为避免税关严厉的检查，将棍端剜空，蚕种藏在里边，始得携带出境。从此东罗马人明白哪里是蚕丝与产丝之地。

四

打破东西交通的障碍，给商业与宗教一种便利，虽只是昙花一现而已。不久回教向外发展（632年），报达教主的选出（762年），引起欧洲人的注意，同时亦封锁了波斯一带的陆路。当时日尔曼族皈依基督教，欧洲传教士们，得到新开辟的园地。在希腊方面，虽与印度仍断续往来，然英地告扑洛斯脱不健全的宇宙知识，并未引起向东方推进，纵使他的绰号永远是破天荒的旅行者。不久之后，在7世纪初，西毛加达给我们一段短而可靠的记载，但这是种偶然获得，且来自土耳其方面。从此，对于亚洲东部与中部的居民状况，我们多少有点正确的知识。

实际上，西方人仍不了解中国，他们零碎的知识，都是来自传闻。只有那些聂派教士，始由亚洲中心到达"丝乡"。在13与14世纪间西人的游记上时常提到他们，却不予以同情。到西安景教碑出土（1625年，刻自唐建中二年781年），始证明他们东来传教的踪迹。同时，亚拉伯人由海路推进，一直超过麻六甲海峡。9世纪苏来曼之游记，记载着他们在中国的商情，这对中国政教的状况增加了许多有趣的材料。除过亚拉伯人和聂派教士外，在中国及其周近，并无西方人士的踪迹。

五

在13世纪的前半期，荒原中起了一股暴风，使亚洲的政治与社会，发生强烈的骚动；同时中国与欧洲，发生直接的关系。截至此时，欧亚是不相往来的；由一种历史的讽刺、给欧人开放亚洲门户者，却是蒙古人。

在1188年，"百折不挠的帝王"成吉思汗，组织蒙古帝国，开始了他许多伟大的胜利。从1207年，着手进攻中原，经二十多年之久，占领中原。继后逐渐扩展，侵略加来米颜、土耳其斯坦、波斯、脱拉少克颜纳、高拉散、高加索及俄罗斯南部（1224年）；又自北京至地伏利斯（1220年）、窝瓦、得尼拜尔及加尔加（1223年），经和林、亚马利克、撒马尔干及布加拉。蒙古辽阔的地界，以马之驰骋为界限。第一次的侵略，即止于得尼拜尔。

成吉思汗死后（1226年），继位者又卷土重来，从乌拉尔与基发（1240年）一直至西莱锐平原（1241年）、匈牙利、脱来继斯、乌地纳各市场。列尼池一战（1241年），使佛来得利克二世胆寒。其时各国溃退，整个欧洲沉入恐怖中。柏斯池被火焚烧，贵发名城，亦遭同样命运；三年后，柏郎嘉宾过其地，只留二百余所房屋。匈牙利有几省之地，旅行半月，不见人烟。蒙古人激起的恐惧，传播甚远，竟至荷兰伏利兹渔人不敢去英国亚尔莫斯海边捕鱼，这才真是叫作"灾年"。

从蒙古草原，以骏马直驰至西欧中心；当欧洲尚未确实了解时，那些历史学家与地理学家，如倍根之流，以为这是古代马地亚尼特之余留，或为可咒者高克与马高国，从深山与岩峪中跑出，向欧洲侵来。这是一种可怕的驰骋，自和林至奥德尔河，人马所至，只见一股暴风的灰尘，在那里边，飘荡着永远胜利的九条白带的旌旗。

但是，在亚洲以至在欧洲某部分，如果将蒙古人的事业，只归纳到战斗、残杀、破坏、抢劫与聚敛之中，我们决不会了解当时真正的事实与情况。当蒙古人取得政权时，以成吉思汗为法，晓得组织的重要。继后与汉人接触，更启发与增强他们的组织才能。他们袭用流刑，含有繁荣蒙古之意。吕柏克在和林，曾见各种匠人、司书、僧侣以及艺术家。蒙古人以马征服世界，他们说："帝国乃是由马统制。"他们的总务与驿站，组织甚为健全。如此繁多的信札，在辽阔的帝国内，传递亦很迅速。罗马教廷的使臣，很能明白，为了快走，每日他们可换六七次乘骑，蒙古人征收税务，派遣差徭，有时非常苛刻，却也为了稳固财政与加强组织。

我们只知蒙古人所向无敌的胜利，却不知其有精锐的侦探，每次大军出动之先，侦探队早已放出去了。

对于各种宗教，他们采一种宽容的态度。元世祖看着各派宗教说："正如掌上的手指，每个都是服侍手掌的。"元世祖把手掌比作他的帝国。

六

因为宗教的关系，纵使蒙古人是可怕的，欧洲人士，特别是教皇，内心减轻了不少的恐惧心理。在欧洲历史上，自从蛮人阿地拉与匈奴侵略后，从未见过如此巨大的事变。当时正值十字军东征，欧洲人士的心理上，即刻起了两种意念：一、向蒙古传教；二、与蒙古联合，夹攻回教。假使这种策略成功，基督教的地图将完全变色，世界亦将产生一种新的局面。

为了了解教皇因诺增爵四世新政策的价值，一方面当了解当时基督教的情形，在13世纪的中叶，罗马、德国、君士坦丁的基督教徒们，互相分裂，互相排挤；另一方面，蒙古人计划不定，1241至1246年，又无领袖人物。此外，西方还传播着有力的流言，说蒙古王公已皈依基督教。

七

因诺增爵四世，方选为教皇（1243 年），放下他所提议的里昂会议，即刻决定向蒙古领袖派遣三个使臣。向中国北部来者，系柏郎嘉宾——曾为西班牙及德国方济各会会长。其余二位则向南去，一以罗兰为首，系方济各会修士，取道叙利亚；另一位以安息灵为首，系多明我会士，取道波斯，有西蒙与居斯加为赞助。

当报达回教主陷落（1258 年），乌拉古（Houlagou）威名远播。在消息尚未证实前，教廷的半传教性半外交性的使臣，在 1245 年已向东方出发。他们充满了热烈的希望，道经开普查及伊兰蹂躏的草原，枯骨暴露，沙漠北部，群山静立，"在夜间，和着风声，可听到鬼哭"。在这种凄凉的景况内，罗马使节，向可汗居处，策马前进。当时亚洲西部，多明我会传教最力、组织最强者李可多曾说："即在蒙古人侵来与残杀时，天主复活了多明我与方济各两修会，以巩固与传播基督的信仰。"苦痛之后，继以希望，这次东方之行太乐观了。英国著名史家马太巴黎，从圣多般修院内，推测到蒙古人原是基督教徒，系犹太十支中，散亡后幸存者。

实际上，蒙古侵入欧洲，给新兴的两个修会——方济各会与多明我会——一种新的热力与方向，因为他们的志趣，是"为基督远行的"。也如六七世纪的爱尔兰人，徒步大陆，留下许多含有诗意的遗迹。两个修会的修士们，不久便组织成"为基督的旅行团"，他们的发动、规则、职责特别是初期的练习，很值得较深刻地研究。因为他们训练这批人才，由东方言语着手，一切都是有方法的。他们当时重要的工作，集中在克里米与里海。自从回教主失势后，由该处推进，直与亚洲中部，波斯及波斯以东的地方。日纳与威尼斯在黑海的商民，拉丁民族占据包士伏尔（1204 年），在交通上，自有不少的便利，给欧洲相当的利益。方济各会的信札，既已丰富，复寓新的发现，却未说出他们这种英雄的尝试。

13世纪中叶，基督教传教工作开始，为时不久，便有重要结果。罗马教廷，将蒙古人所居地，划为三大教区，其中六个小教区，隶属于方济各会。第一教区为亚桂命，在开普查，内有两个副教区：加察利亚与沙莱。第二为东方教区，内分三个副教区，即东欧的君士坦丁堡、小亚细亚的脱来彼任德、波斯的达伯利池。第三为契丹教区，专管中国及东土耳其斯坦，但此教区，建立较迟，往中国的使节，须经由前两教区，路途虽远，却未出蒙古属地。此外，因契丹一名，方济各会修士，始为欧洲尽介绍中国之责。

八

派往蒙古之使节，未至大可汗处，两人已告失败。罗兰动身与否，尚未可知，至于安息灵及其同伴西满，亦未越过波斯，仅到拜住戍将驻守地。他们留下一篇有价值的叙述，而文生特包凡氏竟为之妄加改窜，收入所著《历史镜》（*Speculum Historiale*）内。

1247年安息灵等抵波斯，蒙古戍将拜住守此，欲晋谒，面呈教皇书。蒙古守校询问来自何方，答："奉教皇命至此。"复问教皇为何人，答言："卓出众人之上，视若父若君。"乃怒曰："汝主未闻大汗为天子，而拜住那颜为其辅将乎？其名应举世皆闻。"安息灵温言以答。

守校见拜住后，又问安息灵："教皇既遣来使，以何馈仪来献？"安息灵答言："未携何物，教皇不以物馈人，亦不受人馈。"守校又说："尔等欲空手见我主，前此无例可援！"安息灵回答："倘不能入见，即请以所致书转呈主将。"

待将教皇书译为波斯文后，守校呈拜住，又偕大汗书记出，命派选二人，觐见大汗，但以礼节问题，辩论终日，未得要领。日暮，诸教士终日未食，退居帐中，离拜住所居帐，约有一公里远。

四日后，安息灵等复赴营索答书，但无人接见，日日前去，如是者有9星期，当时正在盛夏，烈日炎炎，拜住将卒，无一前近与言。

西蒙说："鞑靼人视诸教士卑贱如狗。"拜住得知，怒其直言，欲杀之者三次，卒未行。

7月25日，安息灵得拜住复书，内容很倨傲：

> 那颜拜住，奉贤汗命谕汝教皇：使者赍来书，言词倨傲，未审汝命如是，抑其自作如是？书谓吾人杀戮过重，殊不知吾人奉天命，与大地全土主人诏敕，凡降者，保其水陆与资财，复献其兵力，凡拒抗者，则灭之，兹特谕汝教皇，朕欲保汝水陆与资财，必须亲身来营纳款，并入朝大地全土之主，否则其结果仅有天帝知之。兹遣使臣爱别吉薛尔吉使汝国，汝来朝与否，为友为敌，可速自决，遣使来告。七月二十日作于西田斯。

安息灵持此返教廷，出使共三年七月，得此成绩，可说是不辱君命了。

九

担负着教廷使命，却未与蒙古缔结成功，在俄国王公与主教前，又复惨遭失败。63岁的柏郎嘉宾，却享有特殊光荣，便是到了蒙古可汗的都城。他的旅行记述，题为《我们所称鞑靼的蒙古史》，系对蒙古人的风俗、宗教与组织最宝贵的史料，因为是来自他个人直接的观察。当他回到法国，倦困至极，无力多言，沙郎柏纳沉醉地听人读这部奇异的作品。当时因诺增爵四世派遣使臣的目的在于联络与探险，并非纯粹为了传教。柏郎嘉宾的同伴本笃，也留下一篇经略，两文相对照，完全符合教廷的训令。

从里昂到贝加尔湖附近，往返行程，需时二年七月。柏郎嘉宾所历重地，为扑拉克、包埃米、西莱锐、柏莱斯路，自此处起，本笃即加入他的行程。后经波兰，遇瓦西里——亦名巴锐尔，系瓦拉地米与服利尼的公爵。过克拉哥维时，他买了四十多张狸皮，八十多张獾皮，作为沿途送人的礼物。后又穿过俄国及乌克兰，他曾致力于教会统一的工作。之后到战后摧毁的基发，下得尼拜耳，过东河，到现在的洛士都城畔。1246年4月4日，到窝瓦河下游，约160公里，便是亚士脱拉干，其地住着成吉思汗之孙拔都，营帐粗陋，气象雄伟，真是一座活动的京城。

当柏郎嘉宾到时，拔都执事官询问有何物来跪献，诸教士回答："教皇不能必其使者抵奉使地，故未携馈品，又途路艰险，势所不能。可是我们有私物奉献蒙古汗。"蒙古官得知来意，引赴拔都帐幕。诸教士至帐前时，须先逾两火间，被除不祥，火旁树二矛，矛上系绳，绳端系布片，凡人畜衣物必须经其下，有两妇诵咒洒水。蒙古官命三曲左膝，勿触门阈。及入帐，拔都高坐台上，一妃侍侧，宗室官吏坐于帐之正中，男左女右，诸教士跪陈致词，呈教皇书。拔都命立于帐左。此帐广阔，系得之匈牙利王。拔都善饮，每酒必作乐歌唱；性和善，惟令西方使臣，前赴选举新大可汗之地。

十

直至此时，旅程虽倦困，但还可说是顺利的。因瓦西里与斯拉夫贵族，告给柏郎嘉宾许多蒙古人的消息；同时并得到俄国向导许多忠实的帮忙，基发以后，一切由他们领导前进。现在却不同了，从窝瓦河到沙郎加是一段最艰辛的旅程，复活节日，亦须行路，前途茫茫，不知生死。欧人不善乘马，远行更为困难。在基发时，蒙古军旅事务员，系叙利亚人，曾向柏郎嘉宾说："要走这条路，只有乘蒙古马，因蒙古马能在雪底寻草，像蒙古别的动物，不需刍秣，便可生活。"

他们不习惯于长途跋涉，可现今却要自早至晚，无时停息。当离拔都营时，本笃为着事前准备，对我们说："将腿扎住，以支持每天可怕的行程。"从复活节前40日，食物便起恐慌。复活节后第一周，走了很长的途程：每天要走六七站。

自窝瓦盆地起,一直到西尔达里亚,即古之伊亚沙尔脱河,入乌拉尔湖,为里海沉落后暴露出的大平原。柏郎嘉宾经过其地后,即入峰峦层叠的山地,景色特殊,继后近德村加根的亚拉都(Alatau)山相传为人类分布地点,亦即各种侵略者必由之处。经过一段长的行程后,时虽在 6 月底,仍然是冰天雪地。终于进到蒙古,听说不久将选举大可汗,帝国各处的大员,差不多都已赶来。这种消息,使蒙古向导非常兴奋,披星戴月,自朝至暮,生怕误了这个大典。因之,不顾欧人能力,只是策马前进,"早晨吃点晚上所剩的饭"。经过三个半月苦痛的行程,在 1246 年 7 月 22 日,柏郎嘉宾到了贵由可汗驻驿地:西拉奥尔都介乎沙郎加河与奥贡尔河之间,距和林只半日行程。

五年逝水般地过去,不幸承继窝阔台遗位的选举尚未成功。柏郎嘉宾觐见蒙古可汗,须等四星期。贵由从拔都处得知教士西来目的,便指定一帐幕,作为教皇代表的住宿处。这种简陋的款待,却使一位西方俘虏即银匠吕岱纳非常感激,他为新可汗雕一宝座,并铸一印玺,其后,回复教皇的信札上盖有此印。经过许多会议,选举方得完成,定 8 月 15 日为登基大典,接着又有七天的盛宴。

柏郎嘉宾随时考察,并一一记录。他估计各地所派的代表,约有四千多人,有的来进贡,有的来朝贺,有的来报告。大致都受优礼,而教皇代表,成为最特殊的人物。俄国太子耶和斯拉夫,系柏郎嘉宾的同伴,助力不少,据说赴太后杜拉基纳的宴会后,"忽暴死,七日后,身现青斑,为毒死无疑"。这些都使柏郎嘉宾升起一种耐人玩味的沉思。关于蒙古习俗与组织,柏郎嘉宾都有丰富的记述,给当时史学家一种精确的史料和浓厚的兴趣。因欧洲正被蒙古侵略,他们便竭力搜罗旅行家的叙述,以著述动人的读物。

十一

当柏郎嘉宾策马向基发与窝瓦河行进时,教皇正召集里昂会议。

其第16次会议，专门讨论鞑靼问题。俄国彼得亦前来参加，他是俄国一位神秘的主教，"既不晓得拉丁，又不懂得希腊与希伯来语言"，借着翻译，却能回答因诺增爵四世所提出的九种问题。关于蒙古的宗教与信仰，人数与武力，对欧洲的企图、条约的尊重，接见使臣的状况，各有详细的询问，而前此那种深度的不安，亦逐渐明朗化。教皇当时所忧虑的，也无非是这些问题，在他的私心内，想与蒙古缔结同盟，既可减少蒙古的威胁，又可解决回教问题。假使我们把俄国彼得的报告与柏郎嘉宾就地所得的资料相较，自可看出里昂会议所得的消息与认识，更为准确，更为丰富。

因为柏郎嘉宾居的地位太好，容易了解蒙古帝国的宗教。自得尼拜尔至黄河，自波斯湾至北冰洋，各种宗教，交相并存，如聂斯多教、佛教、回教等。蒙古人敬至尊的天神，对景教有特殊的好感。在不同的宗教与种族间，柏郎嘉宾特别提及蒙古人的容忍与宽洪，他们有时竟对一切漠不关心。

我们当一作若望神父王国的调查。欧洲自1世纪以来，即传言东方有一王国，完全为基督徒。此事系奥东在罗马听加柏拉主教所说（1145年）；继后教皇亚历山大三世至信若望神父，这个传述便到处风行。攻陷达米耶脱后，维特利又播散这个故事，民间传得分外有力。教皇的宗教政治计划，帝王们欲与蒙古人媾和，无不受这一传述的影响。这个传述的散布，一直延续到哥伦布时代，只是将内边的英雄，由中国与印度边境，移至阿比西尼亚了。当时，欧洲人希望这位神父是在蒙古统治的亚洲。所以柏郎嘉宾，竭其所能地去寻找，结果是毫无影踪。

十二

贵由即位后数日，柏郎嘉宾偕数国君主入觐，丞相高声唱名，诸人屈左膝四次。入觐前有人遍搜全身，恐暗藏兵器，继又命入门时勿触门阈。觐见者各献礼物，以金帛皮革为多，仅柏郎嘉宾等无物可献。

入觐后，贵由命丞相转告诸教士，笔述来使目的；并问教皇宫内是否有人懂蒙古文、俄文、波斯文。柏郎嘉宾回答：没有。最好的方法是用蒙古文写出，在觐见时，将它译为拉丁文。帝亦采纳。后数日1246年11月11日，加答、拔拉、丞相偕书记数人，同来教士住所，译贵由复教皇书，柏郎嘉宾以拉丁文逐字记录，不使有误。然后在可汗书上加贵由印玺，并附波斯译文。可汗有意派一使臣访问教皇与各王公，并与柏郎嘉宾偕行，但柏郎嘉宾疑使臣系侦探，便加以拒绝。二日后，诸教士觐见皇太后，她各赐狐裘一袭。

柏郎嘉宾的结论，以为蒙古人要发起新的侵略，欧洲人自然起了戒惧。实际上，在梵蒂冈档案中，发现的贵由波斯原文信，可看出既不能缔结平等同盟，又不能使蒙古人信教，如教皇当初所望。蒙古人自拟为世界之主，视他国为臣属，因之，要教皇称臣纳贡。对于宗教，却在那胜利高傲的言辞内，泄露出些微的好感。

11月13日，柏郎嘉宾起身回欧。次年5月9日到窝瓦河拔都营中，重新会见不能渡河的同伴，大家总以为生前不能相聚了。6月9日，他们到了基发，城内有许多威尼斯、比沙、日诺的商人。他们快乐地款待教皇代表，认是死中复活。后由波兰、包埃米、高洛尼回到里昂。他遇着同会多嘴的历史学家沙郎柏纳。沙郎柏纳系教皇的朋友，方从意大利来，请柏郎嘉宾叙述出使的经过，在他的札记上，满满地记载了五六页。因诺增爵四世祝贺他的使臣，祝升他为亚尔巴尼亚安地瓦利的主教。但饥寒困苦影响了他的健康，1252年他便与世长辞！

十三

纵使教皇使臣出使蒙古并没有特殊的成绩，然与蒙古同盟，使蒙古人奉基督教的希望，时时活跃在欧洲人的心中。从亚洲基督徒们传来的消息，特别是景教徒们，虽说不很忠实，却引起生动的兴趣，尤以景教教士亚达为著。在柏郎嘉宾离开蒙古后，他便与贵由往来。法王路易九世亦想派使与蒙古缔结同盟，反抗埃及，并传播宗教。

多明我会教士郎友漠曾研究过东方语言，他至少晓得亚拉伯、叙利亚、波斯三种文字。路易九世很敬爱他，驾崩时仍呼着他的名字。几年来，他在近东与亚达共同工作，使景教与罗马接近。路易遣使最可注意处是他的动机。当时（1248年）有些无名使臣，如大维与马可，自称奉波斯蒙古戍将宴只吉带命，来谒法王，要求同盟。信中言及已皈依基督教，并保护东方所有信徒。此外，又传说贵由大汗已受洗礼。当时贵由患关节炎，又沉于酒色，政务委托合答与镇海大臣处理，此二人皆基督教徒。合答系贵由之师，曾以基督教义授贵由，以故基督教在朝颇得势。柏郎嘉宾曾见可汗帐侧有一教堂，贵由似有奉教之意，其印玺之文为："天上之上帝，地上之贵由，奉天帝命而为一切人类之皇帝。"

这些动人美丽的消息，是景教徒们伪造呢？还是过分夸张而使法王乐观呢？不论如何，郎友漠从西扑岛的尼哥西起程，经安底奥基、波斯与里海之滨。他的行程很有趣味，给地理历史上以很大的贡献。按照他的叙述，我们始确定里海的东南边界。

当郎友漠到贵由营幕时，贵由已去世（1248年）。是年春，贵由欲赴叶密立河畔养疾，道过民舍，悉赐金帛。时拖雷妃沙儿合黑帖泥，以拔都未入朝，贵由既西行，有暗斗之意，密遣人告拔都，嘱为自备。是年4月，贵由行至距畏吾儿都城别失巴里七日程之地，病烈，死于道，年四十三岁。

当时接见郎友漠者，系摄政皇后，所受待遇尚优，然结果不符路易九世所期。1251年3月，西还报命，回至巴力斯坦凯萨垓，觐见法王。证明蒙古军中，有许多基督信徒，当派遣带有主教神权之传教士前往，1253年1月20日，教皇因诺增爵四世于覆路易信中授予全权。其时流言又起，传说拔都儿子沙尔打克已信教；成吉思汗曾与若望神父会面；蒙古军队内，有八百多小教堂设置在车上，路易九世的使臣便在这些诱人的传述中出发，结果仍未成功。历史家冉未尔叙述蒙古女王粗陋的回答，法王的自悔语调间，流露出很悲哀的神气。

十四

因诺增爵四世的信尚未到，路易九世已决定一种新的计划，要派遣方济各会修士吕柏克出使蒙古，到中国边境。这是很艰辛的旅行，需要有特殊的能力，始能胜任。

吕柏克居然做到了。当到蒙古帝王帐前时，他安静地唱圣诞节时的圣咏。及到可汗面前，却沉默不言。可汗问他：

"在我面前，你是否有点恐惧？"

"怕吗？"吕柏克回答，"如果我怕，我不会来至此地！"

吕柏克是当时法属伏郎德人。他的履历，我们不大明白。按照他的叙述，我们看出这是一个善于观察，头脑冷静，有毅力，有学识的修士。说到他的身体，他笔下流露出一点描述，他说："到每站换马时，我肥胖的大肚，要我必须抢那最壮健的马。"

1252年的春天，吕柏克离开西扑岛，经圣若翰达尔克到君士坦丁。准备行装，补充各种材料，因为意大利许多商旅，寄居此地，与蒙古所属地方，常有密切往来，能得到各种消息。吕柏克自然不愿失掉机会。

1253年5月7日，吕柏克起程，坐船到克里米之稣达克。同行者，尚有修士克莱芒，青年告塞尔，还有一位翻译与仆人。这位翻译很可怜，他最怕在那有限的数字内，翻译那讲道与说理的文字，吕柏克感到重大的失望。按照意大利商人的忠告，从稣达克动身，使用牛车，因为吕柏克带有许多行装、书籍、送长官们的礼物、葡萄酒……

十五

约在6月1日后数日，吕柏克第一次与蒙古人接触，"好像进到一

个新的世界，或到了历史上另一个时代"。当过柏勒告扑地峡后，正如"过了真正地狱之门"。向东行进，自稣达克以来，"有二月多，未曾睡过帐幕，或卧露天下，或寝车下。途中不见村庄与建筑物，只见荒冢累累……"到沙尔打克居处，吕柏克盛装晋谒，从者持法王礼物，沙尔打克及其诸妻甚以为异，吕柏克呈路易九世书，并附有亚拉伯与叙利亚译文。

这位蒙古王公，并非基督教徒，且有揶揄之意。次日，沙尔打克语吕柏克："如欲留居国中，须经我父拔都许可。"

拔都营临窝瓦河畔。8月8日，吕柏克等抵沙拉都，从此乘舟，直至拔都行营。抵拔都营后，吕柏克惊奇游牧城市之广泛，长有三四里，人民繁庶。拔都帐居中，门向南，每帐相隔，有掷石之遥。帐以毡为，上涂羊脂，以御雨雪。此种帐立于车上。迁时，以牛驼拉之他去，非常方便。

吕柏克谒拔都于大帐，拔都坐金色大床，旁坐一妇人，其他男子列于该妇之左右。帐内沉寂，拔都注视甚久，继命发言。吕柏克祝福后，呈法王书。拔都问：

——传闻法王率军出国远征，果是真的？

——是的，吕柏克回答，因回教徒污渎上帝居宅，故欲声讨。

——从前是否已派遣使臣来此？

——尚未。

吕柏克出帐后，有人来告："如欲留居蒙古国内，须请命蒙哥皇帝。"拔都要将他们送至和林。吕柏克虽聪明有才干，拔都亦和蔼接见，但没有具体成绩。

十六

因为气候关系，蒙古领袖供给吕柏克等皮袄、皮裤、皮靴、皮袜、皮帽。此外还有两匹马，专驮行李。

从 9 月 15 日，由乌拉尔河向东行，路上分外艰难，吕柏克等饥饿难忍，深幸带有送人的饼干，可以救急。同时还有几个西方俘虏，也尽心服侍他们。

过咸海北，越西尔达里亚河后，向东南行，渐近亚洲中部山脉，即阿拉都山北。旅程十分困难，所吃食物，"因为缺乏柴火，只吃半生半熟的羊肉"。驿站和他们开玩笑，每次只留下最柔弱、最不驯的马匹。气候亦特寒，从 11 月 6 日起，"须将羊皮反穿，毛向里边"。这一切的一切，吕柏克给我们留下很多有趣的叙述。1253 年 12 月 27 日到蒙哥行营，此时离和林不远了。

蒙哥行营初次招待吕柏克，并不如何客气，他们住在低狭的茅屋，食物简陋，反之，那些蒙古的向导，住在高房，喝着"米酒，使人想到乌塞尔酒"。1254 年 4 月 5 日，他们到了和林，情形逐渐好转，一直住了六个月。在这个世界商旅集团中，各种宗教相聚并行，"像苍蝇找蜜一样"，蒙哥很宽洪，不与任何宗教为难。吕柏克兴趣很浓厚，常与回教、景教、摩尼教、佛教等公开讨论，他感到分外的快乐。此地有些公教人，大半是俘虏，如加布希野系可汗的金银匠，拔克脱系蒙哥一皇后的侍女。吕柏克特别招呼他们，在复活节的前一星期，欧洲人士聚餐一次，吕柏克着会衣，给他们解决良心上的各种问题。中国即是古之丝乡，处处引起他的好奇。他是第一个欧洲人书写中国字体，同时建议中国应用纸币。

十七

1254 年 1 月 3 日，吕柏克第一次觐见蒙哥。蒙哥遇之以礼，但关于缔结同盟，皈依基督教，在可汗眼中，却不在意。是年 5 月 31 日为最后会见，他们曾讨论教理，吕柏克感到刹那的吉兆，可蒙哥即刻又恢复中立态度，因为要守成吉思汗遗训，对任何宗教，一律平等，无所偏袒。吕柏克深感失望，认将来亦未必成功。他谦虚地说："如果能像每瑟在法劳庭中做出许多奇迹,蒙古人也许会改变他们的信仰。"他要求留居蒙古,结果却被拒绝了。

当时,蒙哥欲派一使臣,随吕柏克西来,因为"所经道路不靖,难保旅人安全",被吕柏克拒绝了,实际是怕使臣为侦探。蒙哥付以手谕,吕柏克问:"向法王送达后,是否可以重来?"

蒙哥不答,只命多带旅行必需物品,并赐之以酒。

蒙哥致路易九世书内,首引成吉思汗谕语:"长生天命,天有一帝,地有一主。天子成吉思汗谕曰:耳可闻与马蹄可到之地,可将此谕谕之。其不从而欲以兵抗者,将有眼而不能视,有手而不能用,有足而不能行,长生天及地上神,蒙古主之命如此。"书颇长,译者有多处不明何意,故有许多处语意不明,手谕中但所表现的态度则颇为高傲。

1254年7月6日,吕柏克辞别蒙哥,和他的向导起行,由和林到窝瓦河费时共70日。他找着告塞尔和他的同伴,又找到他的书籍与祭衣,"只短了圣母小日课与亚拉伯文史料"。后在高加索,得威尼斯人帮助,在1255年5月5日,回到地中海边。其时,路易九世已离开西扑岛。吕柏克遂从圣若翰达尔克寄给路易九世一篇冗长而生动的报告,并求法王向他与会长说情,准他回法国看望朋友。

他的回忆,曾被洛杰·培根充分利用,但在当时没有柏郎嘉宾时的成功。纵使吕柏克有不可否认的功绩,却有长达四个世纪内引起无人提及他,也可算是不幸了。

十八

离开和林时,吕柏克回顾他的成绩,在宗教与外交上可说完全失败了。失败的原因,系事前没有充分调查,没有确实考察西方宗教与政治领袖的态度。最重要的,当时蒙古人徘徊在基督教与回教之间,欧洲人也不了解蒙古人的心理。倘蒙古人与欧洲人结盟成功,历史上必起更大的变化。在欧洲方面,较之亚美尼亚王哈东一世从和林所得者，如减轻贡赋、免教会税课、退还回教侵略地等，必不可同日而语。在蒙古方面，因交通关系，希腊、拉丁、基督教文化必然传到蒙古，也许会产生亚洲的文艺复兴？

下　卷

一

威尼斯商家中，马可·波罗最享盛名。中世纪的地理典籍中，他曾放射出强烈的光芒。

马可家与开普查的方济各会，交往颇密，老马可·波罗（Marco Polo de San Severo）终时（1280年）曾在克里米的稣达克留下一所商店。他的两位弟弟——尼古劳（Nicoll）与马飞（Maffeo）——即往克里米经商（1260年），旅即进展到布加拉（1263年）。3年后，遇忽必烈使臣，使臣是派往晋谒乌拉古（Houlagou）的，但得到忽必烈即位（1260年）消息便由报达回北京。临行前，蒙古使臣坚请兄弟二人随往汗巴里（Khan-Balig，即北京），觐见忽必烈。40余年前的一天，骁勇不屈的成吉思汗向别人说到他的孙儿忽必烈："你们听这孩子的充满了智慧的话吧。"

波罗兄弟东来，目的在谋利与探奇，但间接却发生了宗教关系。忽必烈款待他们分外客气，因为他们"像别人一样，能说蒙古话"。蒙古帝王很爱听他们讲欧洲、教皇、教会等各种事实。前此柏郎嘉宾与吕柏克所认为的戒惧者，于今已完全消失。忽必烈请波罗兄弟任他派往教廷的使臣，带着"土耳其文的信"，要求教皇遣送"百位基督教的学者，并须通晓七艺"，借以证明"基督教的教义是最好的"。

大可汗给予马可兄弟护照与费用，至元六年（1269年）四月，始返抵圣日达克，其时教皇格来蒙四世已驾崩。新教皇尚未选定，虽遇教皇东方代表维斯贡地（Telaldo viscon de Plaisance），亦无办法。波罗兄弟因离乡已久，决回故里一趟，至家，尼古劳之妻已早卒，而日后声名鹊起的大旅行家马可·波罗已 15 岁矣。

维斯贡地被举为教皇后，取号额我略十世，将波罗兄弟由小亚美尼亚之洛亚操（Lajazzo）召回，嘱返圣日达克，携带信件，偕多明我会修士二人东行。不意二修士中途停止前进，不再去小亚美尼亚，波罗兄弟仍继续行程，时在 1271 年 11 月。

二

兄弟二人动身时，曾带着尼古劳的儿子，即著名的马可·波罗。1275 年 5 月抵上都，立得忽必烈知遇。从此在中国任官，到处访问旅行，前后共 18 年。归时，取道海路，由福建泉州起程（1292 年），经麻六甲、锡兰与奥姆士（Ormuz），然后于威尼斯（1295 年）。他给我们留下很有价值的叙述。

威尼斯与日纳战争时（1299 年），马可被俘，在幽禁期内，用法文向他的同伴吕斯底西思（Rusticien de Pise）口述在华经过，著成了这本不朽的作品。牛津公学的创办者维克罕（Guillaume de Wykeham），将它作为冬夜聚会时的读品。圣伯尔丹（St. Bertin）的将士又将它收在《异闻录》（*Livre des merveilles*）内。这些游记所述的异闻，颇能刺激时人好奇的心理，加强人们传教的热情。沙郎柏纳也以"异闻"为题，将柏郎嘉宾的报告添在里面，塞勿拉克（Severac）亦将他本人与和德理（Odoric）的游记附入。至于马黎诺里（Marignolli）的记载，从第三行起，便说："人们所称的异闻的地方。"

马可·波罗昆仲二次离华后，忽必烈受洗礼的消息，忽然传到欧洲，教皇尼古劳三世重定传教方针，派遣方济各会修士来华。行至半途，不能通过波斯，又知受洗消息不确，只得停止进行，这又是一次失败。

实际上，欧人未了解当时蒙古宗教状况。佛教势力，逐渐发展，寺庙达四万一千所，僧众在二十一万三千以上。忽必烈在位时，持容忍宽宏态度，各种宗教，并无差等。据马可·波罗说，忽必烈对基督教特具好感，也许是真的，但他不久便死了（1294年）。继位者为帖木耳（1294—1307年在位），其时孟高维诺（Jean de Montecorvino）已到中国。

三

自久以来，方济各会会长柏施道（Bonagrazia de Persiceto）即已筹划传教工作。里昂会议时（1275年）他曾导引蒙古使臣出席。他所派往东方传教的（1279年），孟高维诺，是"基督远行队"的会员，在东方传教多年，波斯方济各会工作，便是他组织成的。

孟氏以哈东二世使臣资格，回到罗马（1289年）。其时北京亦遣哈班使臣至罗马。哈班系聂斯多派教士，享有盛名。抵欧洲后，备受欢迎，罗马政务院招待他；英皇在包尔道（Bordcaux）接见他；巴黎大学欢迎他。当时孟氏正年富力强，精通东方语言。

孟氏有教宗尼古拉四世的通牒（1289年7月13日）及致哈东二世、忽必烈各种信件，便动身向东出发。他择定走南路，以便过波斯时可以结束前此的工作。当工作结束后，他离开达伯利池（1291年）时尚有两位同行者：一系多明我会修士尼古拉（Nicolas de Pistoie）；一系意大利商人伯多禄（Pierre de Lucalongo）。三人向南行进，由海道取向印度，从此后，再听不到人们谈论他们了。

尼古拉四世死后（1292年），已有三位教宗继任，到格勒门五世时（1305年）教廷移至亚维农（Avignon），常接停居蒙古帝国方济各会修士工作报告，独于孟高维诺，付诸阙如，永远沉默。人们以为他死了。

365

四

在1307年，波阶（Poitiers）教廷忽然接到一封奇突的信。原来孟氏尚活着，独自在中国传教，有绝大的成功，恳请派人赞助。第一封信，系1305年1月8日所写，接着又有一封，系1306年2月13日，托威尼斯商人，带至克里米或开普查，然后再转寄教宗与方济各会总会长。

东西交通至此仍然继续，从孟氏信内，我们晓得阿黑纳（Arnold de Cologne）到了北京（1303年）；另一位龙巴地（Lombard）的医生，亦接踵而来（1305年），可是我们不知他们所走的路线。孟氏的海程，是由波斯湾、南印度、麻六甲、泉州而至北京。北路途程较短，却常为战争原因而堵塞。

孟氏旅途情况，曾在信内叙述，那种动人声调使人不愿再加解释：

> 孟高维诺，方济各会修士，1291年由波斯达伯利池起程，到印度。停居十三月，于宗徒多默所建立之教堂，付洗礼者有百余人。路上同伴，有多明我会修士尼古拉，不幸中途得病而死。我们把他安葬后，仍向前进行，来到中国，即鞑靼帝国，其皇帝称大可汗。将教宗信札转呈后，即向他宣说教义，他虽沉溺在偶像教内，却十分和蔼待我。你们瞧，我住在这里已有十二年了。

聂斯多派在蒙古发展的力量与人数，出人意料。当成吉思汗时，其道士与修士，已免除赋税，到忽必烈时代，创立特别官职（1289年），专管聂派宗教的传布。自吐蕃文献发现后，更证明聂派的重要及在亚洲各教区的情形。

孟氏叙述聂派所播散的流言，致使工作遭受打击，但他勇往

宏毅，能够战胜各种困难，他曾叙述在华工作，使人惊奇：

五年以来，聂派制造流言，我多次在可耻的死的威胁下，被传到法庭。承上主特佑，皇帝由别人口供内，始知我的冤枉和反对者的狡猾。终于将他们的妻儿，贬逐出去。

有十二年之久，在这辽远的异域，我没有机会"告解"。德人阿黑纳修士（Frère Arnold）来后，始有办法。六年前我在北京建立一座教堂，上面加建一座钟楼，装着三口洪钟。此地约有六千人受洗礼，倘如没有聂派蜚言，必在五倍以上。……我收养七岁至十四岁间的孩子，有四十多个，教他们学习拉丁文和公教信仰。我给他们抄了些圣咏，三十多首赞歌，还有两本日课。有十一个孩子，已能唱经，并且懂得我们的仪式。我在与不在，他们都像修院中似的唱经。许多也能抄写，做些日用的事情。每当他们唱时，皇帝听着非常高兴，我则点钟敲钟，举行神圣的仪式。

表象上孟氏有破天荒的成功，骨子内却感到自己力量的薄弱。一方面，扩展传教事业的工具时时感到缺乏，如经济，只有公教商人的赞助，无确定的基金。另一方面，他所听到欧洲的消息，又非常失望：

如果没有聂派的诽谤，将不知有多少的收获。倘如我有两三个助手，也许皇帝亦受洗礼。待我们修士来后，如何减轻我的疲倦啊！但是如有人真来，他当只有一个愿望，即以身作则，不要只是装作……自从许久以来，战争将北路阻塞，我有十二年得不到欧洲各种消息。两年前，龙巴地医生来此，道及教会中许多怪话，我很明白细底……

兄弟们，我恳求你们，要将这信中的内容，使教皇、红衣主教、会长们都明白。敬请我们会长，寄一本经文、圣人传记、圣歌与有音符的唱经本，以便作为资鉴。我只带来一本袖珍日课与小的弥撒经本。假使我有样本，我的孩子们便会自己抄写。

为着将孩子们分在各地，我正建一座新的教堂。我老了，不是年岁老，我才五十八啊！乃是由于疲倦。我学了鞑靼的写法与语主，即是说蒙古的普通语。我将新经与圣歌译为蒙古语，写得很好，装订甚为考究。每到诵读时，讲道时，我拿出来给大家看，借此以宣扬基督圣律。

五

从孟高维诺的第二封信内，我们看到了一种孤独与无力：

远游的人，特别是为了基督，不能互相见面，亟需语言与书信的安慰，在我们可说这是一种博爱的要求。多年以来，住在关山万里的地方，你们未得到我的任何信件，自然要奇怪。可是我的奇怪，并不次于你们，前此从未得到你们的信札与问好。似乎任何人不会再想念我，有人告我说：你们曾得到消息，说我早已死了。去年正月初，托一位朋友带去许多信件，寄给克里米修会会长——这位朋友系契丹可汗的伴侣，来觐见中国皇帝的。那里边，叙及我的情形，并求会长抄一份转寄你们。现在伴送可汗的人们已返，得悉信已寄到，那位带信的朋友，由沙拉尹到了达伯里池。前信已说过，今从简，不过使你们明白：第一，聂派曾虐待我们；第二，教堂与房屋皆已筑成，为使一般易于了解，绘六幅圣经画，题词用拉丁、蒙古与波斯文；第三，我收养的与受洗的孩子们，有几个已死了；第四，自从到蒙古与中国后，付洗礼名有几千人。

孟高维诺虽是孤独，却也遇着他的知友，如吕嘉隆高（Pierre Luca-longo），系在达伯里池路上的伴侣，他是一名富商，曾给孟氏买了一处风景很美的地方；乔治王，他出身名家，西方人称为"若望神

父",原为聂派信徒,皈依公教,礼遇孟氏,特为辅祭,并拟建一宏伟壮丽的圣堂。孟氏信中曾这样说:

乔治王死了已有六年……其兄弟复蹈往昔错误的路。我独自一人,不能离开大可汗,而途路过远,相距二十余日行程,又难前去!但是,却有几位助手,我们深信一切都会实现的。

因为大可汗遇之以礼,孟氏有所庇护,充满种种希望,坚信前途的光明:

在1305年,对着可汗宫门,建起一新的居所。距宫廷甚近,只隔一条路,相距只一箭之地……在堂内,我们唱圣歌,大可汗宫内便可听到。这事遍传民间,如天主愿意,将必有伟大的成绩。
城内很大,新旧两座教堂,相去两里半路。将孩子们分做两批,使独自学行仪式,我是总管,每周来做弥撒……

孟氏常提及可汗对罗马代表的优遇:

你们要晓得可汗帝国是世间最大的。我以教宗代表的资格,宫内享有特别位置和随便出入会议的权利。不论任何贵宾,大可汗总是特殊待遇我。他曾听到罗马宫廷、欧洲各国的情形,他很盼看到这些地方的代表。

这两封信,是东西交通史、传教史最宝贵的资料。阿黑纳曾叙述孟氏,或许为温得都(Jean de Winterthur)改削,实质上是最可靠的。其第二封信的结尾,是爱利莫西纳(Eleemosina)所摘录,不是原文。

这些意外消息从中国传到教廷后,激起大家惊奇与欣慰的情绪，对于今后传教的工作，更蒙了一层浓厚的希望。亚维农教宗若望二十二世，分外关心蒙古传教工作，自1316年至1334年，特别厚遇传教士。在1345年，尚祝圣多明我会主教，派往日本。

六

孟氏的第一信到欧洲后，多明我会的旅行队便做第一次试验，为职事所阻，不能通过克里米，结果转向开普查去。

在1307年7月22日，教宗格勒孟五世，祝圣方济各会七位主教。他们要做第二次尝试，取道海路东来，帮助孟氏工作。他们原有祝圣孟氏为北京总主教的使命，使之成为"处理东方与蒙古教务之领袖"。当时教区尚未确定，至若望二十二世时，将契丹、开普查、小亚细亚北部的教区，划为北京教区之附庸（1318年），继后又加入土耳其斯坦的亚马利克（Alma-ligh）、克里米的加发（Caffa）、里海附近的沙拉尹、达纳（Tana）及古莫克（Kumuk）。

这次教廷所派的七位主教，其结果仍未达到目的。维列纳夫（Guillaume de Villeneuve）携有英王爱德华二世致蒙古可汗信，却未动身。其余六位，带着许多修士，向东方出发；可是在奥姆池与马拉巴（Malabar）之间，三位主教及许多修士，因水土不服，壮志未酬就死了！三位主教姓名是般池亚（Nicolas de Banzia）、亚西斯（Andreucei d'Assise）、塞佛斯道夫（Ulrich de Seyfreidsdorf）。

其余那三位主教，亚尔伯尼（Gerard Albuini）、柏卢斯（Andre de Perouse）与加斯带劳（Peregrin de Castello），终于来到中国。亚尔伯尼留在福建泉州，其他两位，经三月行程，到达北京。他们祝圣孟氏为总主教，居五年，可汗赐恩，优遇异常，据当时所记，公教有十足的进展。

七

北京第一任总主教孟高维诺，在致和元年（1328年）去世，享年八十有二。这是一位慈祥的老人，他的死，个个都感到惋惜。公教与非公教，皆推重他的人格与道德，中国公教中，是由他光荣地创始的。

孟氏死后，教皇格勒孟五世任命弗劳伦斯（Pierre de Florence）为北京主教，协助柏卢斯，共管北京与泉州教堂。泉州向系独立，由亚尔伯尼管理，亚氏死后，加斯代劳承继，为时不久，加氏亦死了（1323年）。在1326年正月，柏卢斯追怀过去，不禁悲从中来，凄惨地说："都回到天主的怀中去了，我独留在人世。"

如果我们考察来华人士，虽说络绎不绝，可是也感到一种悲哀：很少人到达目的地！有些因营养不足，途路艰辛，中途死了；又有些为人杀害，死于非命，如多郎地纳（Thomas de Tolentino）被派来华，有三人同行，当到孟买附近沙尔池脱（Salzette）岛时，为回教人杀死了（1321年）。

总之，在教皇的信札内，使节与旅行家的记载内，我们可窥见当时中国教务发达，西方对中国怀有特殊的希望；可惜我们没有更精确的史料来建立更精确的研究。

八

晚唐时，泉州已为各国贸易往来之所，北宋至南宋间，更为发达，元祐二年（1087年）设市舶司。在孟高维诺未死前，泉州已划为主教区。某亚美尼亚妇人，捐资建一教堂（1313年），巍峨宏大，壮丽无比。亚尔伯尼死后，柏卢斯负主教重任，由北京至泉州（1323年），途中有皇室仪仗队护送，俨若王室宗亲。

柏卢斯履任后，又建一座教堂与一所修院，在他的信内（1326年）曾写道：

在城外一里余，建修道院一，可容二十个修士。以其秀丽言，完全超过我在欧洲所见者之上。有四大间，可做宗座代表居所。

据停留泉州的意大利商人说，教会所用经费，悉由可汗资助，年约一百多金弗劳伦，合一万多金镑。论到宗教，听人自由：

这些人们，有个共同意见，也可说共同错误，即认为一切宗教，皆可救灵魂。我们传教者，可以自由行动，但不能说服犹太人和萨拉森人。反之，偶像教却有许多人皈依，唯在信教后，并不循规蹈矩。

也是在这封信内，柏卢斯泄露出自己身体状况的消息："白发便是年老的象征"，他精神很好，不愿写信，因为"他不明白谁活着，或谁死了"。

泉州教务继续发展。柏卢斯死后，又建起第三座壮丽的教堂。教皇代表马黎诺里说：

为了那些商人，在教堂附近建设起堆栈与澡堂，由方济各会传教士来管理。

据克里米方济各修会记载，在教皇若望二十二世与蒙古领袖信件中，许多次提及"钟的权利"，因为蒙古人允许自由装置大钟，纯系特殊开恩。当教皇代表道过泉州（1342年），钟声铿锵，觉着分外堂皇。曾给两口巨钟行礼，赐名日纳（Jeanne）与安德特（Antoinette），装置在萨拉森人居住的中心。在1342年后，亚拉伯14世纪大旅行家伊宾拔都达（Ibn Batuta），过泉州时，曾听着这两口钟声，其声噪杂，使之难忘。因回到加发时，复听到方济各会钟声，搅乱了他的睡意，生起不快。

九

　　和德理是中世纪最伟大的旅行者，亚洲东、北、中三部地带，遍留他的足迹，所著《东方诸国记》较之马可·波罗所著者，更享盛名。和氏诞生在乌地纳（Udine）附近小村内（1265 年），入方济各会，继又加入"宣道旅行朝圣团"，决志来华。取道南路，由脱来伯城（Trebizonde）起身，经达伯里池、波斯、印度、沙尔池脱、马拉巴、锡兰、苏门答腊、爪哇、婆罗洲，在广州登陆。

　　和氏来华后，随地考察，经泉州、福州、杭州、南京、扬州、临津、济宁，至北京，其时孟高维诺尚在。停居三年后，离华返欧，取道内地，由陕西、四川至拉萨。

　　西人至西藏者，当以和氏为第一。约在1329 与1330 年间，经波斯、亚美尼亚至意大利，积劳成疾，1331 年 1 月 13 日，在乌地纳逝世。方济各修会致命册上，著录和氏之名，每年 1 月 14 日为其纪念日。

　　和氏未死前，曾向沙乐纳（Guillaume de Solagna）讲述其旅程记略，由克拉池（Henri de Glatz）为之缮抄，又由温德都在亚未农为之补充，至今尚有抄本百余种。

　　和氏经过中国不少的名城，因此在他的著述内，颇多兴趣浓厚的记载。他认为："较之欧洲最大者，其壮丽与伟大，有过无不及，竟可说两者不能相较，亦不当相较。"他曾叙述广州，"其城之大，无人敢信"。自然要提广州饮食，他们考究食物，自古如此。和氏说："吃鹅甚为考究，做得好，装得美，比我们的鹅竟大两倍，价钱却非常便宜。"

　　和氏与其忠实同伴雅各伯（爱尔兰人）北上时，曾调查当时方济各会事业，访问"当地基督教徒与萨拉森人"，在泉州，遇着柏卢斯，将在达纳致命者的遗体，安葬在教堂内。在杭州遇着些同会修士，教务甚为发达，"他寄寓一位权贵家中，此人已奉教，系三位传教士所劝化的"。继后到扬州，得见"方济各会的修院与教堂，还有景教的教堂与修士"。

373

和氏曾觐见泰定帝，知遇特深，并为大可汗降福。当唱"圣神临格"时，以银盘敬献苹果，因遇可汗出巡，必献礼物，以表敬意。和德理的叙述，证实"孟高维诺颇负声望，取得帝王信任，赐以高位"。其次，"多数萨拉森人，异教者，鞑靼人，在宫内亦居要职，均改变信仰"。据史家 Marien Scat 说：受和德理劝化者，达两万余人。

和德理旅行记初到意大利时，或题其书曰：和德理曾经在亚未农，向教皇若望二十二世要求在方济各会修院内选择五十位修士来华传教。迫于病，返乌地纳，遂即逝世，新的传教团亦因此而中止。

✝

当罗马教廷得到孟高维诺去世的消息后（1333年），教皇若望二十二世祝圣尼古拉为北京主教，尼亦方济各会修士。次年，偕20位神父，6位兄弟，起身东来，经小亚美尼亚、克里米，取道北路，至亚马利克时，不能前进，即停居其地，受到意外的款待。继后，不知所终，或者中途遇险，死于非命；或如《明史·拂菻传》三二六卷所载，曾进入中国；无论如何，在1336年，他们尚未到北京。

是时，元帝遣使西往，使团领袖名安得（Andre），随员15人，欲与教宗建立经常往来关系。1338年至亚未农。乘使团之便，五位公教阿兰公卿——阿兰即奄蔡——致书教皇，非常有礼，但隐约间颇露怨意。怨北京大主教职虚悬之久；怨所招待的三四位罗马使臣，未带教皇纶音，以践诺言；他们更怨可汗优遇公教，而教皇却未与可汗取得密切联系。他们信中说：

> 大可汗的恩惠，可救许多灵魂……此地公教人士，深为惭愧，因西方教友不忠于诺言，却是些说谎者。

教皇本笃十二世接见蒙古使臣（1338年），仪式隆重，即刻准备覆书与礼物，派定马黎诺里为代表。是年 11 月终，马氏偕蒙古代表及五十余修士同行，从拿波里出发。在中世纪传教史上，这是向蒙古遣使最隆重的一次。

我们所知马氏的有关史料，以前只有教皇任命使臣的文件，及蒙古王公信件。近悉马氏西还后，曾将其十五年（1338—1353 年）经历，记录在一堆杂录内，这是出乎意料的。马氏返国之次年，荣任比西尼纳（Bisiniano）主教，但并未急于赴任，又曾充查理四世史官。在闲情逸趣中，以考证来消磨岁月，如叙述创世纪，描写地理夹杂许多远东奇闻，或旅程中所经的地名。"这真是藏在地层内的化石，多么名贵啊！"

马氏东方的见闻与印象，在中世纪地理学者中，亦当占一重要位置，他自己也说："奇异胜过说教。"其与交通史有关者颇多，略述如次：

在开普查时，马氏备受可汗隆重待遇，因有教皇信札及丰厚的礼物，如华贵的衣服等。继到亚马利克，虽说萨拉森之暴乱时已中止，但在公教方面，却有不少牺牲。共计有黑侠儿（Richard de Bourgogna）主教、五位方济各会修士、三位神父、两位兄弟，一位翻译，名若望，系新皈依者。此外尚有一位热诺商人，名其洛（Gillot de Modene）。这次损失甚大，马氏停居一年，恢复传教工作，据传颇有进展。

1341 年终，启程向北京进发，取道天山北路。次年 8 月 19 日，抵上都。顺帝优礼接见他们，恩荣备至，而尤喜教皇礼物及附有钤章之文件。

在所著蒙古《珍异志》中，曾提及骏马一事。1336 年时，包尔登西尔（Guillaume de Boldenselle）旅行东方，得悉蒙古领袖，酷爱西方骏马，据云向教皇所求者，只是"祝福、教士、骏马"三者而已。此次马氏所献之马，有"六尺八寸高，一丈一尺六寸长，除后蹄为白色外，遍身全是黑毛"。当时文人咏歌，画家临绘，而以《顺帝乘马图》最为著名。18 世纪时，耶稣会神父宋君荣（Gaubi），在清宫内，犹见此画，直至 1815 年，尚未失去。

十一

当教皇代表进北京时，仪式庄严，有三十二位随员，马氏着祭衣，导以持十字架者，提香炉与唱歌者绕行于后，缓步前进。至宫中时，唱"我信云云"，为顺帝特别降福，顺帝虔敬接受。宫中礼遇甚渥，共居三年，有特别随员与侍者，都是可汗派来的。食物与饮品，一切从丰，以至"灯笼所用之纸"，亦由皇家事务处供给。

在北京，马氏见有许多教堂，信友三万余，常与别的宗教人士讨论，"甚为隆重，灵魂得益匪浅"。关于中国细情，却未详叙。其时元室内政腐败，马氏知大乱将临，不愿久留，离北京赴泉州。1345年12月26日，由泉州上船，启程回欧。

马氏善利用闲暇时描述了他生平很多趣事：在爪哇，"曾骑在皇后的象上"；到锡兰，自言已近地上天堂，看到亚当山，"便在此，亚当哭他的儿子"；在科木林海峡（Cap. Comolin）"仿照印度河畔的亚历山大，竖一碑于大地一角，直至世界末日，佐证他是教皇的代表"。

马氏回到欧洲后（1353年），教皇因诺增爵六世得元帝覆书，证明蒙古帝国内，有许多基督教徒。遂举行亚西斯会议（1354年），选定教士，祝圣主教。在24位会长实录内，提及此事，语颇悲愤："因为处理者漠不关心，以故没有成绩。"这是最大原因，但还有两种原因，亦不能忽略：一、如历史家瓦定所言，听说蒙古战事已起，所以搁置；二、瘟疫发生（1349年），"疫症重大如此，致有三分之二修士去世"，许多方济各会修院，竟无人居住。

十二

此后东西交通，复沉沦于黑暗中。教皇乌尔朋五世欲重整旗鼓，恢复远东传教事业，在1370年3月11日，任命伯拉脱（Guillaume de Prat）东来，八位教授随行。伯氏系神学专家，曾在牛津大学做研究。

自教廷决定派遣使臣后，即尽三月之力，想一切之所想，以为准备。如特许主教权利、书籍、证件、信札，以至授洗方式，在这些特权内，有一条最使人感到悲哀：

因为途路遥远与旅途困难，大主教不必每四年述职一次。

可是，如果他们离开欧洲，正如当时记录中所说，他们将遇到何种命运？能到达目的地吗？到了亚洲什么地方？无影无踪消失了吗？这些问题，仿佛落在沉静中，永无解答的一日。

当教廷作最后努力时，中国政治已起了大变动，将传教的一切希望毁灭了。元朝灭亡（1368年），公教的依靠亦随之而倒。虽有孟高维诺的成功，但在中国人意识中，并未立下深固的基础，不足抵抗这翻天覆地的变更。

元朝灭亡后，在西方有两世纪之久，无人提及中国，更不论"东方奇闻"了。对于那些拜占庭的学者们，中国位置，又变作不可思议。在15世纪末，有一学者，竟将中国放在里海附近，又有人放在印度河与恒河之间。我们在当时旅行家的记述中，已看不到前人所提及的途路与城市了。

十三

这百年多的中西交通——自里昂会议（1245年）至马黎诺里西还（1353年）——蓬蓬勃勃，有春花怒发之概，及至元亡，风吹云散，一切毁灭。于是欧人发问：利玛窦与南怀仁所称之中国与北京，是否即马哥孛罗与孟高维诺所称之契丹与干巴利克？

至于他们所留遗物，最重要者，为弗罗伦斯罗郎地纳（Laurentiana）图书馆内所存的《圣经》，写于11世纪，系羊皮质，是17世纪时耶稣会柏应理（Philippe Couplet）司铎从中国人手中买得的。

377

沉默与尸骸永远葬在坟墓内！当我们想到这些辽远的往迹，对这些富有诗味的英勇开创者，自当予以崇高的敬意。

附　记

杰人司铎来信，嘱为《宗教与文化》撰稿，乃依该林克（Ghellinck）氏所著《13、14世纪中国之方济各会》，草就此文。如有补于中西交通史于万一者，那便是意外的收获。

宗临记于广西大学

原载《益世报·宗教与文化》第35—40期，1943年。

亚洲与欧洲

近百年来，欧洲文物向外发展，使亚洲发生剧烈变化，激起一种不安与苦闷。看到欧洲人优越的地位，物质的繁荣，有时使人失掉自信，疑问亚洲各古老民族，是否已到萎缩的地步？而欧洲那辉煌的成就，又是否"命定使然"？于是欧亚并举，互相对峙，对此问题，已有不可数的争辩。再来讨论，仍属徒然的。

普通欧洲人心目中，视亚洲是"神秘"的，他们对亚洲感到深的兴趣，不在它的历史与生活，而在它奇幻的艺术与偏执的习俗。正像亚洲是一个大的博物馆，任欧洲人来研究与收集资料的地方。这种现象，形成一种优越，究其原因，大半由于欧洲的科学。但是欧洲科学的形成，亚拉伯与中国文物的西传，学术与思想的发展，都有过决定的关系。我们绝对不能说欧洲的科学已概括于五经与可兰，我们只说欧洲不是孤独的，它今日的种种实有它历史背景的发展。

欧洲不是自然的，而是人为的。它受亚洲的推动，使它一步一步走向这条胜利的道路。希腊不是欧洲的，从埃及与中亚蜕变而出，百米伊在哲学史中说："希腊人视为研究自然的方法、命运、正义、灵魂、神各种观念其实都是来自东方。"它击退了波斯，它仍然受波斯的有力的支配。珊珊王朝控制罗马，罗马须退出幼发拉底河。便是盛极一时的拜占庭，对阿巴斯王朝，亦须采取守势。亚拉伯帝国带给西方思维方式：观察，将希腊实证思想扩大。阿味洛斯（Averros），亚维塞纳（Avicenna）皆加强对亚里士多德的研究；哈康二世的图书馆成为西方的光明。

欧洲受基督教影响，形成一种精神统一，但是亚洲新民族活力，向西推进，为欧洲戒惧，构成十字军。十字军是欧洲形成后的产物，1204年劫掠拜占庭，便知宗教意味淡泊。蒙古崛起，西亚塞尔柱优势失掉，影响到欧洲，形成两个集团，一为联合蒙古拒抗塞尔柱，教皇伊纳森四世、法王路易九世为代表；一为联合塞尔柱以抵抗蒙古，费特烈二世为领导，由是三种势力激荡，产生1453年悲剧，君斯但丁（Constantine Palaeologus）效死不去，与城偕亡，欧洲局面为之一变。

是时欧洲精神上，有种自觉：撤销智慧发展的障碍，由于军事与经济的改进，顺着地理自然的倾向，将世界扩大，而"海"非特不是障碍与边缘，有如古腓尼斯与希腊人，海是一种生命，自由的象征。日耳（曼）民族与基督教精神配合，构成一种坚强的意志，此意志受亚洲不断的磨炼，如锤如砧，制成锐利的武器，对自然与人生采取一种挑斗的态度，形成一种特殊的心理：人是万能的，决定万能的标准，便是看他"力"的强弱，准确，迅速，经济。效率构成了西方精神基础，为此科学与应用不能分，一切认为不能疑问者，亦提出讨论，批评与验证。顺时听天，守分安命，那是古老哲人们的教条，便是说要人限制他内心的要求，以配合不变的自然，希腊也不是例外。所以，"进步"一词，从这种精神自觉后，意义亦不同。中世仍视进步是伦理的，在忍受；近代视进步是逻辑的，在辩证，结果只有真始有善，并非有善始为真。于是，只有真始有用，效率提高，这对新空间是如何有力的侵略！这不是先天的产物，这是西方环境中，两千年来受亚洲演变推动的结果。

近代欧洲基础，不在它的技术，而在创造技术的精神，便是说，它是意志的产物，配合着清明的智慧。欧亚美确立的界限，有之者它不是自然的，而是心理的，俄罗斯是欧亚的国家，它在未来所处的重要，每个人都意识到的。美国是欧洲的延长，大西洋变为欧美的内湖，世界渐趋于统一。

亚洲已脱离它传统的状态，它正在巨变中，印度曾灭亡过，日本曾使人变色，只有中国与土耳其，被人讥为"病夫"，但是，这两个病人，只要不盲投医药，摧残自身，总有一天会恢复健康的。欧亚的区别是人为的，天下一家，将来总有一天看到它的同化，形成一种新的动向，我们所负的责任是不可估计的。欧亚的区分是心理的不同，如何改造我们的心理状态，不为传统所囿，亦不为外力所困，正如欧洲文艺复兴时代，撤销中古人为的障碍，并非与过去断绝。

原载《亚洲学生报》，1947年4月19日。

古代波斯及其与中国的关系

一、关于波斯的自然环境及其他

古代波斯的疆域，随着历史的发展，自然与今天的伊朗王国有所不同，但是伊朗高原总是它的核心。

伊朗高原是一块面积广阔并且气候干燥的地区，介乎底格里斯河与印度河隆起的高地，有260万平方公里的面积，四周环山，有许多峡谷。

伊朗中部系一片大荒原，在池沼地区涸汲后，炎日蒸晒，逐渐化为盐卤。细沙流碛经常自行移动，常有巨大的暴风，居民与商旅队行走此处时感到极度的困难。南界波斯海湾，温度较红海尤高，冬寒夏热，气温有104度到零下40度的差额。中国关于波斯记述"地多沙碛，引水灌溉"[1]，又说"气候暑热，土地宽平"[2]，都是很正确的。

由于雨量少，波斯自古便组织复杂的人工灌溉，借以发展农业。暗井系最著名的水利工程。暗井是地下水渠，每隔十米，有口露出地面，古波斯人称之为"Kariz"，新疆的坎儿井即 Kariz 的译音。这种需

---

[1] 《魏书》卷102。
[2] 《旧唐书》卷198。

费较大工程量的暗井对农业生产有重要作用。假使水道壅塞，居民须移居他处谋生。波利比乌斯（Polybius）说："当波斯人取得亚洲时，将土地分配给居民，为了修建水渠，使瘠地增加产量。补偿居民所付引水工程的代价，在五世内不纳租税，享受土地的生产。"[1]

波斯境内的风向非常有规则，从大西洋吹来的西风，经地中海到达波斯，而从印度吹来相反的东风，多在春夏两季。塞伊斯坦有四个月的风速很快，每小时为 72 英里，利用这种自然条件，奥玛尔（Omar）发明了风车，设在查格洛斯（zagros）山区。[2]

伊朗为高原地区，景色单调，春短树少，山丘多野花，到初夏，便很快地凋谢了。山谷内开满了野玫瑰、山楂花、茉莉与丁香，特别著名。灌溉事业发达，水渠遍布田野，沿堤种植杨柳枫榆等树。水果丰富，名产甚多，千年枣特别驰名。波斯马、单峰驼自古即以行走快速见称。

公元前 2000 年时，伊朗高原的西部山区，住着加喜特人（Kassites），他们曾多次侵入两河流域下游。约在前 1700 年，古巴比伦王国颠覆，在两河流域古史上引起了变化。希腊人称加喜特人为喀斯比（Caspi），里海便以此得名。山区南部为埃朗人，居住在喀尔加（Kerka）河畔，经 1891 年摩尔根的发掘，证明埃朗地区的文化是很古老的，那些沥青与琉璃都是从伊朗地区传入的。山区北部为路路贝人（Louloube），在哈马丹（Hamaden）所发现的浮雕，刻着女神将俘虏送给国王[3]，从浮雕风格上可看出曾受了苏美尔人的影响。米底人与波斯人属于这个范围，操印欧语言，他们的范围很广，在和阗与米兰所发现的绘画，有波斯类型"高鼻、黑须"[4]。在东部伊朗地区，依照古波斯的铭文，住着萨迦人（Saka），里海以东住着达赫人（Dahai），便是他

---

[1] 波利比乌斯：《通史》卷 10。
[2] 胡亚尔引金草地中所述《波斯古代史》，第 4—5 页。
[3] 阿甫基耶夫：《古代东方史》，第 576 页。
[4] 《西域考古记》，第 86 页。

们挫败了居鲁士。阿姆河以西住着花刺子模人；马沙吉特人住在锡尔河流域，靠近咸海为粟特人，再往南便是大夏人了，这是一个民族复杂的地带。

古波斯的语言属于印欧语言系流，有如吠陀经所用者。地方语言有受亚拉米语的影响，近巴比伦的地方，亦有采用楔形文的，有三十六个字母。古波斯语保存在阿维斯陀（Avesta）经中的葛都（Gatha）篇内，祆教传播，波斯语亦推广，故《旧唐书》中说："文字同于诸胡。"①

二、米底建国及其与亚述的关系

米底与波斯最初的历史，我们知道的并不多，只知他们不是土著，而是从伊朗高原东北部移入的。关于此，《阿维斯陀》中保存了久远的回忆，如对狗和牛的敬重。希罗多德著《居鲁士传》中，提及牧羊人抚育居鲁士的故事，当系远古时代传说的反映。

米底人自外移入，停居在伊朗高原后，希罗多德指出有六个部族，他们过着游牧生活。他们驾上马车，随着猎犬向外移动，生活很简朴。他们实行一夫多妻制，经常劫夺族外的女子。他们有粗浅的冶金知识，制造极简陋的工具。继后放弃了游牧，定居下来，开始了农业生活，实行一种联盟制度。苏联科学家在花刺子模地区的发掘，证明古代畜牧业与农业很发达，有山羊及牛的骨骼，石制的打谷器，铜制的生活日用品。②

由于冶金技术的提高，如路里斯坦的青铜加工；又由于布哈尔巨大的灌溉工程，农业生产提高。为此，米底部落联盟不能保持原有的形式，财产分化，氏族制度解体，变为农村公社，大约是在公元前1000年。《阿维斯陀经》中，畜牧豪富称为"畜群富有者"，圣火的司

---

① 《旧唐书》卷198。
② 阿甫基耶夫：《古代东方史》，第580—582页。

祭者由氏族显贵者充任，贵族由于财富累积，逐渐分化出来。从此农村公社成了社会主要的结构，农业劳动是最光荣的。火袄教教人：播种者就是善人，驱除害虫者就是正直人。灌溉事业很发达，到处有暗井、水渠，契尔门-稚布水渠长达二百多公里。

最早提到米底与波斯的文献，是亚述国王沙尔马那沙三世的石刻，他侵入伊朗高原，大肆劫掠，为了颂扬他的武功，于公元前837年树立石刻。石刻有"Parsua"，即波斯，统属27个首长；又有"Amadai"，即米底，居于伊朗高原。此后米底与波斯变成了亚述掠夺的对象。提格拉特帕拉沙尔三世（前746—前727年在位），乘米底内部分裂，向米底进攻，俘获了六万多奴隶及大量的牛马，米底变成了亚述的属地。公元前722年，亚述王萨尔贡二世攻陷以色列后，移其居民于米底；前715年，又俘获米底同盟者达犹古（Dayaukku），米底二十二个部族的首长，必须宣誓，服从亚述的统治。

拘禁的达犹古便是希腊人所称的台奥赛斯（Dejoces，前728—前675年），他熟悉亚述情况，竭力争取亚述君主的欢心，逐步进行米底的统一。他模仿亚述建立军队，强迫米底人建筑埃克巴登城（Ecbatana），在莫沙拉山的东边，可能便是今天的哈马丹。他组织米底人结成联盟，推行军事民主制度，其最高领袖便是在会议上选出的弗拉奥提斯（Phraortes，前655—前633年），他继其父志，保持对亚述的信任，忠实地交纳税赋，同时又积极巩固米底部落的联盟。他曾南下征服波斯，获得意外的成功，因而也就滋长了其轻敌的心理，遂企图推翻亚述的统治。但是，米底实力不足，时机未到，在埃朗进行战斗，结果伏拉尔特牺牲了。

米底贵族基亚克萨里斯（Cyaxares，前633—前584年）鉴于前王的失败，措施非常谨慎。他着重建立军队，取亚述为例，首先统一武器，建成长枪与箭手队，施以严格的纪律，又建一支骑兵，曾挫败骄横的亚述。但是西徐亚人南移，威胁米底的安全，挽救了亚述的危机。公元前615年，米底北部稳定后，与巴比伦结盟，夹攻亚述，前

385

612年陷尼尼微。从此米底变为中亚的强国。

米底据有亚述西部土地，向西推进，攻吕底亚王国。战争进行了七年（前592—前585年），由于吕底亚的坚决抵抗，也由于前585年5月28日的全日食，以为天怒双方，不取继续战争，双方缔结和平。基亚克萨里斯死，其子阿斯底若（Astyages，前584—前550年）无能，溺于畋猎，竞尚豪华，居民生活于苦痛中。波斯北上，居鲁士（Cyrus，前558—前529年）于550年，不费丝毫之力，便将米底灭亡了。

三、阿黑内尼德时代

伊朗高原西南部的波斯地区，住着自东方移入、操印欧语言的部族。他们的来源极为复杂。关于他们的数目，希罗多德以为有十种，柴纳芬（Xonophon）以为有十二种。他们移入的时间先后不同，逐渐由游牧转为定居，发展到西南部埃朗地区，苏撒（Susa）为波斯中心城市。

当米底强盛的时候，波斯部族已形成27个，阿黑内尼德（Hakhamanish）族渐次居领导地位，发展成部落联盟，传说中最初有三位国王：查失毕（Tchaichpich）、居鲁士、冈比西斯。我们仅知三个名字，没有更多的事实可以叙述。

公元前558年，居鲁士建立波斯。关于居鲁士，有冗长的神话，并不可靠。比较近乎事实的是巴比伦王那波尼德（Nabonide）的编年："论到阿斯底若，他的军队叛乱，将他俘虏了，交给居鲁士。居鲁士随即向埃克巴登进军，劫掠金银财物，带至安长（Anzen）地区。"[①]公元前549年居鲁士有"安长王"衔，三年后即有"波斯王"衔，统治地区包括了米底的地区。

波斯国王居鲁士在外交上与巴比伦友好，解除了西南边的忧虑。

---

① 胡亚尔：《波斯古代史》，第44页所引，按：安长即埃朗。

对西边的吕底亚，波斯继续采取米底的进攻政策。吕底亚国王克莱苏斯（Cresus），虽有埃及与斯巴达的援助，又拥有精锐的骑兵，但是，当米底陷落后，深感到新局势的不安。为了争取主动，便向东进发，占据哈利斯（Halys）河流域。公元前546年，居鲁士率军北上，进攻吕底亚，战于波加凯伊（Bograz-Keui），胜负未决。克莱苏斯因冬雪已降，按照古代惯例即停止战争，乘夜撤军，退至沙尔德城。居鲁士破除惯例，立即跟踪追击，深入黑尔姆斯（Hermus）平原，乘骆驼前行，吕底亚马队与之相遇，惊而败溃，克莱苏斯被俘，吕底亚因而灭亡。

自公元前535至公元前529年之间，居鲁士向东方远征，进军至大夏区域，陷巴尔克（Balkh）城，即《北史》所称的"薄罗"，并臣服康居。东进至药杀水，建乌拉杜普城（Oura-tube），即汉之贰师城。"居鲁（Cyra）系居鲁士所建，位于药杀水岸边，系波斯帝国的边界"[①]，希腊人称之为居鲁士城。继后南下入俾路支，在沙漠中曾散失一军。

波斯于东西两边胜利后，中亚所余者仅巴比伦王国而已。那波尼德沉于逸乐，其子巴尔达查（Balthazar）执行政事，重征赋税，人民苦困，激起怨怒。神职者与贵族商人相结，通过巴比伦总督古巴鲁（Koubarou），居鲁士没有用特殊力量，于公元前539年10月攻陷此名城，和平地开入巴比伦。次年三月，居鲁士拥有巴比伦王衔。他采取怀柔政策，崇敬马尔杜克（Mardouk）神，以结巴比伦人的欢心。释放四万两千犹太人，使他们重返故土。居鲁士晚年，传说不一，最可靠的是在公元前529年，征东北边游牧民族，波斯军队阵亡了大半，居鲁士也牺牲了。

居鲁士的长子冈比西斯（前529—前522年在位）继位，他的性格粗暴易怒又多疑。他统治了波斯，但波斯并不太平，各地暴动，用

[①] 《斯脱拉波集》，第2卷。

四年的时间才镇压下去。其弟巴尔地亚（Bardya，希腊人称斯麦底斯，"Smerdis"）深得人心，遂引起了他的戒惧，乘机将巴尔地亚暗杀，托言他远征印度去了。

埃及在阿玛西斯（Amasis）统治时，曾经一度繁荣，与塞浦路斯及沙莫斯（Samos）联合，拒抗波斯。冈比西斯得柏杜因（Bedouins）人之助，有了运输的骆驼，便发动侵略埃及的战争。穿过沙漠进据喀沙（Gaza），埃及王普沙麦底克三世（Psammeticus Ⅲ）方即位，仓促应战，败于拜吕斯（Peluse），被迫放弃了三角洲。公元前525年，波斯攻陷孟斐斯，俘获普沙麦底克，移至苏撒，随即自杀了。康波斯任命阿里扬德斯（Aryandes）为埃及总督，埃及变为波斯的一个行省。

冈比西斯统治埃及的政策，古代资料记载极不一致。希罗多德谓冈比西斯性格鲁莽，破毁埃及神庙，埃及遭受前所未有的惨祸。依据石刻（瓦底—哈尔—来斯奈"Wadj-her-resent"石像，现存在梵蒂冈博物馆中）资料，他能执行怀柔政策，尊重地方风俗习惯。但是根据以后的史事，冈比西斯的作风，大致暴力多于宽宏，破坏多于建设。

波斯进攻北非，北非不战而降；因腓尼基为波斯的联盟，放弃了对迦太基的侵略。北部安定后，冈比西斯向南发展，分两路进军。一军经撒哈拉沙漠，因炎热缺水全军死于途中。一军征伐产黄金的纽比亚，拟毁那巴达（Napata）的统治者，但是，军至柯洛斯柯（Korosko），因缺少给养，不能前进，只好无果而还。便在撤还途中，获得波斯政变的消息，于前522年，急返波斯，行至叙利亚，冈比西斯坠马而死。

高墨达（Gaumata）政变，反映了被征服者不满于波斯的侵略政策。借冈比西斯外出的机会，米底术士高墨达伪装巴尔地亚，推翻冈比西斯的统治。米底贵族与宗教神职者结合，企图恢复米底的独立，巩固贵族的经济地位，也结合了群众不满的情绪。因而废除兵役制，免征三年赋税。各地响应，声势浩大。波斯贵族鉴于冈比西斯之死，互相团结，以大流士（Darius）为首，进行战斗。高墨达为仆役暗杀，在前521年，大流士扑灭了这次政变，重新巩固了亚奇麦尼德王朝的统治。关于这次政变最重要的记述，便是贝伊斯顿（Behistoun）石刻，在高约1500英尺直剖岩石上，刻着浮雕，国王手执弓箭，足踏俘虏，旁边有九个俘虏，伏在地上。用三种文字刻着大流士的生活情景。"大流士王即位时所为，先居鲁士长子冈比西斯治理此土，杀其弟巴尔地亚，国人不知，随后出征埃及，波斯与米底谣言四起，群起暴动……高墨达伪装巴尔地亚，从冈比西斯手夺取波斯与米底，自称为王，人民畏其暴，不敢揭其伪，大流士挺身而起，……杀此伪王，旋奉神意而即位……须与叛者决战，连战连捷，凡十九战，降九君。"

当大流士即位后，波斯的局面是非常混乱的。"当我在巴比伦的时候，下列的地方叛离了我：波斯、埃兰、米地、亚述、埃及、帕提亚、玛尔吉亚那、撒塔吉地亚、西提亚。"（贝伊斯顿石刻）经过七年的战斗，十九次的大战，镇压了五万五千多起义者，并俘虏了九个国王。波斯帝国始重新恢复起来，他卫护了波斯贵族们的利益，却也放弃了亚述残暴的办法：成万地移民。虽然这个帝国缺少内在的经济联系，却树立起中央集权制，结合自然区域与历史的特点，将帝国划分为行省（希罗多德以为是二十省；柏舍波里石刻为二十三省）。设置省长，掌握地方政权，以国王名义审判。设置总督，负治安责任，总管军事。设置秘书，称国王耳目，汇集情报。三者各自独立，互相制约，而秘书权力最大，以示国王权力的绝对性。

埃及统治者阿里扬德斯，或由于北非进军失败，或由铸币成色较高，招致大流士的疑忌，被处死。公元前517年，大流士亲临埃及，采取怀柔政策，尊重贵族与僧侣，除军队占领地外，余皆归埃及的奴隶主们统治。他完成奈高（Nechao）所修的运河，沟通红海与尼罗河，"船舶便循着这条运河从埃及开到波斯了"。（古波斯铭文保存在埃及苏伊土地区。）外表虽说繁荣，实质上居民苦痛不堪，贵族与僧侣被扶植。

公元前513年，大流士北上，侵入多瑙河流域，进攻西徐亚人。

389

丹吉尔斯英勇有为,坚壁清野,采用游击战术,挫败波斯人[1],大流士溃退,顺路却征服了色雷斯及马其顿,这样,波斯从海陆两方面将希腊包围起来了。

希腊工商业的发达,在小亚细亚与波斯有尖锐的矛盾。米利都暴君阿里斯多哥拉斯(Aristogoras)参与攻纳克索斯(Naxos)岛失败后,一方面怕波斯惩罚,另一方面利用反波斯情绪,得雅典与攸卑亚之助,于公元前498年,沿哈尔姆斯河(Hermus),焚毁沙尔德城。大流士怒,积极准备,两年后战于拉代岛(Lade),波斯胜利,随即攻陷米利都,移其居民于两河流域下游。公元前494年,伊奥尼亚海的暴动虽平息,希腊却仍在拒抗波斯。

公元前492年,大流士决定征希腊,但海军为暴风毁于阿多斯(Athos)海峡,两年后,又组织第二次进攻,取道海上,在马拉松(Marathon)登陆,雅典以极少的军队,迅速进攻,击溃波斯的侵略。在公元前486年,埃及人民受了希腊的影响又发生暴动,就在这年的秋天,大流士在苦恼中去世了,他统治了波斯帝国三十六年。

薛西斯(Xerxes,前486—前465年在位)即位后,他的处境是非常困难的。埃及的暴动,希腊的敌视,情形十分严重。薛西斯性格暴躁,处理问题又多偏执。首先出兵征埃及,争取贵族与僧侣的协助,于前484年,败加彼沙(Khabbicha)。叛乱镇压后,委任其兄亚克麦奈(Akhemenes)统治。次年,巴比伦由夏马希尔巴(Chamachirba)领导,进行反波斯的活动,宣布独立。薛西斯返回埃及,迅速围攻,陷巴比伦城,为了惩罚巴比伦人的不忠实,大肆劫掠,俘其居民,巴比伦遭受难以复兴的破毁。

经过长久的准备,公元前481年秋,波斯在吕底亚驻有约二十万人。次年,波斯海陆两军,齐头并进,由北向南再一次侵入希腊。斯巴达少数的军队,坚守狄尔摩彼山谷,挫败波斯,不得逾越,最后斯

---

[1] 司徒卢威编:《古代的东方》,译本,第222—233页。

巴达军队全部英勇牺牲。波斯直驱南下，侵入亚地克，焚烧雅典城，雅典人逃到萨拉米（Salamis）岛上。由强大的舰队保护，前480年，发生了沙洛米斯战争，雅典取得了辉煌的胜利。这次战争解除了波斯对希腊的威胁，不得侵入地中海，雅典变为海上强国。前465年，薛西斯被暗杀于宫中。薛西斯死后的继承者们，在百余年间，一方面争夺王位，皇族内部自相斗争；另一方面，随着希腊历史的演变，对希腊采取各种方式的进击。

在波斯希腊战争中，雅典起着特别作用，初收复色雷斯，继后又取得塞浦路斯岛的胜利。前449年，波斯被迫与雅典缔结和约，波斯承认希腊各城邦的独立，结束了五十年的斗争。

当伯罗奔尼撒战争剧烈进行时，大流士二世（Darius Ⅱ，前424—前404年）继位，他密切注视希腊战争的发展，予斯巴达以经济与军事的援助，使其成为自己的同盟者。雅典经济衰落，处在极困难的地位。公元前404年，亚尔沙克（Arsakes）与其弟小居鲁士（Cyrus）争夺王位，小居鲁士虽然得希腊人的援助，但于前401年，于库纳克萨（Cunaxa）阵亡。

波斯稳定后，对希腊仍执行分而统治的传统政策。在伯罗奔尼撒内战中，斯巴达虽取得胜利，却异常衰弱，在波斯压迫下，于前387年，缔结安达西德（Antalcidas）和约。从此小亚细亚与希腊的殖民地，又落在波斯帝国之手，波斯希腊的斗争，又转变一新的形势。

公元前358年，奥高斯（Okhos）继位，凡亲属中可与之争夺者，悉置之死地，以根绝后患。小亚细亚得雅典之助，曾掀起暴动，随即被扑灭。对埃及与西顿的反抗，自前353至前345年，先后采取镇压政策，孟多（Mentor de Rhodes）的军队予以有力的协助。但是，马其顿兴起，希腊局面有所改变，使波斯感到不安。公元前337年，奥高斯在戒惧马其顿的准备中，佞臣巴革亚（Bagoas）将之毒死，立其幼子奥尔塞（Oares），随而巴革亚又以其不能受命，将之毒死。于前335年，立大流士三世（Darius Ⅲ Codoman，前335—前330年在位）。大流士三世深悉内幕，憎巴革亚专横，以其道而还其身，将他毒死。但是前334年春，亚历山大率军渡鞑靼海峡，向亚洲进攻，节节胜利；埃及遣使求盟，亚历山大直入埃及，尊重埃及的传统，敬阿彼斯（Apis）神，取"法老"衔，成为埃及的国王。于三角洲西部拉柯底（Rakoti）地区，建亚历山大城（Alexandria），成为地中海经济文化的中心，这是在公元前332年。

此种背景下，大流士知力不可抗，欲与讲和，亚历山大拒绝。前331年春，离孟斐斯，向东进军，与波斯战于高加美拉（Gaugameles），大败波斯。随即跟踪追击，陷苏撒、柏舍波里（Persepolis），大流士北遁，入米底而为当地省长所杀，阿黑内尼德王朝亦由此告终。

亚历山大进据米底后，即向东侵略，进攻大夏与康居，曾遭受到当地居民的坚决抵抗。经艰苦的战争，亚历山大军队至药杀水，占据居鲁士城。继后又率军南下，至印度河流域，保路斯（Porus）虽英勇抵抗，却遭遇失败。自前330至前326年间，亚历山大所到的地方有限，所付出的人力很多，而所收成效却又很小，士兵厌战，居民反抗，不得已分三路撤退军队，于公元前325年秋，退到巴比伦。

马其顿侵入波斯，对波斯社会经济起着重大作用，新建了许多城市，旧有的经济制度遭到破坏，而城市奴隶制得到进一步的发展，苏撒与塞琉古的石刻证明了这一点。亚历山大正准备进攻阿拉伯，却得了恶性疟疾，发高热，于前323年6月13日，死在那布甲尼撒宫中，今日称"埃尔喀沙"（El-Qacar），遗体葬于亚历山大城。

阿黑内尼德王朝统治波斯二百多年，吸取了亚述与巴比伦的经验，形成了庞大的帝国，但是这个"帝国不曾有自己的经济基础，而是暂时的不巩固的军事行政的联合"[1]，缺乏内在的联系与统一的经济基础。这个帝国最初划分为二十三个省，完全为贵族所统治。这是早期奴隶社会、氏族制度的残余，无论从哪一方面都能体现出来：政治

---

[1] 斯大林：《马克思主义与语言学问题》，第10页。

是家长式的专制君主；土地为贵族所掌握，如波斯的亚奇麦尼德、米底的卡里尼德、塞迦的苏林、德黑兰平原的米赫兰。这些大氏族拥有广大的土地，修筑堤坝，进行复杂的水利工程。当波斯向外扩张，战争频起，掠获战俘，波斯即用战俘代替本氏族的奴隶。波斯奴隶称"般达加"（Pandak），非波斯奴隶称"安沙赫利加"（Anshahrik）。这时候的波斯奴隶社会有两种结构形式：一为农村公社，一为未充分发展的奴隶制。马其顿侵入后，奴隶制受到推动，在发达的城市内，也有了希腊式的城邦类型，议会制度建立，也曾有民众议会。

波斯氏族社会解体后，形成奴隶制的国家，税赋很重，税赋按地区与产物征收，数量亦不一致。有现金，亦有实物，赋税包出去，"尼布尔包税者的搜刮如抢劫人一样"。

米底每年进贡羊十万只，驴四千头，马三千匹。

伊奥尼亚等城市年纳银四百达郎。

吕底亚等城市年纳银五百达郎。

伏利锐亚年纳银三百六十达郎。

腓尼基及塞浦路斯年纳银三百五十达郎。

埃及与北非年纳银七百达郎。又折合军粮银六百一十达郎。法雍为产鱼区，年纳专供给皇后用的银二百四十达郎。

亚比西尼亚每三年须进贡金子、象、乌木及儿童百人。

阿拉伯须年纳香料一千斤。

亚美尼亚年纳小马三万匹。

巴比伦除纳实物外，还须选送五百人供宫廷使用。

依据残缺的资料，波斯帝国在繁荣的时候，除实物外，每年入国库的赋税，约有14560达郎，合3400万金卢布。这样巨额的财富，大流士取法吕底亚铸金币，称"大流克"，重8.4克。只一面有箭手射击的图案。

波斯帝国内外侵略后，大流士使希腊航海家斯基拉克（Skylax）率舟，自普克拉（Peukela）入海，沿俾路支海岸，航行两年半，直至

393

埃及，著有《海程记行》，亚里士多德曾读过这部名著。为了军事与商业，大流士修建"皇家大路"，自苏撒至沙尔德城，长二千四百公里，沿途设有一百一十个驿站，"信差在路上跑得比仙鹤还要快"，配置舒适的旅店，有军队保护，步行需时三个月。

波斯古代的宗教是原始的与多神的，赞美山神与水神，崇拜牛和马，反映了畜牧业与农业长期的发展。继后受其他民族的影响，以日月为对象，敬重"光明"。阿呼拉马兹达（Ahura Mazda）为光明的象征，天地的创造者，无形象，无庙堂，以火为代表，受国王敬重，并秉其意志统治国家。有神职者专司仪式，阳光下照着的圣火已是改进后的形象。贝伊斯顿石刻标志着大流士建立了皇家宗教。这种宗教也就是火祆教。

祆教神职者出自米底部族。深悉仪式，掌握宗教知识，保存了远古传说，可以追述至部族移动的时代。米脱拉（Mithra）为伊朗人所敬重的神，始见于亚达薛西斯石刻。至公元前5世纪时成为帝王崇拜的对象（因为米脱拉系光明与黑暗的居间者），亦为宣誓的证神。

传说曹赫斯脱（Zoroastre）为祆教的创立者，但很难确定他的历史性。据葛都（Gathu）经文的记载，曹赫斯脱可能是公元前7世纪人。他虽生在亚特巴登（Atrop atene），事业的发展却在大夏。他幼年经过苦难，二十岁时隐居潜思，经十年努力，建立了祆教的理论。约四十岁时，向大夏总督维达斯巴（Vichtaspa）宣教，发展很快，伊朗居民虔诚地接受他的理论。曹赫斯脱创立宗教的二元论。即光明与黑暗经常斗争，宇宙分裂为二：善神为霍尔米兹德（Ormuzda），恶神为阿里曼（Ahrieman）。现实的世界将经历一万二千年，每三千年为一阶段。第一阶段，阿里曼由黑暗中出现，受光的照耀，拒绝了奥尔母池和平的提议，展开了光明与黑暗的战斗。第二阶段，霍尔米兹德创造了天、水、地、植物、动物与人；阿里曼创造了鬼魅、疾病与罪恶。第三阶段系人类善恶的斗争，势均力敌。第四阶段，曹赫斯脱主持末日审判，善神得到最后的胜利。

信袄者以为灵魂不灭。人死后三日，灵魂随风飘荡，苦乐如生前一样。继后至"奈何桥"（Tchinval）畔，有三人组织成的法庭，衡量生前行为，善者过桥，桥愈宽；恶者过桥，桥愈窄，直至沉入无底深渊。以故死后初采取山腰埋葬，继后建"静塔"，露天，环形，陈尸于上，任鸟啄兽吃。[①] 到末日时，溶液洗静大地，亦即善神与恶神决斗光明胜利之时。

四、安息王朝

亚历山大死后，帝国由他的部将分割，拜地加（Pirdicas）统治亚洲部分，梦想恢复马其顿帝国。但是在亚洲争夺的结果，塞琉古（Seleucus，前312—前280年在位）获取胜利，于公元前312年，建立起塞琉古王国。

自前301年伊普苏斯（Ipssus）战争后，塞琉古及其继承者均采取向西发展策略：初居巴比伦，继而移至塞琉古城，终而移至安都（Antioche），以便控制西方，进一步与埃及争夺。至于东方以塞琉古为核心，维持与印度及中国的贸易，争取旃陀罗笈多的友谊。当安提奥古二世（Antiochus Ⅱ，前261—前240年）时，大夏脱离塞琉古，恢复独立，所铸的货币图案已是大夏国王狄奥多多（Diodotoss）了。版图约自木鹿至撒马尔干，因受希腊影响，兴起了优美的犍陀罗艺术。

安息克（Arsakes）为游牧者领袖，系帕提亚人（依据贝伊斯顿石刻，帕提亚人所居地变为省名，在里海与咸海之南。帕提亚人来自西徐亚人居地，约今苏联南部，与伊朗居民混居，仍保持游牧的习尚）。初受塞琉古统治，于公元前250年脱离其独立，向外扩张，安息克可能是在与大夏战斗中牺牲了。其弟底里达脱（Iiridat，前248—前214年在位）立，乘塞琉古抵抗高卢人的侵略、埃及人的压迫，不能东顾

---

① 希腊古地理学家斯脱拉波（Strabo）说：尸体任野兽吃，系帕米尔山民的习惯，在1世纪时传入大夏，胡亚尔引《波斯古代史》101页注3。

之时，进据伊尔加尼（Hyrcanie），于公元前247年4月14日，创立安息王朝。将其兄安息克神化，铸像于币，并渲染先世出自阿黑内尼德（自以其父伏利亚彼脱系亚达、薛西斯二世之子）。使波斯人不以异族歧视，加强统治，建达拉（Dara）宫，安息因而巩固。其子阿尔达班（Artaban，前211—前191年在位），攻陷埃克已登，复为塞琉古驱逐，退守伊尔加尼。后之继者（弗里阿帕提乌斯［Phriapite，前191—前176年在位］，弗拉斯特［Phraates，前176—前171年在位］），因塞琉古有事于西，大夏有事于东，国内能保持和平，臣属陀拔斯坦（Tapouristan），守里海门户，控制由呼罗珊至米底的要津。

米特拉达梯（Mithradastes，前171—前138年在位）立，使安息强大，夺取大夏的木鹿，任命巴加西（Bacasis）统治米底，向南部发展，伸入巴比伦及苏撒地区。此时安息以骑兵见著，塞琉古转弱，渐与罗马接触，争夺中亚。

前138年，弗拉特斯二世（Phraates）继其父志，拒抗塞琉古，先后击败狄米脱利（Demetrius），并俘获安底古。是时西徐亚人南下，安息用粟特人作战，随而暴动，弗拉特斯在战斗中牺牲了。安息政事由弗拉特斯二世的叔父阿尔班二世领导，但大月氏向西移动，侵入大夏，于前124年，阿尔达班抵抗月氏，受伤而死。此即汉书所言："大月氏西君大夏，而塞王南君罽宾。"①

米特拉达梯二世（前124—前87年在位）立，扑灭与之争夺王位者，依据所留的货币考证，便在公元前124年将敌人镇压。巩固了东方边界，不使月氏移入；积极向西发展，进至幼发拉底河畔及亚美尼亚。

公元前76年，亚美尼亚王底格朗纳（Iigrane）与罗马斗争，安息王萨纳特鲁斯（Sanatroike）年老而弱，无所作为，不能阻止亚美尼亚向两河流域的发展。迨至弗拉斯特三世立（公元前70年），利用庞培

---

① 《汉书》卷96上。

与底格朗纳的矛盾，协助亚美尼亚，收复两河流域的失地。公元前60年，内争起，弗拉特斯两子——米特拉达梯三世与奥洛德（Orodes）联合，毒死其父，随而兄弟斗争，奥洛德又杀其兄（公元前56年），进军并占据巴比伦。

公元前53年，罗马三头政治的克拉苏（Crassus），被任为叙利亚总督，他步庞培后尘，梦想东方财富，率军征安息。公元前53年6月9日，战于加来（Carrhae），即今之哈兰（Harran），罗马大败，两万人战死，一万人被俘，移至木鹿，克拉苏于战斗中牺牲。其头被割，作为道具（奥洛德正在看攸利彼德的《巴西德斯》，剧进行中，突然将克拉苏头当作道具，掷在台上，产生一种惊奇的感觉）。

安息变为强国，奥洛德以泰西封（Ctesiphon）为都城，据底格里斯河畔。此时罗马沉于内战，安息向西进发，攻叙利亚安都城，于公元前51年，损其大将奥沙克斯（Osakes）。九年后安息将领巴哥洛（Pacorus）始破安都。公元前44年凯萨被刺，卡西雨斯（Cassius）虽得安息之助，却被屋大维与安敦尼击败了。安敦尼进据亚洲，其部将巴苏斯（Bassus）善战，在北叙利亚山区，于公元前38年，击败安息军，巴哥洛亦在此战役中牺牲。

公元前37年，奥洛德倦于政事，使其子弗拉斯特四世继位。弗拉特斯四世性格果断残酷，弑其父，杀其兄弟。整军以待于罗马，大败安敦尼于幼发拉底河畔。罗马内战结束，奥古斯都改变对安息的策略，选送美女莫沙（Musa），借此增加罗马的影响。安息王派其子到罗马留学，过着豪华的生活。莫沙乘机毒死弗拉特斯四世，使其子弗拉特斯五世即位，以摄政的姿态掌握政权。两年后，内乱又起，王位不定，最后由亚尔达班三世统治安息，为时约三十年。但是，亚尔达班三世死后，其子瓦尔达奈（Vardanes）与高达尔柴（Gotarzes）相互争夺，相互残杀。

沃洛吉斯（Vologese，51—75年在位）立，与罗马展开斗争，控制亚美尼亚，但安息坚持抵抗，取得阿沙摩沙达（Arsamosta）的胜

397

利，声威复震，变为强国。当时所铸货币上的图案，除祆教神外，尚有希腊与印度神像。

此后安息内部不和，常有内战，给予罗马进攻的机会。图拉真在底格里斯河上，接连获取胜利。迨至图拉真死后（112年），亚得利安（Adrienus）继位，安息王奥斯洛（Osroes）知大局困难，在123年与罗马缔结和约。奥斯洛死后七年，沃洛吉斯二世立，统治十八年（130—148年），随之继位者为沃洛吉斯三世，统治四十三年（148—191年）。安息在困难中维持，罗马攻陷泰西封（199年），大肆劫掠，不得已，安息以重金求和，此时的安息已濒于灭亡的境地。在224年，安息为萨珊所灭。

安息的衰弱与灭亡与其生产关系的落后是分不开的。当马其顿帝国解体后，留下深刻的希腊影响，但这仍是表面的。居民仍有氏族残余，奴隶仍属国王及贵族，土地保持了国有的形式，地方分裂，缺乏强大的中央政府。这种情况很显明地反映在波斯的宗教上，国王便是神王，反希腊的世界精神而趋于地方化，萨珊王朝将承其遗惠，使祆教加以改进，这是一方面；而另一方面，不能与西方脱离，米脱拉（Mithra）宗教向罗马传播，形成了安息时代的特点。

当塞琉古衰弱后，波斯南部几近独立，由祆教神职者统治，政教混而为一。所铸货币图案为国王持弓，旁竖旌旗，立于圣火祭台之前。阿黑内尼德古远的传统，赖此等边缘地区得以保留。安息帝王，多系武人，即借此种宗教力量，拒抗克拉苏与安敦尼。安息王朝晚期帝王们曾收集祆教的残经逸卷，却未能完成。在萨珊王朝时代，阿尔达希尔一世（Adechir）始成此巨业，集成《阿维斯陀》经典。

安息时代，米脱拉的宗教向两河流域传播，又发展至小亚细亚，本都国王米脱拉达德（Mithradate）便以此得名。米脱拉的神职者，没有经典，只有口授仪式。经长期发展，波斯与闪族因素相结合，含有占卜的特点。在临水地区，修建祠庙。米脱拉英勇果断，克服困难，成为武人崇拜的对象。2世纪末，罗马帝王孔莫杜斯（Commodus）秘密参加,成为米脱拉的信奉者。戴克里先曾重修加农顿(Carnuntum)米脱拉神庙。波斯因祆教的发展,其势发展较弱。遗迹有尼姆洛达(Nimrouddagh)浮雕,秋风节称"米脱拉加纳"(Mithrakana)。

五、萨珊时代及其奴隶社会的解体

萨珊(Sasan)系柏舍波里城阿那伊达(Anahita)庙的神职者,与安息的地方官吏有密切关系。其子巴巴克(Papak)为基尔城的郡主。其孙阿尔达希尔(226—242年在位)为达拉纪德(Darabggerd)的城防司令。萨珊王朝即以此发展成功。

阿尔达希尔依靠僧侣与贵族军事集团,于224年对安息发动战争。次年,击败亚尔达班五世,标志着安息王朝的终结。226年,攻陷泰西封,除亚美尼亚与乔治亚外,波斯版图悉入其掌握。阿尔达希尔实行中央集权制,因安息地方统治者,系世袭贵族,与国王仅臣属关系而已(阿尔达希尔先后臣服的主要地区有苏撒、伊斯发汗、麦塞纳、奥曼)。

他继承安息政策,坚决拒抗罗马的侵略。237年,阿尔达希尔夺取尼西班(Nisibin)与哈兰(Haran)两城,罗马气焰为之一挫。在内部,阿尔达希尔借祆教之力,团结居民,使之有坚定的信心。曾命僧人唐瓦沙尔(Ianvasar)编纂《阿维斯陀》(Avesta),对萨珊王朝起了非常重要的作用。所编《阿维斯陀》分两部分:一为雅胥资篇,意为"颂歌",一为葛都篇,意为"训辞"。又收集天文、医药等文,附于经后,共二十一卷,书于一万二千张牛皮之上,以金线装订。迨至643年,阿拉伯侵入波斯,祆教受到摧残,《阿维斯陀》亦遭焚毁。曹赫斯脱的著作也未能传世,其学说由门徒们记录,散见于《阿维斯陀》中。通常于"阿维斯陀"前,冠以"增德"(Zend),意为增德语所写,实际是不正确的,因增德语系萨珊王朝书体的发展,较"碧尔维"(Pethevi)语更复杂。丹麦学者拉斯克(Rask),于1819—1822年间,在波斯与印度旅行，得《阿维斯陀》最完整的手稿，现存于哥本哈克大学。此后研究者继起，逐渐深入，达尔麦斯德（Darmester）收集各种译文，加以校刊，做出较为完善的注释。

241年，沙普尔（Chahpuhr，241—272年在位）即位，波斯与罗马的战争，在叙利亚继续进行。于埃德斯战役中，俘获罗马皇帝瓦勒良（Valerien），利用罗马的俘虏，让他们修建巨大蓄水池，施行灌溉，此种工程称为"沙拉汪"（Chadh-iRavan），意为"乐流"，随即变为喷泉的别名（柏舍波里附近纳吉伊洛斯代姆［Nageh-iRoustem］的浮雕，即记此大事）。沙普尔死于272年，其继承者，初为霍尔米兹德（Ormuzd），继为巴赫拉姆（Bahram），仅在位三年，随又为巴赫拉姆二世夺取。波斯与罗马的争夺，异常剧烈，283年罗马皇帝卡鲁斯（Carus，282—283年在位）被叛军所杀。

在沙普尔统治之时，摩尼（Manes）宣道，倡议宗教改革。

摩尼于215年，出生于马尔底努（Mardinou）村，属于巴比伦的那尔古达（Nahr Khoutha）乡。其父名巴巴克，戒荤酒，摩尼受其影响，自十三岁至二十五岁间，有两次感到要进行宗教改革的使命。

沙普尔感其理论，虔心敬服，追随十年。继后为现实需要，尊尚传统，转向祆教，摩尼即离开波斯，至喀什米尔与中亚细亚，广为宣传，拥有不少的信众。272年，沙普尔死，次年巴赫拉姆即位，其门徒以为情况改变，敦促摩尼返故土，但是祆教神职者憎其理论，密切监视其行动，275年3月，将摩尼逮捕，判为异端，处以死刑，将之解体剥皮。

摩尼死后，门徒四散，一部分进入叙利亚、埃及、迦太基传教，汪达尔人也受其影响。4世纪末传入西班牙。另一部分由里海至中亚细亚，传入中国。

摩尼的理论是二元论。即宇宙间善恶、明暗，永远对立。也如宇宙一样，每个人受两种相反的精神支配，属于善的如慈爱、智慧与忍耐；属于恶的如仇恨、发怒与愚蠢。善恶各有神鬼，经常战斗。为了去恶就善，须戒杀生、禁荤食、断色欲。一般群众，不做过高的要求，只要不说谎、戒贪吝、禁杀人便够了。宇宙最后遭受大劫，福善惩淫，结束这一阶段是非，而善恶又恢复原状，互相斗争，永无止境。这是一种奴隶解体时没落的意识，虽反抗现实，但无坚决的斗争意志，人们只安心承受现状，反映出深厚的悲观情绪。

沙普尔二世统治了69年（310—379年），在此期间，波斯经济有特殊的繁荣。一方面受罗马东方诸省的影响，地中海隶农制的发展，波斯亦在转变。他方面与东方联系，开辟有名的丝路，运输中国丝绸，波斯居间掠取利润。这时波斯依靠贵族，团结僧侣与军人，扩大了其统治基础。

波斯与罗马的关系，有种新的转变。当君士坦丁皈依基督教后，借口保护宗教，向波斯进攻。而罗马禁止的聂思多派，又受萨珊王朝的保护。此种复杂的关系，表现在长期争夺亚美尼亚的战争上。波斯为了占有亚美尼亚，坚持不懈地反抗罗马成为它的传统政策。340年，沙普尔二世进攻尼西班，扶植阿夏克（Archak）为王，便是为了扩大波斯在亚美尼亚的影响。

罗马也同样，朱利安（Julien）立，遂向东进军，侵入波斯，沿幼发拉底河南下，至泰西封，继后知难而退，转攻米底地区，于363年死在标枪之下。若维安（Jovien）被士兵举为皇帝，即刻与波斯缔结和约，将军队撤退。此时在萨珊与罗马的剧烈争夺中，贵霜王朝在东方的演变已成次要的问题了。

沙普尔二世死后，其继承者多数庸弱。初由其内兄阿尔达希尔二世（Ardechir Ⅱ，379—383年），继而为贵族废弃，立沙普尔三世，统治五年，死于军中。其后由巴赫拉姆四世（Behram）继位，统治了十一年，此时罗马正在东西分裂之时，蛮人南下，对波斯采取守势。伊斯特格德一世（Yezdeguerd Ⅰ，399—420年）是正直者，反对宗教，招致保守派不满，改善与罗马的关系，波斯有暂时的安定。（依据东罗马史学家普罗戈扑［Procope］，伊斯特格德受波斯人拥护，东罗马帝王

401

亚尔加底[Arcadius]将其子弟委托波斯国王监护。）

到巴赫拉姆（Behram）五世即位后，东北边境动摇，不断为嚈哒袭击。嚈哒陷大夏，大月氏濒于灭亡。巴赫拉姆奋勇抵抗，战于木鹿，取得暂时的安定。在西方边界，因宗教问题，与罗马关系日趋恶化，战争又起，波斯失利，虽守住尼西班，但被迫与罗马缔结和约（421年），承认其宗教自由。

438年，波斯因受嚈哒的威胁，伊斯特格德放弃与罗马的斗争。这时波斯的中心问题是如何加强对亚美尼亚的统治。波斯利用祆教使亚美尼亚永属波斯，但是亚美尼亚人运用新创造的文字（亚美尼亚文字，于392年，由麦斯罗普[Mesrop]创立；麦氏系哈特塞克人[Hatsek]，死于447年），无论是思想上与行动上对波斯进行强烈地抵抗。伊斯特格德率军征亚美尼亚，进行残酷的镇压，在451年，取得亚瓦拉尔（Avarair）的胜利。

伊斯特格德逝世（457年）后，因为继承问题，兄弟又起斗争。卑路斯（Peroz）以两城与嚈哒（在大夏的达拉干[Talqan]及底尔米德[Tirmidh]），借其兵力夺取王位，推翻其兄霍尔米兹德三世（457—459年）。卑路斯统治的二十五年内长期有旱灾，须向外购粮；外有嚈哒的压迫，发动了两次不幸的战争：第一次因掌握情况不确，全军在沙漠中覆灭；第二次在战争中卑路斯牺牲（484年）。有两年波斯帝国受嚈哒的统治。

波斯在困难中，名将查米尔（Zarmihr）果断有为，返自亚美尼亚，立前王之弟巴拉克（Balach），波斯人心逐渐安定。结聚步队，增强实力，与嚈哒进行谈判，迫嚈哒释放波斯俘虏及所质王子加瓦德（Kavadh）。查米尔外交的胜利，振奋波斯人心，因此威信很高。488年废巴拉克而立加瓦德，加瓦德即位后，赞扬摩尼理论的继承者马兹达克（Mazdek），爱护穷人，反贵族的特权，因而激起保守者的仇视。497年，贵族将他囚禁在吉尔吉德（Guilguird）狱中，政变又起。

加瓦德得查米尔之助，从狱中逃往嚈哒，娶拜洛兹多克公主

（Perozdokht），借嚈哒的实力恢复王位。503年，加瓦德进攻两河流域上游，占领亚米达（Amida）及狄奥多西（Theodosipolis）两城。504年，匈奴自东侵入，形势转紧，被迫放弃与东罗马的斗争。527年，波斯与拜占庭战争又起，贝利沙（Belisaire）最初失利，531年攻陷加林尼克（Callinicum）。波斯建筑城市准备长期战斗，便在这年，加瓦德去世了。

萨珊王朝不断地向西推进，与东罗马进行战争，目的虽然是为了对亚美尼亚及叙利亚进行统治，但是掠获俘虏却也是战争的主要原因。一方面，波斯经济繁荣，建立了许多新城市，原有的奴隶不能满足需要，为了修建繁重的水利工程，需要罗马及各省的俘虏，从事大规模的劳动。另一方面，5世纪的波斯受罗马奴隶社会解体的影响，特别是波斯贵族趋于没落，阶级斗争异常尖锐。谭沙尔的信中说，"奴隶们不再服从自己的老爷了"，"抛弃了自己的工作"，离开老爷而跑进了"城市"。① 战俘只能缓和当时的阶级斗争，而不能解决波斯的社会危机，因而也就产生了马兹达克改革。

马兹达克生于呼罗珊尼沙不尔（Nichappour）地，继续摩尼的理论，倡导二元论，但较摩尼更为乐观。他主张宇宙由水火土三种元素构成，明暗两种力量统治。善者纯洁，恶者混浊，每个人秉着精神上的四种力量：辨别、智慧、记忆与快乐。弃恶就善，可以成为完人。马兹达克以为怨恨与战争是最可憎恶的，罪恶是可以克服的。

马兹达克运用宗教形式，进一步推动社会改革。为了达到经济平等，须建立自由公社，恢复原始的财产共有制；为了打破贵族阶级的婚姻，要求恢复群婚制残余的共妻制，冲破当时婚姻的闭塞性。但是他改革的特点，却被史料歪曲。马兹达克的改革是一种复古运动，这种运动具有鲜明的社会性，适应被压迫者的要求。改革要求平均分配富者的财产与土地，拒抗租税，利用宗教形式，表现出激烈的社会斗争。由于客观形势的发展，加瓦德加以保护，剥夺了贵族们的经济。

---

① 见《封建社会历史译文集》，第50页。

马兹达克的影响日渐扩大。

科斯洛埃斯一世（Khosrau Ⅰ，513—579年）即位，鉴于马兹达克势力的扩大，威胁了他的政权，他放弃了他父亲政策，施以镇压。迨至马兹达克运动失败后，波斯奴隶制也便开始崩溃了。马兹达克及其弟子数千人悉被残杀，一部分信徒，逃往中亚各国。

科斯洛埃斯一世实行土地与税制改革，建立强大军队，将军权交给四大骑兵将领。那些没落的贵族，隶属宫廷，这些措施，更促进奴隶社会解体，由奴隶制过渡到隶农制，波斯封建制度逐渐形成。

科斯洛埃斯即位后，深受统治阶级的拥护，因为他恢复了旧秩序，以故称他为"正义者"（Dadgar）。当拜占庭征服汪达尔与东哥特后，贝利沙转向叙利亚进发，欲毁531年前的局势。科斯洛埃斯知其意图，于540年，进军叙利亚，占据安都，移其居民于新城，位于泰西封之旁（此新建之城，名Beh-Az-Andio-Khosrau，意为"科斯洛埃斯较安都好的城"，阿拉伯称之为罗马城[Roumiyya]）。贝利沙虽坚决抵抗，拜占庭不能解除波斯的威胁，不得已以重金换取暂时的和平。

约在500年，波斯东境又起变化，嚈哒强大，据大夏，"其王都拔底延城，盖王舍城也"（《北史》卷九七）。拜占庭欲解脱波斯的压制，远结嚈哒，东西夹击波斯。科斯洛埃斯一世突破这种包围，娶室点密可汗之女、达头可汗之妹，借西突厥实力，于563—567年之间，灭嚈哒，与突厥共分其地。波斯取大夏，以妫水与铁门为界，但是突厥不久即南下，据嚈哒旧壤，这说明波斯已至衰落境地。

中国丝绢输出，无论是经陆路或海路，悉由波斯垄断，拜占庭不甘心放弃巨额商业利润，曾遣使至也门，避开波斯，以取得中国丝绢（尤斯地尼大帝于531年曾遣使也门），这是一方面。另一方面，康居人善于贸易，欲利用室点密之力，使波斯放弃丝业的垄断。波斯不允，毒死突厥使臣（科斯洛埃斯的宠臣加杜尔夫[Kataulphe]系嚈哒人，熟习丝的贸易。波斯王信其言，拒绝康居使臣马尼亚克[Maniach]的要求）。以故波斯与突厥关系恶化，突厥怂恿拜占庭攻波斯，因而产生了二十年的战争（571—590年）。

529年，埃其奥彼亚占据也门，阿拉伯谋求解放，请波斯援助，于570年，科斯洛埃斯遣大将瓦利兹助阿拉伯进攻，占据也门，并充兵于此。科斯洛埃斯统治时期，完成了对波斯土地的测量，制成土地册，依照土质、灌溉、作物、树木和劳力逐一登记，按产量确定税额，这是萨珊时代的一件大事。科斯洛埃斯晚年，军事经常失利。

霍尔米兹德四世继位（579年），系室点密之甥，继其父志与拜占庭作战。但突厥与拜占庭夹击波斯，大将楚班败突厥于斯瓦奈西（Svanethie）。霍尔米兹德疑楚班，解其职。590年，楚班暴动，进据泰西封，霍尔米兹德逃走，波斯军拥护科斯洛埃斯二世（Khosrou Ⅱ，590—628年在位）。科斯洛埃斯二世依靠拜占庭帝王摩里斯（Maurice）之助，围困楚班。楚班见大势已去，逃往突厥，为了根绝后患，波斯以重金贿赂可敦，暗杀了楚班。

7世纪初，拜占庭起剧烈变化。602年，摩里斯被伏加斯（Phocas）所杀并篡夺帝位。但伏加斯荒淫无度，无力转变帝国危局，610年又为埃哈克利（Heraclius，610—641年在位）所杀。科斯洛埃斯二世借口为摩里斯复仇，任命战将巴拉向西进攻，节节胜利，取埃德沙、安都、多马色、耶路撒冷及埃及。别一军由萨宾（Chabin）率领，进入小亚细亚，直攻加塞东（Chalcedoine），与君士坦丁堡隔海遥对。萨宾失宠而死，巴拉代替，攻陷此城，拜占庭处在危急之中。埃哈克利镇静，坚决反抗波斯，624年收复小细亚及亚美尼亚，627年与突厥联络，战局形势又为一变。628年，科斯洛埃斯二世病，其子争夺帝位，内讧又起，贵族拥护施罗（Siroes），而科斯洛埃斯二世被人暗杀。是年波斯灾情至重，施罗仅统治六个月，死于瘟疫。此后四年之间，易主十二位，局势至为混乱，最后的波斯帝王为伊斯特洛德三世（632—651年在位），内乱暂告终止。但在638年，因阿拉伯兴起，不得不弃都而走。

奥玛（Omar，634—643年在位）为阿拉伯领袖，既反拜占庭，亦反波斯。637年，万葛斯（Wakkas）率阿拉伯军队向波斯进攻，战于喀地西亚（Kadisiyat），血战三日，阿拉伯得到增援，侧击波斯，波斯主帅罗斯塔姆（Rustam）阵亡，伊朗高原随即沦陷。

波斯国王伊斯特洛德东走，638年泰西封亦为阿拉伯占领，波斯情况恶化，任命拜洛桑（Prozan）组织大军，作最后努力。642年。两军战于尼哈温（Nehawend），复为阿拉伯所败。伊斯特洛德三世退至木鹿，以期康居予以援助，但是木鹿省长马哈（Mahoi）与突厥相连，首先解除国王卫士，继而于651年将他暗杀，波斯古史也便这样结束了。

萨珊王朝的建立是依靠僧侣与军事贵族集团，在一定的范围内，扩大了剥削阶级的统治基础。僧侣与军人的物质基础主要的是土地占有制。农村公社的存在，使得奴隶占有制得不到发展，因而必须有战争，俘虏别国人民，以推动生产。不仅只此，波斯内部斗争也异常剧烈。摩尼反抗当时的政治，马兹达克更为尖锐，这是奴隶社会解体的表现。科斯洛埃斯的改革便说明了封建关系的形成，土地馈赠在那时已成为合法的行为。

君主集权制是萨珊王朝的特点。祆教的神长与军队的统帅结成一种强力，左右国家一切的大事。祆教是国家的宗教，拥有大量的土地，形成国家内的国家。科斯洛埃斯与楚班斗争，得僧侣支持，科斯洛埃斯始取得胜利，因而以大量金钱献给祆教神庙。

国家主要的收入赋税，按各地区的产量与土质，征收不同的田赋。科斯洛埃斯一世曾进行一次改革，除习惯计算外，复参照土地面积与所种的植物，虽然计算复杂，却较以往是进步的。人口税每三月交纳一次，继后加以改革，按财产与等级，征收自十八岁至五十岁者。僧侣、贵族及士兵免纳人口税。

税吏权力很大，他们作恶多端，如农作物熟后，不得税吏允许不能收割。虽有司法官监督，却造成很大的困难，因而增加人民的苦痛。赋税重，如遇庆典或灾荒，有局部或全部免除者。关于税收数字，只知科斯洛埃斯二世时，607年的税收的总数为四亿二公里脱加尔（依据孛洛夏计算，折合六亿"狄拉克姆"。每个狄拉克姆，约合五元人民币，即其总数为三十亿元人民币）。

萨珊时代的工业以纺织著名，畅销全世界，多花卉与奇兽的图案。阿拉伯占领后，纺织工业仍很发达，杜瓦、夏达、木鹿等地的纺织业工厂，在中世纪有很高的信誉。

中国丝绸由海陆两路输入波斯，复由波斯分散到西方各地，而西方的水晶与玻璃又由波斯输入东方，波斯获利至厚。取道陆路者，必经撒马尔干，系当时贸易中心。便是为此，康居人曾与波斯争执，挑起波斯与拜占庭的战争。取道海路以也门为要津，拜占庭曾遣使联络，以避波斯的垄断。

沙普尔二世利用罗马俘虏在苏撒等城建立纺织厂，产量多，质量高，波斯毡成了中世纪珍贵的礼品。

六、波斯与中国的关系

古汉语译"Parsa"为波斯。这个名词最初见于《魏书·西域传》[1]，玄奘在《大唐西域记》内，译为波剌斯[2]，《古今图书集成》有百儿西亚国[3]，按照所述方位在印度河西，都城有园囿，造于空际，下以石柱擎之，当是波斯及古巴比伦。依照伯希和的意见，波斯名称的翻译，不是节译，而是译自窣利语，大约在5世纪的时候。[4]

洛费尔（B. Laufer）著《中国与波斯》，辑中国资料，如《岭外代答》中"西南海上波斯国"，李时珍说"波斯西南夷国名也"，提出马来亚波斯与中亚波斯有别。[5] 费琅（G. Ferrand）继续这种说法，在南海中找到两个地区，可能是波斯的对音：一个在缅甸，一个在苏门答腊。[6]

---

[1] 《魏书》卷102。
[2] 《大唐西域记》卷11。
[3] 《边裔典》卷88。
[4] 伯希和：《吐火罗语考》，第73页。
[5] 转引自洛费尔：《中国与波斯》，第472页。
[6] 《西域南海史地考证译丛续编》，第91—109页。

不论波斯译名有几，不论波斯有几个，这样提法是值得考虑的。宋云在记述西行时，曾经波斯，他说："境土甚狭，七日行程。"①宋云所说的波斯，显然不是萨珊王朝的波斯，而是《北史》中的波知："波知国在钵和西南，土狭人贫，依托山谷，其王不能总摄。"②波斯在历史上是实际存在的，不能因偶然二三种记述，便将之分裂与混淆。同名异地，或一名概括其他，历史上例子很多：前者如"底彼斯"，埃及有，希腊也有；后者如明末"佛郎机"一词，包括了欧洲许多国家。隋唐之时，波斯掌握东西贸易的实权，地位特殊，陆上有丝路，海上直到广州。慧超《往五天竺国传》中说："泛舶汉地，直到广州。"当时地理知识不很精确，举其重要者概括其他，也是可能的。

汉武帝元朔三年，张骞返自西域，向汉廷叙述他的经历，中国始知安息。他说："安息在大月氏西可数千里，其俗土著，耕田，田稻麦，蒲陶酒，城邑如大宛，其属大小数百城，地方数千里，最为大国。"③安息由米特里达德统治，国势扩张，张骞虽没有亲历其地，但是他的叙述却是正确的。张骞再次出使西域，遣副使至安息，正式发生接触："初汉使至安息，安息王令将二万骑迎于东界。"按此时的安息国王为米特里达德二世，正在东抗大月氏，西拒罗马，争夺亚美尼亚。武帝时，上林苑开始种胡桃，胡桃原系波斯的特产，皮薄肉多，味道可口。

到后汉时，中国与安息往来较少，章帝章和元年，安息"遣使献狮子、符拔，符拔形似麟而无角"④。到和帝永元九年，班超遣甘英使大秦而至其地。十三年，安息王满屈复献狮子及条支大鸟，时谓之安息雀。⑤依据年代推断，满屈应为安息王 Paeorus，如果是这样，满屈当为蒲屈之误，藤田丰八在条支考中亦已提及。

元魏时，东西关系比较密切，《魏书》中有《波斯国传》。"波斯国

---

① 《洛阳伽蓝记》卷5。
② 《北史》卷97；见《西域南海史地考证译丛》六编，第30页。
③ 《史记》卷123。
④ 《后汉书》卷118。
⑤ 同上。

都宿利城，在忸密西，古条支国也。"① 宿利城即塞琉古，波斯即安息，亦即西史所称之帕提亚。《魏书》与《北史》将安息与波斯分而并举，自然是不妥当的。但是《隋书》卷八三将安息与安国混淆亦不应该。"安国，汉时安息国也，王姓昭武氏。"《隋书》所说安国，系今之布哈拉（Boxara），武帝以后，便并入大夏，从未列入安息，以故不能以安国而等安息。但是从这些事实中可看出，元魏时对波斯的认识还不够明确。

波斯与中国的接触，始于后魏，《魏书》说："神龟中，其国遣使上书贡物云：天之所生，愿日出处常为汉中天子，波斯国王居和多，千万敬拜。朝廷嘉纳之，自此每使朝献。"② 神龟为肃宗孝明帝的年号，接见波斯使臣应在神龟元年七月。③ 也便在这年，宋云慧生西去求经。此时波斯执政者为科斯洛埃斯二世，与居和多音亦相近。

5世纪末，波斯东方的边疆受到嚈哒的威胁，484年，卑路斯亲征嚈哒而死，波斯有两年受其统治。关于嚈哒的强盛，宋云于神龟二年（519年）十月，经过嚈哒说："南至牒罗，北尽敕勒，东被于阗，西及波斯，四十余国，皆来朝贺。"④

但是嚈哒盛况，由于突厥的兴起，不久便改变了。

当波斯与拜占庭斗争的时候，拜占庭联合嚈哒，夹击波斯。波斯王科斯洛埃斯为了突破包围，雪其祖父之仇，娶室点密可汗的女儿。⑤ 波斯借突厥的实力，于563—567年间，进攻嚈哒，将它灭亡。波斯与突厥共分嚈哒的土地，以妫水为界。可是突厥不断南下，进据嚈哒旧地，形成了隋末唐初，亚洲大部民族的主人。⑥

因丝业的经营，突厥与波斯关系恶化。中国丝绢的输出，悉由波斯垄断，居间操纵价格，谋取厚利。大秦国"常欲通使于中国，而安

---

① 《魏书》卷102。
② 同上。
③ 《册府元龟》卷969。
④ 《洛阳伽蓝记》卷5。
⑤ 参看沙畹：《西突厥史料》，译本，第160—161页。
⑥ 参看陈寅恪：《唐代政治史述论稿》，第95页。

息图其利不能得过"①。《册府元龟》亦提及："大秦王当欲通使于汉，而安息欲以汉缯彩与之交市，故遮阂不得自达。"②因此发生拜占庭与波斯及突厥二十年的战争（571—590年）。科斯洛埃斯二世时，波斯与拜占庭关系亦不正常，时而和合，时而敌对，波斯几至灭亡。关于此，《旧唐书》中提供了不少的资料："隋大业末，西突厥叶护可汗频击破其国，波斯王库萨和为西突厥所杀，其子施利立，叶护因分其部帅，监统其国，波斯竟臣于叶护。及叶护可汗死，其所令监统者，因自擅于波斯，不复役属于西突厥。"③库萨和科斯洛埃斯二世（590—628年在位），不是由突厥，而是由波斯的贵族所杀。施利即Schiros，即位于628年2月25日。

统叶护可汗于武德元年（618年）立，西突厥盛极一时，移汗庭于千泉。贞观三年（629年）玄奘西行至其地，有动人的叙述："水土沃润，林树扶疏，暮春之月，杂花若绮，泉池千所，故以为名。"④沙畹以玄奘628年在素叶城，显然有时间上的错误。630年，统叶护为其伯父所杀，西突厥已趋于衰颓。

唐高宗任命贺鲁为瑶池都督后，贺鲁随即自立为汗，战事又起。657年，唐军败贺鲁于伊犁河北；又西进，于659年，斩真珠叶护于双河，从此西突厥版图隶属唐室。龙朔元年（661年），王名远进《西域图记》，并请于阗以西、波斯以东十六国，分置都督府十六。此十六国的今地，八国在阿富汗，两国在乌兹别克斯坦，五国在塔吉克斯坦，余为波斯，即今之伊朗。⑤

当唐室向西方开拓，巩固关陇的时候，拜占庭在西方却进入困难的时代，蛮族由巴尔干南下，阿拉伯由小亚细亚北上，腹背受敌，处境十分艰难。

---

① 《魏书》卷30。
② 《册府元龟》卷998。
③ 《旧唐书》卷198。
④ 《大唐西域记》卷10。
⑤ 参看岑仲勉：《隋唐史》，第95—96页。

波斯同样受阿拉伯攻击，无力拒抗。为了挽救局面，波斯不得不请求中国的援助，因为大势所趋，在西突厥衰亡后，只有唐室能左右当时的局势。伊斯特洛德（即《唐书》所言伊嗣候）死，其子卑路斯入吐火罗，于龙朔元年，遣使向唐室告难，高宗十分谨慎，"以远不可师，谢遣"。继后，以疾陵城为波斯都督府，任命卑路斯为都督①。咸亨中，卑路斯亲来入贡，高宗备加恩赐，拜右武卫将军。仪凤二年（677年），建祆祠于长安。卑路斯死，其子泥涅师继位，调露元年（679年），"诏裴行检将兵护还，将复王其国。以道远，至安西碎叶，行检还。泥涅师因客吐火罗二十年。"② 当时阿拉伯实力强大，锋不可挡，波斯借唐室复国的梦想，已成泡影。景龙初，泥涅师复来朝，授左威卫将军，随即病死。

阿拉伯灭波斯后，继续向东进攻，节节胜利。自神龙元年（705年）起，安国、俱密国、康国等，怀念往昔唐室的宽大，不断向唐室求援，以抵抗阿拉伯的横征暴敛。但是唐室因吐蕃强大，只能维持现状，而高仙芝的居功狂傲，演成怛逻斯的惨败（751年），从此唐朝丧失西方，四年之后，又发生了安史之乱，当时国际大势，唐室所困恼者，自为吐蕃问题。贞元三年（787年），德宗问李泌当循之策，李泌说："愿陛下北和回纥，南通云南，西结大食天竺，如此则吐蕃自困。"③ 大食称霸西方，地几半天下，而萨珊王朝已变成历史名词，但是，波斯民族却永远存在。

论祆教传入中国者以为始于北魏。《魏书·波斯传》说："俗事火神天神……神龟中其国遣使上书贡物云。"④ 中国史籍中初次提及祆教，始于《魏书》是正确的；若谓祆教此时才传入中土，似还有斟酌的地方。

认为祆教传入中国始于北魏的说法，是根据毕沅校的《长安志》。关于南布政坊西南隅胡祆祠，毕沅注说："胡祆神始末，是北魏书灵

---

① 《新唐书》卷221下。
② 《新唐书》卷221下。
③ 《资治通鉴》卷233。
④ 《魏书》卷102。

太后时立此寺。"① 查《魏书·皇后列传》，毕沅所言似指："后幸嵩高山……升于顶中，废诸淫祀，而胡天神不在其列。"②

胡天神为外来的神是肯定的。但是否为波斯国所传来的祆神，则很难断言。自太安元年（455年）至神龟二年（519年）波斯遣使来华者有十一次之多③，其关系仅只是朝贡，并未提及建祠与传教。而神龟前后的萨珊王朝处境困难，因于嚈哒，因于拜占庭，居和多上书贡物，也仅只此。但是，波斯与中国的接触实始于此。以故神龟之前所言波斯实非萨珊之波斯，证诸宋云行记，波斯"境土甚狭，七日行程"（依照藤田丰八的意见，宋云所说的波斯系《魏书·西域传》中之"波知"）。这也便是为什么《魏书》始有波斯国传，前此无直接关系的，更没有建祆祠的记述。

论到祆祠为宣武灵太后所立，亦须重新考虑，我们知道太后曾幸华林园，宴群臣于都亭曲水。太后作诗说："化光造物含气贞。"④ 有以"太后诗仅一句，然吉光片羽，已与火祆教光明清洁之旨有合云。"⑤ 若就诗意解释，可此，亦可彼，并没有具体到火祆教。相反的，我们从下列两件事中说明太后与佛教关系。太后的父亲胡国珍，"年虽笃老而雅敬佛法，时事斋洁"。在神龟元年（518年），"步从所建佛像发第至阊阖门四五里"⑥，这些均可看出胡氏崇尚佛教而无祆教的迹象。神龟元年，宋云与惠生为太后所遣，西去求佛经，得大乘妙典一百七十部。惠生为崇立寺比丘（见《洛阳伽蓝记》卷五），足证太后为佛教的崇奉者。

火祆教在西域传播很广，慧超说："大食国已东，并是胡国，即是安国、曹国、史国、石骡国、米国、康国，中虽各有王，并属大食所管，此六国总事火祆，不识佛法。"而这些国家的人，多至中国行商，

---

① 《长安志》卷10。
② 《魏书》卷13。
③ 《册府元龟》卷969。
④ 《魏志》卷13。
⑤ 张星烺：《中西交通史料汇编》第四册，第103页。
⑥ 《魏书》卷83下。

他们"善商贾，好利，丈夫年二十去傍国，利所在无不至"①。若就《魏书》所言胡天神，退一步说，纵然指祆神，亦仅限于西域伊朗系之胡贾。我们知道突厥亦有事之者，以其与之接触较深，唯所祀的方式不同耳。段成式保留了一段有趣的记述："突厥事祆神，无祠庙，刻毡为形，盛于皮袋，行动之处，以脂酥涂之，或系之竿上，四时祀之。"②

祆教传入中国明确可考的时间，始于唐武德四年（621年）。其时萨珊王朝衰弱，唐室强盛，使节来华者渐多。唐职官中设萨宝府祆正。《通典》记述此事："萨宝，视从七品，萨宝府祆正。武德四年，置祆祠及官，常有群胡奉事，取火咒诅。"③波斯人东来者频繁，"近世有波斯人至扶风逆旅"④。长安有祆祠三处：南布政坊西南隅，善宁坊西北隅，靖恭坊街南之四。⑤此外，醴泉坊街南之东，有波斯胡寺，"仪凤二年（677年），波斯王卑路斯奏请于此置波斯寺。景龙中幸臣宗楚客筑此寺地入其宅，遂移寺于布政坊之西南隅祆祠之西"⑥。东都亦有祆祠四处，设在会节坊、南市、西坊及立德坊。

会昌五年（845年），武宗受赵归真影响，敕令"废浮屠法，籍僧尼为民二十六万五千人。大秦、穆护、祆二千余人。"⑦祆教在中国传播，限于伊朗系之胡贾，期待中国予以援助。唐室为便于管理，设萨宝职官专管，亦犹今之领事。后唐室禁止，距萨珊之亡将近二百年矣。

摩尼被处极刑后，其教不能容于波斯，遂向中亚传播，影响很大。玄奘过中亚，说到波斯时："天祠甚多，提那跋外道之徒为所宗也。"⑧提那跋为太阳神名，沙畹解为摩尼教之"Denavari"⑨。

---

① 《新唐书》卷221下《西域传》。
② 《酉阳杂俎》卷4。
③ 《通典》卷40。
④ 岑仲勉：《伊朗之胡与匈奴之胡》，《真理杂志》一卷三期。
⑤ 宋敏求：《长安志》卷9及卷10。
⑥ 《长安志》卷10。
⑦ 《新唐书》卷52。
⑧ 《大唐西域记》卷11。
⑨ 沙畹：《摩尼教流行中国考》，译本，第5页。

413

依据宋僧人志磐所记："延载元年，波斯国人拂多诞持二宗经伪教来朝。"①延载为则天武后年号（694年），拂多诞非人名，而是碧尔维语的"Fur-sta-dan"译音，意为"知教意者"。②

开元七年（719年），吐火维支汗那（Djaghanyan）王帝赊（Tesch）上表，"献解天文人大慕阇，其人志专幽深，问无不知……"③慕阇为古波斯语"Mage"的译音，作"师"解。但是摩尼教的传入没有任何基础，托佛教传播，因而到开元二十年（732年），玄宗倾向道教，遂下令禁止。"末摩尼法，本是邪见，妄称佛法，诳惑黎元，宜严加禁断。"④

安史事变起，唐室借回鹘的援助，稳定大局。回鹘居功自傲，苛刻勒索，"乾元后回纥恃功，岁入马取缯，马皆病弱不可用"⑤。康居粟特的胡贾，旅居回鹘，结其欢心，传播摩尼教，对于回鹘的政治与经济起重大的作用。"始回纥至中国，常参以九姓胡，往往留京师，至千人，居赀殖产甚厚。"⑥

广德元年（763年），摩尼教传入回鹘，有回鹘可汗纪功碑与摩尼教的突厥文残经⑦为证："帅将睿思等四僧人入国，阐扬二祀，洞彻三际，况法师妙达明门，精研七部，才高海岳，辩若悬河，故能开正教于回纥。"（纪功碑第八行）"受明教……慕阇徒众，东西循环，往来教化。"（纪功碑第十行）"大王天赋庄严以功绩御国神武庄严幸福光荣贤智回纥可汗摩尼化身。"（突厥文残经）

回鹘既皈依摩尼教，摩尼僧便参与国政。使节至唐者，常有摩尼僧随行。唐因外交关系，借建立寺庙以结其欢心。撤销前此之禁令，远至荆扬洪越等地。大历三年（768年），敕回纥奉摩尼者建大云光时

---

① 志磐：《佛祖统纪》卷39。
② 沙畹：《摩尼教流行中国考》，第6页。
③ 《册府元龟》卷997。卷971内亦记述事，大致相同。
④ 《通典》卷40。
⑤ 《新唐书》卷50。
⑥ 《新唐书》卷217上。
⑦ 《摩尼教流行中国考》，第27、29页。

寺，贞元十五年（799年），令摩尼僧祈雨。元和二年（807年），"回纥请于河南府太原府置摩尼寺许之"①。

贞元三年（787年），德宗用李泌和亲之策，合骨咄禄可汗娶咸安大长公主。②

公主至回纥，历四可汗，卒于元和三年（808年）。继后保义可汗，复遣使求婚。元和八年（813年），回纥遣摩尼僧等八人至京，宪宗使有司计算，礼费约五百万贯，未随其请。③长庆元年（821年）五月，"回纥宰相、都督、公主、摩尼等五百七十三人入朝迎公主，于鸿胪寺安置"④。

摩尼教借回纥的实力，始流行中国，其基础是不稳固的。继后回纥失势，摩尼教亦加断禁。会昌三年（843年），武宗让刘沔合沙陀等兵讨回鹘，"大败回纥于杀胡山，乌介可汗被创而走，迎得太和公主至云州……"⑤随即下诏："摩尼寺庄宅钱物等，并委功德使以御史台及京兆府名差官点检收抽，不得容诸色人影占，如犯者并处极法，钱物纳官，摩尼寺僧委中书门下条疏奏闻。"⑥东都回纥悉加冠带，配发诸道。

在高昌等处的摩尼教，仍继续奉行。王延德使高昌时说："复有摩尼寺波斯僧，各持其法，佛经所谓外道者也。"⑦建隆二年（961年），于阗王遣使至宋，有摩尼师随行，"贡琉璃瓶二，胡锦一段"⑧。大约到元朝，摩尼教在中国始完全绝迹。

---

① 《旧唐书》卷14《宪宗上》，《册府元龟》卷999。
② 《旧唐书》卷14。巴克：《鞑靼千年史》作"咸安天长公主"，译本，第198页。
③ 参看《旧唐书》卷195，而《册府元龟》以此事为元和十二年，误。
④ 《旧唐书》卷195。《册府元龟》卷979。沙畹引用此文，误为元和八年。《摩尼教流行中国考》，第40页。
⑤ 《旧唐书》卷18上。
⑥ 同上。
⑦ 王国维：《古行记校录》。
⑧ 《宋史》卷490。

415

七、《册府元龟》中有关波斯来华使节的摘录

太安元年（455年）十月波斯疏勒国并遣使朝贡。

和平二年（461年）八月波斯国遣使朝献。

天安元年（466年）三月波斯遣使朝贡。

皇兴二年（468年）四月波斯遣使朝贡。

承明元年（476年）二月波斯遣使朝献。

正始四年（507年）三月波斯遣使朝贡。

熙平二年（517年）四月波斯遣使朝献。

神龟元年（518年）七月波斯遣使朝贡。

正光元年（520年）闰五月波斯遣使朝贡。

正光三年（522年）七月波斯遣使朝贡。

以上见《册府元龟》卷九六九。

大业中（605—618年）波斯遣使朝贡。

贞观十三年（639年）波斯遣使贡方物。

贞观二十一年（647年）正月波斯贡方物。

贞观二十二年（648年）正月波斯遣使朝贡。

乾封二年（667年）十月波斯国献方物。

咸亨二年（671年）五月波斯遣使来朝贡其方物。

永淳元年（682年）五月波斯遣使献方物。

以上见《册府元龟》卷九七〇。

开元七年（719年）正月波斯遣使朝贡。同年二月又献方物。

开元十年（722年）十月波斯遣使献狮子。

开元十八年（730年）正月波斯王子继忽婆来朝并波斯国王

遣使贺正。

开元二十五年（737年）正月波斯王子继忽娑来朝（记十八年来朝者为继忽娑）。

天宝四年（745年）二月波斯遣使献方物。

天宝五年（746年）七月波斯遣呼慈国大城主李波达仆献犀牛及象各一。

天宝六年（747年）四月波斯遣使献玛瑙床，五月波斯国王遣使献豹四。

天宝九年（750年）四月波斯献大毛绣舞延长毛绣舞延舞孔真珠。（按：此段有误字。）

天宝十年（751年）九月波斯遣使朝贡。

乾元二年（759年）八月波斯进物使李摩日夜来朝。

以上见《册府元龟》卷九七一。

宝应元年（762年）六月波斯遣使朝贡。

大历六年（771年）九月波斯国遣使献珍珠琥珀等。

以上见《册府元龟》卷九七二。

按《册府元龟》卷九七四褒异中，七年"波斯国遣使献方物"，当为开元七年（719年）。《册府元龟》卷九七五中，开元十三年来者为穆沙诺，开元十五年（727年）二月来朝者为阿拔，赐帛百匹。开元二十年（732年）波斯使臣为潘那蜜与大德僧及烈。

八、《本草纲目》所记关于波斯物品

《本草纲目》有关波斯知识，异常丰富。但所记有空泛难定者，兹就书中涉波斯产物与其输入之品物，加以摘录，足证亚洲古代诸国的关系至为密切。

金：李珣引《广州记》："大食国出金最多。"李时珍即以金有五种，"波斯出紫磨金"。

银：李珣按《南越志》："波斯国有天生药银，用为试药指环。"李时珍即以外国有银四种，"波斯银并精好"。

锡悋脂：李时珍说："此乃波斯国银矿也，亦作悉蔺脂。"

密陀僧：苏恭说出波斯国。

铁：李时珍说："镔铁出波斯，坚利可切金玉。"（以上见卷八）

绿盐：李时珍以方家言，"波斯绿盐色青，阴雨中干而不湿者为真"。

矾石：李时珍以"状如粉扑者为波斯白矾"。

黄矾：李时珍说："波斯出者，打破中有金丝文，谓之金线矾。"（以上见卷十一）

胡黄连：苏恭说："胡黄连出波斯国。"（见卷十三）

缩砂蔤：李珣说："缩砂蔤生西海及西戎波斯诸国。"

荜拨：苏恭说："荜拨生波斯国。"

蒟酱：李珣引广州以其出波斯国。

补骨脂：马志以生岭南诸州及波斯国。

茉莉：李时珍说："末利原出波斯。"（以上见卷十四）

天名精：李时珍以《宋本草》言出波斯。（见卷十五）

青黛：马志说："从波斯来。"李时珍以"波斯青黛，亦是外国蓝靛花"。（见卷十六）

莳萝：李珣按《广州记》出自波时国。（见卷二十六）

菠薐：一名波斯草。（见卷二十七）

无花果：段成式在《酉阳杂俎》中："阿驵出波斯拂菻，人呼为底珍，即无花果。"

无漏子：陈藏器说："即波斯枣，生波斯国。"

阿勃勒：李时珍曰："此即波斯皂荚也。"段成式以波斯皂荚被人呼为忽野檐，拂菻呼为阿梨。（以上见卷三十一）

蒲萄：段成式引《唐书》，波斯者大如鸡卵。

刺蜜：一称酺乔。段成式以出波斯国。（以上见卷三十三）

密香：段成式以"没树出波斯国拂菻国"。

没药：马志以没药生波斯国。

安息香：段成式以安息香树出波斯国。李珣以生南海波斯国。

芦荟：李珣以出自波斯国。（以上见卷三十四）

婆罗得：李珣以生"西海波斯国，树似中华柳树"。

乌木：崔豹古今注："乌木出波斯。"（以上见卷三十五）

龙脑香：亦名元兹勒，陈藏器以其出波斯国。（见卷三十四）

炉甘石：李时珍以为即真鍮石，生波斯，如黄金，烧之赤而不黑。（参看卷九）

无名木：状若榛子，波斯家呼为阿月浑子，萧炳论诃黎勒，波斯舶上来者，六路黑色肉厚者良，六路即六棱也。（参看卷三十五）

以上仅就《本草纲目》所涉波斯有关物品，其辑前人所记自异域输入者甚多，有的是波斯所产，有的系假借波斯输入，其名称因时代、地方、语言与译者的不同，更为分歧。若就译名说，体例亦不一致。

九、结　语

我们概括地叙述了波斯古代的历史，它循着社会发展的规律，也如埃及与巴比伦一样，由氏族社会进入奴隶社会。及至萨珊王朝，加强军事奴隶主的统治，随着奴隶社会逐步解体，阿拉伯的侵入，波斯古代历史也便结束了。

在千余年悠长的奴隶时代，经阿黑内尼德、安息与萨珊王朝，波斯曾建立了庞大的帝国。纵使经济基础脆弱，发展不平衡，但是它曾树立起强大的专制政权及地方行政组织，这反映了波斯古代的强大。波斯曾与大月氏、嚈哒、突厥争夺中亚的东部；又与希腊、罗马、拜占庭争夺西亚，掠夺奴隶，寻找资源与贡赋，它胜利过，也曾失败过。

波斯古史中，也有过尖锐的阶级斗争，地方的暴动。如马兹达克的改革，欲消除财富的不平均，虽然失败，但推动了奴隶制度的崩溃。古波斯人留的著述很少，便是那些帝王们也只是修建宏伟的宫殿，山崖的石刻。波斯人重视历史杰出的人物，却不很关心这些遗迹。他们喜欢从《阿维斯塔》中，将历史人物，如居鲁士，特殊化，给后人一种心理的鼓舞。在蒙古侵略后，加法维德（Safavides）王朝（1499—1732年）以及近代加地亚（Kadjars）王朝（1799—1832年），都受着这种潜力的支配，企图恢复阿黑内尼德的盛况。

当波斯帝国形成后，曾集聚全力进攻希腊，希腊人英勇抵抗，随后波斯又为马其顿所征服。在另一方面，波斯灭嚈哒，实利为突厥所得，但是突厥与拜占庭相联，夹击波斯，波斯英勇奋战，最终三败俱伤，为阿拉伯制造了兴起的机会。波斯垂亡之时，希望寄托于唐室的援助，结果是渺茫的。

纵使如此，古代世界却是不可分割的，波斯承袭了两河流域的遗产，连接东西两方的国家，通过那些使节、宗教与物品，使各国的人民互相了解，进一步发展，扩大人类文化，它和中国的关系，依然是很密切的。

我们所知波斯古史是十分有限的。除苏撒与柏舍波里外，其他地区的考古工作，尚未有系统地进行。我们只能利用前人所述，结合祖国典籍中的片断记载，作此简略的概述，我们学习了阿甫基耶夫《古代东方史》，也采用了胡亚尔《波斯古史》的资料，这是应该说明的。这是结合教学试作的一种初稿，以及作为世界古代史的一种参考资料，请大家多多指正。

原载《山西师范学院学报》1958年第2期。

大月氏西移与贵霜王国的建立

一、中亚细亚的重要

中亚细亚的范围,约略西至里海,北至锡尔河,东南界葱岭及兴都库什山,亦称大雪山。地形复杂,系亚洲大陆的中心,古代交通的要道,在世界古代史上,占有极重要的位置。远古之时,岁月悠久,变化无常,所知甚少。在公元前6世纪前,中亚细亚为雅利安部族所占据,有繁荣的畜牧业及农业。自公元前2世纪起,大月氏向西移动,毁希腊人所建的大夏,其所起的作用是不容忽视的。因为"数千年间是决定当时世界事件的舞台,这些事件常常在长时期内震撼当时已经知道的整个世界"[①]。

通常言较确切的中亚细亚历史,是始于波斯帝王居鲁士(Cyrus,前558—前529年),他即位于公元前558年,并米底,征吕底亚,于公元前545年(周灵王二十七年),向东进军,直入锡尔河,臣属塞种人,为了军事需要,建居鲁士城,汉称"贰师城",即今之乌拉杜贝(Ura-Tyube),在塔吉克斯坦境内。继后南下,侵入俾路支,在剧烈的

---

① N. H. 梁士琴科:《南高加索与中亚细亚各部族的氏族的解体与各奴隶制国家的形成》,《奴隶社会历史译文集》,第199页。

战斗中，波斯散失一军。用了将近六十年的时间，始安定东方，形成波斯的两省。依据希罗多德记述，波斯共有二十省，大夏列为十七，康居列为十八。①

波斯采取怀柔政策，施行较开明的统治。虽使塞种人称臣，但并未破毁他们的经济，只要求塞种人依附并缴纳一定的贡赋。

二、马其顿侵略中亚细亚

当马其顿灭亡波斯后（公元前330年），中亚细亚形势为之一变。亚历山大确定东进政策，以图巩固所获的实利。侵入大夏与康居后，建立了十二座城市，严重地破坏了原有的经济，同时马其顿也遭受到当地居民强烈的反抗。

对中亚细亚，希腊人以为兴都库什山是高加索的延长，即此一例已足说明了他们的认识是不很正确的。希腊人向东侵略，遭遇到许多困难，气候变化无常，寒热不均，尤其是大夏与康居的人民，忠于自己的部族，采用游击战术，使马其顿受到严重的打击。亚历山大必须改变战略与战术，利用本地的良马，配备标枪与弓箭，组成轻装的骑兵。马其顿人与波斯人混合编制，驻扎在战略地区，怀柔与镇压兼相并用，费三年时间，始占领这两个省份。其所需时间与侵略整个西亚、埃及与波斯相等，所遇的困难，自不待言了。

公元前330年9月，亚历山大向大夏进攻，伯索斯（Bessos）得西徐亚人之助，宣布独立，波斯亦随之响应。亚历山大采取分化政策，由兴都库什山东北冒险进军，入大夏地区。伯索斯怕被围困，放弃薄罗城（Bactria-Zariaspa），向北撤退，守阿姆河，将船舶焚毁防止希腊军队利用。亚历山大追击，取当地所用的皮筏渡河，军队五日渡完，入康居，展开激烈战斗，伯索斯不幸被俘，于公元前328年，死于薄

---

① C.胡亚尔脱：《古波斯史》，第89页，注二。

罗城①。

康居在斯皮达姆（Spitaménès）领导下，坚决抵抗马其顿的侵略。康居人退入山区，在大宛谷，全民守居鲁士城，相持颇久，希腊人受到打击。亚历山大改变策略，采取围困方式，断绝水源，结果攻陷居鲁士城。斯皮达姆退出后，联合西徐亚人，进攻撒马尔罕，展开战斗，希腊死两千战士，亚历山大第一次受到严重挫折，不得已退居薄罗城②。公元前328年，马其顿分五军向康居进攻，改变战略，逐步清洗巩固据点，西徐亚人失败后，杀斯皮达姆以结马其顿欢心。

马其顿终未取得决定性的胜利。公元前327年初，康居人又起而反抗，奥亚尔德（Oxyartès）守希沙尔（Hissar）山区，长期抵抗。在战斗中，亚历山大俘获其女洛桑纳（Rhôxane），纳而为后，因而情势随之改变，康居放弃抵抗，而为希腊所统治。

亚历山大死后，帝国分裂，中亚细亚统治者为塞琉卡斯（Seleucus），但是并不稳固，不久南北两方形成两个新国家：安息王国于公元前256年，属于呼罗珊的一部分，其全盛时期自里海直达印度，于公元226年为波斯征服，建立萨珊王朝。大夏经百年后，受东方移入的塞族侵略，遂给大月氏创造了条件，从而有了建立贵霜王国的可能。

三、关于月氏古史的片断

依据中国的资料，公元前2世纪时，中亚细亚住着许多不同的游牧人，希腊人称他们是西徐亚人。在西部住着雅利安出身的塞种人，偏东的地方，住着突厥出身的月氏人，或称吐火罗人，其周近又住着起源不明的乌孙人，有些史学家以为这些人是吉尔吉斯与哈萨克人的祖先。

---

① 格劳茨（G. Glotz）：《希腊史》，第4卷，第123—128页。
② 《剑桥古代史·希腊史》。

关于月氏的古史，我们的知识是贫乏的。但是从仅有的片断史料中，仍可以看出它的历史是久远的。《穆天子传》中说"己亥至于焉居禺知之平"[1]，郭璞注释，焉居、禺知疑皆国名。《管子·揆度》中也说"北用禺氏之玉"[2]，由此可见"禺"、"月"同声，"知"、"氏"相近，禺知，禺氏与月氏为同一名称，只是书法不同而已。

战国为一大转变的时代，废戎狄名词，改为胡与匈奴。涉及月氏问题，亦可看转变的情形。依据王国维的意见，《逸周书》为战国时的作品，在《王会解》内，禺氏与月氏兼相并用，一方面有"禺氏騊駼"之语，另一方面，汤问伊尹，伊尹举北狄来献者有十三，而月氏在其列。[3]

战国以前，月氏所居何地不得而知，到战国之时，月氏在"雁门之西北，黄河之东"[4]，至秦汉之间，月氏向西移，故《史记》有"始月氏居敦煌祁连间"[5]之语。度《史记》用"始"字的意义，不能解为"原始"。

月氏为乘马游牧的部族，在匈奴未兴起之前，月氏已雄据北方，《史记·匈奴列传》说："当是之时，东胡彊而月氏盛"[6]，东胡位于燕赵之北，系后来的乌丸，《三国志》注引《魏书》指出："乌丸者，东胡也，汉初，匈奴冒顿灭其国。"[7]月氏为行国，《史记》称"随畜移徙。与匈奴同俗"[8]。《匈奴列传》以騊駼为奇畜，徐广注此为"似马而青"[9]。蒙古人称 Chigitai，系野生骡马。

月氏亦称吐火罗人，系突厥种的最重要者，属印欧语系。突厥起源地难确定，可能在叶尼塞河附近，其有关史料始见于西魏大统八年

---

[1] 《穆天子传》卷1。
[2] 《管子》，第七十八。
[3] 《逸周书》卷7。
[4] 王国维：《观堂集林》，《观堂别集补遗》。
[5] 《史记》卷123。
[6] 《史记》卷110。
[7] 《三国志·魏志》卷30，裴松之注引《魏书》。
[8] 《史记》卷123。
[9] 《史记》卷110。

（542年）。① 关于月氏人的相貌，与突厥合而考虑，即《魏书》论康居较为真实：王姓温，月氏人，为匈奴所逐，其人"皆深目高鼻，多髯，善商贾"②，这与同书论于阗"自高昌以西，诸国人等深目高鼻，唯此一国，貌不甚胡，颇类华夏"是十分符合的。

四、月氏的居地

匈奴未兴起以前，月氏所居地带颇广，东自黄河，西至瓜州，"瓜州古西戎地，战国时为月氏所居，秦末汉初属匈奴"③。依据《史记》所述，亦觉与此符合。"右方王将居西方直上郡以西，接月氏氐羌。"④ 按照张守节正义，上郡故城在泾州上县东南五十里。《旧唐书》言及姑臧也说，"秦月氏戎所处"⑤，姑臧汉属武威郡。从这些记述中可以看出，秦初之时，月氏居地几遍及今之甘肃。

秦汉之际，月氏移动，因单于冒顿兴起，为了与汉争夺，首先要解除匈奴东西两方面的牵制，以故东破东胡，西击月氏。冒顿致文帝书中，"今以小吏之败约，使之西求月氏击之"⑥，所谓小吏系指匈奴右贤王，于前元三年"入居河南地，侵盗上郡葆塞蛮夷，杀略人民"⑦，右贤王西击月氏，取得胜利，仍在致文帝书中，有"夷灭月氏，尽斩杀降下之"⑧的话，并非夸大，危言动人。汉议对匈奴之策时，公卿皆曰："单于新破月氏，乘胜，不可击。"⑨ 这是文帝四年的事。

冒顿晚年，月氏因受匈奴的攻击，已去敦煌祁连之间，"其余小众

---

① 岑仲勉：《隋唐史》，第10页。
② 《魏书》卷102。
③ 《通典》卷174。
④ 《史记》卷110。
⑤ 《旧唐书》卷40。
⑥ 《史记》卷110。
⑦ 《史记》卷110。
⑧ 《史记》卷110。
⑨ 《史记》卷110。

不能去者，保南山羌号小月氏"①。《旧唐书》论及酒泉："此月支地，为匈奴所灭，匈奴令休屠昆邪王守之。"② 从上言，休屠昆邪据酒泉，当在文帝三年（公元前 177 年），到武帝元封六年（公元前 105 年）。"右方直酒泉、敦煌"③，匈奴益趋西，而月氏去敦煌已久矣。《史记》作于公元前 91 年前，故论及月氏说："始月氏居敦煌祁连间。"④

五、月氏与允姓之戎

月氏未西迁之前，居于敦煌祁连之间，祁连山在张掖、酒泉的南境，东西长二百余里。"敦煌，古瓜州也……瓜州之戎并于月氏者也。"⑤ 那么这里有一个问题，即哪一种戎为月氏所并？

张澍所辑的《西河旧事》中，依据《左传》"允姓之奸居于瓜州"⑥，对敦煌做这样解释："敦煌郡即古瓜州也，允姓戎所居也。"⑦ 关于允姓，杜预以为系阴戎之别祖，与三苗俱放于三峗⑧，《水经注》解释三峗山"在敦煌县南"⑨，并引《山海经》关于三峗山的解释，"即所谓窜三苗于三危也，《春秋传》曰允姓之奸居于瓜州"。王国维在《鬼方昆夷獯狁考》中曾指出，戎中强大者为犬戎，亦即獯狁，其他汾晋诸戎，河南阴戎，伊川陆浑戎，皆徙自瓜州。⑩

我们在《左传》中，读到"昔秦人迫逐"，杜预注此时说："四岳之后，皆姓姜，又别允姓⑪，即月氏所并瓜州之戎。"便是说允姓是非

---

① 《史记》卷 123。
② 《旧唐书》卷 40。
③ 《史记》卷 110。
④ 《史记》卷 123。
⑤ 《水经注》卷 40。
⑥ 《左传·昭公九年》。
⑦ 张澍：《西河旧事·序》。
⑧ 《广弘明集》卷 7。
⑨ 《水经注》卷 40。
⑩ 王国维：《观堂集林》卷 13。
⑪ 《左传·襄公十四年》。

常明白的。因为春秋之后，留于瓜州的戎便只有允姓了。

《汉书·张骞传》中说："乌孙王号昆莫，昆莫父难兜靡，本与大月氏俱在祁连敦煌间，小国也。……大月氏攻杀难兜靡，夺其地，人民亡走匈奴。"①就这些记述指出：月氏于未移动前，所征服兼并者只有乌孙，而前所举的资料，月氏所并者亦仅瓜州的允姓，就地点说乌孙与允姓都在敦煌周近；就时间说即在冒顿与汉文帝之时，因而藤田丰八主张：允姓不解为姓允的戎，而为一戎名，如义渠陆浑，根据月氏兼并的对象，便得出乌孙为允姓别称。②

乌孙即允姓的说法，虽说新奇，却难令人折服，"淑人君子，怀允不忘"，怀允就是怀"允姜"，允姜就是"允姓奸"③。关于这个问题，仍须深入，但是乌孙受月氏侵略后，随即起变化，依附匈奴，居于"流沙西北，前汉乌孙旧壤……后汉时即为车师后王庭之地"④。按祁韵士解释，今之乌鲁木齐即"汉车师后王庭地"⑤。至于月氏虽然强盛，但因受冒顿攻击，于文帝三年前离开敦煌，向西移动了。

六、月氏西移

概括地说，月氏西移的原因系匈奴兴起的结果。以故研究月氏西移的年代，自当以《史记》与《汉书》为依据。当冒顿自立为单于（公元前209年）后，东破东胡，西击月氏，月氏在敦煌祁连间的地位便开始动摇了。

月氏攻乌孙，夺其地，杀难兜靡，其子新生昆莫，依单于，"单于爱而养之，及壮，以其父民众与昆莫，使将兵，数有功"⑥，这说明月氏

---

① 《汉书》卷61。
② 藤田丰八：《西北古地研究》，第73页。
③ 刘节：《中国古代宗族移殖史论》，第173、191页。
④ 《太平寰宇记》卷156。
⑤ 祁韵士：《西域释地》，第5页。
⑥ 《汉书》卷61。

破乌孙，乌孙完全依附匈奴。但是《史记》所述与《汉书》有不一致的地方，"昆莫之父，匈奴西边小国也，匈奴攻杀其父"①，即难兜靡为谁所杀，无正面的资料可以肯定。《史》《汉》都是根据张骞的记述，两者必有一误，揆诸以后史事的发展，难兜靡系月氏所杀，因《张骞传》中明确指出："昆莫既健，自请单于报父怨，遂西攻破大月氏。"②

关于月氏离敦煌后，王国维以为居于且末与于阗间，这与于阗产玉、玉起于禺氏的说法相吻合。其西移的路径，系走西域南道，因不臣大宛而臣大夏，便是未经伊犁的证明。③且末即折摩驮那，于阗即瞿萨旦那，依据《大唐西域记》，两者同为吐火罗（都货罗）故地，而月氏与吐火罗相同，这种设想自属合理的。又况《魏志》中说："敦煌西域之南山中，从婼羌西至葱岭数千里，有月氏余种。"④

但是，王国维所言系一般情况，并非冒顿攻击月氏后，月氏西移的路径。月氏主力是向伊犁区域移动，攻击塞种，这些在《史记》与《汉书》中都有较明确的记载。《汉书》说："时月氏已为匈奴所破，西击塞王，塞王南走远徙，月氏居其地。"⑤这说明月氏自敦煌西移后，便停居在塞种人所居的地带。

现在，我们说明塞种人所居地区，自明白月氏第一次西移后的居位地。《汉书》论及乌孙边界："东与匈奴，西北与康居，西与大宛，南与城郭诸国相接，本塞地也。"⑥大月氏西移破走塞王而居其地，"后乌孙昆莫击破大月氏，大月氏徙西臣大夏，而乌孙昆莫居之，故乌孙民有塞种、大月氏种云"⑦。《史记》论及乌孙说："乌孙在大宛东北，可二千里，行国。"⑧按这些资料，可得出乌孙在今之伊犁地区。

---

① 《史记》卷 123。
② 《汉书》卷 61。
③ 王国维：《观堂别集别补》。
④ 《三国志·魏志》卷 30，裴松之注引《魏略·西戎传》。
⑤ 《汉书》卷 61。
⑥ 《汉书》卷 96 下。
⑦ 同上。
⑧ 《史记》卷 123。

月氏受匈奴攻击，前后有两次西移，第一次自敦煌西移，第二次自塞王故地伊犁西移。第一次西移，当在冒顿晚年至老上单于初年，即公元前174年。匈奴于冒顿之时，经常侵袭月氏，《史记》说：

> 臣居匈奴中，闻乌孙王号昆莫……昆莫生弃于野，乌嗛肉蜚其上，狼往乳之。单于怪以为神……及壮使将兵，数有功，单于复以其父之民予昆莫……单于死，昆莫乃率其众远徙。……今单于新困于汉……①

《汉书》说：

> 臣居匈奴中，闻乌孙王号昆莫，昆莫父难兜靡……昆莫新生……单于爱养之，及壮，以其父民众与昆莫……昆莫既健，自请单于报父怨……会单于死，不肯复朝事匈奴……今单于新困于汉……②

按张骞困于匈奴的时间，当在建元二年至元光六年（前139—前129年）其归国的时间为元朔三年（前126年）；匈奴单于统治：冒顿自秦二世元年至汉文帝前元六年（前209—前174年）；稽粥老上自文帝前元六年至后元三年（前174—前1161年）；军臣自文帝后元三年至武帝元朔三年（前161—前126年）。《史记》、《汉书》所述昆莫之事，因系张骞实际所获，大致相同。

武帝元封中，江都王建女细君嫁昆莫，为右夫人，"昆莫年老"③，语言不通，公主悲愁，作《黄鹄歌》。此事发生在军臣死后至少十五年。即在乌维单于统治之时（前114—前105年）。至"会单于死"系张骞使大月氏后，亦即大月氏由伊犁移至妫水，此当在军臣死之前，

---

① 《史记》卷123。
② 《汉书》卷61。
③ 《汉书》卷96下。

即元朔三年以前，那么必然是老上单于无疑。因而昆莫既健，自请单于报父怨，此单于亦为老上单于无疑。那么乌孙进击大月氏，第二次自伊犁出当在老上单于统治之时，亦即公元前161年前也。乌孙占据伊犁，亦即月氏西移妫水。假定细君嫁昆莫，昆莫年老，约为八十，即其请老上单于报父怨时，正当二十多岁的壮健的青年，那么抚养昆莫的单于，不是老上，而是冒顿，因老上即位于公元前174年，绝不能以十岁左右的儿童，使将兵，数有功，那么爱而养之的单于，不是老上，必为冒顿。因此，乌孙逐大月氏，据伊犁，与前所提"居流沙西北"正相符合。乘老上之死（后元三年），"不肯复朝事匈奴"[①]。从此乌孙与匈奴的关系也便恶化了。

月氏为乌孙所迫，离伊犁第二次向西移动，经大宛、热海、石国及撒马尔干，都于妫水之北，张骞使月氏，会见月氏王当在元光六年至元朔元年（前129—前128年），其会见地点依白鸟库吉为Termid，《大唐西域记》作咀密。塞种已早经葱岭南下，至县度，即身毒。[②] 希腊地理学者斯脱拉波（Strab）说，约于公元前150年时，有蛮族侵入希腊所建立国，综此而言，塞种与月氏向中亚发展，如波推浪，与《汉书》所说"大月氏西君大夏，而塞王南君罽宾"[③]，是非常符合的。

张骞出使大月氏，并非是突发的。他去的地方也非是陌生的，有匈奴降者提供的信息，有堂邑父的陪伴，深知月氏与匈奴关系的恶化，及出使后，又被匈奴拘留，了解了实际情况，即其献"断匈奴右臂"的策略，是有根据的。

张骞出使西域，既不是推销丝绸，也不是实力的扩张。其目的有二：一方面与中亚游牧民族联盟，拒抗匈奴；一方面造成一种情势，使中亚游牧国家与中国友好，不为匈奴所利用。为了完成这项任务，选定大月氏为出使的对象。当他克服困难，到达月氏王庭，月氏却志

---

① 《汉书》卷61。
② 参考《广弘明集》卷7。
③ 《汉书》卷96上。

安乐，殊无报胡之心，竟不得要领而还。①

在张骞东归不久之后，约公元前 124 年，大月氏侵入大夏，阿尔达班二世（Artaban Ⅱ）战死，希腊所建的大夏王国，亦因此而灭亡。②

七、贵霜王国的建立与灭亡

张骞抵大月氏后，大夏尚未被征服，故《史记》叙述大月氏时，"居妫水之北，其南即大夏"③，并身临其地。但是《汉书·西域传》中，大月氏已有颇著的变化，"南与罽宾接"④，即大夏已为月氏所臣属。

大夏亦称吐火罗，系希腊文化的中心，位于大雪山之北。段成式释吐火罗缚底野城时说，系"古波斯王乌瑟多习之所筑也"⑤。按缚底野系大夏都城 Bactria 的译音，乌瑟多习为 Vichtâspa，曾做大夏的省长，系波斯国王大流士（Darius）之父。自亚历山大帝国分裂后，情形混乱，故《汉书》说："大夏本无大君长城邑，往往置小长，民弱畏战，故月氏徙来皆臣畜之。"⑥

大月氏臣属大夏的时候，是从前边提及阿尔达班二世战死开始的，约在公元前 124 年。这与《大唐西域记》所述，亦相符合："伽腻色伽王，以如来涅槃之后第四百年，君临膺运，统赡部洲。"⑦ 释迦牟尼圆寂于公元前 483 年，以故大月氏建立国家当在公元前 1 世纪初。

当大月氏臣属大夏之后，并非一个统一的国家，依据《汉书》有五翕侯的设置：休密、双靡、贵霜、肸顿与高附。⑧ 范晔对此有不同的叙述，高附在大月氏南，"所属无常，天竺、罽宾、安息三国，强即得

---

① 《汉书》卷 61。
② 胡亚尔：《古波斯史》，第 103 页。
③ 《史记》卷 123。
④ 《汉书》卷 96 上。
⑤ 《酉阳杂俎》卷 14。
⑥ 《汉书》卷 96 上。
⑦ 《大唐西域记》卷 2。
⑧ 参看《汉书》卷 96 上。

之，弱则失之，而未尝属月氏。《汉书》以为五翕侯数非其实也。后属安息，及月氏破安息，始得高附。"① 那么月氏什么时间取得高附？依据波斯方面的史事发展，约在公元后四五十年间，哥达兹（Gotarzes）与瓦达奈一世（Wardanes Ⅰ）斗争，互求月氏援助，月氏乘机夺取高附扩展势力②。也便是在此时贵霜翕侯丘就郤③攻灭四翕侯，自立为王，国号贵霜王，"汉本其故号，言大月氏云"④。

月氏既强盛，丘就郤又向外扩展，取罽宾。《水经注》说"月氏之破塞王，南居罽宾"⑤，就所有情况推论，当在丘就郤晚年，即80年以前。"东汉之世，罽宾高附并于月氏。"⑥

公元1世纪末，丘就郤建立的大月氏工国，已树立了繁荣富强的基础。许多资料提及大月氏"人民赤白色，便习弓马，土地所出及奇玮珍物，被服鲜好，天竺不及也"⑦。大月氏"土地和平，无所不有，金银珍宝，异畜奇物，逾于中夏，大国也"⑧。纵使这些叙述有夸张，但是也有一定的事实依据。

"贵霜"一词，始见于《汉书·西域传》⑨，为五翕侯之一。颜师古解释："翕侯，乌孙大臣官号，其数非一，亦犹汉之将军耳。"⑩翕侯系突厥语"yabgu"之译音。至于西方关于贵霜，桑原骘藏则列举：印度为kušâna，希腊为košano，波斯为kusân，亚美尼亚为kušang，叙利亚为kušânoyê，罗马为Cusani⑪。其种为大月氏，亦即吐火罗，并非

---

① 《后汉书》卷98。
② 参看胡亚尔：《古波斯史》，第134页。
③ 伯希和以丘就郤应译为丘就却；阎膏珍应为阎膏弥，《西域南海史地考证译丛》，五编，第110—113页。
④ 《后汉书》卷118。
⑤ 《水经注》卷2。
⑥ 《汉西域图考》卷6。
⑦ 万震：《南州异物志》。
⑧ 《水经注》卷2。
⑨ 《汉书》卷96上。
⑩ 《汉书》卷61。
⑪ 桑原骘藏：《张骞西征考》，第39页。

像桑原所说是大夏种。为何称贵霜？希腊古地志Gandarae，旧译为犍陀罗，《高僧·昙无竭传》作月氏国，《汉书》的贵霜，《魏书》的钳敦，"疑亦为其对音"①。其都城为弗楼沙（Purushapura），即今之白沙瓦（Peshawar）。

法显于元兴元年（402年）经弗楼沙国说："昔月氏王大兴兵众来伐此国，欲取佛钵，既伏此国已，月氏王笃信佛法，欲持钵去。"②后宋云道过此城，亦说："川原沃壤，城郭端直，居民殷多，林泉茂盛。"③

丘就郤死，其子阎膏珍继位，征印度五河流域，置将管辖，故鱼豢说："罽宾国、大夏国、高附国、天竺国皆并属大月氏。"④就此时期言，正是月氏与康居联婚相亲，班超使西域派遣使臣以锦帛与月氏王，为超谕康居毋救疏勒。继后月氏王求汉公主，班超拒，由是月氏怨汉，和帝永元二年（90年），月氏遣其副王谢将兵攻超，超伏兵杀其骑，月氏请罪⑤，按此事实，系贵霜王阎膏珍统治之时，亦即月氏版图最广大之时，因所发现的货币地区，亦较广阔，遍及高附与天竺。

伽腻色伽二世立，国运昌隆，南及印度阎牟那河，东至于阗，崇尚佛教，每日延僧入宫说法。吸取希腊艺术风格，衣纹与形态有许多类似处。举行第四次佛典集聚大会，佛教及其艺术越葱岭而东传。桓帝建和元年（147年），月氏僧支娄迦谶至洛阳译经，后之来者络绎不绝，其名僧甚多，如支谦，时人语之："支郎眼中黄，形躯虽细是智囊。"⑥彼得堡博物馆所存的金币，正面刻有王的站像，佩刀持枪，周围刻以希腊文："王中之王，贵霜伽腻色伽。"背面刻女神像，头有角，角有花，缘边有"丰富"之字。⑦

---

① 冯承钧：《西域地名》，第29—30页。
② 《津逮秘书》本法显《佛国记》。
③ 《洛阳伽蓝记》卷5。
④ 《三国志·魏志》卷30，裴松之注引《魏略·西戎传》。
⑤ 《后汉书》卷47。
⑥ 《高僧传》初集卷1。
⑦ 关卫：《西方美术东渐史》，第15页。

433

伽腻色伽二世之后的史实，我们所知甚少。《三国志》记：太和三年（229年）十二月癸卯，"大月氏王波调遣使奉献，以调为亲魏大月王"①，按波调为 Vasudeva Ⅱ 的对音，约生于3世纪中叶。迨至法显于元兴元年（402年）入印度北部，其时为笈多王朝所统治，而贵霜实力已退至兴都库什山以北。约在430年后，月氏王寄多罗（Kitara）又征北印度，其子为小月氏王，都富楼沙城②，实质上是一个国家。因为富楼沙便是犍陀罗的都城。

自4世纪中叶，贵霜经常受嚈哒的压迫，至480年，遂全为嚈哒所灭。按《魏书》所述："嚈哒国，大月氏之种族也。亦曰高车之别种：其原出于塞北……在于阗之西，都乌浒水南二百余里……其人凶悍，能斗战，西域康居、于阗、沙勒、安息及诸小国三十许，皆役属之，号为大国。"③神龟二年（519年），宋云入嚈哒回，他说："居无城郭，游军而治，以毡为屋，随逐水草，夏则随凉，冬则就温乡土，不识文字，礼教俱阙……四夷之中，最为强大，不信佛法，多事外神。"④由是知贵霜王国为来自东方的嚈哒所灭。

公元557年，西突厥兴起，木杆可汗灭嚈哒。"自数百年，王族绝嗣，酋豪为竞，各擅君长，依川据险，分为二十七国，虽画野区分，总役属突厥。"⑤迨至唐高宗时，阿拉伯大将柯泰巴（kotaiba）向东进军，入土耳其斯坦，阿姆河一带，尽归阿拉伯所有矣。而一代繁荣昌盛的贵霜王国，已成为历史的陈迹。

八、结　语

中亚细亚历史在世界古代史上起着重要的作用，我们对此有关的

---

① 《三国志·魏志》卷3。
② 《魏书》卷102。
③ 同上。
④ 《洛阳伽蓝记》卷5。
⑤ 《大唐西域记》卷1。

知识异常贫乏，所知甚少，须深入研究，以补世界古代史上的缺陷。我们觉着世无孤立的国家，亦无隔绝的民族，便在远古时期，虽然交通困难，工具简陋，但是仍然有许多移殖，扩大古人的物质与文化生活。

读前人关于月氏的著作，试写成月氏西移与贵霜王国的建立，从而理解到月氏的历史甚古，自战国向西移动。月氏人深目高鼻，属突厥种，亦称吐火罗种。月氏居敦煌祁连之间，受匈奴压迫，不得已而去敦煌，其先所并之允姓，不能解作乌孙；其后西移所经之地，必为塞种人曾居之伊犁，而非取西域南道。由伊犁移入妫水，系昆莫攻击的结果，自在老上单于死之前，张骞出使月氏，月氏已侵大夏，然尚未将之灭亡。迨至丘就郤时，月氏扩大，建立贵霜王国，其子阎膏珍即位，南侵印度，伽腻色伽二世出，贵霜文教昌隆，佛教向东传播，吸取希腊艺术，蔚成大观。嚈哒兴起。西移毁月氏的成就，贵霜灭亡，但是嚈哒又为西突厥所灭。中亚细亚历史，常受外力袭击，变化无常，因而所起的影响亦巨大。兹将前人所述，略加整理，所用资料，多采自祖国典籍之中，只是所见有限，功力自然不足，这是可以预见的。

本文为作者生前未刊稿。后发表于《学术集林》第 13 卷，上海远东出版社，1998 年。

435

匈奴西迁与西罗马帝国的灭亡

公元 4 世纪末，西罗马帝国的政治危机十分严重。由于几世纪以来，帝国社会经济的衰落，造成了普遍的贫穷，人口的减少，城市的凋零，帝国的经济情况已陷于绝望的境地，被压迫的各族人民，长期生活在饥饿与离乱中；帝国中央政权衰落，形成各省的武人专政的局面，边防力量削弱，为蛮族入侵打开了道路。帝国周近的蛮族，受匈奴西迁的影响向西大迁移，不断地侵入帝国境内，予帝国的生存以严重的威胁。

奴隶的起义，是和破产的小农的斗争与蛮族进袭罗马相互交织在一起的。罗马帝国受到了一种不可抗拒的袭击。诚如斯大林所说的："所有一切'野蛮人'，都统一起来反对共同的敌人，并轰轰烈烈地把罗马帝国推翻了。"①

西罗马的灭亡，结束了古典奴隶制度，是世界古代史上的大事。但是，关于西罗马帝国的灭亡，无论吉本，或者蒙森，都忽视了这种强大的力量。他们只惋惜帝国当时统治者的无能，却忽视奴隶起义的力量，低估了蛮族入侵的重要作用，从而也便忽视了匈奴西迁的重要

---

① 《列宁主义问题》，第 574 页。

事实。列夫臣柯说："匈奴入侵，预先决定了西罗马帝国的命运。"① 匈奴西迁是蛮族大迁移的主要推动力量，而匈奴向西几次的移动，却又与汉朝对匈奴的战争分不开。历史上没有孤立的事件。汉朝防御匈奴的措施，影响至深，不容忽视。下面仅就祖国典籍中所见的资料，对匈奴西迁与罗马帝国灭亡的关系予以探索。

一

罗马帝国与蛮族的斗争，是经历了相当长的一个历史时期的。三四世纪时，罗马的奴隶社会产生了深刻的危机，两个主要的阶级在剧烈斗争，罗马帝国已至没落的境地。这是帝国不能抗击蛮族入侵的内在原因。自奥古斯都时代，罗马帝国对蛮族的入侵，已处于被动地位。到安敦尼王朝的晚期，蛮族对罗马的压力不断加强，到4世纪，蛮族源源入侵。到410年，罗马曾一度被阿拉利克占领。

在这种内忧外患交迫的情况下，罗马帝国统治者马尔古斯·奥列里尤斯，曾想有所振作。他拍卖自己的产业，筹集军事费用，亲自到前线指挥作战，组织了大批的蛮人，以图实现"以夷制夷"；此后，在处境困难时，又采取羁縻政策。所有这些措施只能对紧张局势暂时缓和一下，并没有也不可能挽救西罗马帝国的灭亡。推翻帝国的统治机构，摧毁奴隶制度，已成为被压迫人民的迫切要求。这是历史发展的规律，是不可抗拒的法则，因为这是革命的进步的行动。

4世纪末，俄国南部的蛮族，受匈奴西进的推动，越过多瑙河与莱茵河，闯入罗马境内。帝国境内的被压迫阶层，视入侵的蛮族为救星，配合蛮族推翻了罗马帝国，西罗马成了蛮族的猎获物。

西罗马帝国的灭亡（476年）结束了那腐朽的奴隶社会，使封建社会得到发展。不言而喻，在这种急剧的革命变革中，罗马社会的经

---

① 《拜占庭简史》，第47页。

济和文化必然遭到破坏。传统的史学家将这个伟大的变革时代，语之为"黑暗时代"，那是不正确的。5世纪短暂的时间内，由于蛮族侵入罗马帝国辽阔的地区，出现了新形势，形成近代欧洲的雏形。所以，探索匈奴的西迁，便可以了解蛮族入侵罗马的过程，也便说明匈奴西迁与西罗马灭亡的关系。

二

约在公元前2世纪，匈奴开始由部落联盟向奴隶制国家过渡，其成为一个奴隶制国家是从头曼开始的。这个强大的国家，并不是完全逐水草而居，而是随着自然环境的具体情况，有的处于定居，有的继续游牧，两者有很好的配合，促进国家的发展。因此，匈奴发展很快，为要解决劳动力的需要，经常发动掠夺性的战争。

当蒙古草原出现匈奴国家后，亚洲形势随之发生剧烈的变化。匈奴是一种新的力量，迅速向外扩张。东败乌桓，西破月氏，统治了所征服的游牧部落。这种形势的变化予秦汉以严重的威胁。两汉有四百多年的时间，对匈奴采取了一系列的防御战争。在长期斗争中，曾执行"断右臂"的政策，发动攻势，促使匈奴的分裂。因而每次匈奴内部的分裂，其中不依附汉室者，必然随着草原的分布，动荡无已地向西迁移。

中国与欧洲的距离是遥远的，却不是隔绝的。西迁的匈奴具有高度的游牧技术与严密的组织，很容易从蒙古草原，经西伯利亚南部，到哈萨克草原。由此向西移动，越过伏尔加河与顿河，便进入乌克兰草原。再由乌克兰向西移动，入东欧匈牙利草原。匈牙利草原面积虽不宽大，却起着十分重要的作用。因为向西移动的蛮族，常以匈牙利为临时基地，仿佛是一块整休地带。过一定时候，向西方发展，罗马帝国便成为他们侵略的重要对象。

三

匈奴西迁是长期的与复杂的。自汉武帝奋击匈奴之后，匈奴起了剧烈的变化，势力大大削弱。为避开汉朝的压力，向西移动，进据车师，其处境是十分困难的。《汉书》说："丁零乘弱攻其北，乌桓入其东，乌孙击其西。……匈奴大虚弱，诸国羁属者皆瓦解。"①

汉宣帝初年，匈奴五单于争位，国内大乱。汉朝接受呼韩邪的投降，呼韩邪于甘露三年（前51年）入朝汉廷。郅支单于虽遣子侍，但得不到汉室的支持，采取了相反的行动，"遂西破呼偈、坚昆、丁零，兼三国而都之。怨汉拥护呼韩邪而不助己"②。借此"右地"，培养实力，作与汉斗争的准备。

郅支单于不得志于汉室，遂要求送还他的质子，汉派谷吉为专使，送其子返匈奴。郅支单于怨汉，杀专使谷吉。继而"自知负汉，又闻呼韩邪益强，恐见袭击，欲远去"③。便在此时，康居与乌孙战争失利，欲联合郅支单于，共击乌孙。因为康居这样设想："今郅支单于困阨在外，可迎置东边，使合兵收乌孙以立之，长无匈奴忧矣。"④康居的想法，正符郅支单于的要求，遂由坚昆移至康居，发兵，攻陷乌孙都城赤谷（在今伊斯色克湖南岸）。乌孙损失很大，西部地区竟至空而无人。这是匈奴的第一次向西移动。

郅支单于西移后，日渐骄横，独霸康居，杀康居国王，并遣使责阖苏、大宛诸国纳贡。

郅支单于实力的扩张，影响了汉在西域的地位，代理都护甘延寿与副校尉陈汤考虑所处的环境，须即时行动，始能保卫西域的安全。陈汤态度尤为坚决，遂发兵四万人，进入康居境内，受到康居的欢迎。

---

① 《汉书》卷94上。
② 《汉书》卷70《陈汤传》。
③ 《汉书》卷94下。
④ 同上。

汉元帝建昭元年（前38年），陈汤与康居贵族联合，奋勇攻击郅支单于，郅支死于战争之中，匈奴的第一次西移也便结束了。

四

建武二十二年（46年），蒙古旱灾与蝗灾严重，蒲奴单于与日逐王比，互争王位，匈奴遂分为南北两部。继后，北匈奴因受丁零、鲜卑与南匈奴的攻击，不能停居漠北，远行而去，欲于准噶尔盆地建立新基地，这便是匈奴第二次的西移。

《后汉书·南匈奴传》中提供了许多资料。元和二年（85年），"时北虏衰耗，党众离畔……不复自立，乃远引而去"[①]。永元元年（89年）耿秉与窦宪率三万多人，"出朔方，击北虏，大破之，单于奔走"[②]。永元三年（91年），"北单于复为右校尉耿夔所破，逃亡不知所在"[③]。金微山（今阿尔泰山）之役，北单于与数骑逃亡，仅以身免。

《后汉书·窦宪传》[④]曾提及金微山的战役："宪以北虏微弱，遂灭之。明年，复遣右校尉耿夔，司马任尚、赵博等，将兵击北虏于金微山，大破之。克获甚众，北单于逃走，不知所在。"西汉对西域的认识，偏重在新疆一带。因而对匈奴的移动，如郅支单于死后的情况，北单于的西移，不是默而无言，便是说不知所在或远引而去。为此，对匈奴这两次的移动，必须结合西方史实的演变加以说明。

五

当郅支单于至康居后，《汉书·陈汤传》中说："又遣使责阖苏大

---

① 《后汉书》卷89。
② 《后汉书》卷89。
③ 同上。
④ 《后汉书》卷23。

宛诸国岁遗。"① 颜师古根据胡广所注，解释阖苏："康居北可一千里，有国名奄蔡，一名阖苏，然则阖苏即奄蔡也。"②

关于奄蔡的记述到后汉便不同了。"奄蔡国改名为阿兰聊国。"③ 对"阿兰聊"一名，历来没有明确的解释。在1907年的《通报》中，法国学者沙畹认为"阿兰聊"是两个国家，"一名阿兰国，一名聊国。"沙畹的解释是不够正确的。"阿兰聊"不是两个国家，而是"聊"为"那"之误。首先，聊国的说法是缺少根据的，奄蔡并未有分裂为聊国的事实。其次，许多国名的语尾为"a"，阿兰那应为 Alana 的译音。最后，杜佑在《通典》中说："奄蔡汉时通焉。至后汉改名阿兰那国。"④

三国时，"奄蔡一名阿兰"⑤，《魏略》作于3世纪，那时候阿兰已成了习用的名词。到北魏时，奄蔡的名称又有所改变。《魏书》说："粟特国在葱岭之西，古之奄蔡，一名温那沙，居于大泽，在康居西北，去代一万六千里。"⑥ 隋时却仍称奄蔡为阿兰，如《铁勒传》中说："拂菻东则有恩屈，阿兰……"⑦ 这样，我们可看出奄蔡随时代的不同，有不同的名称。希腊古地志有"Aorsi-Alani"民族，奄蔡与阖苏系 Aorsi 的译音，阿兰那或阿兰为 Alani 译音。希腊古地志又有"Alani-Scythae"民族，译为阿兰-粟特。从奄蔡名称的变更，可得出这样认识：匈奴西迁后，奄蔡受到压迫与推动，向西移动，阿兰-粟特，便是阿兰与粟特人相结合的名称。

公元前1世纪末，阿兰人受匈奴压迫，向西移动的事实，从罗马史中也得到证实。当庞培于公元前65年出征小亚细亚时，兵至亚美尼亚，与阿兰人有所接触。继后，在尼禄时代，罗马计划建省于里海岸

---

① 《汉书》卷70。
② 同上。
③ 《后汉书》卷88。
④ 《图书集成》，第213册。
⑤ 《三国志·魏志》卷30。
⑥ 《魏书》卷102。
⑦ 《隋书》卷84。

边，为了抵抗西移的阿兰人，组织远征高加索的军队。[①] 这些简略的事实，说明匈奴至中亚后，对蛮族迁移起到了推动作用，蛮族的侵入成为罗马帝国不安的因素之一。

夏德以为"粟特"名称是因克里米亚"Sudak"城而得名的。多马司撒以为此城建立于212年，这也说明奄蔡人西移后，停居在俄罗斯南部，在克里米亚建立城市也是可能的。我们不能把奄蔡理解为原始的民族，他们的经济与文化有高度的发展。《史记正义》中张守节说："奄蔡，酒国也。"[②] 克里米亚以产酒著名，至少可以反映出奄蔡经济的繁荣。

六

匈奴两次西移，使中亚局势起了剧烈的变化，奄蔡的变化更为深刻，也是匈奴西移的关键。《三国志·魏志》曾指出："又有奄蔡国一名阿兰，皆与康居同俗，西与大秦，东南与康居接，其国多名貂畜牧，逐水草，临大泽，故时羁属康居，今不属也。"[③] 奄蔡名称已变为阿兰，政治上脱离康居的役属，其地位与两汉间已不同了。到北魏时，奄蔡变化更大，李光廷于《汉西域图考》中说，奄蔡于"北魏时为匈奴所灭，改名粟特"[④]。

关于匈奴西移后的情况，《汉书》多次说："匈奴远走，不知所在。"世界史对此亦作缄默态度。《魏书》却提供了匈奴西移后的精确的资料，使人有进一步的了解。魏收（506—572年）生于北魏晚期，其时与西域关系颇深，对中亚有较深刻的知识。《魏书》作于北齐天保初年，依据董琬与高明的见闻，正确记述了匈奴移动及所引起的

---

① 参看沙波特：《罗马世界》。
② 《史记》卷123。
③ 《三国志·魏志》卷30。
④ 《汉西域图考》卷6。

变化。

《魏书》关于粟特国的记述，肯定粟特为古之奄蔡，并说："先是，匈奴杀其王而有其国，至忽倪已三世矣。其国商人多诣凉土贩货，及魏克姑藏，悉见虏。高宗初，粟特王遣使请赎之，诏听焉。自后无使朝献。"①这说明匈奴西迁后征服粟特，即奄蔡西移后的变化。忽倪系阿提拉之次子 Hernac，5 世纪中叶伏尔加河畔匈奴的领导者。魏收所说是信而可证的。日人白鸟库吉以《魏书》不可信，坚持粟特与奄蔡为两个国家，他说："自汉代迄于南北朝诸史中，皆为二地作明晰之分述，而《魏书》竟蹈此显著之错误，岂不怪哉。"②白鸟的意见是错误的，奄蔡名称的不同，正标志着奄蔡历史的演变，即向西移动的结果。为此，在《魏略》与《魏志》等史籍中，不论提到阿兰或粟特哪个名称，总要用"奄蔡"为诠注，这正说明我国人治史的严谨，在 3 世纪前，粟特与奄蔡的分述，并不奇怪。

关于匈奴西移后，《魏书》另一种重要资料，是关于悦般国的叙述。"悦般国在乌孙西北，去代一万九百三十里，其先匈奴北单于之部落也。为汉窦宪所逐，度金微山，西走康居，其羸弱不能去者，在龟兹北。地方数千里，众可二十余万，凉州人犹谓之单于王。"③按悦般国为唐时的石汉那居 Kafirnagan 水之上流，今之 Denou。

北单于向西迁移，所经的路径，系由巴尔喀什湖，入哈萨克草原，可能与郅支单于所遗留的匈奴人相会合。向西南走者，与康居及贵霜相接触；向西北走者，即与阿兰人相会合。论到粟特人移动时，科瓦略夫指出领导他们的是匈奴人的部落，这一部落显然是于蒙古起源的。2 世纪时，匈奴人沿着咸海与里海北部，渡顿河向西推进，"征服了北高加索与伏尔加河沿岸的部落，并把他们团结在自己的周围，匈奴人、

---

① 《魏书》卷 102。
② 白鸟库吉：《康居粟特考》，译本，第 31 页。
③ 《魏书》卷 102。

阿拉尼人（即阿兰人）、哥特人等的一个联盟便这样形成了"①。这个联盟便是民族大迁移的推动力量，亦即西罗马帝国灭亡的主要原因。

七

4世纪中叶，在里海与黑海的北部，匈奴与阿兰强大联盟的活动，不断地向西推进，搅乱了原有居民的秩序。东哥特人英勇抵抗匈奴人的西进，发生了激烈的战斗，结果失败了。国王爱麦利克及其继承者魏德米尔相继战死，被迫向匈奴—阿兰联盟屈服。

东哥特屈服后，西哥特感到唇亡齿寒，被迫向西移动，便闯入罗马帝国境内。多瑙河流域的形势随即紧张起来，这是民族大迁移的开始。罗马帝国的统治者，深感到局势的严重，采取妥协政策，使四万多西哥特人定居在现今保加利亚境内，以求暂时的安定。但是，罗马官吏专横，横加压迫，并无厌地勒索，激起了西哥特人的暴动。西哥特人实力强大，矿工与奴隶也加入起义队伍，378年与罗马军队战于安德里亚堡附近，击溃罗马军队，瓦伦斯皇帝阵亡，震撼了罗马帝国。

罗马局势危急，青年将领狄奥多斯采取谈判、妥协与截击的策略，稳定了动荡的局势。罗马割让伊利里亚，西哥特成为罗马帝国的同盟者。

自395年罗马帝国分裂后，西罗马处境更为困难。5世纪初，阿拉利克率领西哥特人，经马其顿、希腊，直入意大利；410年攻陷罗马城，大肆洗劫。那时候，圣若落姆住在巴勒斯坦，写信说："传来西方可怕的消息，罗马城被围困了。居民尽其所有的金银，不能挽救自己的生命。舌粘于颚，不能成言。曾经侵略世界的城市，而今为人所劫掠，居民变为奴隶，困于饥饿，以至于人吃人，母亲吃她的孩子。"②阿拉利克进入意大利，到处有奴隶加入战斗，这不单纯是蛮人

---

① 科瓦略夫：《古代罗马史》，第976页。
② 圣若落姆：《信集》，XXVII。

的侵入，而是被压迫阶级的反抗，这是西罗马灭亡的预兆。

八

5世纪初，匈奴和阿兰人形成一个庞大的联盟。这个联盟以匈牙利为中心，以洛亚（Roua）为首长，声势浩大，威胁着西罗马的安全。最初，这个联盟的态度是慎重的，对西罗马采取合作态度。事实也确实如此。383年，罗马将领狄奥多斯借匈奴的力量，战胜了他的敌人马克西姆。在435年，埃西尤斯屯军高卢，借匈奴的力量，镇压了布尔贡人的暴动。但是，不论匈奴人如何帮助罗马，最终匈奴还是西罗马最危险的敌人。

到阿提拉时代（Attila，435—453年），匈奴更加强大了。一边向外扩张，占据了罗马的边疆重镇，如辛吉东（即今贝尔格莱德）和尼萨；一边压迫东罗马缴纳沉重的贡税，年付二千一百金镑。

当446年阿提拉掌握最高军政后，即向保加利亚、色雷斯、马其顿与希腊进攻，毁城市堡垒七十余处。东罗马不能抵抗，随即屈服，使西罗马帝国感到十分恐惧。传言阿提拉马蹄所踏之处，寸草不生。这不是迷信，这说明匈奴破坏力量的强大。马塞兰留心时事，论到匈奴人说他们"像钉在马上，身体健壮却很丑陋。他们在马上生活，马颈上睡觉。他们不种地，不执犁，没有固定的住处，没有房屋，到处流浪。他们不分善恶，没有信仰，像是失掉理性的动物。"[①] 马塞兰对匈奴人的叙述，在憎恨中夹杂着恐惧。

448年，东罗马派遣使团，去匈牙利觐见阿提拉，史学家普利斯珂随行。他观察了匈奴在提斯河畔的宫廷，记述了对阿提拉的印象，这是十分可贵的资料。他说："我们到了阿提拉所住的地方，宛如一座城市，实际上却是一座军营。这所军营是用木料建筑的，光滑得看不

---

① 马塞兰：《历史》，第31章。

445

出隙缝。内外有许多帐幕,井然有秩序,到处可看到门庭。王帐设在中间,高大富丽,侵略者喜爱住在这里,不愿住在美丽的城市。"他这样叙述阿提拉:"阿提拉仪表是庄严的,表现出可怕的神色。他小的眼内,充满了经常在动的火焰,放出使人惊心的有力的光芒。他爱好战斗,非到不得已时却不用武力。他非常谨慎,判断明确,深入了解细微的事实。对屈服与请求者,他采取宽宏的态度,信守诺言,他成为信任者的好朋友。阿提拉的身体较一般人高大,胸宽、头圆,有散乱而秀丽的胡须。鼻低而平,面色黝黑。"① 这两段记述和反映了当时觐见的情况,西方作家们至今仍歪曲阿提拉的形象,那是不够客观的。

九

448 年后,阿提拉转向西罗马进军。

经两个世纪的蛮族侵入及人民的暴动,西罗马帝国已至垂死阶段。汪达尔人由高卢侵入北非,形成独立的局面,断绝了意大利粮食的来源。高卢地区,由于巴高达暴动,长期陷入混乱状态,大部分地区为蛮族所占领。西罗马经济困难,仅有维持三万军队的能力,帝王瓦伦提尼安又软弱无能,面临困难,他束手无策。

451 年,阿提拉率领着精锐的骑兵,闯入高卢,直趋奥尔良城。在那里,遇到罗马将领埃西尤斯的抵抗。阿提拉率军回转,进至特洛瓦城附近,发生了会战。西方传统的史学家夸张罗马的胜利,但是事实上,胜负并未决定。次年,阿提拉安全撤退,转向意大利进攻,占领了米兰、巴维亚。在意大利获得重大战果后,由于瘟疫发生,放弃了进攻罗马的计划。453 年,可能因瘟疫关系,阿提拉去世了。

阿提拉的死对匈奴是不利的,国家随之分裂。在 454 年,长子埃拉克在与东哥特人的战斗中牺牲了。次子忽倪(Hernac)放弃西方领

---

① 自马来《中古史》,第 21、22 页译出。

地，退至伏尔加河故地。忽倪便是《魏书》粟特国中所说的"忽倪"，夏德在其《伏尔加河上的匈奴人与匈奴》中已有说明。

当476年西罗马帝国灭亡时，距阿提拉的死仅只二十二年，西方开始了封建的历史。匈奴人与阿兰人紧密结合，停居在顿河与多瑙河之间，不断地发展，形成了匈牙利与保加利亚，这对西方历史所起的作用是十分重大的。

当西罗马帝国快灭亡的时候，阶级斗争变得更为剧烈。奴隶们视蛮族为解放者。高卢作家沙尔维扬说："被压迫者到不得已时，逃到哥特人中受他们领导，这完全是对的。因为在蛮人中虽是奴隶却尚有自由，比在这里虽是自由，而实质上却是奴隶好得多！过去以高的代价取得罗马公民的资格，而今这个公民变成可怕的名称。"这正说明蛮族侵入的重要意义，奴隶制度必须结束。

匈奴不断地向西移动，促进了蛮族的大迁移，致使西罗马帝国灭亡，其意义十分重要。但是，意义更为重大的是西方奴隶制度的崩溃，奴隶与隶农联合反抗帝国的统治者，他们投到蛮族队伍中，变为农民，取得自由与独立，奴隶主们要想再维持富饶的大庄园是不可能了。蛮族的贵族成为封建领主初期的人物，他们利用广大农民，夺取了奴隶主们的土地与财产，推翻腐朽的西罗马帝国，出现了一个新的局面，这是令人十分鼓舞的，西方历史又向前迈进了一步。

十

欧洲5世纪的变化，使我们得到这样的认识：没有蛮族的入侵，只由于西罗马生产关系的矛盾，这个帝国也要灭亡的，只是不会这样迅速，不会采取这样的方式。没有匈奴人两次的西移，蛮族亦要移动的，但不会有那样的强力与那样的庞大。匈奴人所组织的国家，并不是野蛮的，也不是落后的，他们对畜牧事业的发展，在草原作战的经验，以及进步的马具，给西方人巨大的影响。当匈奴人与阿兰人结合后，坚守着顿河至多瑙河间的地区，使东方有暂时的安定，西方却因为民族大迁移，改变了欧洲的面貌。

这样，我们得到另一种认识：两汉对匈奴的防御战争发生了重大的作用。匈奴人的西迁不是偶然的。汉室与匈奴的长期斗争，使汉室执行"断匈奴右臂"的策略，匈奴中不愿放弃游牧生活者，便向西迁移引起中亚的变化。更由中亚向西发展，使西罗马帝国灭亡，加速奴隶制度的崩溃，这是应该特别重视的。

原载《学术通讯》1962年第2期。

拜占庭与中国的关系

一

自西汉通西域后,中国与拜占庭的往来,亦渐频繁,这是十分自然的。汉武帝初置酒泉郡以通西域,遣使至安息、奄蔡、黎轩等国。《后汉书·西域传》中说:"商胡贩客,日款于塞下。"甘英曾"历安息,临西海以望大秦"[1]。甘英出使大秦,虽无结果,却说明班超的雄心壮志了。

在中国史籍中,拜占庭有不同的名称,称为黎轩、大秦与拂菻,这些名称的语意、范围及写法,东西学者众说纷纭,历来有许多不同的议论。最可靠而近乎史实的,还是岑仲勉先生所做的研究。他说:"黎轩、大秦、拂菻任一类名称都无非'西方'、'西域'的意义,不过所指的地域,却因时、因人而广狭不同,又因杂采见闻,同一传记中亦有差异,不能执一相律。大抵最初常用于罗马,往后或专指东罗马,甚而东之叙利亚。如果胶柱鼓瑟,必至矫说难通。"[2]

从中国史籍中说,黎轩之名,始见于《史记·大宛列传》,"北有

---

[1] 《后汉书》卷88,列传78。
[2] 岑仲勉:《西突厥史料补阙及考证》,中华书局1958年版,第222—233页。

奄蔡，黎轩"之语。继后，大秦出现，《后汉书》说："大秦国一名犁鞬，以在海西，亦云海西国。"① 按照岑著："今梵文谓右（申言之为西）为 Daksina……黎轩者，西之音译也；海西者，西之义译也；大秦者，音译而兼取者也。"② 至于拂菻，即为于阗文 Hvaram 之对音，办为西与右之意，这样的译名，不只不为勉强，亦较为妥当，可谓善于释名者也。

汉时中国与大秦的交通有海陆两路，一自海上，"桓帝延熹九年，大秦王安敦尼遣使自日南徼外，献象牙、犀角、玳瑁"③。一自陆上，即西出玉门，至安息，复由安息，"绕海北行，出海西，至大秦"④，这说明海陆两路的交通，其真实性是不容置疑的。

东晋孝武帝太元二十年（395年），罗马帝国分裂，拜占庭渐次居领导地位。到北魏时，西罗马亦已灭亡。因之，魏以前称罗马帝国为大秦，魏以后称为拂菻，《旧唐书》记述时，开始便说："拂菻国一名大秦，在西海之上，东南与波斯接，地方万余里。"⑤《唐书》所记拂菻，较为详实，这说明拜占庭与中国的关系的密切。

二

自公元前 8 世纪，美加拉建立拜占庭后，这个城市由于位置关系，很快地成为亚欧两洲海陆交通的重镇，到中世纪时，君士坦丁堡已成为西方世界的中心。拜占庭与中国的关系是密切的，有许多资料散见在中国典籍之中。大秦初来者，多取道海上。后汉时，大秦王安敦尼的使臣，便是一例，来自日南徼外；三国时黄武五年（226年），大秦

---

① 《后汉书》卷88，列传78。
② 岑仲勉：《西突厥史料补阙及考证》，中华书局1958年版，第222、233页。
③ 《后汉书》卷88，列传78。
④ 《后汉书》卷88，列传78。
⑤ 《旧唐书》卷198，列传148。

商人秦论，取道交趾，觐见孙权①；晋武帝太康五年（284年），大秦国遣使来献，与林邑并举，自亦取道海上②。《洛阳伽蓝记》中说："西域远者，乃至大秦国，尽天地之西陲。"又说："与西域、大秦、安息、身毒诸国交通往来，或三方四方，浮海乘风，百日便至。"③

北魏时，中西交通频繁，对拜占庭的知识，亦较为深刻。北魏亡于550年，即优士丁尼的晚期；那时候，因为匈奴西侵的结果，推动西方蛮族的移动，以致西罗马灭亡（476年），而拜占庭亦向匈奴纳贡称臣，自412年至450年曾委曲求全，始保其独立。优士丁尼胸怀壮志，力图恢复古罗马帝国，他的方向虽然是错误的，但当时却出现了一度的繁荣。

当拜占庭经济繁荣的时候，自中国与印度输入的奢侈品，如丝绸、香料、宝石等，常受波斯的控制，给拜占庭带来许多困难。优士丁尼是个有作为的人，常思摆脱这种处境。他想另觅出海口，从红海东北岸上爱里出发，入红海，沿非洲东岸阿杜里斯，入印度洋，直趋东方。但是，那时海上交通实力，仍受波斯控制，非洲各国无法与之竞争，拜占庭海上发展的意图无法实现。其次由黑海向北发展。占领刻赤，与匈奴人相联系。由此至里海，复向东行，避开波斯，至康居地带，经葱岭，入中国，这条道路便是有名的丝路。

《魏书》论到大秦时说："其土宜五谷桑麻，人务蚕田。"④ 种桑育蚕的大事，是在优士丁尼时代开始的。前此，罗马既不知丝的制法，也不知丝为蚕所吐出，拜占庭史学家左纳拉斯说明了这种无知的状态⑤。关于蚕丝传入拜占庭方式，有谓传自印度僧人，如普罗柯朴所记；有谓得自波斯人，如狄奥芳纳所述。不论所述如何不同，按当时实际情况，拜占庭力图建立养蚕事业，摆脱波斯人的垄断，是长久以

---

① 《南史》卷78，中天竺国。
② 《晋书》卷3并卷97，四夷内大秦国。
③ 《洛阳伽蓝记》卷4。
④ 《魏书》卷102，列传90。
⑤ 左纳拉斯（Zonaras）系拜占庭12世纪编年家，著有《世界史》，止于1118年。

451

来的努力。就现存的史料中，530年，拜占庭与阿克苏谈判，要求从海上购买中国生丝，发展丝织品，借此与波斯竞争。君士坦丁堡、地尔等城有丝织厂，为了保护新兴工业，拜占庭规定生丝价格，实行统购统销，因而丝织物的原料，部分得到解决。到568年，突厥使臣曼尼阿黑至拜占庭，优士丁尼向他夸耀养蚕事业的发展。尽管如此，大部分生丝来源，仍须经波斯人之手，为了商业利益，拜占庭与突厥联盟，订立友好条约，共同向波斯进攻，已成不可避免的事实。自571年起，拜占庭波斯遂发生了二十年长的战争①。

三

隋唐盛世，中国为世界上强大的国家，经济文化都有独特的发展，对中西交通起了积极的作用。《洛阳伽蓝记》说："西夷表附者，处崦嵫馆，赐宅慕义里，自葱岭已西至于大秦，百国千城莫不款附，商胡贩客，日奔塞下，所谓尽天地之区已，乐中国土风而宅者，不可胜数，是以附之民万有余家，门巷修整，阊阖填列，青槐荫柏，绿柳垂庭，天下难得之货，咸悉在焉。"②在这样盛况下，中国与拜占庭的关系，当然较前更为密切。

根据《唐书》及《册府元龟》所记，自贞观十七年（642年）至天宝元年（742年）百年之间，拜占庭派遣使臣来华有七次，"来献上京"③。那时候，拜占庭不是东罗马帝国，实质上是一个希腊的国家，版图虽小，小农经济、纺织业与航海业却相当发展，社会相当的稳定。华西里二世时，"拜占庭是欧洲最强大的海上国家……"④金线织成的五色丝绒、猩红呢（海西布），驰誉世界，帖撒罗呢加、底彼斯与科林

---

① 沙畹：《西突厥史料》，冯承钧译，第166—175页。
② 《洛阳伽蓝记》卷3。
③ 语见大秦景教碑文。七次遣使为：贞观十七年（643年），乾封二年（667年），大足元年（701年），景云二年（711年），开元七年（719年）两次，天宝元年（742年）。
④ 《马克思编年札记》中语，为列夫臣柯所引用，见列氏所著《拜占庭简史》译本第197页。

452

斯等处是纺织业的中心。《通典》记大秦时说："又常利得中国缣素，解以为胡绫绀纹，数与安息诸胡交市于海中。"①佩特里的丝织物，受政府监督，抽税百分之十，海上高利贷为百分之十六。拜占庭经济虽然繁荣，剥削也够苛刻。兹举一例，9世纪时，伯罗奔尼撒丝厂女主人达尼丽达死后，释放了三千奴隶工人。②

《旧唐书》与《新唐书》所述拂菻情况，大致相同，亦较为准确。杜环《经行记》最为概括："拂菻国在苫国西，隔山数千里，亦曰大秦，其人颜色红白，男子悉着素衣，妇女皆服珠锦，好饮酒，尚干饼，多淫巧，善织络，或有俘在诸国，死守不改乡风。琉璃妙者，天下莫此，王城方八十里，四面境土各数千里，胜兵约有百万，常与大食相御。西枕西海南枕南海，北接可萨突厥。"《经行记》对拂菻记述，文虽短简，却正确地说明拜占庭8世纪的情况。③

这里，有几件事须加以说明。

1. "贞观十七年，拂菻王波多力遣使献赤玻璃、绿金、水精等物，太宗降玺书答慰，赐以绫绮焉。"④关于波多力，众说纷纭，当以叙利亚总主教"Patrich"衔号为是，与景教来华的传播相吻合。⑤

2. "自大食强盛，渐凌诸国，乃遣大将军摩栧伐其都城，因约为和好，请每岁输之金帛，遂臣属大食焉。"⑥按，摩栧即"Muawiya"（661—680年）的译音。摩栧初为叙利亚总督，谋征服拜占庭，建立海军，于649年，取塞浦路斯岛。673年，以庞大舰队向君士坦丁堡进攻。拜占庭掌握更高军事技术，利用爆炸性的希腊火，击退摩栧，阿拉伯损失惨重，被迫签30年和约，并向拜占庭承纳贡的义务。《旧唐书》所记却正相反，不合史实，这是应该修正的。

---

① 《通典》卷193。
② 列夫臣柯：《拜占庭简史》，译本，第171页。
③ 《通典》卷193。
④ 《旧唐书》卷198。
⑤ 岑仲勉：《西突厥史料补阙及考证》，第232页。
⑥ 《旧唐书》卷198。

3．天宝六年（747年）高仙芝平定小勃律后，"于是拂菻大食诸胡七十二国皆震恐，咸归附"①。拂菻降唐的说法是不正确的，高仙芝征小勃律时，拜占庭为君士坦丁五世（741—775年）所统治，他厉行改革，执行毁象政策，反僧侣与贵族的统治，加强中央集权。大食亦未依附。天宝十年，高仙芝为大食败于怛逻斯的事实，已否定了依附的说法。《经行记》中所言苫国，并非如张星烺所言为卓支亚之首音②，应为大食人所称之叙利亚，即"Scham"之译音。③

四

两汉时候，大秦人东来，首先传入中土的为幻术。当张骞第三次返国时，犛（黎）轩眩人同来献技，其人能"吞刀、吐火、植瓜、种树、屠人、截马"④，自此魔术岁增，杂技益兴。东汉安帝时，掸国王雍由调遣使，"献乐及幻人，能变化吐火，自支解，易牛马头，又善跳丸，数乃至千。自言我海西人也，海西即大秦也。"⑤《魏略》也说大秦"俗多奇幻，口中出火，自缚自解，跳十二丸，巧妙……"⑥这些资料都说明大秦幻术的惊人。唐时中西交通频繁，使节往来络绎不绝。大秦幻术仍保持很高的水准，《通典》大秦条中说："有幻人能额上为炎烬，手中作江湖，举足而珠玉自堕，开口即旛眊乱出。"⑦大秦幻术的表演，留于石刻画像尚多，如山东嘉祥刘村洪福院的画像石刻，上层有吐火施鞭图⑧，虽为汉时作品，却可看出当时吐火的情况。

另一件重大的事实是拜占庭的景教传入中国。景教为聂思脱里创

---

① 《新唐书》卷221下。
② 张星烺：《中西交通史料汇编》，第三册，第49页。
③ 《诸蕃志》，第141页。
④ 《汉书卷》卷61，《张骞传》。
⑤ 《后汉书》卷76，《西南夷传》。
⑥ 《三国志·魏志》卷30。
⑦ 《通典》卷193。
⑧ 陈竺同：《两汉和西域等地的经济文化交流》，第39、40页。

立,反对基督教的"三位一体"及"人神合一"的理论。他提倡亚里士多德的学说,又反对柏拉图的唯心论推崇理性,在叙利亚起了积极的作用。431年,在埃弗斯的宗教会议上,聂思脱里的理论被判为异端,受到谴责,并将聂氏逐放于埃及的荒原。但是,聂氏的理论受中间阶层欢迎,在叙利亚广泛地传播着。当柴农即位后(474年),走上复古的道路,卫护大地主的利益,仇视聂派宗教。于489年予以残酷地镇压。聂派信徒不能在叙利亚停留,逃至波斯。又由波斯向东方发展,于贞观九年(635年),叙利亚人阿罗本,"远将经象,来献上京"①。贞观十二年,敕令将长安义宁坊的波斯寺改为大秦寺。② 度僧二十一人,阿罗本受封为镇国大法主。

聂派宗教传入中土后,改称景教。其原因,钱念劬在《归潜记》中说:"入中国后,不能不定一名称,而西文原音弗谐于口,乃取《新约》光照之义,命名曰景,景又训大,与喀朵利克原义亦合,可谓善于定名。"

明天启三年(1623年),长安西部土地中掘得"大秦景教流行中国碑",碑立于建中二年(781年),文词富丽,字体端庄,碑下面及左右两边,刻叙利亚人名,为大秦寺僧景净述,台州司土参军吕秀岩书。景教受唐高宗与肃宗的重视,建立景寺,有相当的发展。如碑文所言:"法流十道,国富元休,寺满百城,家殷景福。"房玄龄曾迎接阿罗本于西郊,郭子仪与景教僧伊斯友善。③ 李白的《上云乐》,亦为描述景教的作品,如"能胡歌,献汉酒,跪双膝,立两肘,散花指天举素手",这是形容景教的祷祝。

景教碑出现后,清儒十分珍视。钱大昕《潜研堂金石文跋尾》,杭世骏的《道古堂集》,王昶的《金石萃编》,毕沅的《关中金石记》等都有专论,西人之介绍者亦复不少,最早有阳玛诺的《唐景教碑颂

---

① 《大秦景教流行中国碑颂并序》。
② 宋敏求:《长安志》卷10。
③ 伊斯为Dsaac。

正诠》，较为完备的，有夏鸣雷的《西安府景教碑考》。景教碑初出土后，歧阳张赓虞摄一幅，寄李之藻，天启五年四月，李之藻作《景教碑书后》。

德礼贤论及景教来华，指出当时僧人所带经典有五百三十部，译为汉文者有三十五部。[①]最早译品为《移鼠迷诗诃经》，约贞观九年至十二年译成，讲耶稣一生事迹。次为《一神论》，系一部神学著作。约贞观十六年译成，尚有《三威蒙度赞》，现藏巴黎。又有《志玄安乐经》，《宣元至本经》约在 8 世纪末叶，为大秦僧景净所译。[②]景净为碑文的撰述者，系主教，但文字必出于华人之手。

当景教碑出土消息传至欧洲后，腓特烈二世及罗南等，多持怀疑的态度，现由敦煌发现的经典，与碑文所记完全符合，这便证实了景教碑的真实性。1905年，丹麦人何尔谟（Holm）拟以三千两银购此碑，运往伦敦，清廷闻之，急电陕抚阻止，经多方交涉，始得阻止，陕抚乃将此碑移入碑林。[③]这可看出帝国主义劫掠文物是多么的可憎，西方伪装的文化人又多么可鄙！

会昌五年（845年），武宗受赵归贞影响，禁止外来宗教的传播，"敕大秦，穆护、祆二千余人还俗，不杂中华之风"。[④]继后宣宗虽有弛禁的意图，可是僖宗乾符五年（878年），黄巢起义，予外来剥削者以有力的打击，此后景教便绝灭了。

五

拜占庭与中国的关系，随着商人、僧侣与使节的往来，其奇珍物品流入中土者，亦复不少。历代史籍与笔记多有记述，张星烺《中西

---

① 德礼贤：《中国天主教传教史》。
② 岑仲勉：《隋唐史》，第 309 页。
③ 齐思和：《中国和拜占庭帝国的关系》，以何尔谟为美国人，移美国，不知所据。我根据岑著《隋唐史》（第 269 页）所引足立喜六的《长安史迹考》，第 191 页。
④ 《旧唐书》卷 18 上。

交通史料汇篇》中辑《本草纲目》、《酉阳杂俎》、《南方草木状》等书，有三十余种，[①]这些物品有产自大秦者，有的商人加工或贩运者，都说明了物质的交流，往来关系的密切。兹择其要者列如次。

玻璃：《玄中记》云："大秦国有五色玻璃，以红色为贵。"

琉璃：《魏略》云："大秦出金银琉璃。"《晋书·四夷传》中，大秦国"琉璃为墙壁"。

采玉：《太平御览》云："大秦出采玉。"

金钢：《玄中记》云："大秦国出金钢，一名削玉刀。"

珊瑚：《太平御览》："珊瑚出大秦四海中，生水中石上。"

水银：陈霆《墨谈》："拂菻当日没之处，地有水银海，周围四五十里，国人取之……"

车渠：《魏略》说："大秦出车渠，车渠次玉也。"

郁金香：陈藏器曰："生大秦国，二月三月有花，状如红兰。四月五月采花即香也。"

迷迭香：《魏略》云："出大秦国。"

兜纳香：《魏略》云："出大秦国，草类也。"

无风独摇草：李珣曰："生大秦国。"

蜜香：《晋书》云："太康五年，大秦国献蜜香树。"

熏陆香：按《南方异物志》"熏陆出大秦国"。

木香：宏景曰："今皆从外国舶上来，乃云出大秦国。"

阿勃勒：陈藏器曰："生拂菻国，状似皂荚而园长，味甘吃。"

蜜只：出拂菻国，苗长三四尺，根大如鸭卵，叶似蒜叶。李时珍以此为水仙。

野悉蜜：出拂菻国，亦出波斯国。苗长七八尺，叶似梅叶。四时敷荣，其花五出，白色，不结子，花若开时，遍野皆香。

簚簜竹：《南方草木状》说，簚簜竹皮薄而空，多大者，径不过

[①] 张星烺：《中西交通史料汇编》，第一册，第130—141页。

二寸，皮粗涩。

琥珀：《太平御览》卷八百八，"大秦国多琥珀。琥珀多产于皮罗得海边岸，拜占庭贩运至东方"。

海西布：《新唐书·拂菻传》说，"织水羊毛为布曰海西布"。

夜光珠：《魏略》曰，"大秦国出夜光珠"。

拜占庭输入中国的东西，多系奢侈品。其生产价值并不大，只供欣赏，市利百倍。但是却说明封建时代的交通困难下，我国典籍中有此丰富的记述，也说明交通的频繁了。

六

11世纪的后半期，拜占庭处于封建争夺，长期混乱的时代。在24年间（1057—1081年），有五个帝王的统治。《宋史·神宗纪》元丰四年（1081年），有"拂菻国来贡"之语。[①] 而在拂菻国传中．却说拂菻国"历代未尝朝贡，元丰四年十月。其王灭力伊灵恺撒，始遣大首领你厮都令厮孟判，来献鞍马、刀、剑、真珠，言其国地甚寒，土屋无瓦"。[②] 关于《宋史》所记拂菻的事实，张星烺以"历代未朝贡"[③]语，肯定《宋史》是错误的；《明史》怀疑《宋史》中拂菻非古代的大秦，齐思和以"此说颇有可能"[④]。我们觉着这两种说法，仍须进一步研究。

宋朝与拜占庭的关系，就一般来说处于停滞的阶段。但《宋史》所记，却是真实的。赛尔柱克人兴起后，自中亚北部向西方发展，于1071年在曼吉克特（在梵湖北）击败拜占庭军队，并俘获拜占庭帝王罗曼四世。随着向小亚细亚发展，占领许多主要城市，如尼塞亚。土

[①] 《宋史》卷16。
[②] 《宋史》卷49。
[③] 张星烺：《中西交通史料汇编》，第一册，第224页。
[④] 齐思和：《中国和拜占庭帝国的关系》，第17页。

耳其人深入小亚细亚腹地，支持尼基福夺取拜占庭的政权，曾统治了三年（1078—1081年），也便是这个时候，土耳其占领尼塞亚城，[1]派遣使臣来中国。

由是，我们认为《宋史》所言的拂菻是拜占庭，并非其他国家。灭力伊灵恺撒，当如夏德的解释，为塞尔柱克突厥副王之号（Melek-i-Rum）[2]。自284年后，戴克礼先执行四人制，帝王称奥古斯都，副王称恺撒。"恺撒"为副王的解释是合乎当时的习惯。"你厮都令厮孟判"并不是一个人的专名字，可能是"尼塞亚城司令厮孟判"。厮孟判名前冠以职衔，你厮为"Nicaea"的译音。厮孟判拟为塞尔柱克人，所言"国地甚寒，土屋无瓦"。当指塞尔柱克人原居地，在咸海东北境。宋朝对拜占庭的认识是贫乏的，如周去非的《岭外代答》卷三中的大秦条，赵汝适的《诸蕃志》卷上的大秦国，都反映出这种情况。事实上，拜占庭已至十字军时代，国力衰弱，处于维持的状态中。《宋史》卷十七《哲宗纪》中，元祐六年（1091年）庚子，拂菻国来贡，大约与十年前相同，并无特殊意义了。元亡的时候，拂菻商人捏古伦旅居中国。洪武四年（1371年）明太祖召见，赐予敕书，其国入贡，后不复至[3]。其时，约翰五世（1341—1376年）与其共治者坎塔丘济那斗争，拜占庭正处于混乱的时代。塞尔柱克人又积极进攻，占领色雷斯。拜占庭最后70年的历史，已至残喘的境地，仅具地方的意义了。终于到景泰三年（1452年），拜占庭为土耳其灭亡了，由此也结束拜占庭与中国的关系。

本文系作者生前未刊稿。后收入《阎宗临史学文集》，
山西古籍出版社，1998年。

---

[1] 列夫臣柯：《拜占庭简史》，译本，第264页。
[2] 夏德所言，为张星烺《中西交通史料汇篇》第一册第224页注三中引述。
[3] 《明史》卷326。

十七、十八世纪中国与欧洲的关系

绪 论

当欧洲历史到了中世纪末期,社会发生了深刻的变化,封建制度逐步解体,处于没落的境地。意大利与尼德兰几个先进的国家,由于城市的兴起和工商业的发展,有了资本主义的萌芽,加深了封建社会的阶级矛盾。

在资本主义发展初期,由于资本的积累、技术的需要,欧洲人迫切要求海外扩张。而自从土耳其人控制地中海后,阻隔了欧洲与东方各国的联系。为了打破这种停滞的局面,欧洲人试图冲破地中海的范围,向海外扩张,发展海上的贸易。这种动向含有深刻的意义,一方面加速西欧封建社会的解体,尼德兰首先发生革命,脱离了西班牙的统治,建立了资本主义性质的国家;另一方面西欧几个国家扩张到亚洲与美洲,世界的概念扩大了几倍。商人、殖民者、传教士等沿着新的航路,在海外劫夺土地,屠杀居民,建立殖民地,给欧洲业已产生的资本主义以极其广阔的活动场所。

欧洲的封建社会与天主教是分不开的。当市民阶级掌握生产资料时,城市有产者就有了新的生命,表现出顽强的力量。为此,在封建时代的晚期，欧洲不断地发生农民战争与宗教改革。这两种伟大的运动，有时分别进行，有时合二为一，其目的在反对专制的教会和封建的统治，体现出初期资产阶级革命的力量。

在16世纪剧烈转变中，宗教改革是十分复杂的。有的宗教改革转变为封建的内战，有的被反宗教改革所扼杀。在宗教改革的狂潮中，耶稣会的成立是一件大事。这个军事式的组织，狂热地维护反动的封建政权，成为反宗教改革有力的支柱。同时，他们在海外殖民地的经营上，又与商人、殖民者结成联盟，互相支援，对殖民地进行疯狂的掠夺。

葡萄牙与西班牙是手工业与商业发达的国家，城市有产者需要黄金与白银，以保证商业需要的货币。当土耳其截断通往东方各国的商路后，遂产生开辟新商路的迫切需要。葡萄牙人依靠非洲与亚洲的据点，在印度洋建立起新航线，垄断东方各国的贸易，得到巨大的利润。16世纪初，葡人控制红海与波斯海湾的出口，1511年侵占马六甲，1512年占领香料岛，使之成为巨大财富的源泉。1517年，葡人安德拉德率领八艘商船至广州。次年，葡人采取进贡方物形式，遣使向明朝请封，① 从此欧洲与中国发生新的关系，中国开始遭受到初期殖民主义者的侵扰。

自从16世纪起，欧洲的殖民者、商人与传教士相继东来，络绎不绝，成为东方海上的常客。殖民者与商人到处劫掠，目无法纪，在中国海上，"番人潜匿倭贼，敌杀军官"②。传教士到了内地，却是另一种情况，他们向人宣说："除我们的宗教外，其他一切宗教都是坏的。"③ 因此，初期来华的殖民者和冒险家受到中国人民的反抗是理所当然的。马克思说："自远古以来，中国人就是用这样态度看待一切从海上来到他们国家的外国人的。中国沿海曾经为海盗冒险家所骚扰，他们把一切从

---

① 《明史》卷325，在《佛郎机传》内："佛郎机近满剌加，正德中据满剌加地，逐其王。十三年遣使臣加必丹末等贡方物请封，始知其名。"
② 《明史》卷325。
③ 《孟德斯鸠遗著》，第2卷，第511页。

海上来的外国人和海盗式的冒险家等量齐观，不是全无理由的。"①

16世纪的中国是一个封建中央集权的大国，在明清更迭之际，虽然有规模宏大的农民起义，但由于新兴的地主阶级拥护清室，维持封建大厦，总的来说封建经济是得到发展的。中国人民历来是爱好和平，坚决反对外来的侵略的，因而对于新来的欧洲人，并没有采取闭关自守和歧视远人的态度，但并非不加区别。如果在独立自主的国家内，不遵守法度，反而为所欲为，那当然是应该受到限制的。随着欧洲初期殖民主义的不断发展，殖民者不断侵入东方各国，贪婪地掠夺财富，奴役人民，给这些国家和人民造成了无穷的灾难。然而中国虽有朝代鼎革的变化，但国势依然强大，足以遏制欧人的侵略。鉴于欧洲新形势的发展，耶稣会教士尾随殖民者与商人而来，1514年沙勿略向东方出发了，从此欧洲殖民者得到耶稣会教士提供的资料，十分顺利地推进着他们的工作。

在16世纪以前，虽然欧洲已接触到中国的丝、火药与磁针，但对中国的认识却是模糊的，不知道中国在什么地方。欧洲人以为"契丹"（cathay）与"中国"（chine）是两个不同的国家。当1595年利玛窦到南京后，写信回欧洲说："我的做法证实了。索罗说到南京后要过一道江，这道江就是中国人所称的扬子江。索罗又说江南有八个国，江北就有七个国，这不是别的，这就是中国的十五省。从我亲自观察，契丹就是中国，大可汗就是中国皇帝。"② 这封信反映出欧洲对中国的认识是模糊的。

欧人对中国的研究是从近代开始的。殖民者与商人们来到中国，逐步了解到中国物产丰富，有利于原始资本的积累，于是葡国殖民者与"倭寇"相勾结，向浙闽粤沿海地带侵扰，遭受到中国政府的反击。与之相配合的传教士们，深入内地，学习中国语言文字，研究中国的思想意识，着儒服，以迎合中国的传统。假借科学技术，接近士大夫

---

① 《马克思恩格斯论中国》，1957年，第58页。
② 裴化行：《在上中亚穆士林的高士》，1934年，第38页。

阶层，以满足其追求知识的要求，开辟立足的门路。他们用心良苦，真是远处着眼，近处着手，以使中国受西方国家的奴役。因此，多数研究中国者，其目的并不是那样纯洁的。戴遂良初为医士，于1887年来华，著有《道藏书目》，他说："对我们，过去的中国没有可学习的地方。"[1] 这说明了多数欧人研究中国的态度。

为了适应实际的需要，欧人对中国的研究，大致可划分为两个阶段。在法国革命以前，欧人来华者对中国抱着一定的尊重态度，不能为所欲为。那时候中国国势强大，不允许外来者干预内政。欧人所译述之典籍，多为经史中重要作品。介绍中国民俗习惯，亦多抱实事求是的态度。19世纪以后便不同了。自从英国征服印度后，利用印度向中国发动侵略，输入鸦片，随后美国的魔掌也插进来，发展掠夺性的贸易。飞剪号配有枪炮，武装运输鸦片，殖民主义侵略战争已到眉睫了。到19世纪末，欧美帝国主义者加剧了侵略，研究中国学术者，多为外交人员、政府官吏、传教士、洋行经理，他们利用治外法权，在中国肆无忌惮地劫夺文物，所谓"汉学"，既不是儒家的学术，也不是乾嘉的考证，而是一种文化侵略。即使有少数纯正的学者，亦无法脱离这些"汉学家"的影响。

17、18世纪欧人对中国的研究，有它的历史背景。译述中国重要典籍者，多为旅华耶稣会士。他们善于分析现实，适应现实，他们欲借在中国的成就，加强其在欧洲的地位；欲借中国的学术思想，维护欧洲封建的传统。但是，他们的努力是徒然的，其结果恰好是相反的。

当1658年，卫匡国刊印《中国通史》后，引起欧洲知识界的重视。中国是一个富强的国家，有悠久的历史，高深的文化。中国既没有受基督教的熏染，也没有受希腊罗马的影响。但是，中国文化是那样合理，那样自然，这给欧洲知识界一种新的感觉，提出许多问题。巴斯加尔写道："中国是我们所不了解的，但是可以弄清楚，要去研究它。"[2]

---

[1] 戴遂良：《各时代的中国》，1920年，第278页。
[2] 巴斯加尔：《思想集》，第593条。

耶稣会为欧洲实际的统治者，树敌甚多，在"礼俗问题"的争论中，耶稣会较为详赅地介绍中国，以图改善所处的环境。但是，事与愿违，1773年耶稣会被迫解散，被认为这个修会不能起有益的作用。在反封建与反宗教的18世纪，法国的学者读了耶稣会士有关中国的书籍，却起了另一种作用，增强了斗争的信念。孟德斯鸠对专制政治的憎恨，服尔德对宗教的攻击，奎斯奈要求不要"妨碍行动"，促进农业的发展。不论这些思想家如何理解中国，中国是否如他们之所理解，他们从耶稣会士所介绍的中国知识中，获取了锐利的武器，用以攻击专制政治及专横的教会。他们对中国的赞扬，实质上是对法国的批评，揭露统治者的愚昧，使政治危机加深，从而促进了法国革命的发展。这是当时传教士们所意想不到的，也是违背本意做了些进步事情。由此可见，欧人研究中国所得的成果，对法国资产阶级思想的发展，产生了有益的影响。

一、16世纪前欧人与中国的接触

（一）欧人最初对中国的了解

欧人最初对中国的认识是间接得到的，有些是不够准确的。当希腊罗马的势力深入埃及与中亚后，他们所得到的中国的丝绢，并不是直接取自中国的。欧洲与中国距离遥远，交通困难，货物交换须经过许多手续和居间的商人。希腊地理学者普托勒美说："马其顿商人从大夏贩运丝国的绢缯。"

随着中国货物输入欧洲的途径不同，欧人对中国的名称亦有分别。中国货物由陆路输入者，多称中国为"Soies"，其含意有二，一为蚕吐之丝，一为叠丝之地。中国货物自海上输入者，称中国为"Thin"，由秦得声，见于1世纪末之《埃利特里周航纪》。从希腊罗马作家对中国名称的用法来看，说明在海陆两方面很早就与中国有了接触，尽管是间接的。

罗马帝国时期，中亚商人循着有名的"丝路"，由叙利亚至安息向东行，经康居，至大宛，由此逾葱岭，经疏勒，至鄯善，与中国内地相连接。这条"丝路"是古代欧亚交通干线，纵使有偶然的间断，因为货物交换的需要，商旅们仍是可以经常行走的。

　　欧洲与中国海上的交通也是很早的。大秦"有水道，通益州永昌，故永昌出异物"①，大秦为"Dasina"的意写，意为"西方"，系指罗马的本部。随着季候风的来去，西方商船航行于印度洋内，锡兰附近为东方贸易地点。事实虽晚一点，却也可说明海上交通情况。义熙六年（410年），法显至锡兰，于无畏山"玉象边，见商人以晋地一白绢扇供养"②，由此可知海上贸易是频繁的。

　　希腊罗马虽取得中国的物产，但对中国却没有明确的概念。西方有关中国最早的记述，如写于公元23年的斯脱拉波的《地理》，对中国的叙述是十分空泛的。他说："只有中国人是长命的，常有二百多岁者。"③罗马诗人吕加纳斯以为中国在非洲的东部，与印度南部相连。而且对中国的叙述亦多是渺茫的。这说明在公元前后，欧洲与中国没有直接的接触，当然就难说清楚中国在什么地方了。

　　在中国古代典籍中所反映的情况也是如此。永元九年（97年），班超遣甘英出使大秦，抵条支，临大海欲渡，而安息船人说："海水广大，往来者逢善风，三月乃得渡，若遇迟风，亦有二岁者。"④甘英听后便终止他的行动。这说明他虽身在中亚，对去大秦应取的途径却是茫然无知的。

　　但是，公元2世纪时，大秦东来者多取道海上，中国史籍中亦有简略的记述。永宁元年（120年），"掸国王雍由调复遣使者，诣阙朝贺，献乐及幻人。……自言我海西人，海西即大秦也，掸国西南通大秦。"⑤

---

① 《魏书》卷30《魏略·西戎传》。
② 法显：《佛国记》。
③ 斯脱拉波：《地理》卷15。
④ 《后汉记》卷88。
⑤ 《后汉书·南蛮西南夷传》。

继后,"桓帝延熹九年(166年),大秦王安敦遣使自日南徼外,献象牙、犀角、玳瑁,始乃一通焉。"[①] 其时罗马帝国为安东王朝时代,国王马古略遣部将加西尤斯远征,165年攻破安息都城,来华使臣可能是他派遣的。黄武五年(226年),"有大秦贾人字秦论来到交趾,交趾太守吴邈遣送诣权"[②]。就这些较早的记述而言,不只是语焉不详,而且所叙述的事实亦多近渺茫,这只能说明有某种偶然的接触而已。

当西罗马帝国已近崩溃的时候,欧洲在蛮族入侵下,进入封建社会的初期,经济与政治陷入一种割裂的局面,文化的发展也表现出缓慢的状态。7世纪初,西蒙加达任拜占庭政府的秘书,交游颇广,留下简略而可靠的记述。他说:"有条大河划分中国为两部,互相争夺,终归于统一。"这是指南北朝的分裂,随后为隋朝统一。他这些知识无疑是从突厥方面得到的。

在墨罗温与伽罗林王室时期,就连关于中国的传闻知识,欧洲人也接触不到了。自632年后,阿拉伯兴起,建成庞大的帝国,掌控波斯一带的交通,扩张海上的贸易,自波斯海湾至广州与泉州,船舶往来不绝。中世纪中叶,阿拉伯人操纵对中国的贸易,写下许多有关中国的著作,如9世纪初年伊本·库达德拨的《郡国里程志》,10世纪阿布·赛德的《印度与中国的状况》,其间记述了黄巢起义。11世纪伊本·杜哈著《中国行纪》,叙述陆路的交通情况及长安的情形。此后阿拉伯学者对中国的介绍,着重利用已刊行的资料进行编纂,没有新的知识,但是较欧洲对中国的认识,却进步的多了。

(二)元时欧人与中国的接触

13世纪初,蒙古氏族社会解体,向阶级社会过渡,贵族阶层逐渐分化出来,形成统一的蒙古,这是进步的。成吉思汗是新生蒙古的代表,他拥有强大的武力,既有善战的骑士,又有汉人攻城的技术。在

---

① 《后汉书·西域传》。
② 《梁书·诸夷列传》。

蒙古的扩张中，亚欧两洲受到剧烈的震动，蒙古的铁蹄踏破了他们割裂的局面。欧洲几次派遣使节出使蒙古，到和林，但未至长城以南。只有马可孛罗深入中国，对中国有了正确的了解，遗留下著名的行纪，但是，那时候欧人并不相信他的著述。尽管如此，马可孛罗仍体现了欧亚两洲的直接的接触，其意义是十分深远的。

当 1241 年终，窝阔台去世，蒙古大军自欧洲东还，欧洲始得到暂时的安定。1245 年，教皇因诺森四世在里昂召开会议，讨论了防御蒙古的政策，决定派遣使臣，出使蒙古。其目的是侦察蒙古情况，了解有无再侵欧洲的迹象；其次试探可否在蒙古传播基督教，进一步与蒙古联合，夹击塞尔柱人，挽救十字军的失败。里昂会议决定派遣柏兰嘉宾出使蒙古，那时他已经六十三岁了。

1245 年 4 月 16 日，柏兰嘉宾自里昂启程，作长途远行。他取道波希米亚，渡顿河，于 1246 年 4 月到沙来。拔都要他到蒙古本部，与贵由汗商谈。柏兰嘉宾不善乘马，"须将腿扎住，始能支持每日可怕的行程"。渡伊犁河，"漠北群山静立，夜间可闻鬼哭"。经三个月的"不知生死"的行程，于 1246 年 7 月，到失剌斡儿朵，① 离和林只有半日的路程了。

柏兰嘉宾以使节身份，参加贵由即位大典，镇海领他觐见贵由，递呈罗马教皇的文书。贵由问明来意，赐以波斯文的回书，此信原文已于 1920 年发现。② 蒙古既没有皈依基督教的心意，也没有结盟的要求。柏兰嘉宾没有得到结果，却看到仍有西征的可能。1246 年 11 月，离开蒙古，次年 5 月回到拔都军营，取道基辅与波兰，回至里昂。他将出使的经过，途中的见闻，写成《报告书》，③ 这是欧洲人最初对东方直接的记述，史学家沙朗伯纳方从意大利回来，即刻将柏兰嘉宾的

---

① 失剌斡儿朵即 Sira Ordo，意为黄帐。
② 是信原文藏于罗马 Ardivio di castello，信首用突厥文，余皆波斯文，钤章为蒙古文。1920 年发现后，经伯希和翻译为法文，在 1922—1923 年《基督教东方杂志》合刊中发表。
③ 柏兰嘉宾的报告书名：Libellus Historiques，文生收在他编的 Speculum Historiale 中。

467

见闻转录在他的札记内。

《报告书》中主要叙述出使的经历，偶然提到中国，称中国为契丹。他说："契丹国家统治滨海地区，现在还不是塔塔儿可能征服的地方。契丹人虽是异教，却有自己的书籍，似乎他们也有圣书。有记录先人事迹的史册，有僧侣，也有类似教堂的建筑物。……契丹人是极有礼貌的，是爱和平的民族。他们没有须，颜貌有类蒙古人，只是颜面稍狭一点。他们有自己的语言。凡人类所从事的职业，在手工艺方面，全世界比不过他们。这个国家有很多谷物、酒、金银、丝绢及人类生活所必要的一切产物。"柏兰嘉宾未至中国，这些知识是从和林方面得到的。他由于长途跋涉，疲劳过度，于1252年便去世了。

柏兰嘉宾带回的有关蒙古的消息，引起法王路易九世的注意。那时候，路易九世正进行第七次不义的十字军战争，驻军塞普鲁斯岛上。1248年12月，法王接见蒙古戍将宴只吉带驻波斯的使臣，随即产生了遣使蒙古的意思，试图与贵由可汗结盟，夹攻埃及，挽救欧洲人所处的困境。法王选择了郎友漠为使臣。

郎友漠为法国人，懂叙利亚、阿拉伯及波斯语言。1249年1月，接受出使蒙古的任务，自塞普鲁斯岛启程，经安都与波斯，沿里海南岸，入河中府，向东方进发。他记述了有关中亚的地理情况，欧人由此始有了中亚的知识。

郎友漠到蒙古后，贵由可汗已逝世，遂觐见可敦斡兀立海迷失。那时，可敦态度冷淡，对使臣不感兴趣，郎友漠无果而还。1251年3月返抵巴列斯坦，向法王复命。史学家冉未尔说，路易九世听了汇报后，深悔不当派遣这次使臣。

尽管如此，由于实际需要，路易九世决心再试探一次，派遣吕柏鲁克前往蒙古。这次出使不带政治色彩，装作传教，以期得到蒙古真正的消息。

吕柏鲁克（1215—1270年）系伏郎德人，深悉东方事务。1253年5月，吕伯鲁克由君士坦丁堡入里海，至克里米亚，初次遇到蒙古人,"好像到了一个新世界"。向东行,"两月来睡在车上,露天而卧,沿途不见村庄,只见荒冢累累"。是年8月间,到拔都行营。吕柏鲁克复向东行,经咸海,渡妫水,入高山地区,从伊犁峡谷而进入蒙古地区,12月终,抵和林近郊蒙哥的行营。

1254年1月,吕柏鲁克觐见蒙哥,受到应有的礼遇。对于法王所提议的传教与联盟,蒙哥表现出冷淡的态度。吕柏鲁克继后至和林城,遇着几个欧洲人。其中有法国女子拔克特,她丈夫是匈牙利人。还有巴黎金银匠布希野。5月31日最后一次觐见蒙哥,得到复法王的长信。蒙哥欲遣使回报,吕柏鲁克疑惧,托言"路途不靖,难保安全",拒绝了。但是他又问蒙哥:"向法王汇报后,可否重来蒙古?"蒙哥不答。

1254年7月,吕柏鲁克启程西还。经巴尔喀什湖,横断吉尔吉斯草原,渡伏尔加河下游,沿里海西岸南下,于1255年5月到地中海边。路易九世已离开塞普鲁斯岛。他寄去长而生动的报告。吕柏鲁克著有《东方行纪》[①],系中世纪著名的行纪。

吕柏鲁克虽未到中国,却有简略可靠的记述。他说:"大契丹国即古代所谓'Soies'人的国家。最好的丝织物都是从那里来的。这个国家分许多省,有许多地方尚未被蒙古人所征服。这个国家同印度隔着海洋。……契丹各种工艺有技术最精的匠人。医师对植物性能有深刻的知识,由脉搏来诊病是十分老练的。……契丹通用绵纸制的货币,大如手掌,印有蒙哥汗玺。契丹人写字像画家描绘,一字是由几个字合成的……"

吕柏鲁克的《东方行纪》纠正了欧洲许多错误的传述。如蒙古并不是基督教的国家,而是多种宗教可以并存的;蒙古没有侵略欧洲的意图,却有征波斯的准备。以后旭烈兀西征的事实同伊儿汗国的建立,证明吕柏鲁克的观察是正确的。培根为中世纪晚期的学者,曾充分利用吕柏鲁克《东方行纪》的知识,其重要不言而喻了。但是,若将这部《东

---

① 原名:*gtirserawicm yzatis wilhelmi de Rubiak de ordine yetium minoram amno qiatiae mcclj, ad nartes ordenjales*。

方行纪》与《马可孛罗行纪》相比较，却又显得黯淡无光了。

中世纪的晚期，威尼斯是海上商业的重要城市，孛罗一族在对外贸易上占有特殊重要的地位。1260年，尼可拉·孛罗与马飞·孛罗到钦察汗国，与别儿哥进行珠宝贸易。由于战争关系，归途阻塞，孛罗兄弟随旭烈兀使臣前往大都（即北京），朝贺忽必烈的即位。因为他们"能像别人一样说蒙古话"，受到忽必烈的优遇。

1266年，孛罗兄弟带着忽必烈致罗马教皇的信离开大都，1269年到叙利亚，遇教皇代表维斯贡底，但尚不能处理蒙古信件，因为新教皇尚未选出。于此期间，返威尼斯，尼可拉之妻已去世，他儿子马可已十五岁了。

维斯贡底被举为教皇后，接见孛罗兄弟，付以复信。尼可拉携其子马可，于1271年底向蒙古出发了。这次孛罗取道陆路，至中亚，向东北行，避开河中，逾葱岭，循天山南路，于1275年5月抵上都（即开平），觐见忽必烈。马可年幼，却善揣人意，受到元世祖的信任。在中国住十七年，足迹遍南北，曾随蒙古军队，经成都、大理至缅国。也曾随蒙古使臣至占城。

元至元二十九年（1292年），为了伴送科克清公主远嫁伊儿汗国阿鲁浑，马可孛罗自泉州启程，乘十四艘巨舰，经马六甲遇暴风，飘流两年，始至忽里模子。由此登陆，至波斯，阿鲁浑已死，公主改嫁合赞汗，系忽儿珊总督。由此至大不里士，谒新汗合都，居留三月后，取道里海西还，于1295年到威尼斯，马可离开家乡已23年了。

回威尼斯后，1296年9月，马可孛罗参加吉纳亚的战争被俘。在囚禁期间，向同伴叙述东方的见闻，吕斯底西安以法文记录下来，成为著名的行纪。《马可孛罗行纪》很快流传开。牛津公学的创办者维克罕姆取之为冬夜的读物；圣伯丹将它收集在《奇闻集》内。这部行纪直接影响哥伦布的航行，同时也介绍了中国的实际情况，如繁荣的都市，高度的技术、文化与经济，这一切，对欧洲人来说几乎是不可思议的。

继马可孛罗之后，欧人东来者有意大利人孟高维诺，于 1294 年至北京。继后有拜庐斯与和德里。和德里取道海上，由广州登陆，1325 年至北京，曾谒泰定帝。1328 年西还，取道陕西、四川、西藏、波斯，于 1330 年到意大利。和德里著《东方诸国见闻记》，赞美中国的繁荣，广东饭食的考究。

1338 年，罗马教皇接见蒙古使臣，特派马利诺里回聘。到中国后，献骏马。权衡《庚申外史》说："会佛郎国进天马，黑色五明，其项高而下钩，置之马群中，若橐驼之在羊队也。"① 据宋君荣记述，他在清宫曾见过顺帝乘马图。马利诺里于 1353 年取道海上回欧洲。

蒙古向西方的发展，使欧洲与中国发生了直接关系，对中国的认识亦较过去更为准确了。《马可孛罗行纪》是最好的例证。马可孛罗称中国北部为契丹，南部为蛮子。他注意到长江的航运，"每年溯江而上的船，约有二十多万只"。忽必烈疏浚运河，沟通南北的运输。福建与广州同海外进行贸易，"商人多而且富，货物丰而且直"。中国有许多新事物，如交钞流通，与纯金无异。燃烧石炭，有如薪柴。② 这些记述使欧洲人感到十分新奇。

有元一代，中国船定期航行在锡兰等地。当旭烈兀君临两河流域时，海陆两路畅通。伊儿汗国的大不里士，系威尼斯商人集聚之地，与中国人有密切的往来。欧洲人与中国接触实始于蒙古人的西进，只是当时欧洲大陆仍处于封建割据的时代，未能发生积极的影响。世人有以蒙古摧毁中亚经济与文化之说，未免言之过重，立论过苛了。

二、西欧国家向东方的扩张

中世纪末期，欧洲已有了资本主义的萌芽。市民阶级需要大量的黄金与白银以供给商业发展的需要。当 1453 年，土耳其攻陷君士坦

---

① 《丛书集成初编》本《庚申外史》，第 12 页。
② 《汉书·地理志》："豫章郡出石，可燃为薪。"豫章在今南昌附近。

丁堡后,震撼了欧洲。拜占庭是罗马帝国的继承者,经过多少次风波,巍然独存,于今退出了历史舞台。土耳其先后征服叙利亚、埃及、阿拉伯、北非等地,形成了庞大的帝国。其船队统治着地中海,截断了欧洲与东方各国的联系,使欧洲经济遭受到严重的损失。西欧各国为了改变这种不利的局势,开始寻找通往东方国家的新航路。在新商路的开辟上,葡萄牙与西班牙起了重要的作用。

(一)新航路的开辟

新航路的开辟,从欧洲来说,是葡萄牙人开始的。自从 1415 年后,亨利亲王开始收集许多书籍、地图、仪器,组织有经验者指导航行。每年派人沿非洲西岸南下,并规定具体的要求,每次必须超过前一次的航程。这样,自 1416 年至 1488 年,经过七十二年的努力,最后地亚士发现"风波角"(即我国书籍中的大浪山),随后更名为"好望角"。

新航路的开辟,在欧人的思想上引起了深刻的反响。葡萄牙诗人说:

在无把握的大海上,
驾轻舟,
寻找从来未走过的航路,
静看别国人未见过的星星。①

1497 年,伽马率领三艘船,沿非洲西岸南下,渡过好望角,于 1498 年 5 月 18 日至印度的卡里库特。1499 年返回里斯本,虽然经历许多恐惧,牺牲三分之二的人,损失一艘船,却获得了六十倍的纯利,这真是生财有道了。1502 年,伽马二次去印度,以 240 万佛郎的货,换回 1200 万佛郎的厚利,显示出无穷的"美景"。前此,阿拉伯人独

---

① 吴惹:《近代史发端》,1938 年,第 53 页。

占印度洋的贸易，现在受到葡人严重的威胁，双方的矛盾日益尖锐起来。1534 年，阿葡两国战于地雨岛附近，葡人取得胜利，从此控制了印度洋的航路。

自 1504 年起，每年葡国有十二艘船向东方航行，形成五千海里的航线。为了巩固市场，掠夺殖民地，积累资金，葡人阿布盍克封锁了红海与波斯海湾，独霸东方的航路。葡人向东方的侵略，真是一帆风顺。1510 年，葡人强占印度的卧亚，即果阿，使之成为开拓殖民地的中心。1511 年，葡人进攻满剌加，即马六甲，控制了南洋军事与经济的重要地区。自 1403 年尹庄出使南洋后，满剌加为明室的藩属，曾遣使告难。当时明室衰弱，世宗嗣位，无暇顾及，"满剌加竟为所灭"①。葡人由此东进，侵占美洛居，独霸香料的产地。美洛居"地有香山，雨后香堕，沿流满地，居民拾取不竭"②。1517 年，葡人至广州，从此欧人与中国直接发生关系，开始了长期艰巨的斗争。

1492 年，西班牙统一形成后，力求海上的发展，但向东方却受到葡人的阻碍。西班牙采纳麦哲伦的主张，不经葡人的航线，亦可至香料地带。1519 年，麦哲伦自西班牙启程，至南美洲，出海峡，渡风平浪静的大洋，因而名之为"太平洋"。1520 年至关岛，又至菲律宾。菲律宾人民抵抗西班牙人的侵略，英勇战斗，麦哲伦战死。加纳率领残队西还。这次航行的 239 人中，生还者仅 17 人。

从此，欧洲人的世界观念改变了：欧洲只是世界的一部分，地中海角不是世界的中心。经过与各洲的接触认识到，基督教只是一种宗教，并不是唯一的文明象征。欧洲新兴的资产阶级，沿着新的航线，向东方进行殖民地的掠夺。资本家、商人、传教士随之向外扩张，进行政治、经济与文化的长期侵略。

---

① 《明史》卷 325《满剌加列传》。
② 《明史》卷 325《美洛居列传》。

（二）西欧国家向东方的扩张

新航路的开拓标志着中世纪晚期梦想的实现。拉来哈说："寻找契丹是数百年来航海事业的灵魂。"葡人东来，屠杀当地居民，也如科尔岱到美洲后，对居民说："我来到这里，不是像一个农民来种地，而是来寻找黄金。"[①] 西欧国家向东方的扩张，目的是建立殖民地，追求资本的积累。

当葡萄牙人征服满剌加后，向东进发，于1517年至上川岛，与中国进行贸易。1518年，葡人伪装进贡，欲求明室赐封。御史邱道隆说："满剌加乃敕封之国，而佛郎机敢并之。且哂我以利，邀求封贡，决不可许。"[②] 邱道隆的主张是正确的，但是葡人勾结败类，恃强进行掠夺。御史何鳌说："佛郎机最凶狡，兵械较诸蕃独精。前岁驾大舶入广东会城，炮声殷地。"[③] 中国并非闭关自守，如果听其往来，东南沿海各省将遭受无穷的灾害。

1535年时，葡人商业日益发达，年获厚利三百多万金。他们以非法手段，侵入香山县南阿妈澳，继后又入壕境。壕境即澳门，在香山县南虎跳门外。葡人宾陀说："直至1557年，葡人以贿赂方式，藉词借地曝晒水渍货物，始迁入澳门。"[④] 葡人侵占澳门后，积极经营，高栋飞甍，比栉相望，澳门成为葡人侵略中国的据点。

西班牙实力强大，久欲染指东方，1571年至菲律宾，开始经营东方贸易。1574年，林凤占据林加烟湾，王圣高奉命追击，在彭加锡南得西班牙人之助，捕获林凤。借此机会，西班牙遣使至福建，受到福建官吏的礼遇。1581年，西葡两国合并，增加东方实力，行动更加横蛮。菲律宾总督向国王报告："中国兵力空虚，只要有一万多军队，虽不能征服中国，至少亦可得沿海诸省。"这说明殖民地主义者的居心和

[①] 吴惹：《近代史发端》，1938年，第316页。
[②] 《明史》卷325《佛郎机列传》。
[③] 《明史》卷325《佛郎机列传》。
[④] 见梁嘉彬：《〈明史〉佛郎机考证》中引用。

欧人东来的企图。

但是，西班牙虽是一个强大的国家，由于查理五世的多年战争和贵族的腐化，西班牙是外强中干的。到菲利普二世时，真是境况愈下，尼德兰的独立运动，西班牙又失利，财政发生危机。特别是1588年，西班牙与英国发生战争，"无敌舰队"全部覆没，西班牙已至没落的境地，无力维持海外的领地了。

荷兰是西欧较为发达的国家。经过与西班牙斗争后，资本主义得到发展，表现出新生的力量。当荷兰局势稳定后，于1602年组织东印度公司，股金为六千六百万盾。荷人向东方扩张，首先侵略吕宋，失败后，转据澎湖岛。继后扩大实力，1624年侵占台湾。当郑成功退至台湾时，荷人抗拒，郑成功击溃荷人的抵抗，并将其驱逐出境。荷人不放松东方的利益，向南洋扩张，与葡人争夺。《明史》说："是时，佛郎机横行海上，红毛与争雄。"[①]这说明殖民主义的争夺从开始便是剧烈的。

英国在远东的扩张是缓慢的。查理一世时，派遣卫德尔来华，1637年至澳门。葡人知英国强大，深为恐惧，联合澳门地方的力量，迫使英人离开澳门。

英人退出澳门，转向虎门进发，强行登岸。中国海防队伍抗拒，英人攻武山，形如海盗，到处焚烧房屋，"劫走猪三十头"，随后便退走了。

1670年时，英人采取分裂手法，供给郑成功军火与教官，攫取台湾的物资。1683年，郑克塽降清，英人既不愿放弃台湾的实利，又难推行故伎，感到困难。经过多年的努力，直到1699年，始获清廷允许，在广州设立堆栈。

英国侵占印度后，加强了对东方的侵略，稳步推进殖民主义政策，贩卖鸦片，毒害东方人民。

---

① 《明史》卷325《荷兰列传》。

初期欧人在东方扩张时，法国是居次要地位的。到了路易十四时代，法国亦欲染指远东，派遣传教士，深入宫廷。他们利用科学技术，试图取得康熙的信任。他们曾做了许多工作向欧人介绍中国的情况，如翻译古代典籍，对欧人研究中国起了重要的作用。

（三）欧洲经济生活的变化

葡西等国家掠夺殖民地人民的财富，加速了资本的积累，使经济生活起了剧烈的变化。货币缺乏的问题，这时已不止得到了解决，而且有点过剩了。从1541年至1544年间，输入欧洲的现金，约有十七亿金佛郎。这样输入大量的现金，必然引起货币的贬值，产生了"价格革命"，亦即商品价格的上涨。1545年，杜莫林说："自从1524年起，各种物价都提高了，而且这种提高不是偶然的，而是经常的。"[1]1568年，波丹也说："自从六十年来，物价上涨在十倍以上。"[2]物价上涨的结果是雇佣工人无法生活，而新兴的资产阶级却得到特殊的厚利。

东方航路畅通后，葡萄牙变成香料贸易的中心。胡椒的贸易由葡王垄断，经常获利至百分之八百以上。里斯本仅有十万居民，虽系葡国最大的城市，难以担负国际贸易的重任。单就运输力量言，葡国不能自给，必须借助荷兰的船舶，始能转运殖民地的物资。因此，荷兰的安特卫普成为国际贸易的场所。从1499年起，葡王派代表驻此城，专管葡国的商务。纪西尔地尼说："安特卫普的繁荣始于1503与1504年。那时候，葡国得到卡里库特国王许可，从印度运回的香料与药品，复由葡国转运于此。"安特卫普系西欧商业重要的城市，德国的富商，如符若、魏尔斯、赖林若、哥生普罗特、伊莫荷夫、荷斯泰德等，常派遣专人驻此。他们结成联盟，与葡西两国对抗，形成激烈的斗争。

当查理五世合并尼德兰后，魏尔斯与符若为西班牙的实际支配者。查理从符若那里得到198121杜加的贷款，以皇家田庄作抵押，不

---

[1] 吴惹：《近代史发端》，1938年，第306页。
[2] 马来：《十四、十五与十六世纪》，第323页。

能偿还，符若取抵押品，变为西班牙的大地主。查理又向魏尔斯借款，款额庞大，以安特卫普城做抵押，这种做法是空前未有的。金融商人实力强大，甚至可操纵国际局势。德国得到符若十七万杜加的贷款，始可出动军队；法国有了里昂银行的支持，始敢向意大利进军。这是十六世纪欧洲经济生活中的新情况。

在资本主义初期发展的时候，"信用"本身是有价值的。金融成为重要的贸易。1528年，纳瓦若罗说："每年里昂的四次墟期，从各地流入很多金钱。意大利、西班牙与荷兰商人们的金钱交易非常活跃。"安特卫普在1531年交易所建成后，门上刻着："为各国与各种语言交易使用。"① 安特卫普是国际贸易的中心，罗锐伊咏这座城说："说着各种语言，穿着各样衣服，这里是世界的缩影。"②

在这样的经济生活的变化中，产生了吸收游资的存款制度，进行投机事业。1526年，为了囤积酒、麦、木材，荷斯泰德首先采用存款办法，吸收群众来存款，付以百分之五的利息。"许多佃农，仅有十个佛罗郎的财产，也要参加这种存款事业。……有一个时候，荷斯泰德付出百万佛罗郎的利息。"③ 资本家掌握生活用品，操纵价格，当然不管人民的生活。有人问他们为何变更价格，他们总是说："价格不提高，我们是无法出售的。"④

物价上涨，农村经济生活受到深刻的影响。资本家压低农产品的价格，农民要用高价购买生活用品，生活日趋困难，形成了严重的社会问题。城市的手工业者，由于工资很低，物价上涨，经常与资本家做斗争。1509年在爱尔夫特，1513年在乌尔姆均发生过反抗资本家的运动。

西欧几个国家在殖民地劫夺财富，从而使大量资金流入欧洲。根据

---

① 原文为：Sn usum negociatorum cujus cumque nationis ac lenguae.
② 吴惹：《近代史发端》，第339页。
③ 系奥斯堡编年史家桑德尔语。
④ 吴惹：《近代史发端》，第343页。

波丹的记述，从1533年后，在很短的时期内，仅由秘鲁运到欧洲的就有一亿黄金，两倍白银，这是不可思议的，却是很真实的。这样大量的财富主要流入了葡西两国，但是这两国的封建领主，不发展民族工业，只图挥霍，过着极其奢华的生活，很快又陷入落后与贫困的境地了。

三、初期传教士的来华与活动

16世纪，宗教改革如火如荼的发展时，西班牙的贵族罗伊拉于1534年创立了耶稣会。1540年，这个新修会得到教皇保罗三世的批准，成为反宗教改革的最反动的组织。

耶稣会如军队一样有严格的纪律。会长的命令是绝对的，必须无条件地服从。他们主张宗教生活是战斗，不是出世，而是要入世。每个耶稣会士必须有专长，能独立工作，穿着常服，深入社会。他们主要在城市工作，深入统治阶层，为了目的不择手段。他们创办学校，精研学术，有丰富的资料，娴雅的态度，不久即正成为欧洲政治上最重要的力量。

当欧洲政治、经济与宗教发生变化时，耶稣会随着形势的发展，亦向海外扩张。1541年，耶稣会士沙勿略向东方出发，经印度而至日本。日本人不相信他的理论，并向他发问："你教如果是真的，为何中国没有呢？"这样，沙勿略遂转来中国。但1552年，于来中国的途中死在上川岛。

自从1557年葡人占据澳门后，东来的传教士有了稳固的据点，对传教活动起了重要的作用。1578年，耶稣会士范礼安到澳门，中国政府不允许其入境和进入内地。鲁德照曾叙述道，范礼安"常坐在澳门公学的窗前，望着封闭的大陆，他喊着：呵，岩石！岩石！你何时才开放呢？"[①] 这是一种焦急与坚定相混杂的情绪，不达到目的是不肯中

---

① 鲁德照：《风史》，第253页。

止的。范礼安向耶稣会建议：凡派遣来华者，必须掌握中国语言文字。1582年，利玛窦应范礼安之召来到澳门，将以善变的方式，树立传教的基础。

利玛窦（1552—1610年）到澳门后，学习中国语文。1583年秋，利玛窦至肇庆，言行十分谨慎。他有科学知识，结交地方绅士。有人问他来华的原因，他巧妙地回答："夙闻贵国政治昌明，私心仰慕，所以不辞跋涉，远道而来，欲求皇上隆恩，赐居贵国终身。"这样回答是十分典雅而又很狡黠的，好像他不是来传教，而是来学道的。

1589年，利玛窦移居韶州，结识了姑苏瞿太素，相谈甚欢。利玛窦改着儒服，名大噪。1595年夏，利玛窦到南京，感于环境的困难，转居南昌。1598年，上北京，不得觐见皇帝，受瞿太素之约，复返南京，寄居洪武岗。利玛窦"紫髯碧眼，面色如桃花，见人膜拜如礼"[①]。他与人谈论时，婉转地使人知道：他有许多新知识，而这些知识是中国从未有过的。

明朝积弱已久，"内有朋党之祸，外有边隅之忧"[②]。许多知识分子，如瞿太素、王应麟、徐光启、李之藻等，苦于明心见性的空谈，喜经世致用的新知，因而他们愿与利玛窦接触，这正是利玛窦所要求的。

经过多年的摸索，利玛窦已得到一套工作方法。1596年，他给自己规定：学好中国语文，深入研究经史，接近士大夫，不使人感到自己是外来的。他的这种工作方式得到意外的成功。当时馈赠利玛窦的诗中，不是说他"飘然自儒风"，便是说他"深契吾儒理"。[③]

不仅如此，利玛窦还以科学为手段，让士大夫感到：中国文化虽发达，科学技术却是落后的。事实证明正是如此，汪宏送至北京的佛

[①] 李日华：《紫桃轩杂缀》。
[②] 李逊之：《三朝野纪序》。
[③] 王廷纳赠利玛窦诗，有"非佛亦非老，飘然自儒风"；叶向高赠西国诸子诗，有"言慕中华风，深契吾儒理"之句。

郎机炮，可达五六里的射程。科学技术的发展上，传教士介绍的"西学"起了一定有益的作用，扩大了当时知识分子的视野。

1601年，利玛窦得到通知，到北京觐见神宗，呈献自鸣钟、万国全图等物，请求留居北京。帝允其所请，赐居宣武门内。1610年，利玛窦死于北京，葬于阜城门外，王应麟为之撰墓志。利玛窦的传教方法成为传教的规矩。1707年，康熙向西洋人说："自今以后，若不遵利玛窦规矩，断不准在中国住，必逐回去。"①

自利玛窦之后，传教士遵循他的方式，工作得到迅速的开展。万历三十八年日食，钦天监推算错误，周子愚举荐庞迪我与熊三拔翻译西洋历书。熊三拔著《简平仪说》与《表度说》。崇祯时，任用邓玉函、汤若望等修订历法。罗马图书馆藏的文献说："自前朝（指明朝）奉旨修历，只因该监推交食不合，皆由旧法七政差讹，乃始决议改修。所谓改修者，皆推算非铺注也。二十年来著成新法历书百十余卷，皆天行理数之学，创法者之所指授，受法者之所讲求，皆推算非铺注也。"② 推算重于铺注表明了历法科学性的提高。

清初，钦天监正监一职，多为西士充任。西士类多重观察，汤若望著《新法表异》、《历法西传》；南怀仁著《灵台仪象志》等。康熙十三年（1674年），翁英奏请铸造黄道仪等六件仪器。继后编制钦定《御定四余七政万年书》、《历象考成》等著作。乾隆时，戴进贤加以修订，介绍哥白尼、梯戈、加利略、开普来等人的学术。这些是值得纪念的。

明清交替的时候，耶稣会士开了干涉内政的先例。其中毕方济是最突出的一个典型。毕方济字今梁，是意大利人，于1610年到澳门，学习中国语文。继后进入内地，至北京活动，受到政府的驱逐。潜居常熟，结交明宗室后裔，文人学士，扩大耶稣会的影响。1645年，福王在南京即位，毕今梁至南京，建议在澳门购置大炮，请葡人出兵相

---

① 《康熙与罗马使节关系文书影印本》第四件。
② 罗马图书馆：Fondo jesuitico, 1805。

助。毕今梁以使臣身份，去澳门联系，葡人视为有机可乘，遂出兵干预。但是局势演变很快，福王为清军俘虏，毕今梁转至福州，又向唐王建议，利用葡人实力，抗拒清军。毕今梁再度出使澳门，太监庞天寿随行，但是唐王又为清军所灭。1646年，桂王在肇庆继位，毕今梁留居广州，观望大局，使庞天寿赴肇庆，并派瞿安德随葡军北上至桂林。瞿安德权力强大，1648年又至澳门购武器。戴笠的《行在阳秋》中说："己丑，清兵攻桂林，……环攻文昌门，式耜与琏分门婴守，用西洋铳击中胡骑，琏出城战，击杀数千人。"毕今梁幻想失败，1649年在广州为清兵捕杀。

1649年又发生了另一个突出的事件，进一步表现出了传教士的干预内政。永历驻跸肇庆，波兰人卜弥格自澳门前来，辅助瞿安德工作。鉴于晚明宗室皈依天主教，为了教会的利益，策划出使西方求援。这不是明室的意图，这是耶稣会的主谋，借此控制南明的政局，渲染他们的功绩。①1651年，卜弥格以大使自居，离开澳门，这说明葡人是同意这种举动的。1652年，卜弥格至威尼斯，进行了种种活动，证明出使任务的真实性。但是中国局势变化甚速，清朝已建立起巩固的政权。为了讨好清朝，不影响汤若望在北京的活动及葡人在澳门的利益，罗马教皇冷淡地对待卜弥格。三年后始得到教皇无关痛痒的复书。卜弥格由里斯本启程东返，1658年初至暹罗，不能去澳门，遂转至交趾。此时永历已退入云南，卜弥格试从广西西南边境入云南，清兵据守，不得前进。1659年，卜弥格死于途中。随着明朝桂王的灭亡，关于卜弥格出使的事件，耶稣会缄默不语，但是其干涉中国内政之实，却是永远不能磨灭的。

自从1631年后，传教士来华者日多，耶稣会之外，有方济各会、多明我会及外方传教会等。这些修会经常有宗派的争论，现在将这些争论带到了东方。明清两代，传教士遭受到中国人的疑忌，并非没有

---

① 伯希和在《卜弥格补正》中说："设若审查此次遣使之情形，好像其意是发动于耶稣会士，而非出于永历左右的中国人者。"冯承钧译：《西域南海史地考证译丛》三编，第139页。

原因。1616年，鉴于传教士在南京的活动，侍郎沈㴶追问传教的动机，以为"陪京都会，不宜令异教处此"。[①]明朝采纳沈㴶意见，一度禁止。这既不是闭关自守，更不是排绝外人。

清初杨光先感于传教士的扩张，激于爱国的热忱，在《不得已》书中说："世或以其制器之精而喜之，或以其不婚不宦而重之，不知其仪器精者，兵械亦精，适足为我隐患也。"杨光先坚持自己意见，得出这样的认识："宁可使中国无好历法，不可使中国有西洋人。"这样的认识在当时是相当普遍的。

乾隆初年，关心时局的知识分子，依然对传教士有疑虑，全祖望在《咏欧罗巴》诗中，体现出了这种心情：

  五洲海外无稽语，奇技今为上国收。
  别抱心情图狡逞，妄将教术酿横流。
  天官浪翻庞熊历，地险深贻闽粤忧。
  凤有哲人陈曲突，诸公幸早杜阴谋。

康、雍、乾的时候，中国尚能遏制外国的侵略，可是全祖望已有远见，意识到传教士不是传教，而是"别抱心情"，当然这也不能说中国是闭关自守的。

四、欧人开始对中国的研究

曼多沙写的《大中华帝国史》是欧人第一本全面介绍中国的著作。就此而言，这部书是值得注意的。1571年，西班牙侵占菲律宾后，开始了与中国的接触。1575年7月，总督阿利斯因林凤事件，派遣马林来华访问，拉达随行，到福州住两个多月，又回到菲律宾。

[①] 《明史》卷218《沈㴶列传》。

拉达将他在中国的见闻，向西班牙政府汇报，希望得到向中国发展的机会。

曼多沙带着非里普三世致中国皇帝的信，于1581年启程来华。到墨西哥后，听说中国入境困难，不敢冒险，1682年返回西班牙。他利用拉达的报告，结合在墨西哥的传闻，以西班牙语写成《大中华帝国史》，1585年在罗马出版。书中叙述中国的风俗习惯，于13章内，摹绘3个汉字，形音虽不正确，却是十分引人注意的。这部书很快被译为6种文字，在15年内，出了33种版本，这充分说明欧人渴望了解到中国的知识。

这部书的成功，不是由于书的科学价值，而是由于满足了现实的需要。法国蒙达尼是好学深思之士，在1580年写道："中国的政治与工艺，在许多方面是超过我们的。纵然我们与中国没有往来，中国也不了解我们，可是中国的历史却要我们明白：世界是何等广泛与复杂，这是古人和我们从来没有梦想过的。"①

自从利玛窦来华后，开始了对中国的研究，耶稣会逐步明确：要用科学技术取得中国统治者的信任，这样，传教事业便有了保障；只有学好中国语文，研究经史，取得士大夫的尊重，传教事业方能得到开展。因而利玛窦广交知识阶层，译《四书》为拉丁文，②给后来传教者开拓了途径。初期欧人研究中国者，主要的有下列这些人物。

金尼阁（1577—1628年），字四表，比利斯人。于1610年来华后，研究中国语文，翻译《五经》为拉丁文，并加注释，于1626年刻印。他对中国历史亦有研究。自谓参考百二十余种中国著作，写成《中国编年史》，共四卷。第一卷自远古至东汉，刻印后，于1628年寄至欧洲，余三卷不知下落。他向欧洲写了许多报告，反映中国的现状。1623年，金尼阁自杭州，经开封至西安府，1625年，初次将《大秦景教流行中国碑》翻译为拉丁文。

---

① 蒙达尼：《随笔》，第3卷，第396页。
② 费赖之：《入华耶稣会士列传》，第1卷，第41页。

鲁德照（1585—1658年），葡萄牙人，于1613年来华，居住在杭州。得杨廷筠之助，深入研究中国经史。1637年回欧洲，自澳门登舟，于海程中完成《中国通史》两卷，1642年在马德里出版。上卷介绍中国的风俗习惯，如茶的制法；下卷述及基督教传入的情况，附有李之藻的传记。这是一部通俗读物，曾被译为多种文字。1644年，鲁德照又来到中国，居广州，继续毕方济的工作，死于1658年。

郭纳爵（1599—1666年），字德旌，葡萄牙人。1634年来华，在福州学习中文。掌握汉语后，与殷铎泽合作，译《大学》为拉丁文，1662年，在江西建昌出版。译本为中式装帧，封面印两人中文姓名。译本附有中文原文，不称《大学》，而称《中国之智慧》，拉谬沙以此书为《四书》最初的译本，是十分可宝贵的。

卜弥格于1656年寄寓维也纳，出版《中国植物志》。这是一部介绍中国科学最早的著作，谈到二十多种珍贵的植物与动物，附有二十三幅图及汉文名称。这部书体例杂乱，附有《大秦景教流行中国碑》的译文。篆额的印制是特别引人注意的。

卫匡国（1614—1661年）在初期研究中国问题方面，起了重要的作用。他于1643年来华后，寄居杭州，研究中国经史。"礼俗问题"发生后，卫匡国坚持耶稣会的论点，笃守利玛窦的遗规。1651年回欧洲，至荷兰，于1655年刊印《中国新舆图》十七幅，[①]并附说明书。他根据陆应阳的《广舆记》，作了分省及远东总的说明。以后卜落的《新地图》，便是以此书为蓝本。也是在这本图内，卫匡国初次提到"Chine"为"Thin"的音转。

卫匡国又著《中国通史》十卷，1658年印于慕尼黑。他根据中国资料，从伏羲时代叙述起，介绍了中国悠久的历史。这部书引起强烈的反响，动摇了《圣经》的真实性。巴斯加尔读此书后说："摩西与中国究竟是哪个可信呢？"这部著作很受没有成见的学者欢迎，在

---

① 计有总图一幅，分省图十五幅，日本图一幅。

冯秉正翻译《通鉴纲目》之前，关于中国历史的著作，以这部书较为完善。

卫匡国旅华期间，亲见明清交替的情况，以其见闻写成《鞑靼战争史》，1654年出版，有意、英、法、德各种文字的译本。在他回到欧洲期间，结识了高利优斯（1596—1667年），教其中国语文。高氏著有《论中华帝国》，印有木刻汉字，引为著作的特点。

1657年，卫匡国返中国，殷铎泽等随行，到广州后，借汤若望在北京的疏通，他们居留下来。1661年，卫匡国去世，葬于杭州。

殷铎泽（1625—1696年），字觉斯，西西里岛人。1657年来华后．居江西建昌，学习中文，译《中庸》为拉丁文，题为《中国之政治道德学》。1667年刻印一部分于广州，1669年回欧洲，又刻印所余部分于卧亚，附原文及《孔子传》。1672年《中庸》译本再版。殷铎泽曾译《论语》，没有完成。又著《汉语语法》，原稿存于里尔图书馆。

柏应理（1623—1692年），字信末，法国马里纳人。受卜弥格的影响，于1659年来华，初居建昌，继居常熟与苏州。旅华期间，结识名画家吴历。"礼俗问题"渐趋严重，为适应耶稣会的需要，1681年，柏应理回欧洲，带有大批中国书籍，江宁沈福宗随行。在欧洲期间，柏应理结识研究中国的学者，如曼采尔、谬勒、德维奈、海德等。1687年，在巴黎出版《中国哲人孔子》，亦称《西文四书直解》，虽称"四书"，却缺少孟子。书末附《孔子传》，着重说明理性的重要，以便循理性而生活，即道德可以提高，风尚可以改进。在17世纪反封建的思想发展中，孔子思想起了有益的作用。1687年，柏应理出版《中国记年》，自公元前2952年伏羲时代起至1683年，即康熙二十二年（1681年）止，中国历史无间断地发展下来，引起欧洲学者的重视，因为历史久远是文化高尚的体现。柏应理介绍以六十为周期的干支计算法。1692年，柏应理在返华的途中，舟行至印度卧亚附近，遇飓风，发生意外事件，船上货物倾倒，击伤脑部而亡。

17世纪，由于学术的发展，世界范围的扩大，有些国家的学者开始研究中国。德人记尔希（1601—1686年）为考古学者，利用卜弥格的《中国植物志》，编纂《中国图说》，于1667年在阿姆斯丹姆出版。

谬勒（1620—1694年）为德人，旅居英国时受到英人启发，返回德国后，专心研究中国语文，为德国创立研究中国的基础。1671年，出版《马可波罗行纪校本》；又出《中国地理历史论考》；1672年，发表《景教碑考》；1674年，著《中国事物七讲》；1680年，出版《中国地名录》；1684年《汉语辞典》；1685年《汉文选注》；1689年，译注《阿勃达拉拜达岛的中国史》。[①]

曼采尔（1622—1701年）为普鲁士宫廷的侍医，受柏应理的影响，喜爱中国语文，著有《汉语初步》、《中国年表》、《中国辞典》等书。

海德（1636—1703年）为牛津大学教授，遇沈福宗后，得到帮助，于1688年著《中国度量衡考》，系英国最早研究中国的作品。

戴柏洛（1625—1695年）任法兰西学院东方语言教授，编《东方文库》，收集有关中国的著作。戴柏洛死后，1696年，由迦兰整理出版，曾流行一时，成为19世纪珍贵的历史资料。

五、法国派遣耶稣会士及"礼俗问题"的争执

（一）法国耶稣会士的来华

17世纪，法国的资本主义发展是缓慢的。其君主政治建立在封建贵族与市民阶级妥协的基础上，最初是有利于工商业的发展的，事实也确实如此。自从路易十三以后，法国开始重视海外的扩张。惠石里、马萨朗、科尔贝尔等以公款资助工厂，组织海外贸易公司，加强海上的安全保卫，给工商业者某些特权。他们利用这些措施，建立殖民地，掠夺财富，与其他国家竞争。

---

① 译自《波斯史集》，原名为 Tarikh Hitai。

为了发展工商业,科尔贝尔组织起东印度公司。在1691年5月28日公司的账簿上,以三万两千佛郎买回的中国丝绢,出售了九万七千佛郎,获得两倍多的利润。查本纪写道:"没有比东印度公司更有利的。……从那些地方,我们可以得到黄金、宝石、丝绢、生姜、豆蔻、棉布、棉花、瓷器、胡椒、象牙、染料、檀木——有千万种名贵的东西,我们是绝对不能随便放过去的。"① 查本纪是法国国家学会委员,很了解当时的实际情况,他的话是有代表性的。

路易十四统治的后半期,向海外扩张,法国是处于有利地位的。葡西两国虽占有许多殖民地,国内工商业却没有得到发展,所掠夺的财富均为贵族挥霍,逐渐走上没落的道路。英荷两国兴起后,国内政治与经济尚未稳定,海外扩张的实力也是不够充实的。科尔贝尔深悉这种情况,他计划向海外扩张,增进资本的累积,扩大法国在远东的影响。

法国派遣耶稣会士来华,表面上是来中国考察,借以改进法国的工业,实质上是通过耶稣会士的活动,在中国树立特殊的地位。路易十四与耶稣会长决定时,他们一致认为:"国家的利益和宗教与科学的利益是分不开的。"② 路易十四的意图在这句话中表现得很明白,反映出法国耶稣会士的来华是有政治目的,是为路易十四的扩张主义服务的。

法国派遣耶稣会士的计划是由加西尼提出的。这项计划提到:"如果派遣耶稣会士的尝试成功,以后可以继续派遣数学家来华。在伟大的中华帝国内,树立法国的声誉,开展贸易。但是,这样计划的实施,可能发生两种困难。一种困难是来自葡萄牙,葡国嫉妒法国在中国的活动,反对派遣耶稣会士。……另一种困难是来自罗马教廷,它派遣的主教多系西班牙的僧侣,与法国耶稣会士关系恶劣,前去中国者,须先向他们宣誓服从,关于这一点,法国国王是坚决反对

---

① 拉维斯:《法国史》,第7卷。
② 高田:《18世纪中国史研究汇编》,1845年。

的……"① 由此可见，一方面法国派遣耶稣会士的来华是路易十四扩张政策的一部分，亦即科尔贝尔执行的初期殖民主义政策。另一方面法国与葡西两国关系不紧张，在中国问题上，葡法两国的矛盾更为尖锐，葡人借澳门的实力与法国对抗。

葡人赁居澳门后，控制欧人入中国内地的口岸，对法国做出各种限制，从巴黎国家图书馆的档案中，可看出葡人所提的条件：

第一，法国来中国的传教士，须在澳门登陆。会长有权限制他们的行动，或使他们留在澳门，或派遣他们到别的地方。

第二，法国来中国的传教士，必须脱离法国原来的领导。

第三，法国来中国的传教士，只能承认葡萄牙国王为他们的政治领袖。

第四，法国来中国的传教士，只能接受葡萄牙国王的津贴与养老金。

第五，澳门为进入中国唯一的口岸。②

澳门为中国的国土，葡人竟然以主权者自居，发布条款，充分暴露了殖民主义的侵略，这是中国人坚决反对的。葡法关系不正常，葡人对法国的规定，法国自然是不能接受的。罗马教皇偏向葡萄牙，反对路易十四的教会独立政策，因而阻止法国派遣耶稣会士。为了不受约束，可以自由行动，法国政府决定用自己的船，载送耶稣会士来华。法国政府取得耶稣会的同意，选派了洪若翰、李明、刘应、白晋、张诚及达夏等六人。1685 年 3 月 3 日，他们随法国驻逼罗大使薛蒙航行，自布勒斯特登舟，一直到逼罗，准备进入中国。他们经过多方研究，除达夏留居逼罗外，其余五人乘广东王华士船，于 1687 年 6 月 19 日启程，绕过澳门，7 月 23 日到了宁波。

---

① 巴黎国家图书馆：Fonds Francais 17240。
② 巴黎国家图书馆：Fonds Francais 25060。

当法国耶稣会士到宁波后，浙江巡抚金铉以其无入中国的证件，需奏请政府指示处理办法，经南怀仁在京疏通，认为他们通晓历数，可以入京，听候任用。1688年2月，他们到北京，由徐日昇率领，觐见康熙帝于乾清宫，他们以专家的身份留在了中国。

世人有以清初中国执行"闭关自守"政策，危害科学文化的发达之说，这种说法是不正确的。欧人初来的时候，有如"海盗"，《明史·佛郎机传》中说："番人又潜匿倭贼，敌杀官军。"[①] 葡人与倭寇勾结，劫掠浙闽滨海地区，朱纨坚决反击是理所当然。按清廷对外政策，只要遵守中国法度，中国是以礼相遇的，康熙二十四年（1685年），福建总督王国安请示，进贡货物是否可以缴税？康熙批曰："外国私自贸易或可税其货物。若进贡者一概税之，殊乖大体。"康熙三十二年（1693年），清政府讨论开海贸易时，康熙说："向今开海贸易，谓于闽粤边海生民有益。且此二省民用充阜，财货流通，则各省亦俱有益。"从这些资料来看，如果外商公平贸易，不违犯中国法纪，清政府是支持贸易的，并没有采取闭关自守，与世隔绝的态度。

法国耶稣会士在清宫供职，用心良苦，着实下了一番揣摩的功夫。每日给皇室子弟讲解几何与物理等学，有时做历法的实验，有时实地演习火炮。他们利用科学知识，争取康熙的信任。白晋说："一世纪的经验，利用科学在中国传教，现在更觉着是迫切需要的。"[②] 但是，康熙对待传教士是有原则的。1692年，在佟国纲协助下，康熙于解除禁教法令之后，派人向西洋人说："须写信给各省传教士，善于利用此种特权，毋使地方官员控诉。否则，朕立即撤销这次特许法令。"[③] 康熙严守独立自主的政策，不允许外人干涉内政。

---

① 《明史》卷325《佛郎机列传》。
② 白晋：《康熙传》，第250—251页。
③ 《书简集》第17卷，第125—126页。

（二）"礼俗问题"的争执

"礼俗问题"，从表面上说是中国的礼俗能否与天主教的理论相调和，实质上却是传教策略的争论、是对中国内政进行干涉，其用意是十分险恶的。

当利玛窦来华后，逐步了解中国的实际情况，态度谨慎，认为中国的祀天祭祀，尊孔敬祖没有迷信的因素，是符合天主教理论的。他这种策略蒙蔽了许多知识分子，从而使传教事业得到迅速的发展。明朝末年，天主教扩张到十三省，有十五多万信徒。继后，耶稣会士来华者，循着利玛窦的策略，学习中国语言，研究中国经籍，拥护儒家学说，尊重中国的传统文化。比诺说："这样做，中国人视天主教非舶来品，不特不与中国习俗及历史相矛盾。而且反映了中国的习俗与历史。"[1]

自 1631 年后，传教士内部变得复杂了，除耶稣会之外，又有方济各会、多明我会、外方传教会等。他们隶属不同的国家，各有自己的主张，他们反对利玛窦所持的态度，敌视中国的传统文化，视耶稣会士的做法是离经叛道，与耶稣会处在对立的位置。

1639 年，"礼俗问题"的争执便开始了。多明我会莫拉来向耶稣会提出十二条质问，耶稣会未能解决，便向罗马教廷申诉，而罗马教廷更无明确的主张，经历一百多年始做出最后的决定，同意反动的侵略政策。从 1616 年起，教皇保罗五世支持耶稣会的主张；1635 年，乌尔班八世采取反对的态度；1656 年，亚力山大七世又倾向耶稣会的主张；1704 年，克莱芒十一世又反对耶稣会的做法，派遣多罗来华，企图与康熙直接交涉。

1705 年，教皇使节多罗来华，受到清廷的礼遇。康熙了解国际情况，主张同各国友好，《尼布楚条约》的签订反映了这种精神。多罗来华后，执行教皇意图，设置总主教，管理教徒，视中国礼俗有迷信成

---

[1] 比诺：《中国与法国哲学精神的形成》，1932 年，第 2 页。

分，反对耶稣会的做法。康熙以其干预内政，拒绝多罗的意见。1707年，多罗至南京，未得中国政府同意，自行发表声明。康熙以其不守中国法令，立即拘捕多罗，解往澳门。对协助多罗的颜当，亦加驱逐。葡人据澳门，自视为东方的独占者，事先罗马教廷未与葡人商酌，便派遣使节来华，葡人深感不满，遂借清廷驱逐多罗之机，对他进行更加严格的管理监视。1710年，多罗死于澳门。

多罗失败后，"礼俗问题"在欧洲仍剧烈争执，耶稣会得到康熙的支持，似占上风。罗马教廷欲挽救局势，于1720年，又派遣嘉乐来华，随身带有教皇信件，感谢"柔远洪恩"，中国仍予以礼遇。事实上，嘉乐别有企图，未得中国同意，自行公布禁约，干预中国内政。康熙在此禁约上批道："览此告示，只可说得西洋人等小人，如何言得中国之大理。况西洋人等无一通汉书者，说言议论，令人可笑者多。令见来臣告示，竟是和尚道士，异端小教相同，彼此乱言者莫过如此。以后不必西洋人在中国行教，禁止可也，免得多事。"①康熙独立自主的政策，为反对西方殖民主义的侵略，起了积极的作用。刘大年同志说："早期殖民势力在中国受到打击，延缓了它对若干邻近国家发动进攻的岁月。"②

"礼俗问题"的争执表现了传教士所属修会间利益的冲突与所属国家间的矛盾。不论"礼俗问题"争执到何种程度，这些传教士是为初期殖民主义服务的。清廷对传教士的要求是，必须遵守中国法度，不得干预中国内政。"礼俗问题"是干预内政的一种体现。关于此，雍正继承康熙的政策，坚持独立自主，所以他说："中国有中国之教，西洋有西洋之教，彼西洋教之不必行于中国，亦如中国之教岂能行于西洋？"这不是闭关自守，这是针对传教士的活动不守中国法度而采取的息事宁人的态度，这不仅是合理的，而且是宽大的。

1742年7月，教皇本笃十四宣布停止"礼俗问题"的争执，反对

---

① 《康熙与罗马使节关系文书影印本》第十四件。
② 刘大年：《论康熙》，《历史研究》1961年第3期。

耶稣会者取得胜利。事实上问题并未解决，妄论中国礼俗的是非，颇为有识者所讥笑。服尔德在《路易十四传》内，就讥笑了这种狂妄的态度。更严重的是，"礼俗问题"是初期殖民主义侵略的组成部分，它企图否定中国传统的文化，奴役中国的精神，这是中国绝对不能容忍的。

六、欧人对中国之研究

当"礼俗问题"论争之时，法国耶稣会士出于在华传教的经验、对中国的了解和在宫廷的有利地位，坚持执行利玛窦的遗规。在辩论的过程中，为了维护自己的主张，他们深入研究中国的语言，翻译中国的典籍，介绍中国的礼俗，出版了许多书籍与整理了大量的资料，这给欧洲学者们研究中国奠定了稳固的基础，同时也产生了深远的影响。

（一）中国经籍的译述

卫方济（1651—1729年），比利斯人，于1684年来华，初居淮安，继居南丰。在旅华期间，经常考察天文星体的情况，建立中西星名的对照，著有《在中国与印度对数学与物理的观察》。1711年，刊印《中国六经》于布拉格。所谓"六经"并不是我们传统所习用的，而是在《大学》、《中庸》、《论语》、《孟子》而外，又加《孝经》与《小学》。卫方济采用集注珍本，译文较为信实。又著《中国哲学》一书，包括本体论及伦理学。根据宋君荣所说，卫方济曾译《道德经》，译本寄往法国，却没有着落。1720年，卫氏死于法国里尔。

李明（1655—1720年）字复初，法国波尔多人。1687年在来华的途中，做了许多有关天文的考察。葡萄牙嫉妒法人的东来，制造许多困难，扣留法国寄来的给予传教士的生活费用。1692年，为了解决这些困难，李明返欧洲，到罗马计划去改善对立的情况。其时"礼俗问题"争执剧烈，于1696年，李明著《中国现状新志》，分上、下两卷，通过书简形式，叙述中国的现状。这部书中，反映了耶稣会士对"礼俗问题"的观点，随后有英、荷、意、德等译本。1700年，又著《申辩》，申述耶稣会士的论据。为了解决"礼俗问题"的纠纷，李明再没有机会重返中国了。

白晋（1656—1730年）字明远，法国曼斯人。1687年来华后，在京供职，于清宫内建立化学实验室，给清室子弟讲授科学。白晋通晓中国语言文字。①1697年返法时，携有大批中国书籍，使之成为法国皇家图书馆的珍藏。便是这年，白晋发表著名的《康熙传》，不久又印行《中国现状》，内容与李明所著大致相同。两种著述的目的，都是申论耶稣会士有关"礼俗问题"的论点。1699年，白晋返中国，参加测绘地图工作。他对经学亦有了解，著有《易学通论》。②白晋与法国哲人莱布尼兹通讯，讨论易卦蕴含的理论。莱布尼兹认为他所发现的"数学二元论"与易卦的阴阳是符合的。"零"与"一"的含意为无与有，而无与有并非绝对的。他写给维尤斯说："此种发现给中国皇帝与士人们一种深刻的印象，使他们知道伏羲所造的八卦并非是浅薄的东西。这可唤起他们的好奇心，要他们注意古代的哲学与起源。"③白晋于1730年死于北京。

张诚（1654—1707年）字实斋，法国凡尔登人。1687年来华，通满汉语言，在内廷供职。康熙二十七年（1688年），张诚与徐日昇随索额图前往尼布楚订约，充任翻译官。继后，张诚多次随康熙到塞外旅行，著有游记八种，叙述长城北部的自然特色及居民情况，刊于杜赫德所著《中华帝国志》第四卷内。张诚于1707年死于北京。

刘应（1656—1737年）字声闻，法国不列颠人。1687年来华后，初至绛州，继至南京，致力于中国经史的研究。当读马端临的《文献通考》时，惊其资料之丰富，辑录了有关匈奴、突厥、契丹、蒙古等

---

① 《康熙与罗马使节关系文书影印本》第十三件，内有"惟白晋一人稍知中国书义"。
② 法国国立图书馆：Fonds Francais 17239。
③ 见莱布尼兹于1705年8月18日写给Verjus信。

事迹，著成《鞑靼史》，刊于1780年编的《东方文库》中。译文正确，欧洲研究中国的学者均予以重视，因为"刘应是最早介绍塞外民族资料的"①。从此，欧人研究亚洲东北部民族的历史有了可靠的资料。刘应又著《易经笺注》刊于波基伊所编的《东方圣书》内。关于"礼俗问题"，刘应拥护罗马教廷态度，自然受到清政府的禁止。清政府于1709年令其离开中国。

巴多明（1665—1741年）字克安，法国贝桑松人，长于文学与物理。于1698年来华，学习满汉语言，有进益，供职内廷，襄助办理对外交涉事务。巴多明研究中国古代的传述，没有特殊的见解。注释"六经"，于《易》、《诗》、《书》、《礼记》、《春秋》外，又增添《周礼》。根据司马光《资治通鉴》，翻译从伏羲至尧的部分，题为《中国史》，麦郎刊印了法文译稿。按照他给夏里伊的信，巴多明向康熙提出测绘中国的地图。自康熙四十七年（1708年）起至五十五年（1716年）止，始完成这项工作，命名为《皇朝舆地总图》。

雷孝思（1663—1738年）字永维，法国南部伊斯特来人，长于天文与数学。1698年来华，学习汉语，翻译《易经》。雷孝思在内廷供职，参与测绘地图工作，图成之后，康熙向内阁学士蒋廷锡说："此朕费三十余年之心力，始克告成。"②康熙四十七年（1708年），地图测绘工作开始进行的时候，采用三角测量法，需观察天体、测定经度与纬度。雷孝思等"带着大指南针，时表，各种测绘仪器。用分好尺寸的绳子，从北京出发，沿途测量，观察子午线，罗盘针的移动与角度"③。动员各省人员参与这项工作，康熙五十五年，始结束田野测绘。关于测绘地图的时间、地区及技术人员，列表如次④：

---

① 拉谬沙：《亚洲杂俎新编》，第2卷，第246页。
② 萧一山：《清代通史》，第1卷，第583页。
③ 字留克：《第四届国际地理学会报告》，第1卷，1889年，巴黎，第378—396页。
④ 参看杜赫德《中华帝国志》第1卷序文。

时间	地区	测绘员
1709	蒙古、满洲	雷孝思、杜德美、费隐、白晋
1709	直隶	雷孝思、杜德美、费隐
1710	黑龙江	雷孝思、杜德美、费隐
1711	山东	雷孝思、麦大成
1711	甘肃、哈密	杜德美、费隐、潘如
1711	山西、陕西	麦大成、汤尚贤
	河南、江南	雷孝思、冯秉正、德玛诺
1712	浙江、福建	
1713	江西、广东	汤尚贤、麦大成
	广西	
1713	四川	费隐、潘如
1714	云南、贵州	雷孝思、费隐、潘如
1715	湖南、湖北	
1715	总图	白晋

这部地图集是一部进步的作品，有很大的科学价值。以经线以北的子午线为标准，纬线采用投影法，以平行线表出。康熙五十七年（1718年），耶稣会士向康熙帝呈献，受到奖励。同年即着手刻印，题为《皇朝舆地总图》。包括总图一幅，分图三十四幅，未记数的图四幅。1832年，以同样经纬度和比例，重新刻印，改名为《皇朝一统舆地全图》。1718年中国所印的地图，于1730—1734年间，经过地图学者安维尔指导，在法国印行。1785年，克罗西将中国地图装订成册，由巴黎莫达尔书局出版。布留克曾研究耶稣会士测绘地图工作，他引证宋君荣的话："陪伴西士的汉满官吏与人员，严格地限制他们，因为有命令不允许耶稣会士任意行动。"[1] 康熙的这种限制是应当的，任何一个独立的国家都是如此处置的。

马若瑟（1666—1735年），法国瑟尔堡人。于1698年来华，苦学

---

[1] 李留克：《第四届国际地理学会报告》，第1卷，第389页。

中国语言文字，造诣较深。为了说明中国初期的历史，特别是伏羲前后的情况，马若瑟研究经学与诸子作品，著有《前书经时代及中国神话之研究》。当刊印宋君荣翻译的《书经》时，吉尼将马若瑟的这篇著作，置于卷首，作为译本的导论。1770年，《书经》出版后，引起欧洲学者的重视。马若瑟深入研究中国文学，能欣赏词曲，翻译纪君祥著的《赵氏孤儿大报仇》。刊在杜赫德1735年出版的《中华帝国志》第三卷内。《赵氏孤儿》是欧洲最早被翻译的我国的剧本。服尔德受了这篇译品的影响，写了《中国孤儿》，借以讽刺普鲁士的国王。此后，长久的时间内，无人再翻译元人的作品。到嘉庆二十二年（1817年），英人戴维斯翻译《老生儿》，继后又译《汉宫秋》，中国的名剧始逐渐介绍到欧洲。关于"礼俗问题"，马若瑟持反对罗马教廷的态度。马若瑟曾著《汉语札记》，分析中国语文的特点与结构。这是一部最早的中国文法书。伏尔蒙取原稿内容，写成《中国文典》。1822年，拉谬沙著《汉文启蒙》，抨击伏尔蒙抄袭的行为，以彰马若瑟的功绩。1831年，马六甲英华书院印行《汉语札记》。1847年，译成英文，在广东印行。①

冯秉正（1669—1748年）字端友，法国贝来人。1703年来华，曾参加测绘地图工作。爱好历史，翻译朱熹所著的《通鉴纲目》。又翻译商辂的《续通鉴纲目》，补宋、元、明三朝史事。译稿完成后，1730年寄回法国。1735年，伏雷来读了部分译稿，曾计划出版。但是伏氏随即去世，《通鉴纲目》译稿也便搁置起来。经过四十多年的时间，在里昂公学发现译稿后，由克罗西经手刊印，自1777年起至1783年止，共出十二卷，题名为《中国通史》。克罗西又著《中国现状》一卷，附于《通史》之后，从此不懂汉文者，亦能研究中国历史。②

傅圣泽（1663—1740年）字方济，法国布告尼人。1699年来华，初居福建，继至江西抚州。研究中国古代典籍，富于玄想。康

---

① 法国国立图书馆：Fonds Francais, 27203。
② 法国国立图书馆：Fonds Francais, 12，第210—214页。

熙四十九年（1710年），由白晋推荐，至北京，供职内廷，着手研究《易经》。曾译《诗经》与《道德经》为法文，并加笺注。1729年，刊印《中国历史年表》于罗马。这份年表以《资治通鉴》为根据，按干支排列，加年号，拉谬沙说："给欧人读中国史者以极大的方便。"傅圣泽有许多主张与耶稣会不同。1720年返欧洲，带回大批的中国书籍，这些书籍随后分散收藏在法、英、意几个大图书馆中。

宋君荣（1689—1759年）字奇英，法国格亚克人。1722年来华，研究汉语与满文，成为当时有名的中国学者。他供职内廷，担任翻译工作兼给清室子弟讲授拉丁语。著作丰富，曾任法国国家学会通讯院士，圣彼得堡学会委员。1739年，宋君荣寄苏希伊《书经》译稿，1770年始由吉尼印行，成为有名的译本。1728年寄《成吉思汗与蒙古朝代史》稿，此书取材于邵远平的《元史类编》，1739年出版，给研究鞑靼、蒙古、突厥、匈奴等民族史者提供了可靠的资料。欧人研究东方史者，虽不懂汉文，从此亦能利用中国史料，与波斯等古代史料相对照，以推进东方史的研究。1749年，宋君荣著《论中国纪年》，他根据经籍中的记述及天文观察，认为中国史料是可靠的。彼奥说："这是宋君荣最重要的著作。"[①]1753年，宋君荣完成《大唐史略》，书中论证了西北部游牧民族的移动，以及给西方历史带来的影响。他研究《书经》中"仲康日食"，由此推定夏代的开始为公元前2155年。[②]1732年，宋君荣又著《中国天文史略》，附有多种实际的观察。他也曾翻译过《易经》与《礼记》，写了不少的杂记与书简，但是多半未印行。宋君荣是西人研究中国最有成就者之一，其影响是很大的。

孙璋（1695—1767年）字玉峰，法国里昂人。于1728年来华，任内廷翻译工作，在京居住二十九年。孙璋翻译《诗经》为拉丁文，有注释，1830年出版，德人又根据他的译本，转译为德文。又译《史记》及薛应旗之《甲子会记》，皆未刊印。

---

① 彼奥：《天文学》，1862年，第253页。
② 费赖之：《入华耶稣会士列传》，第2卷，第672页。

钱德明（1718—1793年）字若瑟，法国杜伦人。1749年来华，居北京城，苦学满文及汉语。翻译乾隆《御制盛京赋》为法文，1770年印行，服尔德极为赞扬，并借此批评法国国王没有见识，不重视诗文。钱德明著《满文文法》及《满文字典》。其长于史学，著《中国编年史简编》。1784年，著《孔子传》，兼附历代关系。又介绍孔子著名的弟子如颜回、曾参、子路等。1772年，《中国兵法》出版，附图二十一幅，是根据满文，译《孙子》、《吴子》等著作而写成的。钱德明根据《古乐经传》，著《中国古今音乐》，论及八音、律与声，说明中国的音乐是一种独立的体系。他的著作，多收入《中国杂记》内，共十六卷，自1776年开始印行，至1814年始完成，给研究中国学术者奠定坚实的基础。

韩国英（1727—1780年）字伯督，法国里摩若人。1759年来华，亦供职内廷，指导建筑喷泉工作，装饰圆明园。他翻译《大学》与《中庸》；介绍宋慈的《洗冤录》；著有《中国孝道》，是节译《礼记》与《孝经》及有关孝道的法令、古今有关孝的故事、诗文与格言而写成的。1780年，韩国英卒于北京。

1773年，耶稣会解散，在中国活动两百年的耶稣会，亦随之暂时告终了。他们做了许多工作，对于欧人研究中国各种问题，无论是语言文字，还是典籍资料，他们的著作均产生了积极的作用。但是，应该明白，耶稣会士来华后，不论如何尊重中国的传统，不论如何脱离政治，只是一种外在形式的表现，实质上他们在初期殖民主义的发展中，是为殖民主义服务的，他们并不相信中国文化的价值，而视自己的文化为超人一等。

（二）欧人对中国研究的发展

当欧人翻译中国的古代典籍，编写语法书与字典，介绍学术与思想时，已奠立起来了研究中国的基础。沙畹论及法国研究中国学术情况时，回顾了17、18世纪发表的著作，他说："对于年代久远、物类繁杂、内容丰富的伟大中国文化，这几位开创者（指耶稣会士）已经踏出了一条大道，可使后继者在广阔的疆域上，一眼就能看得到探索的方向。"一方面，耶稣会士是封建统治的卫护者，他们的著作，给资产阶级的扩张提供了十分有用的资料。在另一方面，通过他们对中国的介绍，欧洲的进步人士也得到一种新的知识，他们视中国为理性的象征，中国既不是基督教的国家，又没有受希腊罗马的影响，但中国却有光辉灿烂的文化，这对反封建与反宗教是最有力的支持。不懂中文的欧洲学者，从中亦能研究中国的事物。吞伯尔说："中国是一个伟大的蓄水池或湖泊，中国是人类知识的总汇。"不了解中国的事物，是知识成长上的一种缺陷。

杜赫德（1674—1743年）生于巴黎。1692年入耶稣会，执教于巴黎公学。他与旅华耶稣会士经常通讯，很了解中国发生的事情及欧人在华的活动。由于杜赫德有丰富的关于中国的知识，他受修会的委派，整理寄回来的著作、译稿与信件。当"礼俗问题"争论剧烈的时候，耶稣会采取巧妙的手法，自1702年起，发表寄回来的书简，由高伯阳（1653—1708年）编印。从1711年起，这项工作改由杜赫德主持，一直到1743年他去世止。这部通讯集的命名是奇异的，题为《虔诚与奇异的书简》①，共出了三十四卷②，一直到1776年，几乎贯穿了整个18世纪，在当时产生了巨大的影响。杜密里论到《书简集》时，认为"这是一座军火库，在当时政治与宗教的冲突中，从那里能取得到最精良的武器。这又是一座矿山，对那时候的哲人与作家而言，在那里有开发不尽的矿藏"③。

《书简集》是耶稣会的一种宣传品，叙述旅华人士的生活、宗室的斗争和奇风异俗，给人一种"质朴"的印象，而实质上却是在为他们的论点作辩护。为了迎合读者的趣味和符合耶稣会的利益，杜赫德

---

① 原文为 Lettres Ediffiantes et curieuses。
② 高伯阳编一至八卷，杜赫德编九至二十六卷；巴杜伊编二十七至三十四卷。
③ 杜密里：《耶稣会传教士对18世纪思想的影响》，第2卷，1874年，第5页。

润饰这些书简，必要时加以修改这些书简，要人注意这不是普通的信件。《书简集》序文说："读者所读的叙述不是来自野蛮的国家，或过着奴隶的生活；而是来自古老的社会，享受贤明的政治，良好的治安。"[①] 将近二百年，耶稣会士寄回很多的信件，但在此处所发表的既不是全部，也不是原信，而是经过删节与修改的有所选择的。巴洛论《书简集》，以为耶稣会"努力做到忠实的地步；有时省略，有时又婉转，生怕翻译成中文，影响了他们在华的工作"[②]。18世纪的耶稣会树敌甚多，在斗争中，他们装作是被迫害者。通过这些书简，争取得到读者的同情。马地纳认为打开《书简集》立刻感到一种奇妙的忠诚，天真的质朴，有时候还带些愚笨"[③]。这是一种宣传技巧，是有意识的"愚笨"，当读者寄予同情之时，耶稣会的论点已发生积极的作用了。事例很多，如《书简集》发表了汤尚贤的信，其中有："我能说什么？我所写的东西，不是供人娱乐的小说，而是远适异乡的生活，我想使关心我者稍微知道我的一点生活。"[④] 这封写给他父亲的信，似乎并不需要如此客气。

杜赫德联系着旅华耶稣会士，经常得到可靠的资料，积累既久，于1735年，出版了他写的《中华帝国志》，共四卷。对于研究中国，在当时起了有益的作用。加尔加松说："这是一部科学著作，一直到今天，许多'汉学'专家仍予以最高的评价。"[⑤] 这部书出版后，随后就有了英、德、俄等文译本，说明这部著作的成功。这部书的第一卷介绍中国的概况，各省的自然情形及历代的发展；第二卷叙述中国政府的组织，风俗习惯，科举制度及学校教育；第三卷介绍宗教、道德、文学、戏剧等情况；第四卷介绍边疆及测绘地图的说明，并附图四十二幅。

---

① 《书简集》，XXV卷，第5页。
② 布鲁引用《17世纪传教士的争论》，《传教史杂志》，第XI卷，1934年，第557页。
③ 马地纳：《东方对17、18世纪法国文学的影响》，1906年，第114页。
④ 《书简集》XXVI卷，第180页。
⑤ 加尔加松：《〈法意〉中的中国》，《法国文学史杂志》，1924年，第194页。

《中华帝国志》是第一部系统地研究中国的著作。杜赫德用二十四年的时间收集资料,掌握了许多书简、译稿、游记与著作。他利用这些资料,通过剪裁与修改,编写成一种有系统的作品,使人们知道只有耶稣会是了解中国的,借此卫护他们在"礼俗问题"上的论点。他讲究技巧,以迎合读者的趣味,比诺说:"无疑的,杜赫德修改了原文,他要修改中国化的语句,生硬的词汇,以适合法国人的口味。"①

《中华帝国志》出版后,有两类读者喜欢这部著作。一类是不满现状者,借这部著作旁敲侧击,攻击政府的措施。另一类是思想进步者,他们反对经院学派的理论,用中国儒家的思想,攻击欧洲传统的思想。所以,杜密里说:"泛神论者与经济学家都是以中国为榜样的。"②《中华帝国志》是一部一般的著作,却起了很重要的作用。钱德明旅华多年,有丰富的知识,他说:"关于中国的著作,毫无疑问,当推杜赫德的这部书。他未到过中国,可是掌握许多资料,善于整理,从未将自己的思想夹杂在里面。时间愈久,这部著作的价值愈大。"③钱德明的评论基本上是正确的。但是,应该指出,《中国帝国志》内反映出杜赫德的思想,他并不是客观地叙述中国。这部书的目的,既要辩护耶稣会的论点,又反对新思想的发展。18世纪初期,法国处在剧烈转变的时候,启蒙运动者认为人类社会是进步的,必须发扬人类的理性。当他们读《中华帝国志》后,深感到中国倡导"理性",是他们的主张的有力支持者。脱落梧回忆说:"希伯来是信仰的宝库,中国是理性的宝库。"④这说明《中华帝国志》迎合了启蒙时代的要求,意想不到地满足了当时的需要。

伏尔蒙(1683—1745年)生于法国圣德尼,父母早年去世,学于马萨朗公学。毕业后,充任安顿公爵家庭教师,借此机会结识了许多贵族。路易十四向海外发展,与葡萄牙及西班牙竞争的时候,很注意

---

① 比诺:《中国与法国哲学精神的形成》,1932年,第174页。
② 杜密里:《耶稣会传教士对18世纪思想的影响》,第2卷,1874年,第15页。
③ 钱德明:《关于历史、科学、艺术等回忆》,第2卷,1777年,第564—565页。
④ 《脱落梧回忆》,1736年,第1300页。

培养东方语言人才。当路易十四得知伏尔蒙有语言才能时，命他随福建兴化黄某学习汉语，从此伏尔蒙的东方语有了进步。《天方夜谭》译者迦兰去世后，伏尔蒙继其职位，在法兰西学院讲授阿拉伯语文。但是，他仍刻苦钻研汉语，与马若瑟通讯，[1]借以增加关于中国的知识。1719年，伏尔蒙出版了有关214种部首的著作，介绍中国文字的结构。路易十五统治期间，对东方语言的学习放在次要地位，而伏尔蒙仍坚持编写《中国文典》，1728年脱稿，1742年始刊印，有560页，成为学习汉语的巨著。这部著作以万济国的《汉语文法》为根据，特别是抄袭了马若瑟的《汉语札记》，有些学者指责了这种抄袭行为。伏尔蒙死后，其侄狄斯荷特来伊（1724—1795年）继其事业，任皇家图书馆翻译兼法兰西学院教授，协助刊印冯秉正所译的《中国通史》。

吉尼（1721—1800年）生于法国彭特瓦，好奇、爱慕中国事物。1736年，吉尼仅十五岁，从伏尔蒙学习汉语。伏尔蒙死后，他得到法国皇室的优遇，任职皇家图书馆的翻译。1747年，初次刊印《匈奴与突厥历史的起源》，受到欧洲学者的重视。1752年，英国皇家协会聘吉尼为会员。次年，法国金石艺术学会又选吉尼为委员。吉尼能直接运用中国史料，于1756年，刊其名著《匈奴、突厥、蒙古及鞑靼通史》。这是一部新颖的著作。1768年，德讷尔特译为德文，引起德国学术界的重视。这部著作的内容是庞杂的，主要从《资治通鉴》、《通鉴纲目》及《文献通考》中收集资料，当时在欧洲能直接阅读这些书籍，实在是难能可贵的。全书分五册：第一册讲匈奴史；第二册讲突厥史；三、四两册，讲蒙古史及对西方的影响；第五册为世系表。吉尼的这部著作的优点，不仅是取材的新颖，更重要的是没有种族的成见，这种态度是值得称赞的。吉尼在《起源》中说："人类到处是一样的。我们没有照希腊罗马人的做法，我们赞扬功绩，同时也批评错误，为什么不让我们也拿这种公平态度对待其他民族呢？"

---

[1] 高田：《中国书目》，1878年，第550页。

吉尼写了不少的论文，如《论巴克特里亚的古史》等。吉尼的论文常引起激烈的争论。他主张中国文化移自埃及，这是殖民主义者的一种想法，引起欧洲某些人的重视，1759年后，争论范围扩大，涉及象形文字。英人尼特姆（1713—1781年），认为杜灵的伊西斯像上埃及的铭文与中国文字是相似的。英国皇家学会请钱德明鉴定。1764年，钱德明著《论汉字书》，说明中国文字与埃及文字是毫无关系的。1789年，法国革命爆发，吉尼的生活遇到严重的困难，生活没有着落，晚年景况是悲惨的，1800年死在巴黎。

路易吉尼（1759—1845年）为吉尼之子，学习汉语，继其父业，没有特殊的成绩。1784年来华游历。1794年又随荷兰使臣至北京，著有《北京行纪》三卷，附着许多图片，1809年出版。1801年，路易吉尼回国后，受拿破仑的委任，编纂《中法拉字典》，体裁庞杂，1813年出版，没有什么特别之处。

与路易吉尼同时，朗克来（1763—1824年）爱好东方学术，造诣不深。但是，为了发展商业，他向国民议会提议，建立东方现代语言学校，1795年3月30日得到批准。次年6月2日举行开学典礼。这是欧洲最早设立的研究中国语言的学校，至今已有一百六十多年了。

拉谬沙（1788—1832年）生于巴黎，幼年时，坠楼受伤，伤一目。十七岁丧父，欲继其父业，学医，入中央学院。自幼爱好植物学，偶于"森林修院"中，看到《本草纲目》的译本，激起学习汉语的欲望。拉谬沙受东方学者希尔威斯特的鼓励，刻苦奋发，自学伏尔蒙编的《中国文典》。1811年，发表《论中国语言与文学》，得到意外的成功。1813年，拉谬沙发表关于中国医药的论文，巴黎大学授予其博士学位。法国政府决定在法兰西学院，设立汉语讲座，拉谬沙被聘为主讲教授。1815年1月16日，拉谬沙讲授"欧洲研究中国语的起源、发展及效用"。次年4月，被选为法国金石艺术学会委员。1822年，与克拉普洛特等组织亚洲学会，发行《亚洲学报》，成为研究中国学术的重要工具。拉谬沙非常勤奋，发表了很多论文与译品，1820年译《玉娇梨》；1830年译注《佛国记》。其著述集有《亚洲杂俎》两卷，《亚洲杂俎新编》两卷，《遗稿杂论》等。1832年3月，巴黎发生瘟疫，预防不力，拉谬沙因此致死，时人多为惋惜。

克拉普洛特（1783—1835年）生于柏林，其父为柏林大学化学教授。幼年时，至普鲁士图书馆，看到中国书籍，产生如何能阅读的意愿。自1797年起，便立志研究汉语，刻苦钻研。1802年，在威伊玛发行的亚洲杂志上，发表有关《中国古代文学》、《中国佛教考》等论文，引起德国学术界的重视。当时，俄国波多斯基伯爵旅居柏林，知其为中国语言人才，向俄国政府推荐。1804年，克拉普洛特受俄国政府之聘，至圣彼得堡。1805年，帝俄派遣戈洛威金伯爵出使中国，克拉普洛特随行，任翻译官。俄使至库伦，因故中止前进，克拉普洛特进入阿尔泰山调查，开始了新的研究。1807年，受波多斯基帮助，入高加索区实地调查，收获很多。1810年，发表《阿富汗民族语言起源考》，反对阿富汗民族来自希伯来的传统理论，改变研究中亚历史的传统方法。由于拿破仑发动侵略战争，德国社会秩序混乱，经济困难，许多学术研究工作无形中停止了。克拉普洛特继续努力，1812年写成《畏吾尔语言文字考》。1815年至巴黎，得洪波特的帮助，克拉普洛特留居法都，发表许多著作。1819年有《克来蒙中拉辞典补遗》；1822年有《柏林图书馆汉满书目录》；1823年有《亚细亚语汇对照》；1824年有《亚洲历史地图》。此外，刊印《亚洲杂考》三卷，收集有关中国及西北民族语言论文，坚持印刷术、火药、磁针是中国发明的论点，说明这些发明是经阿拉伯传至欧洲的。克拉普洛特旅法二十年，研究中国的学术著作多用法文，给法国研究中国方面做出很多贡献，高田予以很高的评价。1835年8月27日死于巴黎，葬于蒙玛尔特公墓。

17世纪后半期．路易十四取得西欧统治的地位。连年发动大规模的战争，建造豪华的凡尔赛宫，科尔贝尔实行工商业政策，商船航行在东西两洋之上。可是法国这种强大是建立在沙滩上的，没有可靠的基础。在大陆上，法国既难与普鲁士和奥地利争夺对大陆的领导权，又难与荷兰和英国在海上对抗。1756年，英国发动较大规模的殖民主义战争，与法国进行了七年的争夺，英国获胜，成为海上的强国。

　　法国资本主义的发展是缓慢的。可是法国的文化却走向了繁荣的道路，开始了启蒙运动。随着这种形势，法国对中国的研究亦取得了很大的成就。但是，到法国革命后，又消沉了。波纪野（1801—1873年）看到这种现象，愤慨地说："今天，便是有限的几个人都很难对中国加以注意。"当耶稣会士介绍中国时，在反贵族与反宗教的狂潮下，中国思想是理性与自然的象征。在法国革命前，或者更确切点说在1773年解散耶稣会之前，对中国的研究已奠定了稳固的基础。无论是研究中国的语言文字、经学与史学、科学技术以及社会气氛等各方面，都有了一定条件。这在文化交流上是十分重要的。

　　概括回来，17世纪末，柏应理回到欧洲后，指导曼采尔著《汉语初步》。1682年，恩理格研究中国文字，著《中拉大字典》。1684年，万济国编写了《汉语文法》。1685年，曼采尔著《汉拉小字典》，编成汉语词汇及语法。1710年，地亚士著《汉西字典》。1728年，马若瑟著《汉语札记》，伏尔蒙取为蓝本，著成《中国文典》。1730年，在圣彼得堡，拜伊刊印《中国大观》，内有中国文法、字典及方言。也是这一年，加斯达拉琊著《拉意汉字典》。这些工具书给有志研究中国者提供了很好的工具，可以进行独立的研究工作。

　　两个世纪以来，耶稣会士翻译了不少中国经典的著作，多次翻译《五经》与《四书》、《道德经》、《淮南子》、《佛国记》、《通鉴纲目》等。配合这些古典作品，欧人写了许多有关经史的著作，其间重要者，有金尼阁的《中国编年史》；卫匡国的《中国通史》；柏应理的《孔子传》；白晋的《康熙传》；杜赫德的《中华帝国志》；宋君荣的《成吉思汗与蒙古朝代史》、《大唐史略》、《中国天文史略》；钱德明介绍《中国兵法》、《中国古今音乐》；傅圣泽的《经学导论》等。在"礼俗问题"的争论中，耶稣会士为了维护他们的论点，出色地完成了介绍中国文化的工作，给其他研究中国者奠立了稳固的基础。

18世纪，在欧洲，特别是在法国，掀起一股"中国风"，生活与艺术上反映出异域的情调。中国的漆器、瓷器、刺绣、图案都成了最时尚的东西。庞巴杜夫人喜爱中国漆器，1752年购置大量货物，装饰碧尔维宫，她竭力支持马丁一家的漆业，使之不断提高质量。17世纪起，瓷器被视为珍品。少数贵族的宫中若有瓷器陈列，是会引以为荣的。18世纪时，瓷器生产得到发展，成为家庭的普通用品。1709年，欧洲已能制造瓷器，但是，产品模仿中国的风格。克里姆在1785年写道："有一个时候，每家壁炉上陈设着中国的物品，而许多日用器具，都是以中国趣味为标准的。"[①]

在戏剧方面，有许多剧本以中国为题材。自1692年演出《中国人》起，到1779年演出《中国的崇拜》，不到百年的时间。演出十五种有关中国的剧本。作者有雷讷尔、奈斯纪、麦达斯、达索、服尔德等。剧本有《中国人》、《中国女公主》、《中国女人》、《中国英雄》、《还乡的中国人》、《中国孤儿》、《中国节日》等。在1750年，即有八种剧本演出，演出者为法国与意大利剧团。杜赫德曾介绍"灯影戏"，使人感到新奇。1767年巴黎已放演"中国影戏"。

18世纪中叶，织绘中国景物的作品出现了。1742年的展览会中，布谢陈列了八幅取材于中国景物的画，引起群众的赞赏。波瓦织工厂，以中国题材为图案，织成许多地毯。当时出版了许多画集，如布谢的《中国人物画集》，许基伊的《中国花鸟画集》、《中国装饰图案》，柏洛特有《中国花卉集》。彼伊蒙的《新编中国装饰图案集》1755年在伦敦出版，受到时人的欢迎。龚古尔说："瓦多受阿尔伯地讷的启示，有一种伟大计划，要研究中国人的形体，特别是服装，雕刻一座形体毕肖的石像。"[②]

当马若瑟译《赵氏孤儿》为法文后，杜赫德誉之为最大的悲剧，仅此剧本已足可窥见中国文学的伟大了。《玉娇梨》被译为法文后，1826

---

① 克里姆：《通讯集》，1785年11月。
② 高田：《法国18世纪的中国》，第1763页。

年拉谬沙刊行，题为《三姊妹》。上了断头台的诗人石尼，读到《诗经》译本，感到惊喜。他想运用《诗经》的体裁，改造法国诗的格律。18世纪由于醉心中国文化的狂热，影响了法国革命的发展，那时候流行的歌曲中，唱着："中国是一块可爱的地方，它一定会使你喜欢！"①

七、中国对法国18世纪的影响

（一）法国18世纪的社会动向

法国君主统治时期，从亨利四世起（1589年）到法国革命（1789年）止，基本上仍然是封建的，亦即世所习称的"旧制度"。尽管法国是统一的强国，却不能满足新兴资产阶级的要求，这个君主政府变成了生产力发展的障碍。法国封建地主掌握土地，农民是十分贫困的，忍受封建的剥削。教会的什一税，地主的代役租，使农民喘不过气来。新兴的资产阶级虽然积累了资金，但聘请不到自由的工人，因而生产受到限制，很难得到发展。法国君主政府是庞大的，供养着大批的贵族与僧侣。社会不断地分化，穷人多，市场小，购买力薄弱，形成一种不安定的局势。拉封登在《樵夫》中说："生活有什么乐趣呢？谁能像我这样苦痛？妻子，儿女，军队强迫我工作，我从来没有自由生活过。……"② 路易十四时代的社会问题是严重的，政府监督工业、专卖粮食，又有三次大规模的战争，财政困难到了极点。不仅如此，在四十一年的时间（1669—1710年），路易十四建造凡尔赛宫，耗费了一亿一千六百万金佛郎，法国居民仅有一千六百万，这是何等沉重的负担！在这个所谓昌明的时代，人民的安全却没有保证。对有嫌疑的人，随便发票逮捕，不经审判，便投入狱中。事例很多，如服尔德两次被捕（1717年、1726年），最后不得不逃往英国。底德罗因《盲人之信》，在1749年被政府逮捕。这种做法引起了相反的作用，促进了

---

① 马地纳：《东方对法国17、18世纪文学的影响》，1906年，第121页。
② 拉封登：《寓言》中《樵夫》。

进步思想的发展。

18世纪启蒙运动者,认为教会是进步的障碍。法国教会在社会上占有特殊的地位。多克维尔说:"教会凭借的是传统,而改革者却蔑视传统;教会服膺的是超理性的权力,而改革者主张的是诉诸理性;教会以等级为基础,而改革要废除等级。倘使设想教会与改革者能互相了解,明白教会与政府的性质不同,不能相提并论,这种协调是完全不可能的。因此要想达到摧毁旧制度的目的,首先必须破坏作为其基础的教会。"[①]

事实正是如此。法国的教会是君主政治有力的卫护者,宝座与祭台是没有分别的。底德罗(1713—1784年)说:"每个世纪有其特殊的精神,自由似乎是我们世纪的精神特点。首先我们攻击的目标是狂烈的迷信。如果冲破宗教的这堵墙,那么,攻击的行动便不能遏止了,因为宗教是最可怕与最受敬重的。要以威胁的眼光凝视着沉默的苍天,时机到了,便可转向大地的君主。宗教与专制是扭成束缚人类的一条巨绳,倘使不斩断这一股,那一股也是无法斩断的。"[②]18世纪,法国反宗教的发展是很快的。这种动向指导着欧洲的精神,并不是偶然的。法国人民勤劳而聪慧,反抗宗教与专制的压迫,争取理想的实现。对进步的思想,他们总是抱着积极的态度。当1616年,瓦尼尼发表《自然秘密》后,教会怕他的影响扩大,以无神论者的罪名,将其烧死在杜鲁斯。但是这种残酷的措施,并不能根绝反宗教的思想。相反的,反宗教的烈火在瓦尼尼的死灰中燃烧着。1623年,麦尔斯说,在巴黎四十万居民中,有五万多人是无神论者。虽然这是一种估计,却说明反宗教思想的发展。也便是为此,到1680年时,尼可洛得出这样的结论:"现在的危机不是新教,而是无神论者。"巴黎有许多无神论者活动的中心,兰克洛沙龙是活动最著名的地方,多系文人往来。塞维尼夫人写信给她女儿说:"这个女子(指兰克洛)是多么危险啊,倘若

---

① 多克维尔:《旧制度与革命》。
② 底德罗:《致达斯可夫公主的信》。

你晓得她对宗教的观念，你会感觉到是多么可怕。"在18世纪，法国的启蒙运动是从思想着手的。斗争方式是较成熟的，不借宗教形式便可进行公开的斗争。1789年的法国革命是继英国革命后反封建最剧烈的一次斗争。两次革命相距百年多的时间，法国的社会经济已起剧烈的变化，其趋向是繁荣的。法国1716年出口贸易总值为一千五百万法郎，到1787年已增至一亿五千二百万法郎，[①]约增加了十倍。法国资产阶级革命的同盟者，不是农民，而是资产阶级化的新地主，他们相信社会是进步的。

法国启蒙运动的发展，有如波涛汹涌的洪流，将要冲毁阻碍人类前进的封建大厦，在哲学方面，也和其他方面一样，"逐渐形成那正在上升到统治地位的反宗教反封建的理性万能的学说，即所谓理性时代"[②]。法国18世纪重视理性，不受传统的约束，耶稣会士向西方传播中国思想起了很重要的作用。马地纳说："耶稣会士从东方介绍来许多哲学理论，击破专制的政治，反抗传统的宗教，赞扬宽容的道德。"[③]这里不是探讨中国思想，而是耶稣会士介绍的中国思想所起的作用，事与愿违，这是耶稣会士没有想到的，却又是无可奈何的。18世纪初期，法国流行着有关中国的两类书籍，一类是游记，这些作品的内容是"好奇，爱说反常的事，投合群众的趣味。夸张，有时还夹杂着几分谎话。多少有地位而平凡者，来自远方，要中国的历史与事实变成不可思议的东西"[④]。另一类是中国经籍的介绍，假借中国古代的典籍，为受攻击的宗教来辩护。李明说："中国人保存着真理的观念已有两千多年了，他们对真理的钦敬可做西方人的模范。"[⑤]刘应更进一步肯定说："中国儒家的思想，不特不与基督教思想相冲突，而且是相符

---

① 雷纳德：《悲剧的欧洲》，第172页。
② 朱谦之：《17、18世纪西方哲学家的孔子观》，《人民日报》1962年3月9日。
③ 马地纳：《东方对法国17、18世纪文学的影响》，1906年，第310页。
④ 《特落梧回忆》，1736年，第529页。
⑤ 李明：《中国现状新志》，第2卷，第141页。

合的。"① 欧洲的思想家视孔子为人类的大教育家，其地位在苏格拉底之上。因为孔子的思想是最纯洁的，有如初从山泉中涌出的清水，对社会是十分有益的。杜赫德说："中国哲人的思想，不像希腊罗马人的斗智，而是要移风易俗，符合人民的要求，便是说是属于大众的。"② 孔子是封建统治有力的卫护者，但是他的思想是非基督教的，也是非希腊罗马的。欧洲的哲人们，如莱布尼兹、瓦尔夫、孟德斯鸠、服尔德等，所以拥护孔子，不在于辩论孔子的思想，给予一种评价，而在于利用孔子的思想攻击宗教。比诺说："在1740年左右，《圣经》的普遍性完结了，中国的无神论是它的致命伤。"③ 儒家思想助推了反宗教运动，中国历史更证实了《圣经》的荒谬。当卫匡国刊印《中国通史》后，引起了欧洲学术界的争论。根据中国的资料，伏羲是中国历史的开端，远在洪水以前，中国已有人居住，这说明《圣经》是有问题的。波绪伊是当时著名的学者，写《世界通史》时，不敢谈中国的历史。服尔德讥笑波绪伊的无知，写成《风俗论》时，将中国列在第一章。善于战斗的耶稣会，深知中国思想所起的作用，亦曾采取了些措施。当《通鉴纲目》译稿寄到法国时（1737年），积压了四十六年。积压很久的原因，既不是如伏雷来所说，"没有一个书铺愿意承印三十卷关于中国史的译稿"④；也不是如宋君荣所说，"人们不喜欢抽象枯涩的著作，人们只喜欢描写与报道的消遣作品"⑤。真正积压的原因，乃是中国历史是非基督教的，耶稣会不愿给无神论者反宗教的武器。及至1773年耶稣会解散后，《通鉴纲目》的译稿也便可以印行了！

不仅如此，中国的开科取士，负国家职责者系合格的文人学士，而不是世袭的贵族。政府有六部组织，监察制度，唯我独尊的帝王亦须受到制度的约束。波纪野说："就是最进步的理论，也没有孟子的

---

① 白晋：《康熙传》，1697年，第228—229页。
② 杜赫德：《中华帝国志》，第3卷，第158页。
③ 比诺：《中国与法国哲学精神的形成》，1932年，第365页。
④ 同上书，第143页。
⑤ 同上书，第144—145页。

'民为贵，社稷次之，君为轻'那样更激进的。"法国封建传统给社会发展以强有力的阻碍，因而资产阶级与封建统治者的矛盾愈深，其斗争亦愈剧烈。在斗争的过程中，中国思想的尚自然、崇理性，给启蒙运动者有力的支持，促进了1789年的革命。当郎松研究中国对法国影响时说："这个中华民族只讲自然伦理，却有如此完美的榜样，不只不是基督教徒，而且不是泛神论者，他们是无神派。因为当时普遍的意见，认定中国文人常时没有任何信仰，在服尔德未深刻研究中国之先，他对中国的观念是如此。拜略在他的《杂感》中也是如此。"① 从这里，我们可以看出在法国革命酝酿的过程中，中国思想起了发酵作用。从孟德斯鸠、服尔德与奎斯奈的作品中，可以得到证明。

（二）孟德斯鸠与中国

查理·路易·孟德斯鸠（1689—1755年）生于法国波尔多省的孛来德。其家庭是地方的贵族，虽不显赫，却有特殊地位。1716年，被选为波尔多议会议长。自幼好学深思，不囿于传统，敢于发表自己的见解。②1721年刊印《波斯人的信简》；1734年发表《罗马兴亡史》；1748年出版了《法意》，成为资产阶级政治思想的基础，影响是十分深远的。

18世纪初，法国社会存在着尖锐的矛盾。资产阶级已有规模较大的煤矿，炼铁与铸造业均有发展，呢绒、毛织物、皮革等大量输出。但是，封建政府压抑、阻碍新生力量的迅速成长，这是一方面；另一方面，人民过着饥饿的生活，1739年，法国许多地区的人是"吃野草，饿殍遍野"的。在继承战争结束，路易十四逝世后，"法国往何处去"的问题已经提出来了，社会剧烈的矛盾不能再隐蔽了。

面对这样的社会危机，孟德斯鸠是难于袖手旁观的。他研究耶稣

---

① 多德斯：《孟德斯鸠〈法意〉中的游记资料》，1929年，第97页。
② 严复译《法意》作《孟德斯鸠传》说："幼而好学，至老弗衰，常语人曰，吾读书可用蠲忿释悁，虽经拂逆，得开卷时许，如遇温泉以销冰雪，扇清风而解热烦也。"

会士介绍的中国，既没有深刻的了解，亦没有同情，他谈中国只是为了说明他的理论的正确。因此，孟德斯鸠著作中所论证的中国是矛盾的，缺少逻辑性的。

远在1721年，孟德斯鸠著《波斯人的信简》，讥笑法国的社会时，他提到中国，认为中国人口的增长是由于尊敬祖先。他说："中国生殖率很高，完全是由于敬祖如神的思想。"① 孟德斯鸠的知识是广泛的。他认为国家的兴亡是由于居民的风俗习惯。他能从实际出发，尽管是机械的，可是比柏拉图的空想和经院学派的神意要前进一步了。

从孟德斯鸠的著作中，可看出他所掌握的中国资料是有限的。他谈论中国的目的，不是研究中国，而是取中国的某一点，不考虑资料的真实性，只图证明他的主张。加尔加松说："孟德斯鸠不批评资料的来源，凡是所刊印者，他都取来运用，在价值上是没有一点分别的。"② 他所采用的资料，有杜赫德的《中华帝国志》，安松的《世界旅行记》，郎若的《报告书》以及《书简集》的第三十一卷。

用了二十多年的时间，孟德斯鸠研究政治法律，社会经济，1748年写成了名著《法意》，法格说："这不是著作，这是生活。"③ 从二十多年的生活体验中，孟德斯鸠得出这样一条经验：社会生活必须服从自然的规律。法的基础是理性，因而法是普遍的。只有这样认识法的概念，法始能适应自然的需要。经院派主张法的基础是神权，他不同意这种理论。以自然确定法律，这给资产阶级打开广阔的途径。什么生存竞争、弱肉强食等理论，从此有了稳固的基础。孟德斯鸠在《法意》序言中说："我提出原则，我看到那些特殊事实一一屈服在里边。"④

马地纳论孟德斯鸠处理资料的方法时说："他解释，他探讨，他审查，然后他批判，从而抽出简单与普遍的原则。"⑤ 当然这是严肃工

---

① 《波斯人信简》，第25信。
② 加尔加松：《〈法意〉中的中国》，1924年，第205页。
③ 郎松：《法国文学史》，第714—715页。
④ 《法意》，克拉尼本，序言。
⑤ 马地纳：《东方对法国17、18世纪文学的影响》，1906年，第316页。

作者应有的态度。可是，孟德斯鸠并非完全如此。在《法意》中，他分政体为三种形式：共和政体，君主政体与专制政体。三者又各有特质，共和的特质为平等，君主的特质为尊荣，专制的特质为恐惧。孟德斯鸠研究东方诸国时，按照他既定的原则，将中国列入专制类型内，与法国有所不同。他说："由此，一言以蔽之，中国是专制的国家，其政治的精神是恐惧。"① 他从这种主观的判断，又得出另一个结论，即专制政府的领袖，"必然是怠惰与愚蠢的"②。

但是，孟德斯鸠的论证与耶稣会士有所不同。耶稣会士介绍中国政府不是专制的，而是君主的。试举当时习见的资料《书简集》说："中国政府完全是君主的。"③ 白晋说："中国政府是君主的，不是专制的。"④ 李明说："中国政府虽非共和，但亦非专制。"⑤ 至于论到康熙，《书简集》序言中说："康熙是特别伟大的。凡是取巧与欺诈者都不得逞，他有很强的记忆力，遇大事有决断。处理事件很慎重，不冒险，可以说他永远能控制住自己。"⑥ 这里不是论证康熙是否为专制帝王，而是说明孟德斯鸠的主观，为了适应他既定的原则，便将他所掌握的资料放弃了。所以多德斯说："倘使耶稣会士所述与孟德斯鸠的结论不同，其错误是在耶稣会士，因为他们是别有用意的。"⑦

孟德斯鸠持反对宗教的态度。他认为：宗教是政客们利用的工具。僧侣和政客没有分别，奉迎权贵，传教士自然也不例外。孟德斯鸠攻击耶稣会，耶稣会运用各种手段，在幕后活动，因而招致各方面的反对，终于被迫解散。为此，孟德斯鸠要人戒惧耶稣会士的著作，最好运用普通人的作品。他对中国的介绍，便是举郎若与安松的著作为例证。

---

① 《法意》同上，8卷21章。
② 《法意》同上，3卷5章。
③ 《书简集》33卷，第50页。
④ 白晋：《康熙传》，第62页。
⑤ 李明：《中国现状新志》，第2卷，第4页。
⑥ 《书简集》23卷，第18页。
⑦ 多德斯：《孟德斯鸠〈法意〉中游记的资料》，1929年，第97页。

郎若是瑞典人，在俄国宫廷中服务。康熙五十八年（1719年），随俄国使节伊斯马伊洛夫来华，商讨通商事务。1721年，俄使回国，郎若留居北京继续商谈，没有得到结果。在商讨期间，郎若欲到内地旅行，因为当时情况复杂，政府没有同意。郎若以为未被尊重，受到限制，心情很不愉快。他在报告书中，对他留居北京的一段生活，饮食起居，都有不满意的地方。孟德斯鸠借此证明专制的恐惧。

其次，安松写的《世界环行记》，孟德斯鸠亦加利用。安松为英国的船长。1740年，安松率领战舰到南美洲的海上，攻击西班牙殖民地的口岸。1742年，航行至澳门，安松拒绝交纳关税，行动有如海盗。所以敢于如此，安松恃其武力，"有枪四百余枝，火药三百多桶"①。他说："不论在珠江或其他地方，只凭这点力量，便可摧毁一切的抵抗。"②安松不懂中国语言，亦无研究中国的兴趣，他只图谋英国势力的扩张。乾隆初年，中国实力强大，足以抗拒安松的海盗行动。安松在中国海岸受到挫折，他在《世界环行记》中，竭力诋毁中国，孟德斯鸠却相信安松对中国的叙述。在政治上，孟德斯鸠赞成君主立宪，反对君主专制，这是一种进步的表现。他倡导立法、司法、行政三权分立的学说。抨击君主专政。他所重视郎若与安松的著作，不仅是说明他的理论，而且借中国的实例，批评法国的政治，不能"一个人服从另一个人"③。可是孟德斯鸠论到法律与风俗时，他的态度转变了，他不只觉着耶稣会士的著作可以采用，而且改变了对中国的态度。

清初，中国是封建君主国家，其经济却又是很繁荣的。孟德斯鸠解释这种繁荣，不是由于社会制度，而是由于自然气候。这种理论是十分引人注意的。他说："中国气候宜于增加人口，人口众多甲于五洲。虽有至残极暴的君主，不能阻止户口增进。"④孟德斯鸠著《法意》

---

① 安松：《世界环行记》，1749年，第306页。
② 同上书，第28页。
③ 《法意》同上，3卷10章。
④ 《法意》同上，8卷21章。

时，中国的社会秩序是安定的，他认为这种安定"必有特别的原因，而且这原因必然是非常的，所以才能得到这样的成就。中国的天时地理，宜于维持风俗，陶冶人心，而在我们的见闻中是未尝有过的"[1]。这对孟德斯鸠创立地理环境说，起了很重要的作用。但是，这种理论是错误的，社会面貌不能由地理环境决定，社会制度也不能由地理环境改变。纵使发生某种影响，要与人民力量相比较，那真是微不足道了。

在《法意》中，孟德斯鸠论到法律与风俗的关系，取中国为例，发挥他的论证。孟德斯鸠区分法律与风俗的不同，而中国的立法者却将之合而为一，杂以宗教与仪文，形成"礼"的特殊概念。孔子说："道之以德，齐之以礼，有耻且格。"所以孟德斯鸠称中国"合宗教、法典、仪文、习俗四者于一炉而治之，这都是人民的行动，人民的道德。总此四者一言概括起来曰礼，使上下由礼而无违"[2]。因此，孟德斯鸠在《法意》中得出这样的认识，中国的立法者，"其最终目的，在使人民安居乐业"[3]，中国政治得失的标志，便在礼乐的兴衰。清初中国是一个强大的封建国家，经过耶稣会士的渲染——其渲染的目的，在于辩护"礼俗问题"的论点，不如此，对他们在欧洲的地位是不利的——孟德斯鸠指出中国所以成功的原因，在于崇尚礼乐。他说："中国穷乡僻壤的地方，居民崇尚礼乐如同那些有教养的缙绅一样。"[4] 按照孟德斯鸠的认识，"礼"是中国文化悠久的结晶，洗涤了精神上粗陋的缺点，因而有优良的政绩，纵使是专制政治亦无可奈何。

孟德斯鸠这样理解中国是别有用意的。他推崇中国的"礼"，其目的在于说明理性重要，不像法国那样迷信，而为宗教所束缚。理性是资产阶级法的理论根据。孟德斯鸠认为法是自然的秩序，因此，私有制是永恒不变的。一个国家保证人民的私有权，孟德斯鸠认为是尊重理性

---

[1] 《法意》同上，8卷21章。
[2] 《法意》同上，19卷17章，严俊在此章案语中说："吾译此章，不觉俯首下心，而服孟德斯鸠之伟识也。其于吾治也，可谓能见其大者矣。"
[3] 《法意》同上，19卷16章。
[4] 《法意》同上。

的结果,由此可知理性是反封建的,却为新起资产阶级所迫切需要。

为此,孟德斯鸠进一步论证,中国的政治基础是"礼","礼"是中国国家的精神,[①]形成一种优良的风尚,体现在家庭生活中。如果每个家庭有淳厚的风尚,高尚的伦理,那么这个国家一定是很强盛的。由此,孟德斯鸠得出这样的结论:"治天下而所取法的,原无异于治一家。"[②]孟德斯鸠论中国是有矛盾的,他又以为矛盾是正常的。当理论与事实发生矛盾时,孟德斯鸠主张事实服从理论,这说明孟德斯鸠的思想是唯心的。但是,他又认为事物的存在必有其存在的规律,便是神也不能例外。他研究中国礼俗的目的,不在说明中国是否真是如此,而在说明法国社会的必须改造,法国必须出现分权的统治,这样,法国始能出现良好秩序。孟德斯鸠推动了法国革命,增加了革新者的信心与力量。

(三)服尔德与中国

服尔德(1694—1778年)生于巴黎,父亲为公务人员。入耶稣会主持的路易公学,受到严格的训练。服尔德有泼辣的性格,好奇,不安于现状,表现出战斗的精神。自1714年起,服尔德经常对现实不满意,好发议论,讥讽权贵,常生活在战斗中。两次入狱,学到许多斗争的经验。当1726年出狱后,不能留在法国,不得不到英国居住。英国是资本主义上升的国家,服尔德看到英国社会的变化,开阔了他的眼界。1729年,服尔德刊印《哲学通讯》,总结了三年在英国的见闻。介乎这些见闻中,他提到中国的种痘,实行已久,是很有价值的。服尔德关心人们的健康,要求采取像种痘这样的有益的措施。他说:"中国是世界上文化最高的国家,人们不应该对它有成见。"[③]可见服尔德眼光的远大。

1750年前,服尔德的精力用在文学上。他以诗人的身份,受普鲁

---

① 《法意》同上,19卷19章。
② 《法意》同上。
③ 《服尔德全集》卷22,第11页。

士国王之聘,住于波茨坦宫,也曾幻想过许多的愿景。但是,好景不长,1753年便与之决裂了。服尔德离开普鲁士,最后定居在日内瓦的列芒湖畔。服尔德活了八十四岁,几乎占了整个18世纪。他有广博的知识,丰富的经验,在资产阶级思想运动中,通过那种干净、辛辣、生动的言词,在攻击旧制度、反封建与反宗教的思想运动中,起了积极的作用。

服尔德受了英国哲学家洛克的影响,认定感觉是知识的来源,外界的事物是真实存在的。他又认定,人不是神的仆役,而是集体中的成员。社会是集体的,个体是因集体而存在的。由于这种认识,服尔德进而认识到:社会是道德的基础,道德的价值是以社会的需要为准则。服尔德是一个泛神论者,爱自由,倾向共和政治,推进了1789年的法国革命。

在18世纪反封建与反宗教的思想斗争中,服尔德常取中国为例,攻击法国的政治与宗教。这种行动不是偶然的,而是由路易公学培养成的。当他学习的时候,杜海米纳是他的修辞学教师,给予他许多有关中国的知识。杜海米纳是白晋的朋友,经常通讯,深知中国的情况,并得到许多有关中国的著作。继后服尔德结识傅圣泽,傅氏旅华二十多年,研究《易经》,受到康熙的庇护。当他回到法国后,"变为耶稣会的敌人"[①]。服尔德从他那里得到中国的实际情况。

服尔德与经院学派做斗争,勇敢地反对教皇和教会。他虽然是泛神论者,但是,他所意识的神,不是神学家所论证的,而是自然界事物运动的动力。为此,他主张"如果没有神的话,也应该创造一个神"。他又认为意识是一种能力,而这种能力是神所赋予的,否认这种能力,便否认神的存在。对神的概念,服尔德与经院学派完全不同。这是18世纪哲学上的一种进步,尽管仍然是唯心的。

正是为此,服尔德赞扬中国的思想。在服尔德的认识上,中国的思想就是中国的宗教。只是这种宗教没有教义,没有神秘,其特点是

---

① 《服尔德全集》卷11,第180页。

理性与自然的符合。他说："中国士大夫的宗教是可敬的，没有神奇的传述，没有不经的教义，以违背人类的本性与理性。"[1]

服尔德的"神"，不是信仰的对象，而是理智的原则，是与自然不能分割的。自然不是静止的，而是运动的。这种运动发生作用，也发生反作用。人如神一样，顺着自然的规律不断地运动。可是运动不是盲目的，而是有制约的。争取自由，却又要限制自由。理性必须符合自然，中国哲人主张的"天人合一"是理论中最高的原则。天不是神秘的，而是"自然"的别名。为此，杜赫德说："在中国自然情绪发展到最高点。"[2]服尔德认为这样认识是正确的。当"礼俗问题"争执时，有人说中国是无神论者，服尔德说："经过多次的研究，所谓中国是无神论者，乃是西方神学家的杜撰，正表现出这些学究们的疯狂与无知。"[3]

根据服尔德的认识，中国宗教可分两类：一类是属于士人的，另一类是属于群众的。服尔德论佛教与道教时说："这是群众的宗教，正如粗陋的食品，是专为充饥用的。至于士人的宗教，经过提炼，质量纯洁，普通人是不能享受的。"[4]服尔德出身于公务人员家庭，与名流贵族往来，是看不起劳苦大众的。服尔德赞扬儒家敬重孔子，不只是因为儒家崇尚理性，更重要的是，敬重孔子者，多为学者与达官。他说："孔子死后，其弟子都是帝王、阁老与学士，而不是群众。"[5]为何孔子会有这样崇高的地位呢？服尔德认为孔子"是政治家，传播古代的法典"[6]。几千年来，中国崇尚孔子，对社会起着有益的作用。他赞美孔子说：

只用有益的理智作解释，

---

[1] 《服尔德全集》卷18，第158页。
[2] 《中华帝国志》卷3，第155页。
[3] 《服尔德全集》卷18，第154—155页。
[4] 《服尔德全集》卷11，第179页。
[5] 《服尔德全集》卷11，第176页。
[6] 同上书，第57页。

> 光耀精神而不眩耀世界，
> 孔子不是先知却是哲人，
> 谁知到处为人们所相信。①

在政治上，服尔德拥护开明君主政治。他从英国返回法国，他的理想是，既要有君主，又要有议会，两者相辅相成，是较为合理的。服尔德在英国住了三年，深感英国政治的进步，学术思想的先进。但是，他不敢公开主张，两次入狱的教训，使他认识到只能迂回地表达他的思想。服尔德论到中国便不同了。根据耶稣会士的著作，他赞扬康熙的政绩，文人主管下的六部，中国社会良好的秩序。他说："尽管中国人尊敬皇帝如神，中国的政治却不是绝对的专制。因为绝对专制是以个人意志为准则，是没有法律观念的。但是，全世界最有力地保护人民生命、财产、荣誉的国家，那便是中国。"② 为什么中国能有这样理想的政绩呢？服尔德有他独特的认识。首先，中国的君主，不是专制的，而是开明的；其次，中国政府有六部组织，负实际责任者，都是经过严格考试的学者，不是无知的贵族。他说："人们不理解六部的重要，一切官吏须经过严格的考试。虽然我们了解不够，可是中国是实行这种制度的。"③ 更重要的是中国的"法律与和平建立在最神圣与最自然的权力上"④。在这方面，正是法国最缺少的。

服尔德鉴于贵族知识贫乏，国家负责者又多愚昧，深感到贵族世袭制度的可憎，更觉着中国考试制度的可爱。中国的封疆大吏，不来自世袭的贵族，而来自自己的努力，经过严格的考试。因此，中国政府的官吏多为文人与学士，不需要神道设教，风俗却能淳厚。服尔德认为这种成就是来自中国历史的久远，有丰富的经验。

---

① 《服尔德全集》卷 18，第 151 页。
② 《服尔德全集》卷 13，第 162—163 页。
③ 同上书，第 162 页。
④ 《服尔德全集》卷 15，第 776 页。

从17世纪起，中国悠久的历史，引起欧洲学者的不安。波绪伊写《世界史》，避而不敢谈中国，受到学者们的责难。旅华耶稣会士研究中国古代，以助"礼俗问题"的争论。帝尧即位的年代，被认为是公元前2357年。汤若望怕与《圣经》年代有矛盾，询问耶稣会长处理办法。1637年，耶稣会长复信说："这个年代是可以使用的，但必须要一致。不要让中国人知道他们历史年代得到证明，须经教会统一决定后，始能公开。"① 这件事实说明，基督教国家是文明的，却不是唯一的。更说明传教士不是"超国家"的，而是为他们国家服务的。

服尔德有进步的思想，鉴于当时宗教的纠纷，教会的专横，他写《风俗论》时，将中国列在篇首，构成他著作的特色。他说："为何我们的敌人无情地反对中国呢？为何要反对中国与欧洲主张正义的人们呢？无知之徒始敢说对中国历史估计过久，将《圣经》的真实性摧毁了！"② 服尔德要人知道《圣经》不是历史，因为没有科学的根据。人须有批判的精神，始能得到思想的解放。比诺说："从耶稣会士的著作中，服尔德得到资料与年代的知识，借此证明中国历史的久远。从自由主义者的言论中，他学习到各种理论，以加强他的主张。他比耶稣会士更大胆与更进步了。"③

服尔德著《路易十四》一书时，为什么要在书末加添一章"礼俗问题"呢？他的用意是婉转深刻的。服尔德表彰路易十四的伟大，实质上讥笑路易十五的昏庸。但是，路易十四果真伟大吗？答复是否定的。路易十四实行专制，气量狭小，不懂得容忍的风度。在他统治的时期，争论中国的礼俗是精神狭小的表现。所以在《风俗论》中说："诽谤中国唯一的原因，是因为中国的哲学与我们的不同。"④

钱德明译《盛京赋》为法文，服尔德读了后写道："我很爱乾隆

---

① 费赖之：《入华耶稣会士列传》卷1，第181—182页。
② 《服尔德全集》卷26，第389页。
③ 比诺：《中国与法国哲学精神的形成》，1932年，第279页。
④ 《服尔德全集》卷11，第178页。

的诗，到处表现出柔和。禁不住要问：像他那样忙的人，治理那样大的国家，如何有时间写诗呢？……这是好诗，但是他很谦虚，不像我们的小诗人充满了高傲。"① 最后的几句，服尔德有感而发。1753年，普鲁士国王腓特烈二世与服尔德决裂后，服尔德带走国王的诗稿，国王着人追踪拘询，交出诗稿，服尔德认为这是耻辱，忿忿不忘。

服尔德运用中国的资料，批评法国的政治，贵族的专横，教会的束缚人类的精神。他赞美中国的容忍、谦让的美德。他引用雍正和巴多明的谈话，反映出传教士精神的狭隘。"关于礼俗问题的争论，你们（指传教士）那样争论，并没有好处。平心而论，假如我们到欧洲，也如你们在中国的行动，你们做何感想？"② 服尔德一生在战斗中，他对启蒙运动的发展起了有益的作用。他从中国思想内，取有利于破坏法国旧社会的部分，巧妙地配合，使人感到自由的可贵，给法国1789年的革命起了推动的作用。

（四）奎斯奈与中国

路易十四统治时期，法国社会的危机是十分严重的。法国是欧洲的大国，经过四次大规模的战争，凡尔赛的豪华建筑，贵族的贪婪，僧侣的享受，将一个国家弄到"民穷财尽"的地步。勤劳的法国农民忍受着沉重的税捐，压缩必需的口粮，应付国家与教会的剥削。圣西门说："路易十四取人民的财富为己有，人民仅有的那一点，还是来自他的恩赐。"③

当科尔贝尔执掌法国财政时，受城市有产者发展的影响，建立了模范工业，奖励海外贸易，积累了不少财富。可是路易十四无限度的挥霍，使国家穷困，这是一方面；另一方面，科尔贝尔轻视农业，战争丧失了许多劳动力，农民生活变得十分困难。法国是农业国家，农

---

① 《服尔德全集》卷29，第454页。
② 《服尔德全集》卷25，第99页。
③ 居约：《奎斯奈与重农学派》，第14页。

产品价格低，禁止向外输出，征收高税，又须以货币交纳，阶级不断地分化，土地集中在少数人的手中，趋向农场化的经营，这更使农民的生活困难，出现了严重的社会问题。

18世纪，法国社会的动荡不安是由农民问题没有得到解决而形成的。农业是国家的基础，而这个基础久已动摇，经科尔贝尔的重商主义的冲击，更不稳固了。在这种情况下，奎斯奈（1694—1774年）鉴于现实的需要，创立重农学派，以期解决法国的社会问题。多克维尔说："真正法国革命的特点，可从重农学派经济学者的著作中发现出来。"①这个理论是正确的。

奎斯奈生于巴黎近郊麦来，家庭很普通，没有特殊的地位。青年时期学医，精于外科。他的思想受到职业的影响。奎斯奈视社会如同人体一样，健康者须加意保护；疾病者须予以医疗。这时的法国社会是有重病的，忽视农业便是最特出的病症。

1749年，奎斯奈为宫廷的侍医，受到路易十五和庞巴杜夫人的庇护。由于庞巴杜夫人的关系，奎斯奈与百科辞典派有了接触。《百科辞典》编纂时，奎斯奈写了"农民"与"谷物"的解释。他着重指出：赋税的繁重与价格的低廉是农业的困难。他的著作中，常取中国事例来说明他的理论。他没有深刻地研究中国，也如孟德斯鸠一样，先提出自己的主张，然后在《中华帝国志》中寻找适当的事例，证明他的正确性。他评论《中华帝国志》说："这部书是有价值的。便是按照这位学者的言论，我们来研究中国。"②

奎斯奈主张：一个国家的繁荣是由财富来决定的。土地是国家最主要的财富，所以农业是国家的命脉，农民是国家的基本，因为农民是最重要的生产者，人民生活所需要的东西都是农民生产出来的，离开农民，国家就无法存在了。但是，要发展农业，首先要保证人民的自由与所有权，这不是过分的要求，这是自然的规定。18世纪反封建

---

① 居约：《奎斯奈与重农学派》，奥肯编，绪言，1888年。
② 《奎斯奈全集》，第592页。

的思想家们，认定自然法则是人类最高的原则，经济这一部门也不能例外，这在"朕即国家"的统治下，奎斯奈的主张是进步的。1767年，他著《中国专制》时说："物质法则建立起自然的秩序，是最有益于人类的，也正好证明人类的自然权力。物质法则是永久不变的，肯定是最好的。"①将社会现象当作自然现象来解释是奎斯奈着重现实的表现。他认为人类幸福不在未来，而在现在，在这一点上他和那些宗教家划了一条不可逾越的界限。

在重农学派的理论中，奎斯奈常举中国为例。因为在十八世纪，世界上没有一个国家像中国那样重视农业。重农学派主张：每个国家须切实重视农业，保证人民的生活。每个国家要在法律上，切实保障个人的自由与所有权。每个国家的政治措施要以法律为依据，而这种法律又需建立在自然法上。在《法意》中，孟德斯鸠以为中国是专制的，奎斯奈是开明专制的拥护者，他也以为中国是专制的，可是中国的专制是"合法的专制"。他说："中国是专制的，可是中国的政治机构建立在自然法则之上。"②中国所以有四千多年的历史，是世界上繁荣的国家，其原因便在重视农业，尊重自然法则。从中国古代帝王们起就重视农业，传述中舜亲耕于历山，重视"农业的繁荣"。③不论是否是历史事实，却值得倡导。

中国政府重视农业是国家的政策，是根据自然的要求，是最合理的措施。奎斯奈举中国为例是对法国政府忽视农业的批评。中国政府的这种农业政策是进步的，因而中国财富不断地增长。随着财富的增长，中国人口也便随之增长了。奎斯奈在《格言》中说："不必重视人口的增长，应当重视财富的增长。"④奎斯奈的理论与米拉波的主张是对立的，米拉波主张财富是人创造的，人口增长决定财富增长。米拉

---

① 《奎斯奈全集》，第645页。
② 同上书，第613页。
③ 同上书，第574页。
④ 同上书，第645页。

波也是重农学派的领袖之一。他们的立论之所以往往不能一致，是因为他们的理论都是有片面性的。

奎斯奈运用耶稣会士的报道，他承认在一定程度上，耶稣会士可能将中国理想化，但却不能将之说成是"最荒唐的"。①清初的封建经济有一定的发展，因为中国政府保障农民的所有权。奎斯奈说："在中国，所有权是非常安全的，就是那些雇员与佃工都受到法律的保障。"②为此，中国成为财富增长的模范，人口也随之增长了。

事实上，奎斯奈如此赞扬中国，是对路易十四的一种批评。1692年，路易十四宣布土地是属于国王的，由于这种法令，农民的所有权被剥夺了。18世纪，资产阶级的实力虽有所增加，但是所有权的问题仍是斗争的焦点。奎斯奈的理论是在封建外衣下成长的，他一再强调所有权的问题，他说："保障个人私有权是社会经济安全的基础。"③

判断一个国家的繁荣与否，奎斯奈认为不在城市，而在乡间。倘若乡间没有荒地，而是阡陌相连，到处种植蔬菜与田禾，那么这个国家的人民生活是安定的，国家是富强的。马若瑟有这样生动的叙述："沿珠江而上，始看出中国真正的面目。两岸都是稻田，有如草地。在这无垠的田间，交织着无数的河渠，帆船往来如梭，正像在草地上泛游。更远处，山峦林立，树木丛生，山腰间有人工开垦的田地，正像杜来利的花园。这中间有许多村庄，充满了田园风味，悦目怡情，只追恨所乘的船很快地驶过去了。"④马若瑟的叙述给重农学派者一种鼓舞，加强了他们的信念。重视农业是一个国家遵守自然法则的体现。法国君主时期的政治是封建制度的卫护者，阻碍生产的发展，其根本原因，重农学派认为是放弃了自然法则。倘如与中国相比较，则相距甚远了。为此，奎斯奈说："中国的悠久、庞大与繁荣是来自遵守自然

---

① 虞森贝：《政治经济学史》，第1卷，第165页中说："在魁奈的思想中，最荒唐的观点之一，就是他把中国和中国帝王理想化了。"
② 《奎斯奈全集》，第599—600页。
③ 《奎斯奈全集》，第331页。
④ 《书简集》26卷，第84页。

法则。"① 中国重视农村，农业繁荣必然引起商业的繁荣，这是奎斯奈对科尔贝尔政策的批评。中国农业发达，乡村交通方便，"运河修理得很好，稍微较大的河流便可航行"。② 中国交通方便，工商业也便发达起来。河流与道路的整修是十分必要的，有如人身的脉络，周行畅流，身体始能健康，国家也是如此。

18世纪，奎斯奈与服尔德一样，要求重视自然法则。他们认为如果没有自然法则做基础，政府及个人行动必然陷入混乱状态。自然法则是是非的标志，中国的长治久安，便是来自遵守自然法则。奎斯奈多次申述这个论点：自然法则"是政府的基础，但对这种制度的必要性，在所有的国家中，除中国以外，都被忽视了"。

有了这种对自然法则的认识，国家的各种措施便会是合理的。奎斯奈曾叙述中国是按照田产的多寡，土地的质量来征收农税。纳税者为土地所有者，并非仅是种地的农民。中国政府满意地执行这种政策，在欧洲却是难于实现的。

奎斯奈是个爱国主义者，他看到法国社会问题的危机，企图以中国为例，倡导重农的学说，使法国在自然法则的基础上强盛起来。不论他的成效如何，其动机是无可厚非的。奎斯奈的这种想法是相当普遍的。关于此，克里姆提供了很好的例证。"有一天，路易十五与他的大臣碧尔丹讨论，想改革当时政治上的错误，要碧尔丹想一良好的办法。过了几日后，碧尔丹提出他的改革计划。路易十五问：什么计划？碧尔丹回答：'陛下，我们要接受中国的精神。'"③ 什么是中国精神呢？就启蒙运动的思想家而言，不论他们的主张如何不同，他们一致认为必须反对专制的政治，专制的教会。更主要的，是要遵守自然法则，不要妨碍大众的行动，听其自然发展。法国政府组织已至瘫痪的境地，必须加以改造。中国历史的悠久不是偶然的。"持久是一个国

---

① 《奎斯奈全集》，第660页。
② 《奎斯奈全集》，第529页。
③ 克里姆：《文学通讯集》。

家组织最完善的表现。"① 但是，法国也是一个农业国家，人民生活却感到那样困难，服尔德早已说："到头来还须谈面包问题。"这和中国当时情况来对照，则法国政府须加改革。重农学者孛瓦洛说："假使土地耕耘得好，满生稼禾，我可断定这个国家风俗淳厚，人民安居乐业，政治必然是合理的。我们可向自己说是生活在人间。"②

奎斯奈没有到过中国，也不懂中国的语言文字，对中国学术亦无很深的研究。但是，他读了关于中国的著作，受到深刻的启发，创造了重农学派的理论。无论他的学说是如何片面，在反封建的启蒙运动中，还是起了积极的作用。18世纪法国经济上的困难，轻视农业是重要因素之一，必须使用手术挽救难以医治的病症。这样，奎斯奈也同孟德斯鸠、服尔德等一样，促进了1789年的法国革命。奎斯奈是法国资产阶级革命准备者之一，中国学术予之以强有力的武器，使之坚持到底。

结　论

当欧洲脱离中世纪的时候，西欧几个国家的城市有产者，代表进步的社会力量，同封建势力作殊死的斗争。这些有产者是一种新生的力量，积极向海外扩张，控制海路，争夺殖民地。欧洲的商人与航海家成了东方的常客。

16世纪前，欧洲对中国是不了解的。即使有一点知识，也仅只是间接得诸传闻。明清之际，虽有变革，中国仍是封建集权的国家，社会组织大致上是完善的。中国是东方的大国，承袭了优良的传统，历来反抗海上来的侵扰。

当欧洲人来到东方后，他们利用各种方式，图谋闯入中国，最终被中国政府遏制住了。当然，他们是不甘心的，并未放弃扩张的企图。随着史事的演变，到鸦片战争后，殖民主义的侵略加剧，视中国为最

---

① 比诺：《重农学派与18世纪的中国》，《近代史杂志》8卷，第207页。
② 比诺：《重农学派与18世纪的中国》，《近代史杂志》8卷，第263页。

好掠夺的对象，终于使中国沦为半殖民地半封建社会，给中国人民带来无穷的灾难。

便是在初期殖民主义向东方扩张的时候，耶稣会士东来传教，以科学技术开辟道路，深入统治阶级的内部。为时不久，耶稣会士遍及十三省，得到各种资料，不论他们口头上如何宣称，客观上起了为殖民主义服务的作用。

当资本主义开始发展的时候，欧洲古老的社会起了深刻的变化。耶稣会是适应这种新变化而出现的，其目的在维护封建政权。但是，他们的工作方式却又是灵活多变的。1874年，杜密里这样说："在基督教的君主国家内，耶稣会与旧制度紧密联系在一起，不久就到没落的境地。因为利害关系，他们的精力完全用在权术与计谋上。但是在传教的地方，采取了截然不同的态度，他们放松了传教的职责，将精力重点地放在科学与策略上。"[①] 这种分析道出了整个耶稣会活动的核心。

从利玛窦来华后，欧洲传教士便开始介绍"西学"。徐光启等有感于明朝的衰落，民生的困苦，欲借科学技术，改进现状，吸取别国的知识，这是十分应该的。科学是人类共同的财富，原不应当划分领域。当然问题不在于此。问题是传教士们以科学技术为手段，接触上层人士，而为殖民主义者服务。因而传教士们的活动是含有政治目的的。1616年，沈㴶首先追问传教的目的，使当时人们不能不有所戒惧。康熙看到西洋人乱寄书信，违犯中国法度，就明确宣布："除会技艺人留用外，其余众西洋人务必逐回，断不姑留。"[②] 这种态度是十分正确的。

明末清初，西方传教士介绍的科学知识有一定积极的因素，却不能把它摆在不适当的地位。"据上海徐家汇藏书楼书目初步的统计，16、17世纪，耶稣会士在中国译著书籍共402种，其中宣扬宗教的301种，占75%，神学及文艺的39种，占10%，科学技术书62种，仅占15%。从这个统计可以看出，耶稣会教士大谈其历法、算学、地

---

① 杜密里：《耶稣会传教士对18世纪思想的影响》，第2卷，1874年，第2—3页。
② 《康熙与罗马使节关系文书影印本》第十件。

理、机械等学问，是有醉翁之意不在酒的意思。"①

耶稣会教士来到中国后，惊奇中国历史的悠久，以及高度发达的文化，特别是在这样非基督教的国家中，人民有高尚的道德，淳朴的风俗。他们将中国古代典籍翻译为西文，介绍中国的学术思想，宣扬在中国的活动，做出了许多所谓"出色"的工作，其目的在使欧洲人知道：中国的繁荣是君主政治的结果，他们希望借此维护摇摇欲坠的旧制度。因为耶稣会士在欧洲受到攻击，而在中国却受到重视，他们于是欲借此反击敌人。但是，事与愿违，这种意图失败了。他们对中国的研究，有一部分为欧洲思想家所利用。18世纪的启蒙运动者，以儒家理性的学说，反对经院学派的武断；以中国传统的道德，反对教会的专横；以中国的法制，反对旧制度的残暴。孟德斯鸠、服尔德、奎斯奈等充分利用耶稣会士的译著，向旧制度发动了猛烈的攻击。

1789年的法国革命较荷、英两国的资产阶级革命更为彻底。18世纪法国的社会是不稳定的，不时迸发出阶级斗争的强烈火星。1744年与1786年，里昂的纺织业爆发了两次大规模的罢工。1788年歉收，格勒诺布尔的群众起义，与政府作殊死的斗争。启蒙运动者感于社会问题的严重，取中国为例，以证明统治者的昏聩，要求推翻封建与教会的统治，这都是耶稣教会士没有意想到的。从这方面说，欧人研究中国，纵使有一定程度的理想化，但并未完全脱离中国实际，从而促进了法国革命，这并非偶然。

不仅如此，18世纪的思想家研究中国后，丰富了思想的内容，深感到自然与理性的重要。在资产阶级学术思想上升时期，从经院学派教条的理论下解放出来，是非常迫切的历史任务。德国数学家瓦尔夫，发表赞美孔子的演说，受到其同事郎若的攻击，被解除了哈尔大学教授的职位。②但是，欧洲正直的学者对瓦尔夫寄以深厚的同情。从耶稣会教士介绍中国的著作中，欧洲的学者如歌德，觉得中国人的生活

---

① 王守义：《对于中国天主教历史研究的几点认识》，第10页。
② 《服尔德全集》卷18，第156—157页。

是明朗的，纯洁的，更符合道德要求的。中国是非基督教的国家，其文化如此高尚，相形之下，在欧人心目中不能不对所谓保存道德的罗马教会发出疑问，产生动摇。

从 19 世纪起，配合殖民主义的扩张，欧人对中国的研究，性质逐步改变，且多为政府所控制。从 1815 年法兰西学院设立中国学术讲座起，继后于 1855 年荷兰来登大学，1876 年英国牛津大学，1888 年英国剑桥大学相继设立，欧人研究中国语言文字、学术思想的条件初步具备了。前此研究中国者多为传教士，鸦片战争后，传教士之外，又增加了大批官吏、外交人员、军人与商人等。他们肆无忌惮地劫夺文物，收集资料，斯坦因、伯希和、勒柯克等留下可耻的记录，这是帝国主义侵华史的一部分，应该做特殊研究的。

参考书举要

甲，资料方面。除故宫博物院于 1932 年出版的《康熙与罗马使节关系文书影印本》外，尚有：罗马图书馆的 Fonds jesuite 1805；巴黎国家图书馆的 Fonds Francais 12210—12214；17239；17240；25060；27203。

乙，专著方面。有关中文著作于文中注出外，后面列举的系西文主要原著的译名，有：

安松：《世界环行记》，1749 年。

Anson（Geonge）：Voyage autour du monde, fait dans les annees MDCCXL, Amsterdam et LeirZig, 1749, Publié par R. waltter.

白晋：《康熙传》，1698 年。

Bounet（J.）：Portait historique de l'Empéreur de la chine, paris, 1698.

李留克：《第四届国际地理学会报告》。

Bruker（J.）：Communicatione sur l'exécution des cartes de la Chine par les missionnaires du XVIII ͤ siècle d'après documents inédits. IV ͤ Gongrès international des sciences géogiaplisnes tenu à Paris en1889, t. I, Paris.

加尔加松：《〈法意〉中的中国》，1924年。

Carcassonne（E.）：La chinedans "l'Esprit des Lois". Rev d'Histoire littéraire de la France. 1924.

高田：《中国书目》，1878年。

Cordier（Henri）：Bibliotheca Sinica, Paris. E. leroux, 1878.

高田：《中国在18世纪的法国》，1920年。

la Chine en Frauce au XIII ͤ Siécle, 1920, Paris, Henri Lansen.

高田：《北京耶稣会的解散》，1918年。

La suppression de la compagnie de Jésus et la mission de Pékin, Leyded, 1918.

多德斯：《孟德斯鸠〈法意〉中的游记资料》，1929年。

Dodds（M.）：les récits de Voyages, sources de L'Esprit des lois de montesquieu. champion, Paris, 1929.

杜赫德：《中华帝国志》四卷，1736年。

Du Halde: Description géographigue, historque, chronologique, politique et physique de l'Empire de la Chine et de la Tartarie chinoise. à La Haye, 1736.

杜密里：《耶稣会传教士对18世纪思想的影响》。

Dumerie: L'influence des jésuites considérés comme missionnaires sur le nouvement des idées au XIII ͤ siècle. mémoires de l'Alademie de Dijou, 1874 3 ͤ série, I, II.

纪合地尼：《1698年安斐特里中国航行记》，1700年。

Ghirardini（Gio）：Relation du voyage fait à la chine sur le Vaisseau l'Amphitrite, en l'année 1698. Paris, Nicolas nepie, 1700.

居约：《奎斯奈与重农学派》。

Guyot（yves）：Guesnay et la physiocratie, Paris.

吴惹：《近代史发端》，1938年。

Hauser（H.）: Les débuts de lâge moderne, 1938.

郎若：《出使中国宫廷记》，1726年。

Lange: journal de la résidence du sicurlange agent de sa majesté impériale de la Grande aussie à la cour de la chine, dans les années 1721 et 1722, Aleyde, 1726.

郎松：《法国文学史》，1894年。

Lauson（G.）: Histoire dé la littérature francaise, Hachette, 1894.

郎松：《18世纪哲学精神的形成与发展》，1909年。

Lauson（G.）: Formation et développement de l'esprit philosophique au XVIIIe siécle. Revue des cours et confeirnces, 1909.

李明：《中国现状新志》，1696年。

Lecomte: N'ouveaux mémoires sur l'état Présent de la chine Paris, J. Anisson, 1696.

《耶稣会书简集》。

Lettres édifiantes ef curieuses écrites par des missionmaires de la compagnie de Jésus, mémoire de la chine. de t. XXV à XL. chez Gaume Fréres, 1831-1832.

马地纳：《东方对17、18世纪法国文学的影响》，1906年。

Martino（P.）:L'Orient dans la litterature francais, au XVIIIe siécle et. au XVIIIe siécle, Hachette, 1906.

《孟德斯鸠全集》。

Montesquieu: Oeuvres complètes, 7 val, Paris, Garnier, 1875-1879.

费赖之：《入华耶稣会士列传》两卷，1932年。

Pfister（L.）: Notices Biographiques et Bibliographique sur Les jésuites de l'ancienns mission de Chine, 1932.

比诺：《中国与法国哲学精神的形成》，1932年。

Pinot（V.）: La Chine et la formation de l'esprit plilosophique en France（1640-1740），Paris, 1932.

比诺：《18 世纪重农学派与中国》，1907 年。

Pinot（V.）: Les physiocrartes et la Chine au XVIIIe siécle, Revue d'histoire moderne et contemporaine. t.Vui. 1907.

《奎斯奈全集》，奥肯编，1888 年。

Guesnay（Fr.）: Oeuvrs économique et philosophiques. publiées par Auguste Oncken, Pan's, jules peelman, 1888.

《服尔德全集》52 卷。

Vollaise: Oeuvres complètes. Nouvelle édition, 52Vol. Garnier.

译名对照表

Albuquenque（Al. de）	阿布盖克	Baucher	布谢
Abdallae Beidavaei	阿勃达拉·拜达乌	Bayer	拜伊
Abu-Zaid	阿布·赛德	Beauvais	波瓦
Albertina	阿尔伯地纳	Belley	贝来
Alexandre VII	亚力山大七世	Bellevue	碧尔维
Andrade	安德拉德	Bertin	碧尔丹
Amiot（J. J. M.）	钱德明	Bernard（H.）	裴化行
Aris（L.）	阿利斯	Besaucon	贝桑松
Antoine	安东	Biot	彼奥
Anson（G.）	安松	Bohemia	波希米亚
Antwerpen	安特卫普	Bodin	波丹
Anville（d'）	安维尔	Bordeaux	波尔多
Aral Sea	咸海	Bossuet	波绪伊
Bacon（R.）	倍根	Bouvet（Y.）	白晋
Bactria	巴克特里亚	Baurgogne	布告尼
Balkhash Lake	巴尔喀什湖	Boyem（M.）	卜弥格
Barrow（Y.）	巴洛	Bleau（J.）	卜落

Bretagne	不列颠	Cibot（M.）	韩国英
Brede	孛来德	Clement XI	克勒门德十一
Brest	布勒斯特	Colbert	科尔贝尔
Boucher	布塞尔	Colomb（Ch.）	哥伦布
Brou	布鲁	Constantinople	君士坦丁堡
Bruker	布留克	Copernicus	哥白尼
Bouchier	布希野	Couplet（Ph.）	柏应理
Benoit XIV	本笃十四	Cortez（F.）	科尔岱
Bayle	拜略	Condier（H.）	高田
Calkout	卡里库特	Costa（D. da）	郭纳爵
Cambridge	剑桥	Crirmia	克里米亚
Cano	加纳	Daehnert	德纳尔特
Carcassonne（E.）	加尔加松	Davis（J. E.）	戴维斯
Cassini（J. O.）	加西尼	Deshanterayes	狄斯荷特来伊
Cacius	加西尤斯	Dias（B.）	地亚士
Castarano	加斯达拉瑙	D'Herbilot	戴柏洛
Caucasus	高加索	Diderot	底德罗
Chalier	夏立伊	Diu	地雨
Charles I	查理一世	Dodds（M.）	多德斯
Charles V	查理五世	Don River	顿河
Charles VIII	查理八世	Du Halde	杜赫德
Charme（A. de la）	孙璋	Dumeril	杜密里
Chanpentier（E.）	查本纪	Dumoulin	杜莫林
Chaumont	薛蒙	Erfurt	爱尔夫特
Chavanne（Ed.）	沙畹	Gaillac	格亚克
Chenier（A.）	石尼	Faguet（E.）	法格
Cherbourg	瑟尔堡	Fontaney（J. de）	洪若翰
Chypsus	塞普路斯	Fourmont（Et.）	伏尔蒙

Frederic II	费特烈二世	Humboldt（A. de）	洪波特
Freret（N.）	伏雷来	Hyde（Ih.）	海德
Fugger	符若	Hochstetter	荷斯泰德
Flandre	伏郎德	Ibn-Duhak	伊本·杜哈
Foucqnet（J. F.）	傅圣泽	Ibn-Khordadbet	伊本·库达德拔
Gama（V. de）	伽马	Innocenf IV	因诺森四世
Galileo	加利略	Isis	伊西斯
Galland（A.）	迦兰	Iutorcette	殷铎泽
Gaubil（A.）	宋君荣	Imhoff	伊莫荷夫
Genoa	吉纳亚	Ismaitoff	伊斯马伊洛夫
Gerbillon（J. F.）	张诚	Isties	伊斯特来
Goa	卧亚	Joinville	冉未尔
Gobien	高伯阳	Klaperth	克拉普洛特
Goethe	歌德	Kepler	开普来
Golowkm	戈洛威金	Hirghiz	吉尔吉斯
Goncourt	龚古尔	Kirman	起尔漫
Gossemprot	哥生普罗特	Koegler（L.）	戴进贤
Grenoble	格勒诺布尔	Kaffler（A. X.）	瞿安德
Grosier	克罗西	Kircher（A.）	纪尔希
Guicciardini（Lu.）	纪西地尼	La Fontaine	拉封登
Guignes（de）	吉尼	Lanclos（N. de）	兰克洛
Grimm	克里姆	Lange（L. de）	郎若
Halle	哈尔	Lanson（G.）	郎松
Hauser（H.）	吴惹	Langles（L. M.）	郎克来
Henri	亨利	Ledog	勒柯克
Henri IV	亨利四世	Leibnitz	莱布尼兹
Herdtricht（Ch.）	恩理格	Lavisse	拉维斯
Huguier	许基伊	Le comte	李明

Leyden	来登	Méré	麦来
Limoges	里摩若	Merenne（P.）	麦尔斯纳
Louis Ⅸ	路易九世	Mezzabarba（Ch.）	嘉乐
Louis ⅩⅢ	路易十三	Mirabeau	米拉波
Louis ⅩⅣ	路易十四	Montargne（M.）	蒙达尼
Louis ⅩⅤ	路易十五	Moutard	莫达尔
Lockn（Y.）	洛克	Montmartre	蒙玛尔特
Longjmeau（A. de）	郎友漠	Marignolli	马利诺里
Lucanus	吕加纳斯	Moralez	莫拉来
Lisbonne	里斯本	Müller	谬勒
Maffeo Polo	马非·孛罗	Napoléon	拿破仑
Magalhaes（F. de）	麦哲伦	Naragero	纳瓦若罗
Mailla（Y. M. A. de）	冯秉正	Nederland	尼德兰
Mairan	麦郎	Needham（I.）	尼特姆
Malet（A.）	马来	Nicola Polo	尼可拉·孛罗
Mans	曼斯	Nicole	尼可洛
Maigrot（Ch.）	颜当	Noel（F.）	卫方济
Marcs Polo	马可·孛罗	Odoric（Pard.）	和德里
Malines	马里纳	Ormuz	恩里模
Marcus Aureluis Antonius 马古略		Oxford	牛津
Marin（G.）	马林	Oxus	妫水
Martin	马丁	Montecorvino（J. de）	孟高维诺
Martini（M.）	卫匡国	Montesquieu（Ch. Louis de）	孟德斯鸠
Marx（K.）	马克思	Metastasio	麦达斯达索
Mazarin	马萨朗	Nestier	奈斯纪
Martino（P.）	马地纳	Paguette de metz	拔克特
Mendoza（Y. G. de）	曼多沙	Palestin	巴列斯坦
Mentzell	曼采尔	Parrenin（D.）	巴多明

Pascal（B.）	巴斯加尔	Royola（D. de）	罗伊拉
Paul Ⅲ	保罗三世	Rubrouck（G. de）	吕柏鲁克
Paul Ⅴ	保罗五世	Rusticien de Pisa	吕斯底西安
Panthier	波基伊	Poivre	孛瓦洛
Pelliot（P.）	伯希和	Pompadouz	庞巴杜
Pereira（Th.）	徐日昇	Regnard	雷纳尔
Perouse（A. de）	柏卢斯	St Denis	圣德尼
Peyrotte	柏落特	Saint Petersbourg	圣彼得堡
Pfister（L.）	费赖之	Salimbene	沙郎伯纳
Pillemont	彼伊蒙	Sarai	沙来
Philippe Ⅲ	腓力三世	Schall（J. Ad.）	汤若望
Pinto（F. M）	宾陀	Semedo（Al. de）	鲁德照
Piano Carpin	柏兰嘉宾	Senders（Cl.）	桑德尔
Pontoise	彭特瓦	Sévigné（de）	塞维尼
Pontoja（D. de）	庞迪我	Simokatta	西蒙加达
Potocki（J.）	波多斯基	Sira Ordo	失剌斡儿朵
Potsdam	波茨坦	Socrate	苏格拉底
Premare（J. H. M. de）	马若瑟	St Bertin	圣伯丹
Ptolemoios（Ke.）	普托勒美	Strabe	斯脱拉波
Guesnay（F.）	奎斯奈	Sylvester	希尔威斯特
Rada（M. de）	拉达	Souciet	苏希伊
Raleigh（W.）	拉来哈	Tabriz	大不里士
Regis（J. B.）	雷孝思	Tachard（G.）	达夏
Rehlinger	赖林若	Tartre（de）	汤尚贤
Rémusat（J. B. A.）	拉谬沙	Terrenz（J.）	邓玉函
Riehelieu	惠石里	Thevenet（M.）	德维奈
Ricci（M.）	利玛窦	Docver	多克维尔
Rogiers（D.）	罗锐伊	Toulon	杜伦

Touremine	杜海米纳	Wykeham	维克罕姆
Trevaux	脱落梧	Xavier（F.）	沙勿略
Trigault（N.）	金尼阁	Stein	斯太因
Tuileries	杜来利	Temple（W.）	吞伯尔
Turin	杜灵	Weimar	威伊玛
Turnon（de）	多罗	Sambiasi（F.）	毕方济，亦称毕今梁
Tycho	梯戈		
Toulouse	杜鲁斯	Urbain Ⅷ	乌尔班八世
Ulm	乌尔姆		
Ursis（S. de）	熊三拔		
Valignani（A.）	范礼安		
Vanini	瓦尼尼		
Varo（F.）	万济国		
Venice	威尼斯		
Verbiest（F.）	南怀仁		
Verdun	凡尔登		
Verjus	维尤斯		
Versailles	凡尔赛		
Vincent de Beauvais	文生		
Visconti	维斯贡底		
Visdelou（Cl. de）	刘应		
Volga	伏尔加		
Voltair	服尔德		
Watteau（A.）	瓦多		
Weddell（J.）	魏德尔		
Wesler	魏尔斯		
Wièger（L.）	戴遂良		
Wolf	瓦尔夫		